宋代社会の空間と
コミュニケーション

平田茂樹・遠藤隆俊・岡　元司　編

汲古書院

宋代社会の空間とコミュニケーション

目　次

総　論　　　　　　　　　　　　　　　　平田茂樹　遠藤隆俊　岡　元司　　3

第1部　宋代の政治空間とコミュニケーション

問題の所在：
　宋代政治史研究の新しい可能性
　　　──政治空間とコミュニケーションを手掛かりにして──
　　　　　　　　　　　　　　　　　　　　　　………平田　茂樹　17
　宋代の日記史料から見た政治構造………………………平田　茂樹　29
　北宋の皇帝行幸について
　　　──首都空間における行幸を中心として──………久保田和男　69
　多面的な政治業績調査と宋代の情報処理システム……鄧　　小南　97
　　　　　　　　　　　　　　　　　　　　　　（山口智哉 訳）

第2部　宋代の宗族と空間，コミュニケーション

問題の所在：
　宋代の宗族研究と空間，コミュニケーション……………遠藤　隆俊　131
　宋代初期の閩南における家譜伝統の出現…………ヒュー　R・クラーク　139
　　　　　　　　　　　　　　　　　　　　　　（遠藤隆俊 訳）
　北宋士大夫の寄居と宗族
　　　──郷里と移住者のコミュニケーション──………遠藤　隆俊　155
　朱熹佚文より見た『家礼』祠堂篇と宋代の祠廟祭祖………常　　建華　185
　　　　　　　　　　　　　　　　　　　　　　（山崎覚士 訳）
　累世同居から宗族形成へ
　　　──宋代徽州の地域開発と同族結合──………………中島　楽章　215

第3部　宋代の地域社会における空間とコミュニケーション

問題の所在：
　宋代地域社会史研究と空間・コミュニケーション…………岡　　元司　251

地域のコミュニケーションと地域の統合
　　──南宋代の福建南部におけるコミュニケーション──
　　　　　　　　　　　　　　　　　　　　　………蘇　　基朗　259
　　　　　　　　　　　　　　　　　　　　　　（水口拓寿　訳）

南宋期温州の思想家と日常空間
　　──東南沿海社会における地域文化の多層性──…岡　　元司　281

伍子胥信仰と江南地域社会──信仰圏の構造分析──………水越　　知　315

コメント

宋代史研究の最前線に接して………………………………妹尾　達彦　351
宗族の生成・発達と現代の華人同姓団体……………………吉原　和男　367
日宋交流史への一視角…………………………………………五味　文彦　385

執筆者紹介　　　　　　　　　　　　　　　　　　　　　　　　　393
英文要旨　　　　　　　　　　　　　　　　　　　　　　　　　　397

宋代社会の空間とコミュニケーション

総　　論

総　　論

平田茂樹　　遠藤隆俊　　岡　元司

　これまでわれわれは，宋代史研究会研究報告集第6集『宋代社会のネットワーク』（汲古書院，1998年），および，同第7集『宋代人の認識——相互性と日常空間——』（汲古書院，2001年）に，編集委員として，あるいは執筆者として関わりをもってきた。前者の『宋代社会のネットワーク』では，伝統中国に特有の社会結合原理の一端を明らかにしうるのではないかという問題提起の意味を込めて，政治的ネットワーク，思想・文化的ネットワーク，社会的ネットワーク，流通ネットワークなど，宋代のさまざまなネットワークの分析をおこなった。さらに後者の『宋代人の認識——相互性と日常空間——』では，地域社会に関する史料の理解を進めるなかで，「多様な現実や意識が絡み合った，流動的で複雑な性質を帯びた「場」」としての日常空間に着目し，その分析を通して地域の人々の「論理構造」に迫った。

　これらの作業は，戦後日本の宋代史研究において，階級関係についての論争がたたかわされ，また，国家制度・財政などについての着実な実証が進められてきた土台のうえに立ちつつも，それらの研究において十分には注目されてこなかった「眼にははっきり映らぬ諸関係」の分析を通して，「柔構造社会としての宋代社会の側面」の考察に向けての一歩を踏み出したものであった。と同時に，時として日本や西欧にあるはずのものが中国にはないといった「欠如論」的考察がおこなわれることがあるが，われわれの立場は，比較史の視点を常に意識しつつも，史料の書き手の意識や史料そのもののあり方から導き出し得る人間関係の性質を，より内在的に意識する立場にあり，そのことを通して，伝統中国の人々の行動様式やその心性を逆照射していこうとの意図を込めてきた。

* * *

　そうした問題意識のもとで，われわれ3人を含む計7名が共同して申請し，採択された（採択後，2年目からさらに1名加わる）のが，日本学術振興会の科学研究費（B）(1)「宋代以降の中国における集団とコミュニケーション」（2002～2004年度）であった。この科研プロジェクトの意図は，伝統中国における集団や人的結合を決して固定的にではなく，むしろ流動的なものとしてとらえ，流動的であるが故にこそ，いかなる関係，そしてどのようなコミュニケーションを通じて互いがつながっていたのかを考察してみようとすることであった。

　「コミュニケーション」の持つ意味内容については，こうした方面での先駆的業績の一つである『戦国のコミュニケーション——情報と通信——』（吉川弘文館，2002年）を著した山田邦明氏が，「送り手から受け手への情報の送信（通信・伝達）と，両者間の情報の相互通行（会話や討論など）」として捉えている（同書3頁）。われわれとしては，やりとりされる「情報」の内容を，知らせや知識についてはもちろんのこと，さらに感情・思考や思想にまで広げて考え，宋代の「社会的結合[*1]」のあり方への展望を意識しながら考察を進めてみたい。

　そしてこうしたことに宋代史を専門とする我々が関心を抱く理由は，唐代から宋代にかけての史料のあり方の変化とも強くかかわっている。たとえば，官撰史料の編纂過程に変化が見られる。唐代以前においては，起居注が重要な史料であったが，宋代においては時政記という，宰相・執政が輪番で皇帝との会話記録や重要な政務について記す編年体史料が重要となってくる。これは，宋代において，「対」（皇帝の面前で官僚が直接上奏する制度）が政策決定過程において重要な位置づけを持ったことと深く関わってくる。また，起居注，時政記から日暦が，日暦か

───────────

[*1]　近年の「社会的結合」に対する関心の高まりが，歴史学において人間集団を「階級」と「民族」という二つの大きな枠で捉えてきたことに対する反省として出てきたことについては，『シリーズ　世界史への問い　4　社会的結合』（岩波書店，1989年）「序章」（二宮宏之執筆）および二宮宏之編『結びあうかたち——ソシアビリテ論の射程』（山川出版社，1995年）を参照されたい。

ら実録が,実録から国史がといった後代にも影響する編纂過程が成立するのは唐代後半から宋代にかけてである[*2]。

宋代には随筆,筆記小説,日記,文集,書簡など,社会史や文化史に関する史料も増加し,官撰史料には見られない豊富な社会実態をうかがうことができる。さらに族譜や家訓など,前代には見られない,あるいは少なかった著述の形式が数多く生まれ始めたのもこの時代である[*3]。地方志の体例がしだいに定まっていったのもやはり宋代である[*4]。また,唐代以前からつくられていた墓誌についても,具体的内容が,唐代までに強調されていた祖先・家柄にかかわる記述よりも,宋代にはむしろ本人・息子などの学習・教育や試験への関心が高まり,さらに日常的な事柄や個人的人間関係への言及が増えるなど,明らかに変化が見られた[*5]。

こうした史料そのものの変化は,宋代になって社会的流動性が高まり,相互のコミュニケーションが多様化した様相をも反映していると言えよう。とくに,家柄などがもつ意味が相対的に低下したことは,家そのものの役割に変化が生じるともに,家以外の個人的な関係づくりが,より意識的におこなわれるようになり,しかもそれによって形成される関係は,選択的かつ多様なものであった。

このような唐代から宋代への変化についての分析を進めていくうちに,あわせて解決すべき問題として,われわれの間で意図せずして浮かび上がってきたのは,当時の人々のコミュニケーションがいかなる「空間」においてなされているかということであった。官僚どうしの日々の対話や情報交換,皇帝と民衆との接触,士大夫どうしの遠距離の手紙のやりとり,地域社会における人々の交流や討論,物資や人々の移動などが,いかなる方法で,あるいはいかなる場で,そしてどのようなルートを通って,あるいはどれくらいの範囲や距離の間でおこなわれてい

[*2] 平田茂樹「宋代政治史料解析法——「時政記」と「日記」を手掛かりとして——」(『東洋史研究』59-4,2001年)参照。

[*3] 井上徹・遠藤隆俊編『宋-明宗族の研究』(汲古書院,2005年)参照。

[*4] 倉修良『方志学通論(修訂本)』(方志出版社,2003年)参照。

[*5] Beverly J. Bossler, *Powerful Relations: Kinship, Status, and the State in Sung China*(960-1279), Harvard University Press, 1998. 参照。

たのかを，単にイメージとしてではなく，できるだけ具体的に明らかにしていくことは，コミュニケーションの実態を捉えるうえで欠かすことのできない課題となった。

＊　　　＊　　　＊

　事物が展開する場としての「空間」[*6] を通して，われわれが宋代の「コミュニケーション」をいかに分析したかは，各論文をご覧いただければと思うが，こうした手法の導入が，宋代社会のどのような側面を見出そうとするものであるかを述べておきたい。

　「空間」については，従来の中国史研究においても論じられることはあったが，それは主として経済史・都市史研究などに限られていたように思う。そこで本書では，「空間」の分析範囲をさらに広げ[*7]，支配者による政治がおこなわれる空間，中国独自の人間的つながりのあり方の一典型である宗族にかかわる空間，そして地域における多層的・多元的な社会・文化的空間，という三つの切り口から考察を試みたい。

　第1部「政治空間とコミュニケーション」では，皇帝，官僚・士大夫，庶民といった政治の主体となる人々が，どのように関わり，どのような「場」において政治意志が形成されていくのか，その政治の仕組みについて，政策決定過程，皇帝の行幸，情報伝達・監察制度の三つの方向から分析している。

　第2部「宗族の空間とコミュニケーション」では，流動的な社会の中で人々がどのように血縁的なネットワークを構築していったのか，そして新しい宗族モデルがいかに形成されたのかを，人々の生存戦略や移住，地域開発，思想と礼制から考察している。

＊6　杉浦芳夫編『シリーズ人文地理学3　地理空間分析』（朝倉書店，2003年）参照。
＊7　同様に日本史研究においても，都市から問題を広げて多角的に「空間」を分析する試みが，五味文彦編『中世の空間を読む』（吉川弘文館，1995年），仁木 宏編『都市――前近代都市論の射程』（青木書店，2002年）によってなされ，新たな中世社会史への新たな問題提起をおこなっている。

第3部「地域社会の空間とコミュニケーション」では，宋代の社会的変化が顕著にあらわれた長江以南の地域を例にとって，物質や文化をめぐるコミュニケーションについての分析をおこない，地域統合，信仰圏，あるいは多層的な文化のあり方を論じている。

＊　　　＊　　　＊

　このようなさまざまな側面からの検討をもとに，伝統中国社会における宋代の位置づけも浮き彫りになってくるように思う。宋代においては坊墻制・市制の崩壊，鎮市・草市の発達，夜禁の廃止に見られるように，商業・流通が空間，時間的に拡大した時代とされる。実は，政治の場においても皇帝が官僚と直接，かつ広範に接触する時代となり，それを反映する形で政策決定，文書制度，情報伝達，監察制度などが宮廷－都（中央）－地方を繋ぐ形で大きく変化する。また，儀礼，祭祀の空間も宮城内から宮城外へ，さらには都の外へと広がりを見せ，その儀礼自体も，郊祀儀礼に典型的に現れるように庶民を巻き込んだ形でおこなわれるようになる。

　社会面に関しても，宗族から見た宋代は，新しい宗族モデルの萌芽形成期であり，のちの明清時代へと続く重要な時期である。義荘や祠堂，族譜など多くの制度はみなこの時代に生まれ，次第に社会へ浸透していったのである。そしてまた，地域という場においても，各地域の文化的特色が，色濃く現れるようになり，また元代において進むエリート文化と通俗文化との融合の土壌となるような多層的な文化が育つようになる。

　こうした地域的偏差，文化的多様性が，近距離・遠距離の空間を行き交う人々の活動によって，相互に連鎖しながらまとまりも失わないままに，社会変動のエネルギーを保つことになる。われわれが描こうとしているのは，そのように活力が格段に増した時代を迎えた伝統中国社会の姿である。

＊　　　＊　　　＊

本書は、日本学術振興会による三つの科学研究費（基盤研究）による合同で、財団法人東方学会および中国社会文化学会の協賛を得て、2005年1月8日・9日に東京大学文学部において開催されたシンポジウム「伝統中国の日常空間」（プログラムは参考資料に）のうち、第2部「宋代以降の集団とコミュニケーション」での報告をもとにしている。

　その後、シンポジウム第1部「思想文化の日常空間」については、既に『中国－社会と文化』（中国社会文化学会）第20号（2005年7月発行）に、小特集「宋代士大夫の日常空間」として、各論文が掲載されている。そして、本書にあたる第2部についても、当日に会場でフロアからいただいた意見を参考として報告者相互に意見交換をおこない、さらに査読を通じてかなりの改訂をおこなったうえでまとめたものである。あわせて、The International Congress of Asian and North African Studies 第37回大会（2004年8月、モスクワにて）で共同パネルを組んだヒュー・クラーク氏からも本書に投稿いただくことができた。

　また、ディスカッサントとして登壇していただいた妹尾達彦・吉原和男・五味文彦の三氏のうち、妹尾氏からは、第1部も含めたシンポジウム全体について、当日の報告への詳細なコメントをいただき、また今後への課題も示唆していただくことができた。また吉原氏・五味氏からは、当日いただいたコメントをもとにして、シンポジウムについて時代・地域をこえた視角から位置づけ、外への目を開くための文章を寄稿していただくことができた。

　本書は、先に述べたようなねらいからしても、完成品としてというよりは、むしろ問題提起の意図を込めて公にするものである。本書の個別の論文のテーマについては、当然1本の論文ですべてを語り尽くせるものではなく、今回触れられなかった範囲については、多くの論者が今後、著書などのかたちでまとめていく際に、その全貌を示していくこととなろう。また、今回の執筆者が加わるかたちで、新たなプロジェクトも始動させることができた[*8]。真摯で誠実な双方向のコ

[*8]　分析の対象を広げる方向では、多分野の研究者とともに、文部科学省・特定領域研究「東アジアの海域交流と日本伝統文化の形成——寧波を焦点とする学際的創生——」（2005〜09年度）を開始し、また、伝統中国社会の独自性を考察するための試みとしては、平田茂樹を代表者とする日本学術振興会・基盤研究（B）（1）「墓より見た中国宋代の社会

ミュニケーションこそが学問を進展させると信じるわれわれにとって、読者各位から建設的なご意見を賜ることができ、今後へと生かすことができれば最も幸いである。

　なお、本書の完成に至るまでに、財団法人東方学会、中国社会文化学会、シンポジウム第2部で司会をしていただいた須江　隆・井上　徹・青木　敦の三氏をはじめ、シンポジウム当日や準備段階で、たいへん多くのかたにお世話になった。また、2002年以来の科学研究費による国際学会参加や国内の研究会の際に、真剣な討論を通して多くのかたがたから得たものも大きい。お一人おひとりのお名前をここでは挙げないが、心より御礼申し上げたい。

　末尾ながら、当初の刊行予定よりも作業が遅れてしまったにもかかわらず、常に暖かくご配慮いただいた汲古書院の石坂叡志氏、坂本健彦氏、小林詔子氏に、厚く感謝の意を表したい。

〔参考資料〕

国際シンポジウム「伝統中国の日常空間」プログラム

　　主催：　以下の3つの科学研究費補助金共同研究プロジェクト
　　　基盤研究（B）（1）「宋代士大夫の相互性と日常空間に関する思想文化学的研究」（代表：佐藤慎一）
　　　基盤研究（B）（1）「宋代以降の中国における集団とコミュニケーション」（代表：岡　元司）
　　　基盤研究（C）（企画調査）「寧波の歴史文化についての学際的研究——東アジア海域交流と日本伝統文化形成との関係」（代表：小島　毅）
　　協賛：　財団法人東方学会・中国社会文化学会

構造」（2005～08年度）により、墓の政治史的・社会史的意味を考察する試みを始めている。

総　論

　　日時：2005年1月8日（土）13：00－17：30／9日（日）10：00－17：00
　　会場：東京大学文学部　1番大教室　（東京都文京区本郷7－3－1）

1月8日（土）13:00－17:30
【記念講演】　斯波義信（東洋文庫理事長）
　　「交通と中国――水・海運の十字路としての寧波」

　　　　　　　　　　　　　　　　　　　　　司会…近藤一成（早稲田大学）

【第一部】「思想文化の日常空間」　　　　　司会…早坂俊廣（信州大学）
　1）Peter K. Bol（Harvard University）
　　　"What is Local History Good For? Reflections on the Jinhua Case"
　2）佐藤慎一（東京大学）
　　　「清末知識人は宋代をどのように評価したか」
　3）浅見洋二（大阪大学）
　　　「「形似」の変容――いわゆる宋詩の日常性をめぐって」
　4）田中正樹（山形短期大学）
　　　「出版と蘇軾像の形成」
　ディスカッサント：
　　Thomas H. C. Lee（The City College of New York／台湾大学東亜文明研究中心主任）　勝山　稔（東北大学）

　※1月8日（土）11:00～12:00（同会場）にて
　　China Historical Geographic Information System　プロジェクトのデモンストレーション（Peter K. Bol（Harvard University））

1月9日（日）10:00－17:00
【第二部】「宋代以降の集団とコミュニケーション」
　パネル1「政治空間とコミュニケーション」　　司会…須江　隆（日本大学）
　　1）平田茂樹（大阪市立大学）

「日記より見た宋代の政治空間」
2）久保田和男（長野工業高等専門学校）
　　「北宋における皇帝行幸について」
3）鄧　小南（北京大学）
　　「多途考察与宋代的信息処理機制」

パネル2「宗族の空間とコミュニケーション」
　　　　　　　　　　　　　司会…井上　徹（大阪市立大学）
1）遠藤隆俊（高知大学）
　　「北宋士大夫の寄居と宗族──郷里と移住者のコミュニケーション──」
2）常　建華（南開大学）
　　「朱熹の逸文より見た『家礼』祠堂篇と宋代の祠廟祭祖」
3）中島楽章（九州大学）
　　「累世同居から宗族結合へ」

パネル3「地域社会の空間とコミュニケーション」
　　　　　　　　　　　　　司会…青木　敦（大阪大学）
1）Billy K. L. So（The Chinese University of Hong Kong）
　　"Regional Communication and Regional Integration: Communicating in Southern Fujian"
2）岡　元司（広島大学）
　　「地域社会と文化的階層性──南宋期温州の空間とコミュニケーション──」
3）水越　知（京都大学）
　　「伍子胥信仰と江南地域社会──信仰圏の構造分析──」

第二部の総括討論
　　司会…須江・井上・青木
　　ディスカッサント：

妹尾達彦(中央大学)
吉原和男(慶應義塾大学)
五味文彦(東京大学)

〔付記〕

　本書は、日本学術振興会科学研究費・基盤研究(B)(1)「宋代以降の中国における集団とコミュニケーション」(2002～04年度、代表:岡　元司)、および、基盤研究(B)(1)「墓より見た中国宋代の社会構造」(2005～2008年度、代表:平田茂樹)による成果の一部である。

第1部

宋代の政治空間とコミュニケーション

【問題の所在】
宋代政治史研究の新しい可能性
―― 政治空間とコミュニケーションを手掛かりにして ――

平　田　茂　樹

1．君主独裁政治論を超えて

　宋代は「君主独裁政治」の時代である，これは多くの宋代政治史研究者が共通理解としてきた。そもそも「君主独裁政治」という概念は内藤湖南，宮崎市定両氏が提唱したものである。例えば，内藤湖南『中国近世史』（弘文堂，1947年）第一章「近世史の意義」は，「貴族政治の廃頽と君主独裁政治の代興」，「君主の位置の変化」，「君主の権力の確立」，「人民の位置の変化」，「官吏登用法の変化」，「朋党の性質の変化」，「経済上の変化」，「文化上の変化」と八節より成っている。この章は唐代から宋代にかけて政治，経済，社会，文化上に大きな変化が起こったとするいわゆる「唐宋変革論」を説明する部分であり，その中で君主独裁政治の確立を論じている。内藤によれば，唐代においては「君主は貴族階級の共有物で，その政治は貴族の特権を認めた上で実行しうるのであって，一人で絶対の権力を有することはできない」のであり，その政治の実態は「貴族との協議体」によるものであった。一方，宋代においては「国家に於けるすべての権力の根本は，天子一人これを有し，官吏は宰相の如き全体に関係する者のみならず，一部の管理を為す者のも，全権を有することなく，君主は決して如何なる官吏にもその職務の全権を委任せず，従って官吏はその職務について完全なる責任を負うことなく，あらゆる責任は君主一人が負担することとなった」のであった。内藤は君主独裁政治の中身について明確に論じていないが，唐代の貴族の牙城となっていた門下省が有する封駁権が衰退し，宰相が天子の補佐役から秘書役へ変化し，また科挙は貴族らしい人物を選ぶ人格主義から実用主義に転換し，官吏の地位は一般庶民にも分配されることとなったなど，その具体的な変化に言及している。

一方，宮崎は『東洋的近世』（教育タイムス社，1950年）の中で，宋代から清末までの時代をヨーロッパの産業革命以前のルネッサンス，宗教革命の時代に比定しうると考え，その中で君主独裁政治の問題を論じている。内藤に比べ，宮崎は宋代以降の国家が専売，商税，両税等の税収を増して財政を豊かにし，軍隊を養う「財政国家」へ転換したことを指摘しており，財政構造の変化にも着目している。また，明確な論及はないが，君主独裁政治の比較の対象として常備軍や官僚機構の基盤に成り立ったヨーロッパの絶対王政を意識していたように思われる。例えば，宮崎は，君主独裁政治と古代の専制政治を区別し，「中国近世の君主独裁とは，君主が最後の決裁を下す政治様式を言うのであって，凡ての政務は官僚が案を練りに練り，次に大臣がこれに審査に審査を重ね，最後に天子の許に持ち込んで裁可を請うのである」（『中国史』岩波書店，1978年）と述べ，君主独裁政治を官僚制を基盤とした政治システムとして理解している[*1]。また，この君主独裁政治の本質については「この様に極めて多面的に官僚に直接接触するのが宋代以後の天子の特質であり，天子の独裁権も必然的にそこから発生し完成されたということができる」（「宋代官制序説――宋史職官志をいかに読むべきか――」『宋史職官志索引』同朋舎，1963年）と述べており，皇帝と官僚との関係，或いは両者の接触の問題に着目している。こうした視点は，宋代の科挙に殿試（皇帝の面前で試験を行い，皇帝が順位，合否を決める最終試験）が導入されたことにより，唐代の試験官と合格者との間に培われた紐帯に代わり，合格者たちに「天子の門生官僚としての奴隷的忠義観」を認識させることとなった（「宋代の士風」『史学雑誌』62-2，1953年）とする科挙と官僚についての考察や，「雍正帝がその独裁制を確立し，地方の官僚の朋党の風を禁じ，個々の官吏をして天子に直属せしめるために利用したのがこの奏摺の制度である」（「雍正硃批論旨解題」『東洋史研究』15-4，1957年）との理解の下，進められた文書制度研究にもよく現われている。

　以上，幾点かに言及してきたが，両者の「君主独裁政治」の理解は，君臣関係

──────────
＊1　宮崎自体が意識していたか不明であるが，この官僚制の問題はM. ウェーバーの合理的官僚制，家産的官僚制といった官僚制の類型の問題と関わって理解されてきた。その一例として，『宋代官僚制度研究』（同朋舎，1985年）を著わした梅原郁氏は『平凡社百科事典』（1985年）「官僚制」の項目の中でこの問題を論じている。

や官僚機構，科挙制度と言った政治制度の質的転換を念頭に組み立てられており，この後の政治史研究もこの方向を踏まえ，検討が進められていくこととなる。これまでの研究史をひもといてみても，①皇帝の耳目の官（「皇城司，走馬承受」）（佐伯富『中国史研究』第一，東洋史研究会，1969年），官僚の官職・昇進体系（梅原郁『宋代官僚制度研究』同朋舎，1985年），官吏登用試験（科挙）（荒木敏一『宋代科挙制度研究』東洋史研究会，1969年）など「君主独裁政治」を支えた官僚制度・官僚機構についての研究，②国家財政・帝室財政（＝一般会計と特別会計）による二元財政の仕組み（梅原郁「宋代の内蔵と左蔵」『東方学報』42，1971年），府兵制から募兵制への転換を契機に，百万を超える巨大な常備軍を維持・運営するために設けられた「辺境（軍）－都（政治）－長江下流（財源）」を連結する国家物流システムの発達（島居一康『宋代税制史の研究』汲古書院，1993年，及び宮沢知之『宋代中国の国家と経済――財政・市場・貨幣――』創文社，1998年）などの財政・物流システムについての研究，③漢・六朝代の重層的官府連合・二重の君臣関係から，六世紀末の隋の文帝の改革を起点として，唐宋代の三省六部を中心とした官僚機構の中央集権化，科挙制の導入・吏部による統一的人事の実施による君臣関係の一元化の進行（渡辺信一郎『中国古代国家の思想構造――専制国家とイデオロギ――』校倉書房，1994年）といった君臣関係の変化についての研究など，宋代の「君主独裁政治」を精緻に実証した諸成果を生み出してきている[*2]。

　以上の諸成果によって，宋代の政治の大きな枠組みは明らかとなった。その一方で，依然として残された課題も多い。これまでの宋代政治史研究の「君主独裁政治論」へ偏りについての問題はすでに拙稿「政治の舞台裏を読む――宋代政治史研究序説――」（『知識人の諸相――中国宋代を起点として』勉誠出版，2001年）の中でも論じたので，重複する点は触れずに置く。ただ，これまでの研究の問題点を整理すれば，（1）研究方法・視点の偏り，（2）研究領域の偏り，（3）史料利

[*2] この他にも財政を統轄する三司制度を分析した礪波護「三司使の成立について」（『史林』44－4，1961年），俸給制を論じた衣川強「宋代の俸給について――文臣官僚を中心にして――」（『東方学報』41，1970年），遭運・交通制度を広く論じた青山定雄『唐宋時代の交通と地誌地図の研究』（吉川弘文館，1963年），宋代の財政制度全般について論じた曽我部静雄『宋代財政史』（大安，1941年）など多くの研究成果を見出すことができる。

用の限定性，といった点があげられる。

　第一は研究方法・視点の偏りである。今日，歴史学は社会科学との対話が求められている。宋代政治史研究においても伝統的な手法を超える新たな理論，方法論が構築されるべきである。例えば，現代の政治学の理論に限ってみても，その理論はミクロ政治学，マクロ政治学，国際政治学の3つによって構成される[3]。「君主独裁政治論」は，この内の国家の体制を分析するマクロ政治学的領域に属するものであり，政治をとらえる一つの視点に過ぎない。当然ながら，宋代の政治を総括的にとらえるためには，ミクロ政治学的手法，国際政治学的手法の導入が求められる[4]。

　これはこれまでの研究傾向にも現われている。例えば，中国を中心とした国際関係を理論化したものとして，古代・中世史における西嶋定生氏の冊封体制論

---

[3]　石井貫太郎『現代の政治理論　人間・国家・社会』（ミネルヴァ書房，1998年）によれば，政治学とは，（1）国内の政治現象に関連する個々の政治主体の行動に着目し，その行動の要因や趨勢を明らかにするための考察を行う，政治過程論・政治行動論などのミクロ政治学の理論，（2）国内の政治現象に関連する個々の主体の相互関係や政治現象と他の社会現象との相互作用，または国家規模全体における政治変動に関わる要因や趨勢を明らかにするために考察を行う政治体制論・政治社会論などのマクロ政治学の理論，（3）国内で完結する政治現象を超えて，より広く国家間の相互作用や国際社会全体としての政治変動の要因や趨勢を考察するために構築された国際体制論・対外政策論などの国際政治学の理論，の3つに大別されるという。

[4]　中国においても宋代政治史研究の新たな方法を模索する動きが現れてきている。例えば包偉民「走向自覚：関于深入拓展中国古代制度史研究的幾個問題（代序言）」（『宋代制度史研究百年（1900-2000）』，商務院書館，2004年）は，同書所載の論文を総括する形で，従来のマクロ的，静態的研究，あるいは無批判的な史料利用から，徹底的な史料批判，あるいは制度の背後にある関係性や成立過程，制度の複雑性や変化を重要視すべきとする。なお，同書にはこれらの視点を明確に論じている鄧小南「走向"活"的制度史──以宋代官僚政治史研究為例的点滴思考」，李立「宋代政治史研究方法論批判」などが掲載されている。因みに，中国大陸，台湾の全般的な宋代史政治史研究の研究状況については，同書の他，方震華「一九八〇年以来宋代政治史中文論著回顧」（『中国史学』9，1999年），黄寛重「台湾海峡の両岸における宋代史研究の回顧と展望」（『中国－社会と文化』19，2004年）などを参照されたい。

(『中国古代国家と東アジア世界』東京大学出版会，1983年），中国近代史における濱下武志氏の朝貢システム論（『近代中国の国際的契機——朝貢システムと近代アジア』東京大学出版会，1990年），あるいは明清史においては，銀，武器，生糸，人参，煙草などを手掛かりに世界の市場とのかかわりをも視野に入れつつ16～18世紀の東アジアの近世構造を論じた岸本美緒氏の世界システム論的研究（『東アジアの「近世」』山川出版社，1998年）などが見られるが，一方，宋代においては，西夏・遼・金朝史の研究成果が乏しいこととも相俟って[*5]，国際政治学的視点に基づいた研究が充分になされていない。もう一つのミクロ政治学的研究については，前掲論文でその導入の必要性を指摘したとおりであり，今後ますますミクロ政治学的手法である，政治過程論，政治行動論を用いた研究が求められていくであろう。

第二は，研究領域の偏りである。「唐宋変革論」が唐と宋との政治形態の類型比較に傾きがちであり，北宋史偏重の傾向を生んだことについては寺地遵氏がつとに指摘している[*6]。その他にも，幾つかの問題点を指摘しておきたい。例えば，古代・中世史においては「皇帝」，「天子」，「天下」，「中華」といった政治秩序，皇帝の権力・権威の問題が大きな課題とされ，西嶋定生，尾形勇，渡辺信一郎，金子修一氏などの儀礼，礼制研究の成果を生んできた。一方，宋代についてはわずかに梅原郁，山内弘一，小島毅氏等の成果を見るだけであり[*7]，後述する皇帝

[*5] 過去には外山軍治『金朝史研究』（東洋史研究会，1964年），三上次男『金代政治制度の研究』（中央公論美術出版，1970年），『金代女眞社會の研究』（中央公論美術出版，1972年），『金代政治・社會の研究』（中央公論美術出版，1973年），島田正郎『遼朝史の研究』（創文社，1972年），『遼朝官制の研究』（創文社，1978年）など大きな研究成果があった。今日，宋の西夏・遼に対する政策を分析した金成奎『宋代の西北問題と異民族政策』（汲古書院，2000年）ほか幾つかの主要な成果を見るにすぎない。

[*6] 『南宋初期政治史研究』（渓水社，1988年）序章「宋代政治史研究の軌跡と問題点」参照。

[*7] 西嶋定生『中國古代帝國の形成と構造』（東京大学出版会，1961年），尾形勇『中國古代の「家」と国家』（岩波書店，1979年），渡辺信一郎『天空の玉座　中国古代帝国の朝政と儀礼』（柏書房，1996年），金子修一『古代中国と皇帝祭祀』（汲古書院，2001年），梅原郁「皇帝・祭祀・国都」（『歴史の中の都市——続都市の社会史——』ミネルヴァ書房，1986年），山内弘一「北宋時代の郊祀」（『史学雑誌』92，1983年），「北宋時代の太廟」（『上

の権力，権威の問題については十分な検討が為されているとは言い難い。これは，政策決定過程，文書制度，情報伝達・監察制度などについても同様である。例えば，古代・中世史においては永田英正，中村圭爾，窪添慶文，渡辺信一郎氏の論考に見られるように「集議」が政策決定過程の大きな問題とされ*8，明清史においては題本，奏摺などの皇帝，官僚間をつなぐ文書制度，あるいは内閣の票擬が重要な役割を担うものとして精力的に研究が進められてきたが*9，宋代においては拙稿で幾つかこの問題を論じたほかは，この問題に関する研究は極めて少ない*10。あるいは，古代・中世史においては中村裕一氏の『唐代官文書研究』(中文出版社，1991年)，『唐代制勅研究』(汲古書院，1991年)，『唐代公文書研究』(汲古書院，1996年)などの文書研究に代表されるように，精緻な文書研究が行われているが，宋代には『慶元条法事類』，『宋会要輯稿』といった重要な史料が残されているにもかかわらず，これらに匹敵するような文書研究はまだ着手されていない*11。また，宮廷－中央－地方を結ぶ情報伝達制度は皇帝支配の実態解明に不可欠なテーマであるが，近年，進奏院を巡る久保田和男，梅原郁氏などの研究を見る程度であり*12，今後の課題となっている。

智史学』35，1990年)，小島毅「郊祀制度の変遷」(『東洋文化研究所紀要』108，1989年)など参照。
*8　永田英正「漢代の集議について」(『東方学報』43，1972年)，中村圭爾「南朝における議について——宋・斉代を中心に」(『人文研究』40-10，1988年)，窪添慶文「北魏後期の政争と意思決定」(『唐代史研究』2，1999年)，渡辺信一郎前掲書『天空の玉座』など参照。
*9　桜井俊郎「明代題奏本制度の成立とその変容」(『東洋史研究』51-2，1992年)，『雍正時代の研究』(同朋舎，1986年)，谷井俊仁「改票考」(『史林』73-5，1990年)など参照。
*10　この問題の整理については拙稿「宋代の政治構造試論——対と議を手掛りにして」(『東洋史研究』52-4，1994年)，「宋代政治史研究の現状と課題——政治過程論を手掛かりとして」(『アジア遊学』7，1999年)参照。
*11　文書研究の一例として，拙稿「宋代の垂簾聴政」(『中国の伝統社会と家族』汲古書院，1993年)，徳永洋介「宋代の御筆と手詔」(『東洋史研究』57-3，1998年)などで，内降，御筆といった文書と政治の問題について触れている。
*12　久保田和男「宋代に於ける制勅の伝達について——元豊改制以前を中心として——」

第三は，史料の問題である。宋代政治史研究においては，これまで『宋史』，『続資治通鑑長編』，『建炎以来繋年要録』など国史，実録系史料が重要視され，研究が進められてきた。しかし，これらは各種の史料を元に編纂した二次史料であり，当然，その原史料に目を向け，史料批判を行わなければならない*13。また，南宋史に関しては『建炎以来繋年要録』，『三朝北盟会編』といった南宋初期のまとまった史料を除くと，それ以降は『中興両朝聖政』，『宋史全文資治通鑑』，『宋季三朝政要』など各種の断片的な史料に依らなければならない。筆者は近年，官撰史料の編纂過程の問題，あるいは日記，墓誌など今まで充分活用されてこなかった史料の活用について幾つかの論文を発表しているが*14，今後は，文集，地方志，随筆，小説などを含めて何がどの程度活用できるのか，本格的な史料批判が必要となる。

(『宋代社会のネットワーク』汲古書院，1998年)，梅原郁「進奏院をめぐって——宋代の文書伝達制度——」(『就実女子大学史学論集』15，2000年)，福井信昭「唐代の進奏院——唐後半期藩鎮体制の一側面——」(『東方学』105，2003年) 参照。

*13　これまでも史料研究がなされなかったわけではない。たとえば周藤吉之「南宋の李燾と「続資治通鑑長編」の成立」「宋朝国史の編纂と国史列伝——「宋史」との関連に於いて——」「宋朝国史の食貨志と「宋史」食貨志との関係」(『宋代史研究』東洋文庫，1969年)，近藤一成「洛蜀党議」と哲宗実録——『宋史』党争記事初探——」(『中国正史の基礎的研究』早稲田大学出版部，1984年)，熊本崇「欧陽修伝四種——墨本修伝・朱本修伝の対比を中心に——」(『石巻専修大学紀要』3，1992年) など幾つかの研究成果を見ることができる。しかし，全般的に日本の研究成果は限られている。寧ろ，裴汝誠・許沛藻『続資治通鑑長編考略』(中華書局，1985年)，蔡崇榜『宋代修史制度研究』(文津出版社，1991年)，劉浦江『遼金史論』(遼寧大学出版社，1999年)，梁太済『唐宋歴史文献研究叢考』(上海古籍出版社，2004年) など，この分野については中国の研究の蓄積が極めて多い。

*14　拙稿「宋代政治史料解析法——「時政記」と「日記」を手掛かりとして」(『東洋史研究』59−4，2001年)，「周必大『思陵録』・『奉詔録』から見た南宋初期の政治構造」(『人文研究』55，2003年) など参照。

2．政治空間とコミュニケーション

　ここでは従来の「君主独裁政治論」を中心とした宋代政治史研究の新しい地平を切り開く一つの可能性として，「政治空間」という視点を中心に論じてみたい。この場合の空間とは，物理的な場所をも含むが，寧ろ皇帝，官僚，士大夫，庶民といった政治の主体となる人々によって政治意志が形成される「場」を念頭に置いている。これまで確かに，考古学，歴史地理学，建築学などの成果などによって，具体的な宮城構造，宮殿，門，園，亭などの配置が明らかになってきている[15]が，物理的な空間構造が詳細に判明しようともそれだけでは具体的な政治の姿は見えてこない。つまり，空間は当然ながら人間が作り出したものであり，その人間と人間とが織りなす様々なコミュニケーション過程を経て，その空間は，政治的秩序，社会的秩序といった社会構造を生み出していくのである。

　次に，筆者が「政治空間」を分析する際の三つの視点を提示しておく。第一は，誰によって，いつ，どこで，どのように政治がなされるのかという，政治過程論的視点に立った政治の「場」の問題である。当然ながら，その「場」においては皇帝，官僚・士大夫，庶民の三つの政治主体がどのように政治に関わっていくのかが問題とされなければならない。また，かつて谷川道雄，川勝義雄両氏が説いたような，六朝に存在した豪族（貴族）の世論の環節構造を基盤とする豪族共同体などに見られる，地方から中央へのベクトルも視野に入れる必要がある[16]が，本論文集では，主として平田論文が，官僚たちが政策立案・議論を行う「場」と皇帝がその議案を決裁する「場」という二つの政治空間を手掛かりに中央の政策決定過程を分析している。そして，その「場」において皇帝と官僚とがどのよう

---

[15] この分野は中国（大陸）において多くの蓄積が見られる。その代表的なものとしては闕維民『杭州城池暨西湖歴史図説』（浙江人民出版社，2002年），劉春迎『北宋東京城研究』（科学出版社，2004年），郭黛姮主編『中国古代建築史　第3巻　宋遼金西夏建築』（中国建築工業，2001年）など参照。

[16] 谷川道雄『中国中世社会と共同体』（国書刊行会，1976年），川勝義雄『六朝貴族制社会の研究』（岩波書店，1982年）参照。

に関わりながら政治的意志を形成していくのか，また政治の「場」を手掛かりとした官界における階層秩序と言った問題を併せて論じている。

　第二は，皇帝の権力・権威にかかわる「場」の問題である。C.E.メリアム『政治権力』（東京大学出版会，1973年）の中では，権力者は，物理的な強制力を用いる以外に，権力の常套手段として，クレデンダ（信仰せらるべきさまざまなもの），ミランダ（讃嘆せらるべきさまざまなもの）によって飾り立てることを指摘している。前者が知性に訴えるのに対し，後者は感情に訴えるのに特徴があるが，いわゆる権威が宗教，教育，パレード，建造物，国旗，国歌など様々な手段によって作り上げられていくことを理解しなければならない。たとえば，日本法制史の渡辺浩氏は「「御威光」と象徴──徳川体制の一側面」（『東アジア王権と思想』東京大学出版会，1997年）の中で，将軍の権威を作り出す装置としての行列，殿中儀礼を分析の対象としているが，地方－江戸，江戸，城内という空間で繰り広げられた儀礼や席次が権威を作り出す上で大きな源となっていたことを明らかにしている。中国の皇帝は，祭祀儀礼に典型的に現れるように，「天子」という称号を用いて外国，天地万物に対し，「皇帝」という称号を用いて国内の臣下，祖先に対したとされる。天命を受けた最高祭司である皇帝にとっては，儀礼，祭祀が政治の重要部分を占めたのである。久保田論文は開封を中心とした政治空間にいて行われた皇帝の「行幸」を手掛かりに，皇帝が「行幸」を媒介として，官僚，一般庶民とどのように関わり，この「行幸」が皇帝の権力・権威とどう関わっていたかを分析する。

　第三は，中央－地方の政治の「場」をつなぐ各種の情報伝達，監視の装置である。これらの装置には二つのベクトルが存在している。皇帝を頂点として，中央から地方，地方から中央へ向かう縦方向のベクトルであり，もう一つは官司・官僚間を動いていく，横方向のベクトルである（無論，官司・官僚間にも上級，下級，上司，部下といった階層性があるので厳密には横方向とは言い難いが，「一君万民」という伝統的な考え方にしたがい，皇帝以外は等しい存在として捉え，横のベクトルとする）。宋代の皇帝が他の時代と比べて官僚・官司（一般庶民をも含む）と直接接触する多様な方式を有していたことは，第一節の宮崎の言葉に見られるとおりである。具体的には皇帝は各種の「対」（皇帝の面前で官僚が直接意見を申し上げる）や「奏・表・

状・劄子」などと呼ばれる文書を介して多くの官僚の意見を直接的に吸い上げることが可能であったし，皇城司，走馬承受といった諜報組織や中使と称された宦官を各地に派遣し地方の情報を入手していた。それと同時に，様々な勤務評定，監察の方式を作り出し，官僚間に相互監視を行わせ，皇帝に忠実な政治を行わせようとした。鄧小南論文は，この情報伝達，監察制度についてどのような仕組みとなっていたのか，そしてそれが現実にどのように運用されていたかを論じており，宋代の皇帝支配の地方への浸透性を考える上で興味深い指摘が多々なされている。

3．今後の課題と展望

近年，丸橋充拓「「唐宋変革」史の近況から」(『中国史学』11，2001年)，*The Song-Yuan-Ming Transition in Chinese History*（Harvard University Press, 2003）といった著作に見られるように，時代区分の問題が中国史の学界において再浮上しつつある[17]。しかし，その分析の主眼は，経済史，社会史の視点に立ったものであり，政治史の分野において，中国史研究会の「専制国家論」[18] を除けば，新たな理論を提示するものは皆無と言って良い[19]。

---

[17] 後者については中島楽章「宋元明移行期論をめぐって」(『中国－社会と文化』20，2005年) が詳しく論じている。その中で，近年のアメリカの研究が宋代以降の政治，社会構造を「ステート・アクティヴィズム」と「エリート・アクティヴィズム」の補完・対抗関係として分析している現状を紹介している。

[18] 足立啓二『専制国家史論 中国史から世界史へ』(柏書房，1998年)。ただ，足立氏の著書には政治構造の変化について言及している部分は少ない。寧ろ，島居一康『宋代税制史の研究』(汲古書院，1993年)，宮沢知之『宋代中国の国家と経済──財政・市場・貨幣──』(創文社，1998年)，渡辺信一郎『中国古代国家の思想構造──専制国家とイデオロギー』(校倉書房，1994年) などに，中国史研究会の唐宋間の政治構造の変化に対する具体的な考えを見ることができる。なお渡辺信一郎「唐宋変革期をめぐって」(『古代文化』48，1996年) は内藤湖南の唐宋変革論を批判的に論じたものである。

[19] ただ，中国史の外に目を向けると，新しい政治分析が進みつつある。モンゴルや満州政権（清朝）に中央ユーラシア国家の特質を見いだそうとする杉山正明氏や杉山清彦氏

この「専制国家論」に対する可否はともかく,「君主独裁政治論」といい,「専制国家論」といい,マクロ政治学的視点,ひいては皇帝支配という視点から政治を捉えている点では共通している。本論考内で問題を提示したように,政治を捉える方法論は多様であり,当然ながら様々な研究視点から論じていく必要がある[20]。そして,その視点とは,皇帝,官僚・士大夫,庶民といった政治の主体となる人々が,どのように関わり,どのような「場」において政治意志が形成されていくのか,という政治の原点から離れるものであってはならない。

また,同時に水面下にうずもれている政治の実態を浮かび上がらせるためには,どのような史料が必要であるのか,文献資料研究の進展が求められる。今後の文献資料研究には二つの方向が想定しうる。第一は,新しい史料発掘であり,1980年代の明版『名公書判清明集』の発見が記憶に新しい。同書は宋代社会史,経済史のみならず,地方政治の実態を明らかにする上で宋代史研究者に大きな影響を与えることとなった[21]。ただ,こうした新出史料の可能性は宋代に関しては少なく,近年見つかった「黒水城出土軍政文書」が注目されている程度である[22]。第二は,既存史料の新たな可能性の追求である。実録,国史,会要に代表される官撰史料についてさらなる詳細な検討が求められる他,随筆,小説,筆記,日記,地方志,墓誌など従来政治史料として充分使われてこなかった史料の活用が求められていく[23]。恐らく,今後はますます第二の方向が求められていくことになる

の研究である。詳しくは杉山正明「帝国史の脈絡」(『帝国の研究』名古屋大学出版会,2003年),杉山清彦 "The Ch'ing Empire as a Manchu Khanate: The Structure of Rule under the Eight Banners", *ACTA ASIATICA*, 88, 2005年. 参照。

[20] 山根直生「唐宋政治史研究に関する史論——政治過程論,国家統合の地理的様態から——」(『中国史学』14, 2004年)は,本論で論じた政治過程論に代表されるミクロ政治学の導入に加えて,「国家統合の地理的様態」の分析の必要性を論じている。

[21] 『名公書判清明集』についての研究動向については高橋芳郎「名公書判清明集」(『中国法制史 基本資料の研究』東京大学出版会, 1993年)に詳しい。

[22] 同史料については近藤一成『黒水城出土宋代軍政文書の研究』(平成15年・16年度科学研究費補助金 基盤(C)(2)研究成果報告書, 2005年) 参照。

[23] 例えば,2003年10月,台湾東呉大学にて「宋代墓誌史料的文本分析与実証運用」と題する国際会議が開かれた。この学会報告は『東呉歴史学報』11, 12(2004年)に収録さ

であろう。

　以上述べてきた,「政治空間」とコミュニケーションという視点から政治を捉え直そうという指摘は, その政治の原点に立ち返る試みであったと言うことができるかもしれない。勿論, 本論に掲載されている三つの論文は, その一面を垣間見たものにすぎず, 当然ながら, 我々が今後問題にすべき政治空間とは, 中央から, 地方の末端, そして国際関係にまで及ぶ広範囲のものであり, その政治空間を作り出していく原理を追究することが肝要となる。

　あるいは, F．ブローデルが『地中海』全5冊（藤原書店, 1991〜1995年）,『日常性の構造』・『交換の働き』・『世界時間』（みすず書房, 1985〜1999年）で用いたような, 長期時間, 中期時間, 短期時間の三つの時間を設定し, 地理的環境, 経済変動, そして短期時間の変化として政治を位置づけると言った, 幾つかの層の中で変化を捉えると言った視点も必要となるのではないか, と思われる。いずれにしても, 今回の試みは新たな政治史研究を目指していく一歩であり, その一歩がますます進展していくことを切に祈っている。

れているが, 墓誌銘を用いた社会史, 経済史, 政治制度史研究の新たな可能性が提示されている。

宋代の日記史料から見た政治構造

平田　茂樹

1．問題の所在

　宋代の政治構造を分析する幾つかの視点がある。一つは、「専制国家」、「君主独裁政治」といった指標を設定し、国家体制の仕組みを捉えるマクロ政治学的視点である。日本の宋代政治史研究においては、内藤湖南、宮崎市定両氏が「唐宋変革」という視点から分析を進め、唐宋間の政治の変化を「貴族政治」から「君主独裁政治」への移行と捉えた理解などがその代表的なものである[*1]。

　マクロ政治学的分析は、政治の大枠を捉える上では有効であるが、その一方、類型論的な静態分析に傾きがちであるという欠点も同時に有している。その欠点を補うべく、筆者は、ここ十年来、ミクロ政治学的手法である「政治過程論」を参考に、宋代の政治構造の分析につとめてきた[*2]。「政治過程論」とは、特定の政治現象が、どのような人々（【主体】）によって、いかなる力の【源泉】に基づき、またいかなる【過程】によって導き出されるのか、政治の入出力の様態を動態的アプローチによって考察する手法である。

　この手法によって分析を進めていくためには、政治過程を生々しく捉える史料が不可欠となる。その意味で利用価値が高いのが、宋代の政治家が書き残した日記である。宋代の官撰史料は、起居注、時政記をもとに日暦を編纂し、日暦をもとに実録を、そして実録をもとに国史を編纂したとされる（図1参照）。そして、そのうち、時政記は朱弁『曲洧旧聞』巻九に「一に曰く時政記とは、則ち宰相の朝夕議政・君臣奏対の語なり」、「惟だ時政記のみは執政の一時の政事を自録する

[*1] ［内藤 1947］、［宮崎 1950］参照。
[*2] ［平田 2001］参照。この問題については本著の序文においても詳しく論じている。

図1　宋代の官撰史料編纂過程

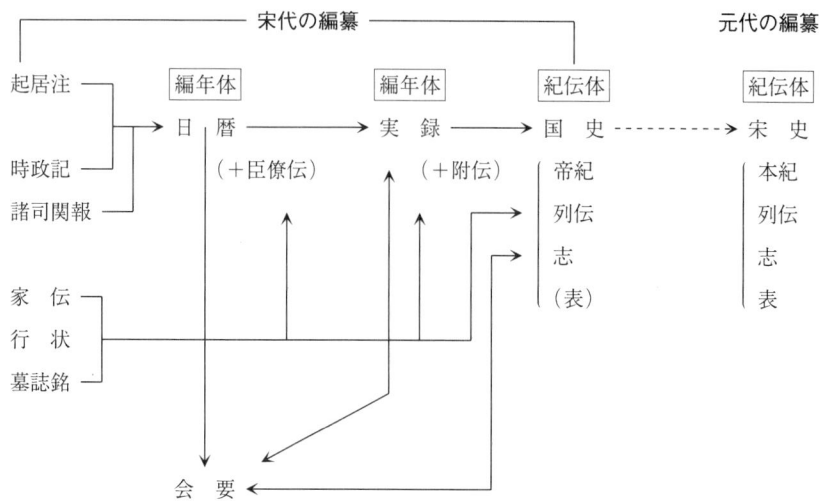

所なれば，最も詳備たり」と述べられるとおり，宋代においては宰相，執政が輪番で皇帝との会話を中心に執筆する時政記が最も重要な史料であったとされる。仮に時政記を公的日記と位置づけるならば，当時の宰相，執政は同時に私的日記を付ける者が多かった[*3]。中でも『王安石日録』，『司馬光日記』などの私的日記は，『神宗実録』を編纂する際の重要史料とされたように，宋代の公的，私的日記は歴代王朝の中でも史料的価値が極めて高いと考えられる[*4]。本来ならば，時政記と日記を対比させる形で検討を進めるべきであるが，時政記の大半は失われ

[*3] ［平田 2001a］にて各種史料より政治家の日記を蒐集した際には，18の日記の事例を集めた。この内の数例については時政記と明確な関係を有しており，また日記の大半は宰執時代に書かれたことが確認される。

[*4] 『明史』巻285，徐一夔伝には「元朝則不然，不置日暦，不置起居注，獨中書置時政科，遣一文學掾掌之，以事付史館。及一帝崩，則國史院據所付修實録而已。其於史事，固甚粗略」とあり，元代には時政記に類するものは作られているものの，「文學掾」が担当する粗略なものであった。また，沈符徳『萬暦野獲編』巻8「宰相時政記」に，明代には時政記が無く，ただ楊文貞『三朝聖諭録』，李文達『天順日録』など政権を担当した際の諸事を記した書物があるが，宋代の時政記の詳細なものには及ばない，と記している。

ており，李綱『建炎時政記』を除くとまとまった史料が残されていない。

そこで，本論文は各種の私的日記を手掛かりに「宋代の政策決定過程の仕組み」，「政策決定に関わる官僚群」，「宋代の政治構造の変化」について分析を進めてゆくこととする。

2．宋代の政策決定過程の仕組み

宋代の政策決定過程の仕組みを分析する際には，二つの政治の「場」を念頭に置く必要がある。一つは，官僚が政策を立案，審議する「場」であり，もう一つは，皇帝が政務を行う「場」であり，この場において議案の決裁がなされる。

まず，皇帝が政務を行う「場」がどのようなものであったのか，李攸『宋朝事実』巻3「聖学」を手掛かりに見ておくこととする。

> 真宗即位，毎旦御前殿，中書・樞密院・三司・開封府・審刑院及請對官以次奏事。辰後，入宮尚食，少時，出坐後殿閲武事，至日中罷，夜則傳侍讀・侍講學士詢問政事，或至夜分還宮，其後以為常。

> （真宗は即位すると，毎朝早く前殿（垂拱殿）に出座し，中書，枢密院，三司，開封府，審刑院，請対官といった官の上奏を順次受け，辰後（午前九時頃）には内廷に入って，食事を取り，しばらくして再び後殿（崇政殿或いは延和殿）に出座し，昼頃まで武芸を観覧し，夜は侍読・侍講学士を呼んで政治について尋ね，夜遅く内廷に戻った。これを後に常時行うようになった。）

これを他の史料と付き合わせて整理すれば次の通りとなる。

①皇帝は夜が明ける二時間ほど前には福寧殿で起床し，身支度を行う。

②宮城の門は薄明（午前六時頃，ただ季節によって多少異なる）に開き，まず前殿（垂拱殿）視朝が行われる。この場は政治の重要問題について宰相・執政及び主要官庁の長官・次官クラスが上奏をし，皇帝の意見を聞く場となる。1080年代に行われた元豊官制改革までは，中書・枢密院・三司・開封府・審刑院，官制改革後は三省・枢密院・尚書六曹・開封府が中心となった。中書（官制改革後は三省）は民政，枢密院は軍政，三司は財政，審刑院は司法の中心機関（官制改革後は三司，審刑院は尚書六曹に併合），開封府は首都の行政を担当している。なお，宰相，執

政は中書，枢密院の長官，次官の地位にあるため，中書・枢密院は宰執（宰相・執政の略称）に置き換えられる。この他，所定の手続きをして皇帝に直接上奏を求める者（「請対官」）もいるが，この前殿の場は，ほぼ上記の宰執と主要官庁の報告で終わることが多く，「請対官」は次の後殿にしばしばまわされる。

③辰刻（午前八時頃）になると，皇帝は一旦内廷に引っ込み食事を取り，衣服を着替えて後殿（崇政殿或いは延和殿）視朝の場に向かう。前殿視朝の議論が後殿へずれ込むこともあるが，この場では「請対官」との謁見が行われた。「請対官」の代表としては，政事批判を担当する「台諫」，皇帝の顧問役となる「侍従」などが挙げられる。この他，皇帝の密偵である「走馬承受」，新任官の謝礼や外任に出る官僚たちの挨拶（「入見」「入辞」「入謝」）などが行われた。以上の上奏を巳刻（午前十時頃）を目途として受けるほか，三館・秘閣が納めた書籍の閲覧，或いは上奏に目を通し，午刻（午前十二時頃）まで政務を続けた。この他，崇政殿，延和殿では閲兵式や毎年一度慮囚（未決囚に対する皇帝自らの決裁）が行われた。

④午後の時間帯にはしばしば邇英殿に「経筵」（学問の講義の場）の場が設けられた。経筵官は講義終了後も残り，皇帝と政務について会話することが多かった。

⑤夜になると，内東門小殿に当直の翰林学士や経筵官を呼んで政務を尋ねることが行われた。これ以外に宰執，尚書の官など各種の官僚が呼ばれることも，多く見られた。

この様子を周必大『思陵録』と比較し，その実態を確認することとする。

①＜淳熙14年12月の条＞（皇帝と官僚との交流を表すものに傍線を施した。）

十二月朔戊辰。朝于延和。從駕過德壽宮。……

己巳。歇泊不坐，入局。……内引宿直官刑書葛邲。

庚午。延和奏事。

辛未。延和奏事。王相奏：東宮參決，欲月如覆奏事例。上曰：「如此則太繁。」予曰：「其間條目亦多，更乞入聖慮，毋使致於壅滯。」上頗以為然。宣諭云：「更待理會。」予奏：攢宮覆案使葉翥今日上殿。陛下宜戒以審細，不可止為文具，蓋梓宮自高六尺，未聞石槨之類。上曰：「江浙地薄，又春間水泉動。」葉翥對，上諭以須子細。朕已令二月後方脩奉，四月發引。

壬申。從駕如月旦之儀。
癸酉。歇泊不坐，入局。
甲戌。國忌行香。
乙亥。<u>延和奏事</u>，呈封樁庫申審内合同支會子十五萬貫充大行喪事所支費。<u>予奏</u>：據元申候將發引作料次支，今既未有日，未審先支，惟復少待。<u>上曰</u>：「候二月支未晚。」又呈旴眙報金國賀正使副完顏崇安・李晏約初十日過界。<u>上曰</u>：「禮物當受否。」<u>予奏</u>，既是通信不過馬幣，非華好之物，恐難不受。<u>奏事畢</u>，<u>予奏</u>：元擇今日，東宮新開議事堂議事，夜來却得關報，東宮為赤目在朝假，恐合令太史別擇日。<u>上曰</u>：「當別擇日。」施樞云：「歲且盡，莫若就正月始和。」<u>上曰</u>：「然可以此意諭太史局。」初天禧四年，太子亦以十二月就資善延見輔臣。予嘗語諸公以為疑，故施樞因事及之。又<u>宣諭</u>：「將來吊慰使來，合差接送伴。」<u>予奏</u>：方欲奏稟，恐不測到來，須先差下臨時使遣行。上令具寺監丞以上名。又問：李師邈，卿等識之否。衆人云：「熟。事起于醫。」予奏：曾懷病愈，特轉一官。上曰：「忘記矣。」<u>浙漕鄭汝諧暫權紹興府</u>，<u>陛辭</u>。<u>上稱其浙東視旱之勞</u>。汝諧奏：昨首言紹興騷擾，致降勅榜，然臺諫諸司侍從相繼有言，怨皆歸臣，今徃應辦，乞賜保全。<u>上曰</u>，「既知卿肯任怨，豈不主張卿。」<u>上又曰</u>：「李參用錢無下落兼已病。」
丙子。微雨，<u>延和奏事</u>。
丁丑。旬休。
戊寅。<u>朝于延和</u>，從駕過宮。
己卯。不坐，入局。
庚辰。<u>延和奏事</u>。
辛巳。<u>延和奏事</u>。
壬午。<u>常參官延和起居訖</u>，宰相升殿奏事。……
癸未。歇泊不坐。
甲申。<u>延和奏事</u>。
乙酉。<u>延和奏事</u>。
丙戌。臘假。國忌行香畢，<u>清華奏事</u>。……
丁亥。旬休。

戊子。<u>朝于延和</u>。
巳丑。歇泊不坐，入局。
庚寅。不坐，入局。上批……
辛卯。<u>延和奏事</u>。
壬辰。雨，皇太后聖旨，免過宮燒香，不坐入局。
癸巳。<u>早設素明幄于垂拱殿之東偏，上初坐後幄</u>，……
甲午。節假。
乙未。節假。
丙申。節假。

　この史料から宋代の政治の幾つかの特徴を読み取ることができる。第一に，皇帝視朝の様子であり，12月の29日間の内，「朝于延和」，「延和奏事」，「常参官延和起居」といった具合に，延和殿を利用し，皇帝と臣下との「対」が行われているのが13日。その他，癸巳は垂拱殿の後幄にて金国の使節を引見し，丙戌は臘假にも関わらず，「清華奏事」を行っており，ほぼ二日に一度は臣下との謁見を行っている様子を見て取れる。延和殿或いは後殿（崇政殿）が主たる視朝の場として利用されているのは，高宗の危篤，死去，そして服喪という一連の凶事に対応するためであり，正殿である垂拱殿での視朝は日記終了時まで基本的に見られない。
　第二に，「旬休」，「臘假」，「節假」といった定期的な休暇，或いは「歇泊不坐，入局」というように徳壽宮（高宗の退位後の居所，及び高宗死去後は埋葬まで亡骸を安置していた場所）に孝宗が宿泊し，その結果，視朝の場に姿を現されないので，宰執の役所に入ったという記述が見られる。そして，この「入局」とは，例えば，『續資治通鑑長編』巻455に残る『劉摯日記』の次のような記事がある。

　　先是，右僕射劉摯過都省。左僕射呂大防不至。大防爲摯言，欲間日入，就當筆日故也。摯以爲若如此，則兩揆於都省遂無聚議，恐未安。兼門下事簡，三日一留，亦無害。況舊例已如此。是日摯過都省，大防亦至，蓋覺前所云就當筆日始入爲未安也。大抵都省不可闕，宰相又不可不集也。問（間？）行官制後，左相日日入省，以門下無事耳。右揆間日留中書，自有法以中書事繁也。

　通常，枢密院はさておき，中書門下系の宰執は，都省（尚書省）の役所に入り，

輪番で「當筆」(宰相としての政務担当)の任に当るとともに，宰執の間で集議を行う。また同時に門下侍郎であれば三日に一度ほど門下省を訪れ，中書侍郎であれば二日に一度中書省にて政務をこなすこととなる。

　第三に皇帝，宰執間の「対」の具体的な方法を読み取ることができる。

　まず，宰執が問題となる案件の文書を皇帝に「呈」し，そして「上曰」,「予曰」,「予奏」といった口頭，文書を介したやりとりが続き，結論が出た場合，皇帝からの口頭の指示(「上宣諭」)，または文書(「御批」)が宰執に下される。

　次に，この「対」の具体的な方法を幾つか日記から拾ってみよう。最初に，『増広司馬温公全集』巻一「手録」並びに『続資治通鑑長編』巻210，熙寧3(1070)年四月甲申にも収録される「邇英留対録」を見ておく(「上留光」以下の部分に訳を施す)。

是日，光講資治通鑑漢賈山上疏，言秦皇帝居滅絶之中而不自知事，因言：「從諫之美・拒諫之禍。晏子：和同・水火・醯醢・鹽梅，皆相反之物，宰夫濟其不及，以泄其過，若羹以鹹，復濟以鹽，酸，復濟以梅，何可食也？伊尹戒太甲有言：『逆於汝心，必求諸非道』，人之情，誰不欲順己而惡其逆，惟聖賢知順之損・逆之益，譬猶醴適口而醉人，藥雖苦而治病，以是臣之於君，剛則和之，柔則掖之，明則晦之，晦則明之，非故相反，欲裁其有餘，補其不足，就皇極爾。若逆己者即黜降，順己者即不次拔擢，則諂諛日進，忠正日疎，非廟社之福也。」

上曰：「舜『鵲讒説殄行』。若台諫欺罔為讒，安得不出！」

光曰：「進讀及之耳，時事臣不敢盡論也。」

及退，上留光，謂曰：「呂公著言藩鎮欲興晉陽之甲，豈非讒説殄行？」

(経筵が終了し，司馬光が退席する際に，皇帝が留めて次のように言った。「呂公著が，藩鎮(韓琦)が反乱を起こす動きがあると言っているのは讒言ではないか？」)

光曰：「公著平居與儕輩言，猶三思發，何故上前輕發乃爾，外人多疑其不然。」

(司馬光は言った。「公著は平生より我らに話をする際に再三考えた上で意見を言います。どうして御前でそのように軽々しい発言をしたのか，世間は疑問に持っています。」)

上曰：「此所謂『靜言庸違』者也。」

(皇帝は言った。「これはいわゆる発言と行いが異なるやつだ。」)

光曰：「公著誠有罪，不在今日。嚮者朝廷委公著專舉臺官，公著乃盡舉條例司之人，與條例司互相表裏，便熾張如此。乃逼於公議，始言其非，所謂有罪也。」

（司馬光は言った。「公著に罪があるとしたなら，それは今回のことではありません。先に朝廷から委任を受け御史台官を推挙した際，ことごとく制置三司条例司の人間を推薦しました。彼らが制置三司条例司と結んでこのようにしたい放題をするようになり，やっと公議に迫られて彼らの非を唱えたのがいわゆる罪です。」)

光曰：「公著與韓琦親，何故以險語讒之？」

（司馬光は言った。「公著と韓琦は姻戚関係なのに，世間を驚かすような言葉で讒言したのですか？」)

上曰：「非讒琦也，志在君側之人耳。」

（皇帝が言った。「韓琦を讒言したのではない。君側の人を批判しようとしただけだ。」)

光曰：「據誥詞則讒琦也。」

（司馬光が言った。「誥詞では韓琦を讒言したとあります。」)

光曰：「公著有罪無罪在於事實，不在誥詞，今誥詞雖云爾，外人皆云公著坐乞罷條例司及言呂惠卿姦邪，不云坐為讒也。」

（司馬光が言った。「公著の有罪，無罪は事実に基づくもので誥詞にあるものではありません。今誥詞はしかじかと言っていますが，世間は公著の処罰は制置三司条例司の廃止を訴え，呂惠卿の悪事を批判したためで，讒言によるものだとは言っていません。」)

上曰：「安石不好官職及自奉養，可謂賢者。」

（皇帝は言った。「王安石は官職に執着せず，家居している，賢者と言うべき人物だ。」)

光曰：「安石誠賢，但性不曉事而復執拗，此其短也。又不當信任呂惠卿，真姦邪，而為安石謀主，安石為之力行，故天下并指安石為姦邪也。」

（司馬光は言った。「安石は賢者ではあるけれど，物事に明るくなく執拗な点が欠点です。また不当に呂惠卿を信任しています。（惠卿は）邪悪な人物で，安石の参謀役となり，安石もその政策を実行しました。だから天下の人々は安石を邪悪な人物と見なしているのです。」)

上笑。光曰：「李定有何異能而拔用不次？」

（皇帝は笑った。司馬光は言った。「李定はどんな才能があって抜擢されたのですか？」）

上曰：「孫覺薦之，邵亢亦言定有文學，恬退。朕召與之言，誠有經術，故欲以言職試之。」

（皇帝は言った。「孫覚が推薦し，邵亢も文才があり，恬淡としていると言った。私が召して話した感じでは，経学の才があったので，言官に任用しようと考えたのだ。」）

光曰：「宋敏求繳定辭頭，何至奪職？」

（司馬光が言った。「宋敏求が李定の任命書作成を拒絶したことに対し，どうして免職処分とされたのですか？」）

上曰：「敏求非坐定也。朕令草呂公著誥詞，言興晉陽之師，除君側之惡。王安石以諭敏求，而曾公亮以為不可，敏求不遵聖旨，而承公亮之語，但云援據非實而已。」

（皇帝は言った。「敏求は李定のことで処分を受けたのではない。私が，呂公著の誥詞に反乱を起こして君側の姦を除くという一節を書かせようとした際，王安石はそのように書くよう敏求を諭し，曾公亮はそのように書いてはいけないと言った。敏求は聖旨に従わず，曾公亮の言葉に従って典拠が不適当だと書いただけだ。」）

光曰：「公著誠有此言，亦不過欲朝廷從琦言罷青苗耳。語雖過差，原情亦可恕也。今明著於誥詞，暴之内外，君不密則失臣，造膝之言若皆暴以為罪，自今羣臣誰敢為陛下盡言者？臣以為敏求隠晦其語，亦未為失體也。且敏求非親承聖旨，據曾公亮之言而為之耳。」

（司馬光は言った。「公著がこのように言ったとしても，（公著の意図は）朝廷が韓琦の意見に従って青苗法を廃止するよう求めたにすぎません。言葉に誤りがあったとしても情状を酌量すべきです。今，誥詞を内外に公表したら，君主が機密を守らないことによって臣下の信頼を失うことになります。皇帝と面と向かって言う発言が公表され罪とされるようになったら臣下の誰が陛下のために発言しましょうか。私は敏求が呂公著の発言を覆い隠そうとしたのは失態だったとは思いません。また敏求は直接聖旨を受けたのではなく，曾公亮の意見に従って書いたにすぎません。」）

上曰：「公亮，安石所傳聖旨不同，亦當奏稟也。」

（皇帝は言った。「公亮，安石が伝えた聖旨の内容が異なっていたのなら，上奏すればよかったのだ。」）

上曰：「李常非佳士，屬者安石家居，常求對，極稱其賢，以為『朝廷不可一日無也，若以臣異議青苗之故，寧可逐臣，不可罷安石也。』既退，使康生具以此言告安石以賣恩。」

（皇帝は言った。「李常は良くないやつだ。このごろ、安石が自宅休養していた際，謁見を求め，安石の賢者ぶりを褒め称えた上，『朝廷にとって安石を欠くことは一日もあってはなりません。私が青苗法に異議を唱えたと言うことが理由でしたならば，私を罷免すべきであり，安石をやめさせるべきではありません。』といった。朝廷から退出すると，康生を派遣してこの言葉を安石に伝えて恩を売った。」）

光曰：「若爾，誠罪人也。」

（司馬光が言った。「その通りなら，大した悪党ですね。」）

上曰：「有詐為謗書，動搖軍衆，且曰『天不祐陛下，致聖嗣不育。』或云卿所上書，又云韓琦。」

（皇帝が言った。「ある者が誹謗中傷の文章を書いて軍隊を扇動しようとした。その上，そいつは『天は陛下を助けず世継ぎが育たない。』と言っている。おまえの上奏が韓琦のことに言及していると言う者がいるぞ。」）

光曰：「臣所上書，陛下皆見之，且臣未嘗以草示人也。」

（司馬光が言った。「私の上奏は，すべて陛下はご覧になっておられますし，草稿を人に見せたこともありません。」）

上曰：「卿所言，外人無知者。台諫所言，朕未知外人已遍知矣。」

（皇帝は言った。「おまえの発言については世間は知らない。台諫の発言は，朕が知らないのに世間は皆知っている。」）

上曰：「今天下洶洶者，孫叔敖所謂『國之有是，衆之所惡』也。

（皇帝は言った。「今天下が騒いでいるのは，孫叔敖がいう『国是を民衆が嫌う』」というものである。）

光曰：「然。陛下當察其是非，然後守之。今條例所為，獨安石・韓絳・呂惠卿以為是也，天下皆以為非也。陛下豈能獨與三人共為天下耶？」

（司馬光は言った。「その通りです。陛下は是非をご判断され，それを実行されれば良いのです。今制置三司条例司の政策は，安石，韓絳，呂卿恵だけが正しいとし，天下は否定しています。陛下は三人だけと天下を治めることができますか？」）

些か煩瑣となるが，神宗，司馬光の対話の様子がよくうかがえるので，長文をそのまま掲載した。まず，司馬光が『資治通鑑』所載の「賈山上疏」の一節の講義を終わった後，「上留光」とあるように，経筵官の司馬光を特に一人留めて，対話を行っている。このように，「経筵」は学問の講義をするだけではなく，「経筵留身」と称される，経筵官が居残り，政治的な会話がなされることが多々あった[*5]。ここでも，制置三司条例司批判を行い左遷された呂公著の人事，李定の抜擢，李定人事を批判した宋敏求左遷の可否，李常の人柄等々新法政策や新法党と旧法党の争いについて，翰林学士兼侍読学士の司馬光と神宗との間で議論がなされている。訳文に示したとおり，忌憚のないやりとりがうかがえ，「経筵留身」の場が皇帝と込み入った話ができる場所であったことをうかがわせてくれる[*6]。一方，通常の「経筵」の場では，『司馬光日記』に見える他の事例を見る限り[*7]，宰執を初めとする高官や他の経筵官が列席し，皇帝を挟んで列席者間で激しい応酬が行われており，「経筵留身」とは一味違う政治交流の場になっている。

次に『王安石日録』の例を挙げておく。『王安石日録』は別名『熙寧奏対』と称されたように，神宗と王安石との対話記録が大半を占める(詳しくは表1を参照)。その内容は，新法政策，官僚人事，歴代の皇帝，古今の政治家評など多岐にわたっ

[*5] 呂中『宋中興大事記』「正言兼讀書」によれば，「経筵」の場は南宋の専権宰相秦檜が気を配った皇帝が関わる三つの空間「外朝」「内朝」「経筵」の一つである。外朝に部下を配置し，また宦官，医師と結び内朝を把握した秦檜といえども，経筵は注意を要する場所であり，秦檜は息子の熺に侍読を兼任させ，その様子をうかがわせた。同様なことは王安石も試みており，常に一，二人の配下のものを経筵に配置し，皇帝への進言をチェックさせようとした(『続資治通鑑長編』巻215，熙寧3年9月癸巳所引の『司馬光日記』)。

[*6] 経筵官の講義内容については例えば『楊亀山先生全集』巻5「經筵講義」，周必大『文忠集』巻154「經筵講義」，155・156「經筵故事」，真徳秀『西山文集』巻18「經筵講義」などに見えるとおりである。こうした経筵官が，講義の後，「留対」・「留身」し，皇帝と政治や人事について様々な会話をしたことは『司馬光日記』にとどまらず，例えば范祖禹『范太史集』巻19～26「奏議」に数多くの事例を拾うことができる。

[*7] 例えば「手録」にはこの他，「邇英読資治通鑑録」，「邇英論利口録」，「呂恵卿講咸有一徳録」，「奏箚並挙蘇軾等録」，「垂拱登対乞知外郡録」，「延和登対乞外補録」などが収録されている。最初の三つは経筵の場，残りの三つは視朝の場での皇帝とのやりとりである。

第1部　宋代の政治空間とコミュニケーション

表1　『四明尊堯集』に見える『王安石日録』記事

門/No.	会話相手/会話の登場人物	内容	『長編』記事（本文）	備考〈陳瓘評論○〉他
聖訓/1	神宗, 王安石/	尚書制度復活, 四輔設置の可否〈保甲法との関連〉	『長編』235	○『尊堯余言』
聖訓/2	神宗, 王安石/	京師の優遇について〈免行法との関連〉	『長編』251	○
聖訓/3	神宗, 王安石/	什一の税制について	『長編』251	○
聖訓/4	神宗, 王安石/	農事を以て急とすることについて	『長編』247	○
聖訓/5	神宗, 王安石/劉孝孫	市易務の進める較固法について	『長編』232	○
聖訓/6	神宗, 王安石/	災害上奏への安撫司の関与について	『長編』236	○
聖訓/7	神宗, 陳升之/王安石	神宗の王安石評〈「朝廷之法, 安石不干事」〉	無し	
聖訓/8	神宗, 王安石/弘恭, 石顕, 盧杞, 李林甫	神宗の近習評〈「近習有忠信者」〉	『長編』239	○
論道/9	神宗, 王安石/鯀, 堯	治水について	『長編』236	○
論道/10	王安石/	神宗が市易を検察することについて〈非大王大体〉	『長編』240	
論道/11	王安石/	神宗の市易法に対しての検察が太苛なことについて	『長編』240	○
論道/12	神宗, 王安石/唐太宗, 程昉, 韓宗師	唐太宗の人物評価〈行義至不修〉, 程昉の人事・賞罰	『長編』263	
論道/13	神宗, 王安石/	天下の統治について〈流俗之論〉	無し	熙寧初？
論道/14	神宗, 王安石/商鞅, 司馬遷	商鞅の政治評価〈法令簡而要〉	無し	
論道/15	神宗, 王安石/唐太宗, 裴矩, 秦孝公	唐太宗, 秦孝公の政治評価	無し	
論道/16	神宗, 王安石/漢宣帝	神宗と漢宣帝の政治比較	無し	『長編』265注〈三経新義〉
論道/17	神宗, 王安石/	神宗の保甲法のやり方に対する批判〈陛下毎事過謹〉	『長編』235	
論道/18	神宗, 王安石/後周世宗, 樊愛能	世宗の募兵のやり方について〈保甲法導入〉	『文献通考』153	熙寧3年12月
献替/19	神宗, 王安石/太祖, 史珪, 丁徳裕	太祖の政治評価〈濫殺無辜〉	『長編』236	○
献替/20	神宗, 王安石/真宗	真宗の辺境対策について	『太平治跡統類』13	熙寧2年12月『宋史全文』
献替/21	神宗, 王安石/	群臣がたてまつる神宗の尊号の授受について	『長編記事本末』81	熙寧2年4月
献替/22	神宗, 王安石/	服喪終了後の礼楽について	無し	
献替/23	神宗, 王安石, 馮京/	契丹との国境問題〈両属地〉	『長編』250	
献替/24	神宗, 王安石/	蕃使坐位会聚の処に提挙官の位座を設けるか？	無し	
理財/25	神宗, 王安石, 范純仁（上奏）/冨弼	范純仁の王安石批判〈以理財為先〉	無し	
理財/26	神宗, 王安石/李常	言事官の理財批判と学校科挙政策	無し	
理財/27	神宗, 王安石/	使能と任賢, 理財と礼儀教化のバランス〈制置三司条例司〉	『太平治跡統類』14	熙寧2年3月『宋史全文』
理財/28	神宗, 王安石/	道を講ずることの緊急性について	無し	
理財/29	神宗, 王安石/	茶の専売について	無し	
理財/30	王安石/	理財を先に, 使能を急とすること	無し	
理財/31	神宗, 王安石/	何接求人事への批判〈只是能作文, 又無行義〉	無し	
理財/32	神宗, 王安石/陽叔, 漢武帝	鉄の専売について	無し	○ ＊1
辺機/33	神宗, 王安石/	夷狄に対する積極軍事策〈四夷皆衰弱〉	『長編』238	○
辺機/34	神宗, 王安石/	契丹の勢力最大, 軍政の規模拡大に務めるべき	『長編』236	○
辺機/35	神宗, 王安石/	神宗の政治の取り組みへの批判〈於一切小事労〉	『長編』224	

辺機/36	王安石/神宗, 韓絳	西夏問題への発言〈事至不得已, 亦不敢哩哩心〉	『長編』229	
辺機/37	王安石/神宗, 韓絳	神宗の西夏対策の失敗〈失在不詳熟慮計〉	『長編』234	○
辺機/38	王安石/神宗	神宗と大臣の慶州の兵変に対する浮議〈帰咎於淤田保甲〉	『長編』223	
辺機/39	王安石/神宗, 沈起	交址対策を沈起に委ね, 自分が関知していない事への批判	『長編』244	○
論兵/40	神宗, 王安石, その他(僉)/	戦に名分は必要ない〈苟可以用兵, 不患無名〉	『長編』221	○
論兵/41	神宗, 王安石/治強〉	保甲法の勧め〈非什伍其民而用之, 則不可以致	『長編』221	○
論兵/42	神宗, 王安石/宋道	募兵宿衛法変更の提言〈民可以利駆使趨為兵〉	『長編』221	○
論兵/43	王安石/神宗	募兵法変更の提言〈宜果断立法制〉	『文献通考』153	熙寧3年12月
論兵/44	神宗, 王安石	宿衛法改正の提言	『長編』243	○
処已/45	神宗, 王安石/欧陽脩, 邵亢, 趙抃, 太皇太后, 趙概, 韓琦	趙概の日録並びに趙概, 欧陽脩の人物評	無し	
処已/46	神宗, 趙抃/王安石	神宗の王安石評価〈造理深, 能見衆人所不見〉	無し	
処已/47	神宗/ 王安石	神宗の王安石評価〈智識高遠, 精密不易, 抵当流俗声誉〉	無し	
処已/48	神宗, 王安石/文王	三経新義序を上り, 神宗を文王に比す。神宗の謙辞	『長編』265	○
処已/49	王安石/神宗, 呂誨, 盧杞	呂誨が王安石を盧杞になぞらえ弾劾したことについて	『長編』234	○
処已/50	神宗, 王安石/	神宗が君子小人の別を十分察していないことについて	『長編』246	
処已/51	王安石/王雱, 神宗	王安石が再度, 宰相に復帰した際, 神宗への感謝の辞	『長編』261	
処已/52	神宗, 王安石/王雱	王安石の辞職願いを引きとどめる神宗の言葉	『長編』242	○
処已/53	神宗/王安石	神宗が王安石の道徳を敬慕していることについて	『太平治跡統類』13	熙寧2年2月?
処已/54	神宗, 王安石/	神宗の政治への憂慮に対して王安石の叱咤激励	『太平治跡統類』12	熙寧2年10月
処已/55	神宗/王安石, 周公, 成王	王安石が辞任しようとした際, 神宗が周公, 成王の故事を引き引き留めた	『長編』234	○
寓言/56	神宗/王安石	王安石が辞任しようとした際, 神宗が引き留めた〈卿朕師臣也〉	『長編』233	○
寓言/57	神宗, 曾公亮, 王安石/呉申, 韓維, 呂恵卿	三司条例司の官呂恵卿に経筵官を兼任させること	『太平治跡統類』13	熙寧2年10月
寓言/58	神宗, 張戩/王安石, 常秩	張戩の提案(招賢館を築き, 常秩のような人物を招くこと)	無し	『長編』233注
寓言/59	神宗, 中書/楚国長公主, 李瑋	楚国長公主の悲惨な生活とその夫李瑋の処罰	無し	
寓言/60	神宗, 王安石/章辟光	章辟光の人物評	無し	熙寧2年?
寓言/61	神宗, 王安石/章辟光	神宗が章辟光を謁見したことへの批判	無し	熙寧2年?
寓言/62	神宗, 王安石/章辟光, 呂誨	章辟光の処罰について	無し	熙寧2年6月?
寓言/63	神宗, 王安石/	『日録』の執筆動機〈余為上言与陛下開陳事, 退而輒録以備自省, 及他時去位, 当繕録以進〉	無し	『長編』278注

【注記】◎備考の欄に○と表記しているものは, 『長編』の該当記事の本文注に陳瓘の評論が附載されていることを示す。
　＊1　理財門は個々の『王安石日録』の記事に陳瓘の評論がつけられず, 最後にまとめて「総論」と言う形で陳瓘の見解が示される。

ている。大半は『續資治通鑑長編』に採録されているが，一部，陳瓘『四明尊堯集』，楊時『亀山集』に『續資治通鑑長編』に見られない史料が残されている。ここでは，『亀山集』巻6「神宗日録辨」に残されている一節を取り上げる。

> 濮王不稱皇乃御史之力。上曰：「稱皇，使不得耶？」余曰：「無臣而為有臣，孔子以為欺天。濮王以人臣終而稱皇，是無臣而為有臣之類，且孝子慈孫事死如事生，事亡如事存，推濮王之心，豈敢當褒崇！然則如此褒崇，非事死亡如生存之道也。」
>
> （濮王を皇と称しなかったのは御史の力である。皇帝が言った。「皇と称することはできなかったのか？」王安石が言った。「臣無くして臣あるとなすは，孔子は天を欺く行為としています。濮王は人臣の身で亡くなったのに，皇と称するのは臣無くして臣あるとなす類です。孝行の念が厚い子孫は死者に生者のごとく接するといいます。濮王の気持ちを推し量れば，皇と崇め奉るべきではありません。このように崇め奉るというのは死者に生者のごとく接するという道ではありません。」）

これは，治平2（1065）年，英宗の実父濮王の尊号を巡って争われ，後に「濮議」と称された問題について，王安石が神宗に対して論評している一節である。当時，宰執の欧陽脩等と言官の司馬光等が激しく論戦が繰り広げたが，この問題に関しては，王安石は台諫であった司馬光等が主張した「不称皇」の立場を支持している。

ここには王安石の政治観がうかがえると共に[8]，皇帝と宰相間の関係も同時に読み取ることもできる。前頁に表1を付記した。これは陳瓘『四明尊堯集』に残る神宗と王安石との会話の内容を整理したが，この議論に見えると同様，王安石の神宗に対して教師とも言える立場からの厳しい発言に充ち満ちているのを確認できる[9]。

続いて，『續資治通鑑長編』巻446に残る『劉摯日記』の事例を見ておく。

---

[8] かつて小林義廣氏は仁宗朝頃の政治家が，官僚の世論を基底として，その上に至高＝倫理的天子をいただく「皇帝機関説」と称すべき皇帝像を有していたのに対し，第五代，第六代頃になると，君主＝皇帝を絶対視する考え方，一種「国家主義的国家観」へと移行していったと述べる。この一節には司馬光と王安石に共通する，後者の皇帝を中心とした国家観を読み取ることも可能である。[小林 1990] 参照。

[9] 詳しくは [平田 2002] 参照。

劉摯日記云：「七月二十七日，以孟秋朝享致齋本省。是日早，延和奏事畢，留身請補外，諭以不可，哀祈切至，再拜而退，投表于通進司。隨有旨，東府不許般出。明日，從上自景靈還至端門，既入，即返響而南，寓泊曹氏園聽命。八月一日癸巳，再表，批不允。近璫閻安自曹園押入，隨班奏事畢，少留，再懇。諭勞再三，未有可旨。退，再入箚子上馬。是日，有旨諸處毋接外章奏。五日五鼓，封還所奏，陳衍押入，見衍于本省後堂，見奏垂拱。六日奏事已，少留面對。

（元祐5年7月27日，孟秋の祭祀のため，本省で斎戒をした。この日早朝，延和殿での宰執の上奏が終った後，劉摯は一人残って外任に出ることを願い出た。皇帝（哲宗）は宣諭によって却下した。劉摯は再拝して退き，通進司に表を投じたが「東府（中書門下）から出ないように」との皇帝の旨を受けた。翌日，皇帝に従って景霊宮から戻り，端門（宮城の正門，宣徳門）から宮城内に入ったが，すぐに退出し，南にある曹氏園で皇帝の命令が出るのを待った。8月1日，再び外任で出ることを願う表を奉ったが，上批を受け，許されなかった。皇帝側近の宦官閻安が劉摯を曹園から引き出し，宰執の上奏班に随行させた。上奏終了後，一人残り再三辞任を懇願したが，許可が下りなかった。再度箚子を内廷に提出し退出した。この日，いかなる場所も劉摯からの上奏を受けないようにという命令が出された。5日五鼓（午前四時頃），上奏が封還された上，陳衍（高皇太皇后側近の宦官）に引き出され，本省後堂にて陳衍と会い，垂拱殿にて上奏を行った。6日上奏終了後，一人留まり皇帝と対面した。）

この部分は，宰相辞任願いを提出した劉摯が取った一連の行動を記している。「宰相留身」（宰執の対が終了した後，特定の宰執が一人留まり，皇帝と「対」を行うもの），表および箚子による辞任の請願，曹園での待罪，皇帝・官僚間を仲介する宦官によって皇帝の面前に引き出される様子などを読み取ることができる。

その他，『劉摯日記』からは官僚の議政・立案，皇帝の決裁の「場」に関わる情報を数多く入手することができる。例えば，その一端を書き留めれば以下の通りである。

「延和殿奏事」（宰執が延和殿にて上奏を行う）

「内降許自辨箚子」（許将の自辨箚子が内廷から宰執に下される）

「輔臣晩集」（宰執が都堂に夕方集まり集議を行う）

「殿中侍御史上官均・監察御史徐君平進対」(台官の上官均・徐君平が一緒に「対」を行う)

「范純禮過都堂謂摯」(給事中范純禮が都堂に立ち寄り宰相劉摯に話をする)

「今自上馬伏几案，紛紛落筆，惟虞不能畢。至五六鼓，已逼上廳覽詞狀，遂聚廳矣。」(役所を退出し，家にて机に向かい数多くの案件を処理するがなかなか終わらない。五，六鼓(午前四時〜六時頃)になるとやむなく役所に向かい文書を見，そして「都省」にて集議を行う)

「忌前假。假日班朝延和，不奏事，以今日進呈神宗實錄。」(忌の前の休日。休日にかかわらず，神宗実録を進呈するために延和殿に参列するが，上奏は行わない)

「経筵」(ご進講の場)

「聚廳」(都省に集まる)

「御集英殿，賜進士・諸科馬涓以下及第・出身・同出身・假承務郎・文學總六百有二人」(哲宗が集英殿にお出ましになり，馬涓以下総勢六百二人の進士・諸科合格者に及第・出身・同出身・仮承務郎・文学の称号を賜る)

「今朝漏舍」(早朝，待漏院での集議)

「集都堂」(都堂に集まる)

「三省聚議」(三省の聚議)

　これらをまとめれば，劉摯は延和殿を中心とする皇帝視朝の場において他の宰執とともに皇帝に対して「対」を行う一方，「都省」「都堂」「待漏院」などで宰執と「朝」「晩」と頻繁に会合を開き，かつ「都省」「中書省」にて連日勤務をし，帰宅後も政務に追われている様子を読み取ることができる。

　ここで，もう一つの重要な「政治空間」となる官僚の議政・立案の仕組みを説明しておく(図2宋代の文書の流れ参照)。官僚の上奏には，通進司を介する文書提出と，閤門司を経由し「箚子」を提出し，皇帝の面前にて意見を直接申し上げる方法が存在している。例えば劉摯日記に見える「将自辨箚子」とは，許将が皇帝の面前にて自己弁護を行うとともにその内容を箚子で提出したものである。その箚子は皇帝の判断の元，「留中不出」(内廷に留めおく)，「内降」(宰執に箚子を送る)の何れかの手続きを取ることとなり，このケースでは宰執の元に送られてきた「内降将自辨箚子」を再び宰執が検討し，それを再度皇帝に上呈している。

図2 宋代の文書の流れ

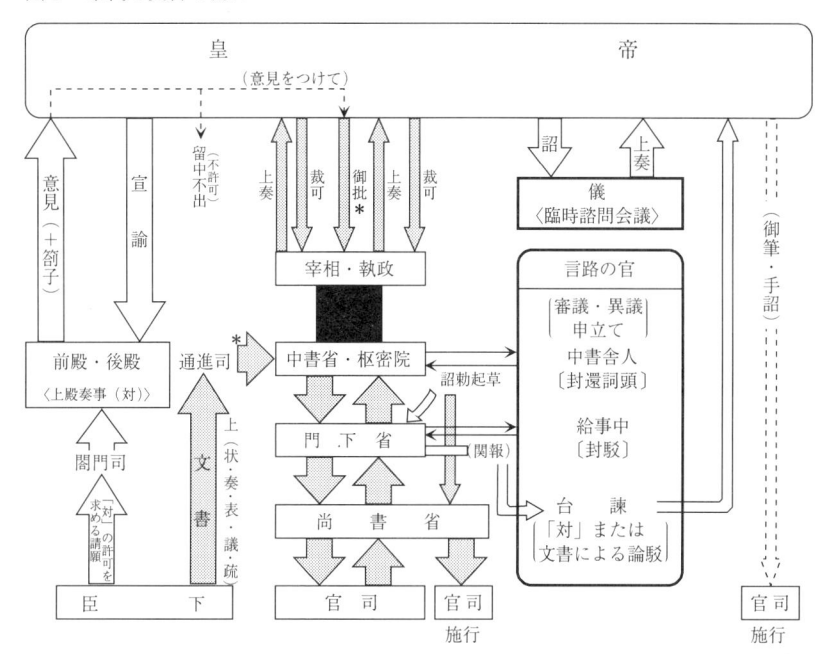

```
                          皇              帝
            (意見をつけて)
    意見   宣  留　　　上　裁　御　上　裁         詔  上
    （＋    中　　　奏　可　批　奏　可            奏
     箚    不　　　　　　＊                  儀
     子    出　　　　　　　　　　        〈臨時諮問会議〉
     ）    （
          不
          許
          可
          ）                 宰相・執政           言路の官
                                             審議・異議
                                              申立て
          通                                   中書舍人
          進                  中書省・枢密院   詔勅起草 〔封還詞頭〕
     ＊    司                                    給事中
  前殿・後殿                    門　下　省    関報  〔封駁〕
 〈上殿奏事（対）〉             文
                              書         台　　諌
          閣門司                        「対」または
             対                尚　書　省   文書による論駁
             の
             許
             可
             を
             求
             め
             る
             請
             願                 官　司    官　司              官　司
     臣　　　下                  施行    施行              施行
                                                        （御筆・手詔）
```

＊通進司を経由する文書および皇帝より意見をつけて下される文書（御批）次のような流れ（⇨ で示す）をたどることとなる。――線は、恒常的政務会議を表す。
　○○文書→中書・門下省→尚書省→六曹（尚書省の六つの部局）→諸案（六曹に所属する課）〔文書を調べたうえ、関係官司に調査・問い合わせを命ずる〕→六曹（原案策定）→尚書省→宰相・執政の議（上奏）→皇帝（裁可）→中書省（詔勅起草）→門下省（詔勅審議）→尚書省（施行）→官司

　つまり、基本的には官僚の上奏文や内降されてきた文書など各種文書が宰執の元に集められる仕組みとなっており、宰執は内容を関係官庁と十分審議した上で、皇帝に上呈し、その決裁を受けることとなる。

　ただ、検討を重ねる必要がある案件については、宰執を中心とした審議に加えて、皇帝から各種官庁あるいは官僚へ諮問という形で集議が開催されることとなる。この集議には多様なものがあり、専門官の議、侍従・台諌の議、百官の議などがある。単純に構造を整理してしまうと尚書の官を中心とした専門官の会議を基準に、次第に台諌、侍従といった具合に関係者を広げ、最後には中央内外百官を集めた集議へと広がっていく（図3集議の構造参照）。

　なお、皇帝の面前で宰執を中心に繰り広げられる「対」とこうした集議は同時

図3　集議の構造

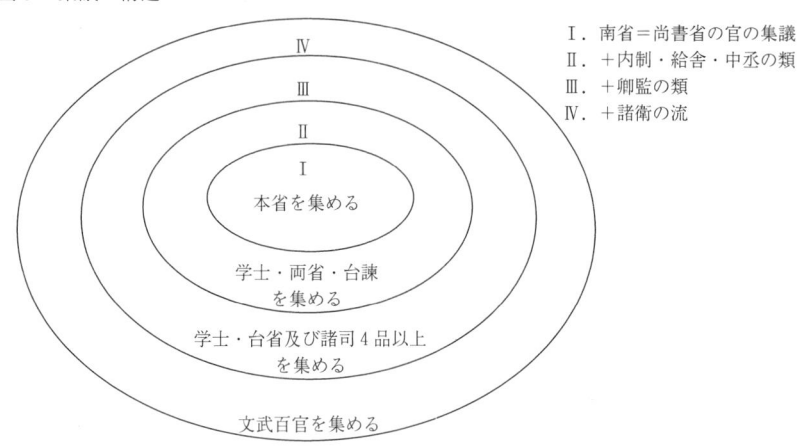

Ⅰ．南省＝尚書省の官の集議
Ⅱ．＋内制・給舎・中丞の類
Ⅲ．＋卿監の類
Ⅳ．＋諸衛の流

Ⅰ　本省を集める
Ⅱ　学士・両省・台諫を集める
Ⅲ　学士・台省及び諸司4品以上を集める
Ⅳ　文武百官を集める

並行的になされるものであり，両者が織りなす形で政策が決定されていく。

　さらに，この政策決定過程においては言路の官を中心とした異議申し立てが許されている。皇帝の裁可を受けて「詔勅」が中書省に回されると中書舎人（ないし翰林学士）が起草を行う。ここで，もし不服があれば「封還詞頭」（送られてきた詞頭（命令の要旨）に封をして突き返す）を行うことが認められている。中書舎人の起草が完了すると今度は門下省に回され給事中が審議を行う。ここでも「封駁」を行うことが認められている。こうした政策の情報は，台諫にも伝えられる仕組みとなっており，彼らはその内容について「論駁」を行う。こうした幾つかの異議申し立ての障害を経過し，最終的には尚書六部を中心とした役所に命令が下され，政策が実施されることとなる。

　以上のように，官僚の議政・立案過程においては，宰執を中心に政策を立案していく過程，その政策を巡って展開する様々な議（皇帝の諮問を受けて行われる官僚たちの集議），文書や「対」を媒介としつつ「言路」の官[10]が行う異議申し立ての過程などが併存しており，これらを軸に政策が形作られていくのである。

---

[10]　本文中では，台諫を主として指す「言官」と，『朝野類要』巻7「称謂」に「言路，台諫給舎也」と表記される「言路」の官という二つの語を使用している。後者は「言事」（政事批判）に広く関わる御史台官，諫官，給事中，中書舎人を総括した言葉である。

次にこの両者の政治の「場」を軸に展開する政策決定過程について日記史料を見ながら確認しておく。『思陵録』に載せられている南宋初代皇帝の死後の尊号（廟号）問題は以下の通りに展開する。
（1）　淳熙14年11月8日，都堂にて太上皇帝の諡号に関する集議が行われた。
（2）　11月11日，冬至節假の日，崇政殿の素幄（臨時接見場所）にて宰執と皇帝との接見が行われた。宰執は礼官が提案してきた「高宗」案を上呈した。
（3）　11月28日，延和殿で，皇帝が宰執を接見した。宰執は唐輅が提案してきた「祖」案を上呈した。この案について，皇帝は礼部・太常寺にて検討させるよう命じた。

以下は省略。

中心となるのは（2），（3）の例に見られるような，延和殿，崇政殿といった皇帝の政治決裁の「場」と（1）の例に見られるような官僚の審議の「場」の二つであり，両者が絡み合う形で政策が決定されていく。

この場合，前者は皇帝（孝宗）が太上皇帝の服喪期間であることにより，本来使用されるべき前殿（垂拱殿）が避けられ，後殿或いは内殿と称される崇政殿，延和殿が官僚との接見場所として用いられている。

一方，後者の官僚たちの審議は，礼制関係の専門家（礼部，太常寺の官）に加えて侍従，台諫，両省などの官を都堂，御史台に集める形で行われる。これら以外にも，個人的に廟号案を提出しているケースが幾つか見られる。

これらの議案は宰執の元に送られ，皇帝との接見時に宰執から皇帝の元に上呈され，両者の間で議論が行われる。高宗案以外にも，堯宗案，聖宗案，光宗案，芸宗，大宗案，「祖」字案，「烈」字案など数多くの案が提出されたが，三ヶ月余の審議の結果，最終的に「高宗」案に決着することとなった。

そして，この二つの空間をつなぐのが文書であり，官僚の「箚子」，「状」，「議」といった各種の上奏文と皇帝から宰執に送られる御筆，手詔が主たる形式として現れる。とりわけ，後者は宰執が直接，皇帝と議論できない際に大きな機能を果たすこととなった。

3．政策決定に関わる官僚群

　通常，宋代の官僚機構については，元豊官制改革以前であれば，皇帝直属機関として中書門下（民政担当），枢密院（軍政担当），三司（財政担当），翰林学士院（詔勅の起草），御史台・諫院（監察・言事担当）を中核として政策が立案，審議，決定され，その政策を執行機関の中核となる尚書省の下に設けられた六部，九寺，五監などの役所が実施し，またこれらの命令は中央から路，州，県の地方官府に伝達されていったという説明がなされる（図4 宋代官制図　Charles O.Hucker *A Dictionary of Official Titles in Imperial China*, Stanford University Press 1985参照）[*11]。

　如上の理解は，官僚機構を重点に政治の仕組みを捉える場合，妥当なものと言える。しかし，政策決定過程を考えていく際には違和感が残る。例えば日記史料を手掛かりに政策決定に関わる官僚群を整理していくと別のとらえ方が可能となる。例えば周必大『思陵録』には大きく分けて七つのカテゴリーの官僚群が存在している。

（1）　中央官
　　①宰執　②侍従　③台諫　④専門官　⑤宦官
（2）　地方官
　　⑥路，州の長官（或いは次官）　⑦その他の州県官

　これを大胆に皇帝との接見の頻度（⑤宦官を除外）で整理していった場合，宰執／③台諫，②侍従／④専門官或いは⑥路，州の長官（或いは次官）／という順番となる。まず①宰執の頻度が多いのは皇帝の補佐役，百官の長として当然のことであるが，日記の中には宰執は通常「三省」，「枢密」と別個に「対」を行うケースと宰執が一体化して「対」を行うケースが存在している。特に留意すべきは通常「対」は前殿視朝五班と称されたように，五つのグループを基本としているた

---

*11　日本にも梅原郁氏の詳細な官制図「北宋前半期中央官制一覧」［梅原 1993］などが存在しているが，北宋の官僚機構の原理を的確に捉えているHucker氏のものを今回は用いた。

図4 宋代官制図

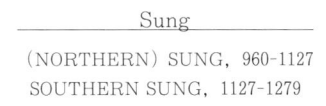

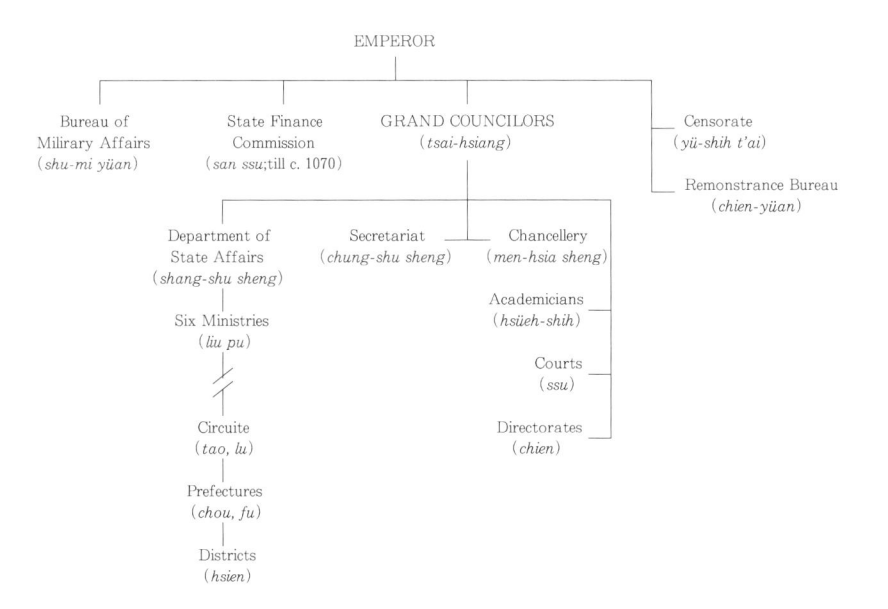

```
                            Sung
                  (NORTHERN) SUNG, 960-1127
                  SOUTHERN SUNG, 1127-1279

                          EMPEROR
    ┌─────────────┬──────────────┬─────────────┬──────────────┐
  Bureau of    State Finance   GRAND COUNCILORS            Censorate
Miliary Affairs  Commission    (tsai-hsiang)              (yü-shih t'ai)
(shu-mi yüan) (san ssu;till c. 1070)                      
                                                      Remonstrance Bureau
                                                         (chien-yüan)
                    ┌─────────────┬──────────────┐
              Department of   Secretariat    Chancellery
              State Affairs  (chung-shu sheng) (men-hsia sheng)
             (shang-shu sheng)               
                                             Academicians
              Six Ministries                  (hsüeh-shih)
                (liu pu)
                                                Courts
                                                (ssu)
                Circuite
                (tao, lu)                     Directorates
                                                (chien)
               Prefectures
                (chou, fu)

                Districts
                 (hsien)
```

め，単独でのケースは少ない。ただ，宰執に限り，「宰執」の「対」を行った後，特定の宰執が一人「留身」して「対」を行っている事例が数多く見られる。この点からしても宰執は特別な存在であったことをうかがわせる。

次に位置するのが③台諫と②侍従である。台諫は言事（宰執を中心とした行政府の政治について批判を行う）を担当しており，異議申し立ての中心となる官僚である。彼らは「五班」の枠内に数えられると共に，「先次挑班上殿」（順序を待つことなく優先的に対を行う）ことが許される存在であった。ただ，『思陵録』中においては宰執と台諫は，いわゆる与党と野党の如く立場を異にするためか，台諫の詳しい活動はうかがいにくい。一方の②侍従は皇帝の顧問役であり，給事中，翰林学士，中書舎人などが該当する。彼らは「詔勅」作成に関わる職務を帯び，具体的には翰林学士，中書舎人が「詔勅」を起草し，給事中がそれを審査する。同

時に「詔勅」作成過程において異論があれば、それを拒否する権限も有していた。また同時に、皇帝の相談役としての職務を帯びており、翰林学士、中書舎人は詔勅作成の関係で内廷に宿直することが多く、政務についてしばしば下問を受けている。日記の中でも彼らが内廷に呼び出されている様子を確認することができる。そして、③台諫、②侍従は審議機関としても重要な役割を担っており、④専門官とともに、重要事項について皇帝から諮問され、集議を行う存在でもあった。

次に位置づけられる専門官の「対」は比較的少ない。むしろ彼らは議政、立案の一過程を担う存在として位置づけられていたのであろう。

その他、⑥路、州の長官、次官クラスは、外任に赴く際と中央に戻る際に皇帝との接見の機会を有していた。日記においては金との外交問題、高宗の埋葬問題が重要課題となっており、これに関係する地方官の名前が頻出している。

「対」の頻度の枠外に⑤宦官をおいたが、宦官はある意味で皇帝と最も交流の頻度が高い役職である。実際、日記においても皇帝と官僚とをつなぐ仲介役として各種の仕事を担当している。彼らは皇帝の使者(「中使」)として各地に派遣される他、「御筆」、「御批」といった文書を官僚に伝達する役割も同時に担っている。

ここで具体的に日記を用いて、政策決定に関わる官僚群の姿を浮かび上がらせてみよう。『劉摯日記』(『長編』巻452、元祐5年12月)には次のような記事が載せられている。

　　先是十一月丙子十六日、殿中侍御史上官均・監察御史徐君平進對。此據劉摯日記、乃十一月十六日事、然摯先於十三日已語韓忠彥云云、疑日記傳寫或差錯、今移十三日云云附此後。劉摯謂韓忠彥曰：「聞均及君平有章、皆為許將聲冤、謂中司不當搖大臣。」忠彥曰：「將自言亦若此、然止稱均、不及君平。」摯曰：「前此聞楊康國・劉唐老為傅堯俞辨訴、台諫官與大臣為地、前未之有殆、出於近世、非公道也。黨與根株、其將奈何？」摯自謂於用言未嘗不懇懇於諸公、天實知之。既而彙大防亦為摯言、聲冤事如摯所聞。又曰：「常疑人分恩南北似非理、今觀之、豈不可駭！」此並十一月十三日所記、今移入此。摯又曰：「君平、江南人。嘗從王安石學、蘇轍舉為御史。昨聞均語于人、頗慍。轍尋常多召君平及岑象求議事。彼不知君平異趣、故不疑爾。今日之對、必有異論。自鄧温伯來、梁燾等去、

近又召彭汝礪、至今言路復有君平輩、摯毎以告大防、而大防顧疑摯分恩南北、此深可慮也。」會秦觀準敕書御史臺碑、適自彼來、為摯言：「聞均等對以許將細故不可動。」又言：「君平與轍無異志。雖與均同對、必不助其語。」又言：「轍及孫升前對、論語甚溫、但頗然許將爭利一事、云：『若非將言、幾誤此事也。』」及是踰半月矣、乃有內降付三省云：「許將近累上表、乞除外任、可資政殿、轉官知定州。」翼日十二月二日。以內降進呈、諭曰：「許將自昨來事後、言者章疏攻彈不已、今令補外、然恩無事。」呂大防奏曰：「近時外補少遷官者、今將轉官拜職、又得帥府重地、聖恩優厚、臣子之幸。」又諭曰：「昨來韓樞密・傅侍郎事過後便定奪、更無人言。獨有右丞被言文字甚多、不可不如此也。」摯私謂：「將所爭利一事誠細故、未足以為去留、但將自初入以來、人望不快。昨宣押之後、論者不肯止。上既以利一事為將之是、故言者置其事、止以人物不可在政路為說、是以天意顧公議、不能主之也。人不素修、欲信於士大夫、其可得哉！將性敏惠、明見事理、而所趨甚異。喜圓機、薄節行、持『言不必信、行不必果』之論、好『寧我負人、無人負我』之事。此其大失也。措之于政事、豈非為害？此人情所以欲去之爾。前日陳衍至大防府第、必以此詢決之。然將忤物不一、孤立亦可憐。」是日、范純禮過都堂、謂摯曰：「繼將者當用鄧溫伯。」又曰：「八座當用范百祿、補鼇當用范祖禹、補掖當用彭汝礪。」又謂將之去非是。摯與純禮雅善、故於摯無隱然昔者議論不如是之私、今聽其言、不敢以為當。傅堯俞多為其所惑、皆類此也。此並用摯日記所載修入。可見當時議論各有黨、不可罟也。

まず押さえておくべきは、御史台官、諫官はそれぞれ集団で「対」を行っているという事実である。これは先に指摘した「五班」という「対」を行うグループの制限と深く関わっている。

そして、こうしたグループとしての活動が朋党形成にも影響を及ぼすこととなる。日記のこの一節の中では、宰執、侍従、台諫を中心とした政治集団ができあがっていたことが指摘されている。仮にこれらを『續資治通鑑長編』などにあらわれる朋党用語を用いて再構成すれば、朔党＝劉摯党（梁燾、孫升）、范・韓党（范純禮、韓忠彦、楊康國、劉唐老、傅堯俞、范百祿、范祖禹、彭汝礪、鄧溫伯）、蜀党（蘇轍、徐君平、岑象求、秦觀）、洛党（上官均）、呂大防とまとめることができるか

もしれない。

　この一文の中でも，実際，給事中の范純禮が劉摯の元を訪れ，范百祿を六部尚書，范祖禹を翰林学士，彭汝礪を中書舍人に推挙している。この他にも『劉摯日記』の中には，侍御史孫升を起居舎人にする人事について，傅堯兪，范純禮の党が，自派の鄧温伯を引き上げるのに際し，妨げとなる孫升を他のポストへ移そうとしたと述べるなど，当時の政界人脈についての叙述が多々見られる。

　因みに宰執，侍従，台諫を中心とした政治集団の形成についての言及は「（御史中丞鄭）雍言摯略云：「摯久據要路，遍歷三省，始因言事得進，即與其意合者共進退人。」又云：「摯爲執政，其下多引在要任，或爲兩省屬官，或在言路，摯所不悦，則舍人・給事繳駁，言路彈奏」（『續資治通鑑長編』巻467）などに見える通りであり，それぞれ政策決定過程の一翼を担う宰執，侍従，台諫，専門官を中心に政治集団が絶えず形成されていったことがうかがえる。

4．宋代の政治構造の変化

　北宋の都開封と南宋の都臨安とでは政治空間の差異があったと考えられる（図5，図6参照）。第一に，例えば開封の場合，唐の長安と同じ「北宮南市」（宮城は北に位置し，商業空間は南に展開）の構造を取るのに対し，臨安は明清の北京と同じ「南宮北市」（『礼記図』にいう「前朝後市」）の構造を取っている。これと対応するかのように，開封は宣徳門から南に御街が伸びているのに対し，臨安は北の和寧門から御街が北に延びている。これは南の麗正門の前の空間がさほど広がりがなく，鳳凰山の山並みに遮られていることによるものと思われる[*12]。

　第二に両者とも地方の州城を元に発展した首都であるが，加えて南宋の臨安は

[*12] 大阪市立大学COEシンポジウム「中国都市の時空世界」（2004年12月18日）にて，華北の首都と華南の首都との比較が問題となった。長安，北京に代表とされる華北の首都が平野に立地され，整然とした都市構造を持つのに対し，建康，臨安，南京などの華南の都市が山川の地形に左右され，いびつな構造と成りやすいといった問題が指摘された。この成果は，大阪市立大学東洋史論叢別冊特集号『国際シンポジウム「中国都市の時空世界」』（2005）にまとめられている。

図5 北宋開封図（周宝珠『宋代東京研究』河南大学出版社，1992年より）

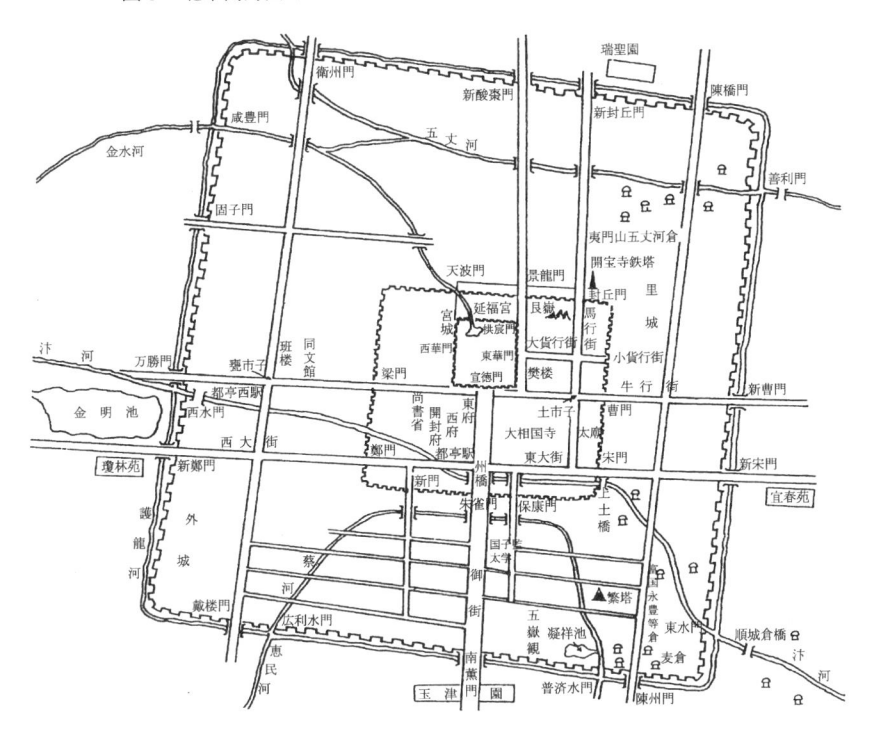

「行在」としての特殊性を有している。すなわち、臨安は 北に帰ることを前提に作られた便宜的な都であり、そのことも反映してか、紹興12（1142）年、金との和議締結の後、崇政殿、垂拱殿を作り、しばらくして福寧殿、さらに淳熙8（1181）年に延和殿を作るといったように順次、宮殿の整備が進められていく。

第三に臨安の広さを表す表現としてしばしば「宮城九里」と表現される。この数字がどの程度のものであるか明確に述べることはできないが、『宋史』巻85地理志、巻154輿服志などによれば、紫宸殿（「遇朔受朝」）、文徳殿（「降赦」）、集英殿（「臨軒策試」）、大慶殿（「行冊礼」）、講武殿（「閱武」）の名称は存在するが、その実、垂拱殿と崇政殿の二殿の名称を変えることによって使用されるなど、宮殿の兼用使用が行われており、宮城内は手狭であったと思われる。加えて、開封においては宮城内にあった中書省、門下省、枢密院、都堂、中書門下後省などが臨

図6　臨安京城図（傅伯星・胡安森《南宋皇城探秘》（杭州出版社, 2002）

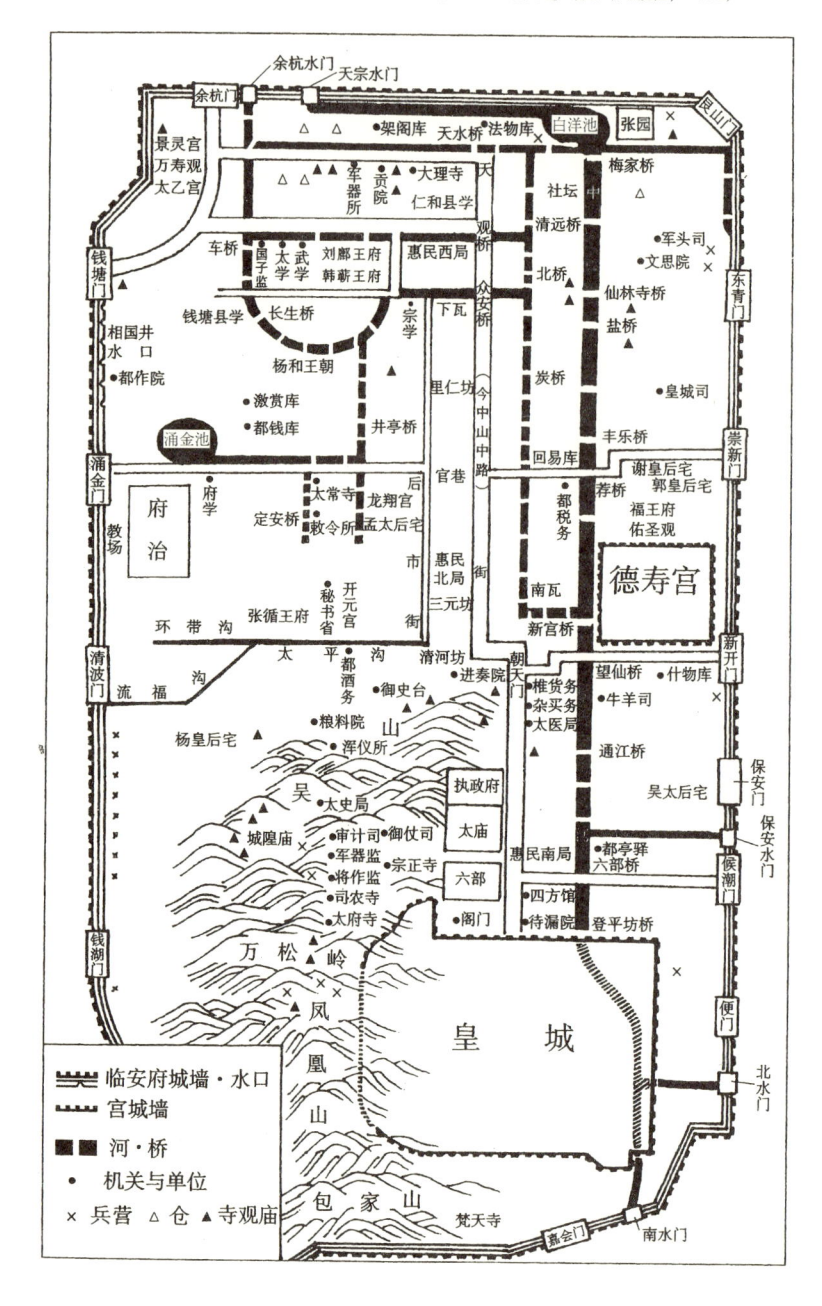

図7 北宋開封宮城図（元刊本『事林広記』）

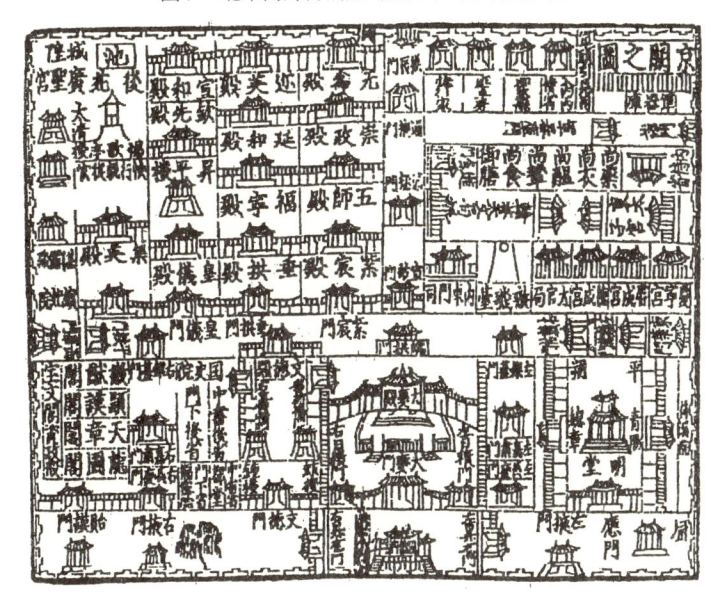

安では宮城外におかれている。さらに、『咸淳臨安志』巻10「行在所録」によれば、徳壽宮（太上皇帝となった以後の高宗、孝宗の居宅）、「昭慈聖献孟太后宅」など太上皇邸宅、皇太后宅、皇后宅が宮城外の「後市」を中心に配置されている。この宮城外への広がりは、政治空間の分散化の問題とも密接に関わりを持ってくる。魏了翁『鶴山先生大全文集』巻18に「復都堂舊典以重省府」という一節がある。この中で、北宋の神宗朝頃、宰執の役宅「東西二府」が宮城外に作られるようになり、南宋になると専権宰相に私第を賜る傾向が広がり、ここが政治決裁の場所となっていったことを指摘している。かつて衣川強氏の論文［衣川 1984］の中で宰相宅と宮城との距離を以て権力の変化をはかる試みがなされているが、魏了翁の一節などはそれを連想させる内容となっている。

それでは、どのように政策決定システムの変化が起こってくるのか、概観してみたい。この問題は多面的な観点から捉えることが可能であろう。例えば魏了翁が端平元（1234）年に書いた「應詔封事」（『鶴山先生大全文集』巻18）によれば、北宋から南宋にかけて十の変化が見られるという。彼は具体的な提言として「一

図8　宋開封宮城図（傅伯星・胡安森《南宋皇城探秘》(杭州出版社，2002)

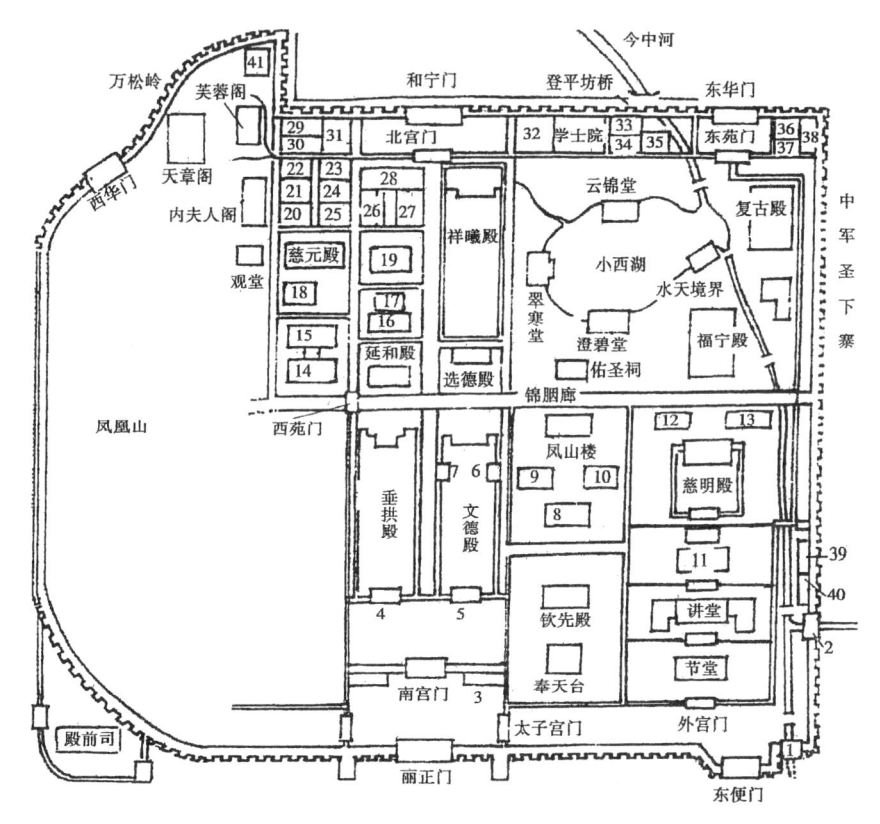

南宋皇城内分布示意图

此图系笔者根据宋人记载，参照北宋皇城图，加上合理推想而作。

1.南水门　2.东水门　3.本官会议所　4.垂拱殿门　5.文德殿门
6.7.东西上门　8.清赏堂　9.玉澜堂
10.荣观堂　11.凝华殿　12.绎已堂
13.博雅楼　14.明华殿　15.敉华殿
16.瑞庆殿　17.损斋　18.凌虚阁
19.勤政殿　20.内东门司　21.外库
22.御酒库　23.御药院　24.内侍省
25.内都巡检司　26.御厨　27.御膳所
28.殿中省　29.中殿内库　30.内藏库
31.钟鼓院　32.进奏院　33.翰林司
34.符宝司　35.皇城司　36.甲仗库
37.军器殿　38.仪鸾司　39.八作司
40.修内司　41.天开图画坛

曰復三省舊典以重六卿」、「二曰復二府舊典以集衆思」、「三曰復都堂舊典以重省府」、「四曰復侍從舊典以求忠告」、「五曰復經筵舊典以熙聖學」、「六曰復台諫舊典以公黜陟」、「七曰復制誥舊典以謹命令」、「八曰復聽言舊典以通下情」、「九曰復三衙舊典以強本朝」、「十曰復制梱舊典以黜私意」と箇条書きに述べている。要するに、北宋の熙寧・元豊期の新法改革を経て、南宋の秦檜、韓侂冑の専権宰相時代への展開を大きな変革期として捉え、特定の宰執あるいは宰執に関わる特定機関への権力集中と、それに対応する形で侍従、台諫、経筵、制誥、聴言などの諸機能が低下し、皇帝が官僚より広く意見を聞く体制が弱体化したという形で整理している。

この見方はかつて秦檜の専権を分析した際に、呂中『中興大事記』の一節を用い、秦檜が内廷、外朝、経筵の皇帝と関わる三つの空間の把握に努めたこと、台諫に配下の者を配置すると共に、自分に対して批判を行うであろう給事中、中書舍人、翰林学士などのポストを空位とし、直学士院、直舍人院による代替業務を行わせるなど、「異議申し立て」の職務と関わる「言路」の官の人事に細心の意を用いたこと、また「転対」などの機会の折りに皇帝への発言の機会を得る官僚に圧力をかけた事実を指摘したこととも重なってくる。

本論文では、以上の傾向とも深く関わる、北宋末頃より盛んとなる御筆について触れておく。『宋史』巻472蔡京伝に次のようにある。

> 初、國制、凡詔令皆中書門下議、而後命學士爲之。至熙寧間、有内降手詔不由中書門下共議、蓋大臣有陰從中而爲之者。至京則又患言者議己、故作御筆密進、而丐徽宗親書以降、謂之御筆手詔、違者以違制坐之。事無巨細、皆託而行、至有不類帝札者、群下皆莫敢言。繇是貴戚・近臣爭相請求、至使中人楊球代書、號曰書楊、京復病之而亦不能止矣。
>
> （宋代の制度では、詔令は中書門下の議を経た後、翰林学士が起草することになっていた。ところが、熙寧の時期になると、中書門下の議を経ることなく、内降手詔が用いられるようになった。これは大臣が密かに作成したものである。蔡京が政権を担当するようになると、政治批判を恐れ、御筆を密かに作って徽宗に進上し、親書という形で下すことを求めるようになった。これを御筆手詔といい、違反するものは違制律によって処罰された。大事、小事となくすべてこの文書に託して行われるようになり、皇帝の文書と思われないものでも誰も咎め立てするものがいなくなってしまった。貴

戚，近臣はこぞってこの文書を求めるようになり，宦官の楊球が代書し，「書楊」と称されるまでとなった。蔡京はこの事態を憂えたが，止めることができなかった。）

ここで言う御筆とは，中書門下の議を経ることなく，宰執が皇帝に密かに意見を提出し，それを受けて皇帝が直接官府に文書を送るものであり，蔡京が言論を封じるために用いたものとされる。しかし，徳永洋介氏の論文［徳永 1998］が明らかにしているように，御筆は，その後の北宋末から南宋時代にかけて宋代の文書システムの根幹となっていく。因みに，徳永氏はこの制度について「御筆制度もこの例に漏れず現れたもので，宰相と入念に諮って裁断を下す原則は維持しながらも，皇帝が六部以下の行政機関を直接指導する体制に先鞭を付け，明代の内閣や司礼掌印太監に繋がる幾多の側面での先駆的な役割を果たした意義は看過できない」と述べ，明代の内閣の票擬システムの先鞭をなしたものと位置づける。

実は周必大には『奉詔録』と称される，孝宗と周必大の間をやりとりした，「御筆」，「聖旨文字」，「御批」と表記されるいわゆる御筆について日記スタイルでまとめた書物が残されている。例えば次のような文体である。

　　張氏論孟傳御筆。淳熙九年正月二十七日
　近見張氏論孟傳不知是誰作，論議如何。
　　　　回奏。
　此是張九成撰，議論明白，而以洛中程氏為主，九成仕至禮部侍郎，秦檜以其是趙鼎上客，久貶南安軍。檜死後，嘗起知温州，失明奉祀卒。
　（御筆：『張氏論孟傳』は誰の作か？議論はどうか？
　回奏：これは張九成の撰によるもので，議論は明瞭で，二程子の考えを元にしています。張九成は礼部侍郎の地位にまで登り詰めましたが，秦檜が彼は趙鼎に厚遇されている人物と見なしため，長らく南安軍に左遷されていました。秦檜の死後，復帰して知温州となり，失明して祠祿官を勤め亡くなりました。）

つまり，『奉詔録』は「御筆」，「回奏」が一組となり，両者のやりとりが日記形式で記される形式となっている。また，御筆を受け取る場所としては『奉詔録』を見る限り，「臣準御前付下……文字」，「臣昨聞聖諭」といった表現に代表されるように直接皇帝の面前で行うケースもあるが，多くの場合，「臣昨蒙聖慈遣中使下詢……」，「臣準内侍陳汚封下聖旨文字」，「臣準内侍甘宗茂封下御批」，「午時

封入，未時奉御筆」として現れる宦官を介して送付されてくるケースが多いことが確認される。

　それでは次に『奉詔録』に見える皇太子の参決問題を手掛かりに御筆の特徴を探ってみることとする。

　（a）資善堂稱呼御筆十一月十四日
皇太子参決庶務去處，祥曦殿南閣子太淺隘，今別有一所欲作資善堂，令太子與卿等議事于此，不知資善之稱呼允當事體否。卿等奏来却進入。
　　　回奏王季海草
臣等恭奉宸翰云云。臣等檢照得典故，録在別幅，更取聖裁。不然且權宜稱為議事堂如何，或不必立名亦可。臣等未有據依，不敢更有陳述，容別日面奏，所有御筆復用繳進。

　（b）過宮燒香，皇太子参決等御筆十一月十九日
自此以後，遇旦望詣梓宮前燒香，恐日数稍稀濶，欲五日一詣宮燒香如何。皇太子議事指揮先宣示卿等，如有未允當處，却具奏来。皇太子可隔日就議事堂参決與宰執並公裳繋鞓相見議事，如有差擢在内寺監丞在，外自守臣已下，悉委皇太子與宰執同議除授訖以聞，所有守臣權免上殿参辭，並於議事堂納札子，擇其可施行者，皇太子同宰執將上取旨。

　（c）皇太子議事御筆十二月五日
皇太子議事之後，于進呈文字前，宜用貼黄稱説卿等已與皇太子参決訖皇太子議事。次日須當于内殿侍立，不進呈文字，止要聽聞朕與卿等商議政事，兼朕時親問太子某人其才如何・某人議政事如何，不如此亦無補於聰明，却繳来。

　（d）皇太子初開議事堂，乞特御殿十二月二十九日
臣恭覩已降指揮，皇太子就正月二日開議事堂，雖是節假，乞陛下特御延和引宰執奏事，既退，方赴議事堂，庶幾新元發政，協先後之序，臣今輒陳所見，伏乞睿照。

　孝宗の晩年，先代皇帝高宗への服喪を契機に皇太子に政務の一端をゆだねる皇太子の参決問題が起こってくる。（a）～（d）はその問題に関わる部分を抜き出したものであり，（a）では皇太子の参決の場所を「資善堂」とするかどうかについて御筆，回奏という形で文書のやりとりが行われている。（b）は具体的

な参決方法について皇帝から宰執に御筆が送られたもの，（ｃ）は皇太子が宰執と論議した後の皇帝への報告方法，及び皇太子を内殿に侍立させ，皇帝と宰執のやりとりを聞かせたり，皇帝より皇太子に政務や人材について下問したりすることを通して皇太子教育を行うことについて御筆が下されている。（ｄ）は皇太子の議事堂開設の日時，方法について宰執側より皇帝に上奏されている。

　この部分だけでは詳しい経過がわからないので『思陵録』の記事を拾っておく。（１）淳熙14年11月己亥（２日），皇太子参決について三省，枢密院に手詔が下され，有司に参決すべき庶務について議論させることとした。（２）庚子（３日），礼部・太常寺から次のような報告があった。貞観・天禧の事例を用いるようにとの詔に対しては皆，否定的な意見であり，朝廷外の世論も騒いでいる。また，皇太子が詹事葛邲に涙を流して参決するつもりはなく，翌朝，徳壽宮にて懇辞するつもりだと語ったことが伝えられた。（３）癸卯（６日），皇太子と宰執が会って参決する回数を間日とする，祥曦殿の南に太子侍班の場所があるのでそこを参決の場所とする，官僚への除授については貞観時代に五品の別があるが，その点をどうするか，といった点について，孝宗が宰執に下問した。宰執側は礼官に議論させたいと返答した。（４）癸丑（16日），太子議事の場所を資善堂と名付ける上批が下された。王相（淮）は賛成の態度を取り，周必大は「天禧の嫌」があるので，議事堂とすべきだと意見を述べた。（５）乙卯（18日），延和殿にて太子議事の場所の名について審議した。周必大の議事堂とすべきとする意見に孝宗が賛同した。（６）戊午（21日），皇太子参決の庶務について次のような上批が出された。中央官は寺監丞以下，地方官は知州軍以下の除授を行い，その結果を孝宗に報告すること，議事堂で上奏を願い出たものの引見を行い，採用すべき意見については宰執とともに孝宗へ上呈するようにというものであった。（７）丙寅（29日），延和殿にて，周必大が，内批通りに内東門司を議事堂とし，12月２日に看板を掛け，有司に日を選んで開設させることを上奏した。（８）12月辛未（４日），延和殿視朝。皇太子参決についてその結果を毎月覆奏すべきだとする王相の意見について，孝宗ならびに周必大が煩瑣として反対した。（９）乙亥（８日），延和殿視朝。本日議事堂開設のところ，皇太子が赤目のため休んだため，別の日を太史に選ばせることを周必大が上奏し，孝宗が許可した。（10）辛巳（14日），延和殿視

朝。知州を引見し、箚子を読ませるとき、皇太子が坐ってそれを受けるかについて議論し、孝宗は熟議すべきとの指示を出した。(11) 戊子（18日）、延和殿視朝。皇太子議事堂開設の日について審議した。(12) 淳熙15年正月戊戌（2日）、前日晩、周必大は、延和殿視朝の後、宰執に議事堂に赴かせ、二日より議事堂を開くべきと孝宗に提案し、裁可された。この日、議事堂で皇太子参決が行われた。

『思陵録』はこの問題について延和殿視朝の際に孝宗と宰執が議論を展開すると共に、宰執が退出後、御批が下され、それを受けて宰執の間で議論が行われている様子を描く。『奉詔録』は、その政策決定過程のうち、御筆を介して行う部分について詳細な情報を提供してくれており、御筆システムと言うべきものが政策決定過程のかなりのウエートを占めるようになってきたことを示してくれる。

つまり、この御筆システムの確立は、北宋の「対」を中心としたシステムの変容を示唆させる。先述した『司馬光日記』、『王安石日録』、『劉挚日記』などからは、「対」を通じての皇帝との直接的接触が広範且つ頻繁になされていた様子を読み取ることができたが、一方、南宋の周必大の日記『思陵録』、『奉詔録』などからは、皇帝が宮殿に姿を見せることが少なく、代わって御筆を媒介として政務を処理する様子をうかがうことができた。これは孝宗の服喪期間中という特殊事情というのみでは片づけられない問題が内在している。例えば、魏了翁『鶴山先生大全文集』巻18の一節に次のように見える。

八日復聽言舊典以通下情、祖宗盛時、受朝決事或至日午、其有奏事已久、餘班不能悉引、則命太官即殿廬賜食、或輔臣未退亦賜食殿門、食已再坐、復引餘班。仁宗之初、羣臣引對至十九班而未厭。其後、前殿奏事、不過五班、仍詔辰時以前、常留一班、以待御史諫官之請對者、累朝相承、率用此道、所謂宰輔宣召、侍從論思、經筵留身、翰苑夜對、二史直前、羣臣召歸、百官轉對・輪對、監司帥守見辭、三館封章、小臣特引、臣民扣匭、太學生伏闕、外臣附驛、京局發馬遞舖、蓋無一日而不可對、無一人而不可言、所以同人心而觀已德、共天命而敕時幾也。自秦韓柄國、視神器如奮篋中物、占吝把握、惟懼人之有言、雖日引二班、猶多隔下、每朝奏對、率盡辰初、號為近侍之官、未嘗獲侍宴、開從容獻納、欲陳已見、先白閣門、雖以經筵講讀之官、猶先期問有無奏事、二史雖聽直前、亦關閣門乃敢進對。其在二班之數者、則又姑為具文、

以求苟免、職事官或當輪對、非以遷除為辭、必以託疾在告、夫所謂修德・所謂講學、此古者大臣格君之要義、今更相告語曰第言修德講學、則號為正大、實無拂於時政、第攻上身則外示訐直、實無忤於時宰。嗚呼士氣之壞、一至於此。惟有太學諸生伏闕與登聞檢鼓院受書、猶得以自獻、而數十年間兩學之士或削籍遠竄、或直決械遣、或羈之嶺外、或斃之途中、或付之不報、或中以他事、由是競相懲創、久鬱不伸、檢鼓院雖設匭、而不問幾事、必詰所言、又至擅發奏御之封、以審其實、必不涉謗訕、乃與投進、或拒之不聽、則批之曰不受、此何理也、其幸而得達、猶必旬日以待處分、若放罪之命、則大喜過望、其或押回本貫、某州聽讀、編竄他州、皆未可知也、今陛下親政之初、導人使諫、乃當務之至急者、乞斷自聖意揀舉而施行之。

ここでは仁宗初め「十九班」もあったほどの、宋初盛んであった「対」が仁宗頃を契機として前殿視朝五班に定着し、それが南宋の秦檜、韓侂冑専権期には二班となり、それも閤門でのチェックを受けるものであり、政事批判がしにくくなった風潮が述べられている[*13]。南宋二代目の孝宗期に枢密都承旨、知閤門事が大きな力をふるったことについては安倍直之氏、藤本猛氏の論考［安倍2002］［藤本2004］に詳しく分析されているが、皇帝―官僚間をつなぐ所謂側近官の職掌が大きな権力を握る現象は、まさに従来の「対」による方法が十分に行われなくなってきていることを暗示している[*14]。

[*13] 魏了翁『鶴山先生大全文集』巻89「敷文閣直學士贈通議大夫吳公行狀」の一節に、「是時上趣修大内、韓侂冑已從中用事、黜陟賞刑、率託御筆、君子小人之勢、將不兩立、故公縷縷及之。」あるいは「自後御札日盛。公復上疏略曰：『陛下臨御未數月、今日出一紙去一宰相、明日出一帋去一諫臣、其他令由中出、不知其幾。』」と光宗時代の御筆の多用について言及している。また、南宋初期の太上皇、皇帝による「双重皇権」の問題については、柳立言、寺地遵氏が論じている［柳1986、寺地2005］。

[*14] 枢密都承旨、知閤門事の跋扈の問題は、江戸時代、中奥（将軍の執務・生活空間）を取り仕切り、且つ将軍の御前に並び、老中・若年寄との取り次ぎをした側用人の存在を彷彿とさせる。この問題については［大石1995］参照。

5．結びに代えて

　日記を用いることによって具体的に宋代の政治構造を探るという試みは，Who, When, Where, What, Howという観点からの政治を分析するという，政治過程論の忠実な実践に他ならない。そして，今回は官僚が政策を立案，審議する「場」と，皇帝が政策の決裁を行う「場」という二つの場を手掛かりに政策決定過程の分析を試みた[*15]。

　この政治の「場」への留意はとりわけ皇帝政治という文脈においては大きな意味を持つものと考えられる。例えば，ノルベルト・エリアスの著作［エリアス1981］はルイ14世時代の宮廷の儀式のうち，「朝の引見」（＝起床の儀式）について六つの入室特権があったと述べる。すなわち，国王の嫡子や嫡孫，王子や王女，侍従医，外科医長，近侍長，小姓による第一の入室特権（「家族入室特権」），寝室及び衣装部屋付きの大官，国王が特にこの名誉を与えた貴族による第二の入室特権（「大入室特権」），国王の進講者，遊芸総監督，儀典長などによる第三の入室特権（「第一入室特権」），上に述べた以外の「寝室係」と「宮中司祭長」，大臣と次官，「予算顧問官」，近衛将校，フランス国元帥などによる第四の入室特権（「寝

[*15] 勿論，日記史料の限界性の問題も考慮に入れなければならない。とりわけ，作者の視座については細心の注意が払われるべきであろう。例えば，『長編』巻459に范純粋の知延安府就任を巡って『劉摯日記』，『王巌叟繋年録』という二つの日記史料を同時に見ることができる。この人事においては，①枢密院にて韓忠彦，王巌叟が候補者を議論。王巌叟が范純粋を強く押す。②都堂集議。劉摯，韓忠彦，蘇軾などより異論が出される。呂大防は王巌叟の意見に与する。③6月7日，除目進呈。太皇太后は王巌叟の意見に賛意を示す。④12日，范刑侍（刑部侍郎范純禮），都堂に至る。⑤17日，都堂に范純粋を召し，面諭を行う。范純粋は母が老い且つ病んでいることを理由に固辞する。劉摯は范純粋の意見に賛意を示し，呂大防は枢密院の意見に賛意を示す。最終的に，8月初赴任ということで双方合意した。⑥18日，延和殿にてこの人事を宰執が再度議論。范純粋の母が急死した場合の後任人事などの問題を討議した。といった流れを確認できるが，枢密院内部の意見の差異については前者の日記が詳しく，中書門下の宰相である呂大防と劉摯の間の意見の差異については後者の日記が詳しいなど，作者の視座の違いを知ることができる。

室入室特権」），そして第一侍従の好意次第で決められる，皇帝の愛顧を受けている貴族の男女による第五の入室特権，庶出の場合も含めて国王の息子とその家族全体及び娘婿，他には例えば「建築総監」などによる第六の入室特権である。この入室特権に基づく「朝の朝見」について，エリアスは「これらの行為に厳粛かつ重大な意味を付与していたのは，もっぱら，これらの行為が参加者たちに宮廷社会内部で得させていた評価であり，これらの行為が表現していた相対的権力地位，位階，高位であった」と述べており，ルイ14世と入室特権者との距離と宮廷社会での権力地位とが不可分の関係にあった事実を読み取ることができる。

前近代中国においても皇帝との距離という観点は重要であり，そして誰が何処で何時どのように政治に関わっていったかという，具体的な「場」に着目しつつ，皇帝政治を見直す作業は今後，大きな意味を持つものと思われる。

そして，その「場」の変化に着目していくことによって，政策決定の変化も明確に読みとることが可能となるのである。近年，筆者も含め，唐代史の松本保宣，明代史の大石隆夫氏などの論考はその変化に着目している。松本保宣氏は安史の乱を前後として，「視朝」，「常参」が一体化し，紫宸殿で行われた「常日朝会」の場が，後半期になると両者が分離し，「常参」が形骸化すると共に紫宸殿・延英殿の「視朝」の場が重要となり，また，「側門論事」，「延英殿議政」といった官僚が宰相を介することなく，直接皇帝に上奏したり，「対」を行う傾向が強くなることを指摘している[*16]。また，唐代の「視朝」については，直接文書を介したやりとりではなく，弁舌と演技力を問われる「口頭の世界」の面が強かったとする。一方，大石隆夫氏は，明代の「文華殿」を中心として行われた「視朝」を分析し，宣徳帝が文華殿に重臣を引見し，重要政務を諮問したことを契機にこの場所が政治の中心地となり，英宗時代には文華殿を題奏本の閲覧・決裁の場として利用し始め，題奏本が政策決定における主要な手段となっていくと述べ，この変化を，政策決定過程の対面・対話から文書方式への移行として捉えている[*17]。

以上の論点をも含めて，内容を概括しておく。本論考は唐宋間の政治の変化を

[*16] ［松本 1990, 1993, 2003］参照。
[*17] ［大石 2002, 2005］参照。

「貴族政治」から「君主独裁政治」への移行として捉えた内藤湖南，宮崎市定両氏の論を振り返ることから出発した。「貴族政治」とは内藤によれば皇帝と貴族の協議体であるという。これまでの研究史を振り返っても，唐代までは各種の議の発達が政策決定過程を考える上で重要な研究対象とされてきた。ここには，官僚の議政，すなわち立案の「場」の持つ政治上のウエートの高さを見ることも可能であろう。

　一方，宋代においては，広範囲な「対」の活用に見たように，皇帝の視朝，議案を決裁する「場」に政治の重点が移ってくる。そして，既に分析したように，北宋から南宋への展開は，まさに「対」システムから「御筆」システムの展開に見られるように，皇帝に直接会って意見を申し上げる方式重視から，直接的に文書をやりとりする間接的な交流方式が強まる傾向にある。これを大胆に整理すれば，唐代後半から北宋時代においては「対」を基調とした政治方式の共通性，あるいは南宋から明代にかけては文書主義の発達過程を見ることができるのである。ただ，その一方で，王曾，朱熹などが述べるように，宋代以前は宰相に座や茶湯を賜い，じっくり時間をかけて討議する傾向であったのが*18，宋に入り立ったままの短い時間でのやりとりに変わったとされるように，次第に皇帝と官僚間の距離，力関係にも変化が見られることにも注意すべきであろう*19。

---

*18　『王文正筆録』「舊制，宰相早朝上殿命坐，有軍國大事，則議之，常從容賜茶而退。自餘號令除拜刑賞廢置，事無巨細，並熟狀擬定進入。上於禁中親覽，批紙尾用御寶可其奏，謂之印畫，降出奉行而已。由唐室歷五代不改其制，抑亦所謂坐而論道者歟。國初范魯公質・王宮師溥・魏相仁浦在相位，上雖傾心眷倚而質等自以前朝相，且憚太祖英睿，具劄子面取進止，朝退各疏其事，所得聖旨，臣等同署字以志之。如此，則盡稟承之方免誤之失，帝從之。自是奏御寖多，或至旰昃啜茶之禮尋廢，固弗暇於坐論矣。于今遂為定式，自魯公始也。」『朱子語類』卷128「古者三公坐而論道，方可子細說得。如今莫說教宰執坐，奏對之時，頃刻即退。文字懷於袖間，只說得幾句，便將文字對上宣讀過，那箇子指點！且說無坐位，也須有箇案子，令開展在上，指畫利害，上亦知得子細。今頃刻便退，君臣如何得同心理會事！六朝時，尚有「對案畫勅」之語。若有一案，猶使大臣略憑倚細說，如今公吏們呈文字相似，亦得子細。」
*19　ただ，「経筵」の場においては，座，茶湯を賜う事例が見られ，所謂「視朝」と一線を画す場であったのかもしれない。その一例として，『司馬光手録』の「呂卿惠講咸有一德

些か大胆な見通しを述べた。要するに，これまでの「貴族政治」から「君主独裁政治」への変化という視点は，政治の主体の変化に着目して考えられてきたものである。ここに政治の「場」という観点を加えることによって，唐宋元明清と展開する政治が段階的に様相を変えていく様を明瞭に読み取ることができるのである。

[参考文献]

◇日本語（50音順）

安倍直之 2002「南宋孝宗朝の皇帝側近官」（『集刊東洋学』第88号）

梅原郁 1984「南宋の臨安」（『中国近世の都市と文化』京都大学人文科学研究所）

梅原郁 1993「中国法制史雑感――元豊の官制改革をめぐって」（『歴史と社会の法』未来社）

ノルベルト・エリアス 1981『宮廷社会』（法政大学出版局）

大石慎三郎 1995『将軍と側用人の政治』（講談社現代新書）

大石隆夫 2002「明代嘉靖初年の密掲政治について」（『人文論究』第52-2号）

大石隆夫 2005「明代の政策決定過程の変容――文華殿を中心に――」（『関西学院史学』第32号）

岡本不二明 1992「宋代日記の成立とその背景――欧陽修「于役志」と黄庭堅「宜州家乗」を手がかりに」『岡山大学文学部紀要』第18号

衣川強 1984「杭州臨安府と宰相」（『中国近世の都市と文化』京都大学人文科学研究所）

小林義廣 1990「「濮議」小考」（『東海大学人文学部紀要』第54号）

斯波義信 2002『中国都市史』（東京大学出版会）

妹尾達彦 2001『長安の都市計画』（講談社）

寺地遵 1988『南宋初期政治史研究』（渓水社）

寺地遵 2005「韓侂冑専権の成立」（『史学研究』第247号）

徳永洋介 1998「宋代の御筆手詔」（『東洋史研究』第57号第3期）

内藤虎次郎 1947『中国近世史』（弘文堂）

平田茂樹 1992「宋代の言路官について」（『史学雑誌』第101号第6期）

平田茂樹 1994「宋代政治構造試論――対と議を手掛かりとして――」（『東洋史研究』第52号第4期）

平田茂樹 1999「宋代の宮廷政治――「家」の構造を手掛かりとして――」（『公家と武家Ⅱ

「家」の比較文明史的考察』思文閣出版）

平田茂樹 2001a「宋代政治史料解析法――「時政記」と「日記」を手掛かりとして――」（『東洋史研究』第59号第4期）

平田茂樹 2001b「政治の舞台裏を読む――宋代政治史研究序説――」（『知識人の諸相――中国宋代を起点として』勉誠出版）

平田茂樹 2002「『王安石日録』研究――『四明尊堯集』を手掛かりとして――」（『大阪市立大学東洋史論叢』第12号）

平田茂樹 2004「周必大『思陵録』・『奉詔録』から見た南宋初期の政治構造」（『人文研究』第55号第2分冊）

藤本猛 2004「武臣の清要――南宋孝宗朝の政治状況と閤門舍人」（『東洋史研究』第63号第1期）

宮崎市定 1950『東洋的近世』（教育タイムス社）

松本保宣 1990「唐代後半期における延英殿の機能について」（『立命館文学』第516号）

松本保宣 1993「唐代の側門論事について」（『東方学』第86号）

松本保宣 2003「唐代常朝制度試論」（『立命館東洋史学』第26号）

◇中国語（画数順）

何忠礼・徐吉軍 1999『南宋史稿』（杭州大学出版社）

李裕民 1994『司馬光日記校注』（中国社会科学出版社）

周宝珠 1992『宋代東京研究』（河南大学出版社）

周峰 1997『南宋京城杭州』（修訂版　浙江人民出版社）

柳立言 1986「南宋政治初探――高宗陰影下的孝宗」（『中央研究院歴史語言研究所集刊』第57本第3分）

陳左高 1990『中国日記史略』（上海翻訳出版公司）

傅伯星・胡安林 2002『南宋皇城探秘』（杭州出版社）

蔡崇榜 1991『宋代修史制度研究』（文津出版社）

闕維民 2002『杭州城池暨西湖歴史図説』（浙江人民出版）

◇英文

Denis Twichett 1992 : *The Writing of Official History under the T'ang*, Cambridge University Press.

北宋の皇帝行幸について
―― 首都空間における行幸を中心として ――

久保田　和男

はじめに

　皇帝は日常生活を，宮城内で送っている。皇帝と面会するひとびとは，おびただしい数の門を通過することにより，皇帝の身体[*1]にはじめて接することができる。その逆に，皇帝が宮城から出御して，外部世界に身体を移動させることを「行幸」と称する。行幸というと，第一に想起されるのは，皇帝が多くの従者や禁軍を伴って首都を離れて地方を巡幸することである。大櫛敦弘氏の「後漢時代の行幸」〔大櫛2000〕や佐藤智水氏の「北魏皇帝の行幸について」〔佐藤1984〕なども，やはり地方への巡幸を中心とした論考である。ところが，北宋では，首都空間以外に行幸に赴いたのは最初の三代に限られる。本稿ではまずこの点を指摘し時代背景の特色について考えてみたい。そのうえで，北宋の記録に多くみられる首都空間における行幸を検討する。

　この問題の先行研究として，パトリシア・イーブリー氏の "Taking Out the Grand Carriage: Imperial Spectacle and the Visual Culture of Northern Song Kaifeng"〔Ebrey 1999〕がある。イーブリー氏は，開封市内の行幸におけるパレードを，宋代の視覚文化（Visual Culure）の一つとして注目し，『大駕鹵簿図巻』[*2]の分析を中心として考察している。特にパレードに参加する禁軍兵士たち

[*1]　この身体の概念については，〔飯島 1996〕を参照。
[*2]　本図巻は，中国国家博物館（旧歴史博物館）蔵。同館のホームページhttp://www.nmch.gov.cn/gb/collections/show.jsp で画像をみることができる。また〔呂　1984〕に簡単な紹介がある。

の服装や旗幟の色彩やコントラストあるいは文字などを検討し、宋朝がいかに王権を象徴させ支配を正統化しようとしたのか丹念に分析している。本稿はイーブリー氏が言及していない北宋150年間における行幸の推移や、首都機能との関係を中心に考察をすすめる。以下、本稿の視角を簡単に述べてみよう。

首都の空間は、さまざまな首都機能をもった空間の複合体である。政治・文化・経済などの全国的センターとしての建造物や各種の門・障壁が作り出す空間などが整然と配列され、その空間配置そのものが国家の権威や権力を象徴する機能を有することもある。伝統的には、グリッド状に配備されることが原則である中華帝国首都の街路は、首都の空間配置を整然たらしめる（北宋開封の場合は整然としているとは言い難いが、全く首都計画が無かったわけではない〔久保田2005-b〕）。ただし、空間とは、そのような静的なものだけとは限らない。「空間」とは、意味を付与された「ひろがり」である。人々の「日常的」活動の中では、たえず物理的なひろがりが新たな意味を持つ空間として分節され再生産される。

皇帝が移動し、目的地に赴くことが行幸である。皇帝は周囲の空間を皇帝の存在によって、特別な空間に作り変えながらながら移動する。本稿は行幸を論ずるにあたり、行幸をただ単に目的地での行動をいうのではなく、移動する過程もふくめて行幸とよび、内在する政治的空間性について考察する。なおかつ北宋開封の首都機能の要素として位置づける可能性を考える[3]。

なお、金子泰晴氏〔金子 1993〕と高橋弘臣氏〔高橋 2003〕にそれぞれ高宗皇帝の巡幸についての研究がある。しかし、これらは、首都が未定の段階での高宗集団の移動をテーマとしている。行幸を政治空間の問題として取り扱う本稿とは、自ずと問題意識を異にしている。（なお本稿では、頻出する『続資治通鑑長編』を『長編』と略称する。）

---

[3] 古代天皇権の変化を、都城の都市空間の変化と行幸のあり方の変遷との関係において説明した研究として仁藤敦史氏の一連の論考がある〔仁藤 1990-a〕〔仁藤 1990-b〕）。また、小寺竹久氏には、平安京の空間的変遷を、行幸のルートの変化によって跡付けた研究がある〔小寺 1969〕。

一章，北宋皇帝行幸概観

本節では，北宋皇帝の行幸記録を整理した結果を利用して，その特徴を指摘し時代的特質を浮き彫りにする。

a，首都から地方への行幸について

地方への行幸をまとめたものが，以下の表①である。

表①

太祖：	建隆1年（960）	潞州（親征）	北漢
	同年	揚州（親征）	李重進の反乱を鎮圧
	開宝2年（969）	太原（親征）	北漢
	開宝9年（976）	西京（洛陽）	郊祀（遷都？）
太宗：	太平興国4年（979）	太原・范陽（親征）	北漢・遼
	太平興国5年（980）	大名府	
真宗：	咸平2年（999）	北京（大名府）	
	景徳1年（1004）	澶州（親征）	遼
	景徳4年（1007）	鞏県・西京（洛陽）	祖宗の陵墓
	大中祥符1年（1008）	泰山封禅	
	大中祥符4年（1011）	西京・汾陰など	
	大中祥符7年（1014）	亳州太清宮	

※本表は，『長編』・『宋史』・『宋会要輯稿』の関連資料により作成した。

このように，前半の三帝に，地方への行幸が集中している。これが北宋の行幸の第一の特色である。表から看取されるように，太祖太宗時代の地方行幸の目的の多くは統一のための親征である。やや特異なのは真宗である。真宗は，「行幸を好む」（『涑水記聞』6）と評されているように，地方へも首都空間に対しても行幸の記録がきわめて多く残っている。そこで，本項では，真宗の地方行幸の特異性を浮き彫りにしつつ，歴史的意義を考察する。

地方への行幸も最も多く，6度を数える。前半の2回は契丹との軍事的緊張からおこなわれた行幸である。澶淵の盟の後は，泰山封禅など儀礼的な行幸が中心となる。まず，景徳4年1月には，鞏県の陵墓を参拝している。その後，2月に

西京(洛陽)に至り,竜門石窟などに赴いている。鞏県の陵墓への行幸が決定すると,西京の父老がやってきて,西京まで足を伸ばすことを要請する*4。また,真宗が西京に到着すると「駐蹕」を懇請する*5。真宗は,西京の重要性を再確認するものの,(太祖晩年の西京巡幸と同様)漕運に限りがあるという理由で,予定通りの帰京となった。この間,約二ヶ月間の行程であった。

その年のおわりごろ,泰山封禅が計画された*6。蘇轍の『龍川別志』上には,王欽若が真宗と泰山封禅を計画するようすが記されている。そして,李燾は,『長編』67,景徳4年11月庚辰の条に,『龍川別志』のこの記事を本文として引用している。それは以下のようなものであった。

　　初め,王欽若,すでに城下の盟を以って寇準を毀く。上,これより常に快々たり。他日,欽若に問いて曰く「今,将に奈何せん」と。欽若,上の兵を厭うを度り,即ち繆りて曰く「陛下,兵を以って幽薊を取らば乃ちこの恥を刷くべきなり」と。上,曰く「河朔生霊,始めて,休息をう。吾れ復たこれを死地に駆るに忍びず。卿,盍ぞその次を思わざらん」と。欽若曰く「陛下苟も兵を用いざれば,則ち当に大功業を為すべし。以って四方を鎮服し,戎狄に誇示すべきに庶し」と。上,曰く「何を大功業と謂う」と。欽若曰く「封禅是れのみ。然るに封禅は当に天瑞を得べし。希世絶倫の事なれば,乃ち為るべし」と。既にしてまた曰く「天瑞安んぞ必ず得べき。前代蓋し人力を以ってこれを為るあらん。若し人主,深く信じてこれを崇奉し,以って天下に明示すれば,則ち天瑞と異なるなきなり。陛下,河図・洛書,果して此れあると謂うや。聖人神道を以って教を設くるのみ」と。上これ久しうし,乃ち可とす。獨だ王旦のみを憚りて曰く「王旦,不可無きをうるや」と。欽若曰く「臣,聖意を以って諭すを請う。旦宜く不可無かるべし」と。間に乗じ,旦にたいしこれを言う。旦,黽勉て従う。……*7

* 4　『長編』64,景徳3年12月己卯。
* 5　『長編』65,景徳4年2月乙酉。
* 6　詳細については,〔劉 1994〕を参照。
* 7　これは『長編』の文を書き下したものである。通行する『龍川別志』(中華書局評点本)とは,字句が一部異なる。

この記事は，封禅の目的は澶淵の盟の「恥」を雪ぐためであり，封禅の起点となる「天瑞」は，人為的なものであったことを，真宗と王欽若に語らせている。臨場感に満ちた一節ではあるが，このような文学的な表現をそのまま歴史的事実と考えることは躊躇される。ただし，我々は次の事実に注目したい。
・この記事が，蘇轍によって『龍泉別志』に記録され，（李燾によると）劉攽の『寇準伝』にも掲載されていたこと。
・李燾が『長編』の本文に，蘇轍の筆記小説の一節をほとんどそのまま引用したこと。
　すなわち真宗の泰山封禅が人工の祥瑞に基づく政治的な演出であったことが，両宋の読書人の常識だったのである。このような認識は，いつから始まったと考えられるだろうか。
　ところで，徽宗も瑞兆を起点として行幸を行っている。行幸の目的地は開封城内であるので，泰山封禅や汾陰祀，霊芝を視るため亳州の太清宮を訪れた大中祥符7年の行幸と同じ次元の問題ではないように思われるかもしれないが，瑞兆を利用した行幸という点では一致する。霊芝を視るために龍徳宮に行幸する計画（元符3年：1100）に関する殿中侍御史陳師錫の反対論を検討してみよう。

　（陳師錫）臣，恭しんで聞くならく，今月六日，駕，懿親宅蔡王位に幸し，芝草を龍徳宮に観る。聖人の居するところ，明神これを相て，徳気これを覆う，発して禧祥を為し，以って休応を表す。宜しく万乗を屈し以って清視を注ぐべし。臣伏して見るに，<u>祖宗，有司祥瑞を奏するを得ず，と詔す</u>。蓋し道未だ備わらざる，徳未だ盛ならざるを慮り，祥図瑞牒史舘に溢れ以って美となすべきといえども，終に未だ善となさず。唯うに，「賢者在位，能者在職」は朝廷の祥瑞なり。「陰陽気和，風雨時若，日月光華，星辰順度」は天地の祥瑞なり。「百穀順成，万民和楽」は郡県の祥瑞なり。「四夷安靖，五兵不試」は辺境の祥瑞なり。この四瑞をいたすは，陛下道を以って心を治し，徳を以って為政するに仰ぎ頼むのみ。心に道を以って治めれば則ち明なり。政に徳を以って為せば則ち仁なり。故に能く人心に感ぜしめ，而して天下和平なり。「甘露降，醴泉出，麟鳳至，朱草生」は理の自然，物の遂性のみ。佞人すなわちこれを祥瑞といい，称頌して美に帰し，以って帝王の心を驕ぜ

しむ。祖宗これを戒むゆえんなり。臣愚狂妄なるも，或いは小補あらん。斧鉞の誅を避けず，天聴を冒聞し，伏して乞うらくは，政事の暇に，曲げて睿聴を賜わらんことを。臣拳拳の至にたえざらん。(『宋朝諸臣奏議』36, 上徽宗論幸潜宮観芝草。元符三年九月上。時為殿中侍御史。)

かれの論点を整理してみよう。

　・「祖宗」は，祥瑞を上奏するのを禁じた。
　・実のところ，次の四つが瑞祥といえる。①人材が適切なポストに登用されている。②天候や天文が異常でない。③農業生産が順調で百姓が幸せに暮らしている。④異民族が辺境を犯さず，武器は使われない。
　・皇帝陛下が，「道を以って心を治し，徳を以って為政する」と瑞が現れる。
　・自然界に現れた祥瑞と称するものは，「理の自然，物の遂性のみ。」(単なる自然現象である。)
　・佞人がこれらを祥瑞といって大騒ぎして，皇帝の「心」を謙虚でなくしてしまう。
　・「祖宗」が祥瑞を戒めたのはこのためである。

かれの主張は，超自然的な祥瑞の権威を否定し，「祖宗」以来の徳治主義を唱道するものであり，蘇轍らの「常識」に通じる。ただし，先に示したように真宗政権は祥瑞を政治的に利用していた。「祖宗」が祥瑞を戒めた，という主張と矛盾するように思える。これはどのように考えたらよいのだろうか。

『宋会要輯稿』瑞異1・8には，雍熙2年 (985) 閏九月に防州から一角獣が献上されてきた時の太宗の対応が記録されている。

　　太宗曰く，「時和歳稔して，天下の人安楽たり，此れ上瑞たり。鳥獣草木の異，なんぞ尚ぶに足らんや。……」

とあり，さらに，その2年後の端拱2年 (989) の詔には「およそ両京諸州，今後並びに珍禽異獣を以って貢奉に充つるを得ず。」(『宋会要輯稿』瑞異1・8) とあり，その下文には，「時に祥瑞しきりに至る。帝おもえらく，理に於いて益なく，徒事虚名なり，と。故にこれを止む。」とあり，確かに太宗は，祥瑞に対して否定的な見解をもち，その進貢を抑制する詔勅を出している。

一方，『長編』170, 皇祐3年 (1051) 6月丁亥に，

無為軍，芝草三百五十本を献ず。上（仁宗）曰く「朕，豊年を以って瑞とな
　　す。賢臣もて宝となす。草木，蟲魚の異に至りては，いずくんぞ尚ぶに足ら
　　んや」と。知軍茹孝標は，特に罪を免ずるも，なお，天下に戒め，いまより
　　以って聞するを得ざらしむ。

とあり，真宗の後を嗣いだ，仁宗あるいは仁宗政権においても，再び祥瑞，とく
に「草木，蟲魚の異」の権威を否定する方向性が打ち出されている。おなじく仁
宗の慶暦3年（1043）12月には，「およそ祥瑞，進献を許さず」との詔が出され
ている（『長編』145，慶暦3年12月）。陳師錫の上奏文内にあった「祖宗」の法[*8]と
は，仁宗の詔勅に符合するが，その趣旨は太宗時代の詔勅に通じる。祥瑞に対す
る見解は，太宗・仁宗の時代と真宗の時代では，方向性が逆になっていることが
注目されよう。北宋では，前者の態度が一般的であったと考えられる。

　真宗時代に行われていた国家祭祀を目的とする地方への行幸は，先に実施する
ための名目として祥瑞が必須なのである（王欽若の発言を参照）。祥瑞の政治利用
に関して消極的な北宋政権下では，その他の朝代においては真宗タイプの地方行
幸は行われなかったのである[*9]。

　唐の玄宗も，泰山封禅と汾陰祀を相次いで行っている[*10]。様々な祥瑞が発見さ
れ，国家的祭祀の実行を天が求めている，あるいは祝福しているという形式をと
ったことも，真宗と同様である〔何　2005：93〕。すなわち，国家祭祀を行って国
家統合を図る真宗政権の戦略は復古的な方法であり，北宋時代に於いて，特異な

[*8]　祖宗の法については，〔鄧　2000〕〔鄧　2002〕を参照。唐末五代の混乱を整頓する
　　ために宋初に行われた政策一般を後代このように呼んだ。上奏の中で「祖宗の法」を根拠
　　として自説の根拠とする論法は，仁宗時代に一般化したという〔鄧　2002：260〕。
[*9]　泰山封禅の巨大な支出が後代に地方への行幸を躊躇させたという仮説も考えられる。
　　しかしながら，国家財政全体として，あまり問題とはされていなかったようだ。たとえば，
　　仁宗時代に司馬光は「先帝，しばしば大礼を行う。東封西祀し，広く宮観を修す。しかれ
　　ども，<u>財用余りある者は，用人専にして，これを任ずること久しき故なり。</u>」（『長編』196，
　　嘉祐7年5月丁未，司馬光上疏）と述べているのである。ただし，巨額な支出があったこ
　　とを前提している意見ではある。
[*10]　「唐代皇帝祭祀の二つの事例」〔金子　2001：223～〕を参照。

政策だったといえよう。この祥瑞や行幸に対する思考の変化の中にも唐宋変革の一側面が存在していたのである。

b，開封への行幸概観

開封の都市空間への行幸を整理したのが表の②である。この表は，行幸がどのような性格であったのかを分析するために用意した。したがって，一日に数カ所を訪れたケースも場所ごとに計算した。

この整理によると，やはり仁宗以前と以降で違いがあることが一目瞭然である。行幸が行われなくなったりその回数が減少したケースは，

- 軍事訓練視察
- 園（玉津園など）
- 官庁訪問
- 病気見舞い
- 土木工事の視察
- 勧農儀礼
- 狩猟
- 水磑視察

などである。

太祖太宗時代は創業の時代であるから，軍事訓練や戦艦の建造などに皇帝がその身体を露出して，直接，兵士や工匠に賜与をおこない士気を鼓舞している。太祖太宗時代，開封に数カ所あった水磑という施設が行幸の対象となっている。水磑は，麦類を粉にする施設であるが，軍人達の糧食を加工するために重要な施設だったのではないかと推定される。また，太祖太宗が首都の工事現場，官庁の視察を頻繁に行っていることも注目される。

すなわち，軍事面も含め首都機能といえるものを整備する過程で，皇帝が現場に赴いているのである。

皇帝が直接的に軍事行動に関わることが無くなった時代には，親征や軍事訓練の視察などは行われなくなる。また，殺生に対してネガティブな道教思想が尊ばれるなどの理由で狩猟は減少し，狩猟用の鷹が放たれたりする。そして，仁宗を

表② 開封への行幸（通算回数）

	太祖	太宗	真宗	仁宗	英宗	神宗	哲宗	徽宗
軍事訓練視察	50	25	11	2	0	0	0	0
園（玉津園など）	56	19	20	18	0	1	0	1
官庁訪問	21	12	13	5	0	2	1	6
病気見舞い	14	5	51	5	0	1	0	0
土木工事の視察	6	4	2	0	0	0	1	0
勧農儀礼	8	5	7	8	0	0	0	0
狩猟（近郊）	23	9	4	2	0	0	0	0
水磑視察	11	9	0	0	0	0	0	0
臣下を訪問	0	2	0	0	0	0	0	3
宗室を訪問	7	0	22	2	0	1	11	4
景霊宮	0	0	13	15	1	16	34	12
道観	8	6	81	46	1	26	36	24
寺院	34	26	62	47	3	26	11	3
池（金明池など）	1	7	4	1	0	6	8	7
弔問	0	1	2	9	1	2	3	1
南郊	3	5	5	11	1	4	2	8

※本表は，『長編』・『宋史』・『宋会要輯稿』の関連資料により作成した。

最後として完全に行われなくなる[*11]。「園」は，玉津園など，園林への行幸である。園林では宴射という一種の軍事的な遊技が行われることも多かった。すなわち，開封の首都機能の充実，北宋の文治主義体制の確立にともなって，行幸のありようも変化しているといえるようである。

ところで，農業を視察する象徴的な儀礼は毎年行われている。表②の「勧農儀礼」は，玉津園や開封の城南の御荘において，麦刈りや田植えを視察する行事：「観稼」「観刈麥」などをカウントしたものである。前半の三帝の時期には，よく行われているが，仁宗時代に二例あるのみである。これは，景祐2年（1035），宮城内の後苑に，観稼殿が建てられ，これ以降は行幸せず観稼がおこなわれることになったからである[*12]。

[*11] 『長編』157，慶暦5年8月壬戌，『長編』160，慶暦7年3月乙亥の各条を参照。
[*12] 『玉海』77，景祐観稼殿観稲麥の項には「景祐二年五月癸巳，後苑新作観稼殿成。六月辛未，幸後苑，観穫稲，及賞瑞竹。遂宴太清楼。」とある。

以上，回数が減少した行幸目的地を紹介した。それに対して，景霊宮（真宗年間に建立*13)・道観・寺院・池（金明池など）・南郊などの回数は，目立った変化がみられない。大体のところ，在位年数に比例しているようだ。年中行事的に，毎年，行幸するというパターンが，緩やかにできていたからである。

「毎歳」の行幸と分類できるものを以下にあげておこう。

1月，上元観灯に際して，皇帝は開封城内の仏教寺院や道観を巡って，百姓の幸福を祈る。その後，宮城の正門に御して，首都住民とともに観灯の行事を楽しむ。このような行事は，太祖太宗時代から行われていた*14。

行幸する地点は，時代により変遷する。真宗時代には，太宗生誕の地に建てられた啓聖院に，上元に先立って行幸して太宗の神御を拝することになり，これは「定制」となったという。天禧元年には，玉清昭応宮も毎年1月15日に「朝拝」することになった*15。壮麗を極めたと伝えられるこの道観は，仁宗時代に焼失したため，神宗時代には，集禧観・中太一宮・大相国寺をへて宣徳門で観灯している*16。哲宗時代には，凝祥池・中太一宮・集禧観・醴泉観・大相国寺とまわり，宣徳門で観灯したという*17。

毎年4月，金明池で「競船之戯」が行われる。その時には，首都住民の参観が許され，皇帝が行幸し，競技の優等者や，観衆のなかの高齢者などに賜与がおこなわれた。またその際にけんかなどが起こりがちであったが，皇帝の「仁徳」をもって，寛大な処分が命じられている*18。

真宗時代の一時期は，10月15日の下元，聖祖がこの月に下ったと言うことで景霊宮（聖祖を祀るために真宗時代に建てられた。）を朝拝している*19。

---

* 13　景霊宮については，〔山内 1985〕を参照。
* 14　『長編』51，咸平5年正月壬寅。
* 15　『長編』90，天禧元年12月乙丑。
* 16　『長編』272，熙寧9年正月辛未。
* 17　『長編』454，元祐6年正月甲戌。
* 18　『長編』71，大中祥符2年4月丁亥を参照。
* 19　『長編』88，大中祥符9年10月壬申。

毎歳ではないが，定期的に行われる行幸の一つに郊祀が有る[20]。郊祀は，3年に一度，11月に行われた。この時は，皇帝は，前日から，太廟[21]・大相国寺・景霊宮でそれぞれ参拝し，南郊近くの青城で斎戒沐浴してのち，郊壇にのぼり親祭した。
　その他に，「非時行幸」とよばれる，臨時の行幸がある。宗族・功臣などの葬礼への参加や，天変地異に際して寺観を参拝するなど，様々な理由で，行幸は行われている。

　以上，北宋の行幸について概観した。まず，地方への行幸は，前半三代に限られていることが特徴である。真宗時代は，契丹との和議ののち，皇帝権威を回復するために，封禅などの国家祭祀を実施した。そのために利用されたのが天書や芝草などのさまざまな祥瑞であった。
　仁宗以降は，地方への大規模な行幸は行われず，もっぱら，開封市内への行幸となった。これは，国内が統一され，また澶淵の盟が契丹と結ばれたことにより，軍事目的の行幸が無くなったことが，要因の一つである。また，真宗政権における祥瑞などを利用した行幸は，祥瑞を余り重視しない北宋の「合理的」な政治文化においては，特異な現象とみなされ，否定的に言及されるようになった。このような変化は，唐代まで重視されていた祥瑞などの超自然的な権威を相対化し，君主ら支配層の個人的な「修徳」を政治の出発点とする宋代士大夫の思想[22]が普及したことと関わっていると考えられる。
　首都空間に対する行幸については，太祖太宗時代は，軍事力を含む首都機能の充実と関連した工事現場や新築の官庁の視察が多かった。仁宗以降は，北宋を通じて行われた上元観灯や寺観などを参拝する年中行事的な行幸が中心となる。これらの行幸はどのような意義を有していると考えられていたのであろうか。時人

---

[20]　郊祀については，〔山内 1983〕〔梅原　1986〕〔小島 1989〕を参照。
[21]　太廟については，〔山内1990〕を参照。
[22]　〔小島 1990〕を参照。また，『長編』145, 慶暦3年12月是月の条に引かれている欧陽修の上奏は，祥瑞を否定し，修徳を求めており，参考になる。欧陽修の瑞祥説への態度については〔寺地　1968〕を参照。

の言説を中心に節をあらため検討してみよう。

二章，政治空間としての行幸

　年中行事としておこなわれる行幸や非時行幸は，一見すると皇帝の個人的な目的でおこなわれていると見えるケースも少なくない。しかしそこにもやはり政治的な意味が含まれていたようである。行幸の空間的な構造，あるいは行幸のもつ首都機能としての可能性とともにこの問題を論じたい。

a，皇帝と首都住民との空間の共有

　まず，哲宗時代の上元観灯に際しての君臣間のやりとりを検討してみよう。『長編』469，元祐7年正月丁酉の条には，
　　疑祥池・中太一宮・上清儲祥宮・大相国寺に幸し，宣徳門に還御し，従臣を
　　召して観灯す。他日，三省・枢密院，事を邇英に奏す。呂大防言う，「元夕
　　晴霽し，遊人甚だ楽む」と。上（哲宗）も亦た曰く「且く晴霽をう」と。大
　　防曰く「人主遊幸すといえども，本はこれ民の為なり」と。韓忠彦曰く「民
　　の為に福を祈るのみ」。蘇轍曰く「細民のために経紀す」と。……
とあり，呂大防・韓忠彦・蘇轍が哲宗皇帝とともに，「游幸」の意義を確認している場面である。呂大防は，上元の夜は，よく晴れ渡り，遊客が大変楽しんだようです，と述べている。つづけて，「雖人主遊幸，本是為民。」とあり，皇帝が游幸するのは一見皇帝の自分の楽しみのためのように見えるが，根本的には，民のためなのだという。その後，韓忠彦と蘇轍がそれぞれ百姓の為の「游幸」という言説を敷衍して述べている。

　上元観灯をめぐる，このような言説は，『長編』ではいくつかの箇所で見受けられる。次の例は仁宗朝時代のものである。
　　『長編』189，嘉祐4年正月丁酉には，
　　　知開封府欧陽修言う，三元放灯，典礼に出でず。蓋し前世より習俗の伝わる
　　　所なり。陛下衆心を俯徇し，民とともに楽しまんと欲し，勉めて臨幸に出づ。
　　　嬉遊を為すにあらず。若し乃ち時歳豊和にして，人物康富ならば，以て楽事

を為すもまた是れ人情なり。今立春より以来,陰寒雨雪たり。小民失業し,
坊市寂寥たり。寒凍の人,死損少なからず。薪炭食物,その価は増倍す。民,
凍餓を憂うるに,何ぞ遨遊する暇あらん。

　皇帝は自ら楽しむため観灯するわけではないのである。首都住民の期待に応え
て「首都民と一体となって楽し」んでいる「ふり」を見せることが,皇帝の政治
活動の一環なのである。すなわち,上元観灯の時に作り出されたハレの空間を首
都住民が皇帝と共有することがこの行幸の目的である,と考えられていたのであ
る。徽宗時代には「大観与民同楽万寿」という金字の大牓が綵山（上元の飾り）に
掲げられた[*23]。このようにして,皇帝と首都住民の一体感が醸成されたのである。
　ほかの行幸の場合も,目的地での皇帝の所作にも増して,街路を移動する過程
での首都住民とのコミュニケーションに意味があったように思われる。たとえば,

> 上（真宗）,北郊にて観稼し,含芳園にて宴射す。都人乗輿を望見するに,
> 忭躍して万歳を称す。呂蒙正曰く「車駕遊幸すれば百姓歓呼することかくの
> ごとし。物情は強致すべからず。けだし陛下,臨御して五年,務めて仁卹を
> 行う。中外感悦する所以なり」と。上曰く「下民但だこれを擾さざれば,自
> 然に快楽たり」と。(『長編』49,咸平4年8月壬子）

首都住民が行幸の行列や車駕を望見して大変盛り上がっている様子が述べられ
ている。これを語っているのは当時の宰相呂蒙正であり,「百姓」からこれまで
の政治が評価されているから,このように首都住民達が行幸の行列を歓迎するの
です,という解釈を述べている。行幸は,政治の正しさを民の反応から確認する
場としての側面をもっていたのである。

　通常の時間では,首都の都市空間は,皇城と庶民の居住する空間に分節されて
いる。それに対して,皇帝の空間と,庶民の空間を隔てていたハードウェアの
「障壁」を取り払い,皇帝の身体を可視的なものとして,首都住民に提供する政
治的行為が,この場合の行幸の性格である。したがって行幸の場も空間といえる。
次にこの行幸の空間の構造を考えてみよう。

[*23] 『鉄囲山叢談』1の関連記事を参照。

この空間は政治権力が制御しなければ、皇帝権威にかかわる[*24]。「障壁」を完全に取り払うわけには行かない。そこにはソフトウェアの「障壁」が設定され秩序が保たれる仕組みになっていた。郊祀の行列については、梅原郁氏の論考〔梅原1986〕に詳しい。また、イーブリー氏は服装、旗幟などの色彩などに注目して鹵簿の象徴性を分析している〔Ebrey 1999〕。したがって、パレードについて本稿で付け加えることはあまりない。雰囲気を伝える史料を一つだけ引用しておこう[*25]。

> 参知政事宋庠、言う。車駕行幸するに、郊廟の大礼にあらざれば、具さに鹵簿を陳べるの外、それ常日の導従は、唯だ前に駕頭あり、後に繖扇を擁するのみ。殊に前典の載せる所の公卿奉引の盛なし。その侍従および百司官属、下は厮役に至まで、皆な雑りて道中を行く。歩輦の後、但だ親事官百許りの人以って梃(むち)を執りて以って殿すのみ。これを禁衛と謂う。諸班の勁騎は、頗る乗輿と相い遠し。而して士庶の観る者、率ね扈従の人に随い、道を夾んで馳走し喧呼するも禁ぜず。過ぐる所に旗亭市楼あり、皆な垂簾して外を蔽うも、士民高きにより下瞰(みおろ)す。而し邏司・街使、曾って呵止せず。威令弛廃し、習いて以って常となる。……(『長編』128、康定元年9月己未)

この史料によると、行列がきちんと整っていなかったり、治安当局が、皇帝の行列を追いかけたり、高所から見下ろしたりする庶民をしっかりと取り締まらなかったり、若干の問題が生じていたようである。参知政事宋庠の主張は以下のように解釈できる。行幸の場では、皇帝を中心として、皇帝を取り巻く階層的な秩序を持った空間を形成し、帝国の秩序を可視化する努力が求めている、と。下文によると、『周礼』等に則って行幸の行列が話し合われ制度が定められたが、そ

[*24] 整然たる行列と立ち会った庶民の空間的関係の意義については、渡辺浩氏が江戸時代の大名行列の問題について興味深い考察を行っている〔渡辺 1997:22〕。
[*25] 行列に加わった官僚の範囲については、以下の史料を参照。
・詳定編修閣門儀制所言、按旧制、車駕行幸、文臣待制以上並随駕。昨自官制後来上、以旧日両制即令随従。看詳典故、両省、常侍、給舎、諫議、正係供奉及備顧問文官、理当随従、今欲乞将上件官於新儀内修入随駕。従之。(『長編』464、元祐6年8月甲寅)
・詔、有司毎行幸、翰林学士侍講、侍講枢密直学士、並従。不須臨時取旨。『宋会要輯稿』礼五二之五、真宗咸平5年7月21日)

れは弛みがちであったらしい。物理的には皇帝と庶民が空間を共有しているから，このポジションを利用して越訴を行う者も絶えなかった。『長編』68, 大中祥符元年正月辛卯には，

> これより先，更に登聞鼓院及び検院を置き，民の越訴を禁ず。有司らく，国家既に受瑞行慶す，上元，車駕の出遊するに会いて，事を訴え恩をねがうもの甚だ衆し，と。有司違制を以って論じ，悉く徒に従いて坐す。上，愚民を憫みて，科禁をしらせず。辛卯，詔すらくは，今より車駕をむかえて越訴する者は，有司をして告諭せしめよ。而してその罰を寛めよ，と。

とある。一方，政府にとっては，通常の時空では許されないこの行為を寛大に許すことによって，皇帝の徳を示す機会だったのである。

ウェクスラー氏は，唐初の三帝の行幸が長安・洛陽を含む人口密集地域で行われることが多かったことに言及して次のように述べる。「ここに最大多数の人々が天子の荘厳なる移動を直接見物する。少なくとも噂を聞く。天子は移動の中で，人民の不利益を調査したり，祝儀を散じる。そして，かつて同じ道を通って行幸したかつての偉大な支配者を思い起こさせるのである。」と〔Wechsler 1985：169〕〔妹尾 1990〕。皇帝と一般人との関係を取り結ぶために地方行幸が行われていたという。北宋では，地方の人々に対して，王の身体の実在性をどのようにして伝えていたのであろうか。

イーブリー氏は，"The Emperor and the Local Community in the Song Period"のなかで，宋代の皇帝は首都から遠く離れて地方巡遊することは大変少なかったことを指摘し地方で皇帝がどのように地方の人々と関係を持ったのか問題にしている〔Ebrey 2002〕。そして，皇帝の誕生日に寺観で焼香ををすることを許されたり，下賜された皇帝の書（複製）を鑑賞することによって，地方人は皇帝との関係を実感し，皇帝権威が浸透していったという〔Ebrey 2002：401〕。この説は文化国家としての宋朝あり方を反映する卓見と思われる。私はそれに加えて邸報の発達が関係していると考える。皇帝は首都を舞台とした「遊幸」という演出によって，身体を露出し，その情報を首都に備わった進奏院が作成する邸報などの通信手段によって伝えることで，皇帝の実在性を全国にアピールしたの

であろう*26。後述するが，徽宗時代に，邸報により行幸の詳細が伝えられたことが確認できる。首都空間におけるこのような政治的行為としての行幸は，一種の首都機能であるといえよう。宋代より発達した全国的なコミュニケーション手段を使って，首都空間における皇帝行幸の姿をアピールすることによって，全国の統合を図る仕組みになっていたのである。いずれにしても宋王朝に特徴的な皇帝の実在を明確にあるいは隠喩として表現する情報が，首都から地方に発信されていたのである。（たとえば，真宗・仁宗時代，中央・地方に盛んに作られた歴代皇帝・皇后の肖像画を奉安した神御殿〔山内 1985〕，徽宗時代に，各州の道観に設置された長生大帝君＝徽宗像〔久保田 2005：16〕なども，地方へ皇帝の実在を発信するための政治的装置であったと考えられる。）

一方唐代における変化が宋代に受け継がれた側面もある。ウェクスラー氏は唐代前半に於いて，従来は閉鎖的で皇族血縁的な儀礼（郊祀や封禅など）が，開放的で公的な性格になったと指摘してしている。すなわち，自分たち自身の為に行うものではなく，人々の幸福の為に行うものに変化したという〔Wechsler 1985：226-228〕。妹尾達彦氏は，唐の後半期に，長安城の都市構造が変化するのに即した形で儀礼空間や儀礼内容も変容したという。それまでは皇帝と官僚が参加するものにすぎなかった南郊や廟・道観などへの拝礼が，皇帝と民間がともに参加する儀礼に改編されていった。民間の生活にも影響し，かれらの熱狂的な参加を勝ち取るようになったという。それとともに，「コスモロジカルな国家儀礼の重要性は相対的に低下し始め，……民間から生じた世俗的な儀礼が，皇帝の儀礼のサイクルに組み入れられ，城内各階層住民の社会的結合をはかっていく」ようになった〔妹尾 1992：28〕。本稿が検討してきた開封市内各地への行幸は，皇帝の身体を，首都住民に露出する事によって皇帝の実在を意識させ支配の正当性を確保することや，官民一体感を意識させることが意義であった。とすると，妹尾氏の指摘する唐後半期に生じた首都空間での傾向は北宋に継承されたという見方も可能なのではないか。

---

*26 邸報は，政府の世論操作にも使われていた形跡がある〔游 2004〕。

b，皇帝即位後，最初の行幸の意義

　前項で述べたように，「行幸は王として支配の正当性を主張する場」〔仁藤1990-a：41〕であったといえよう。ところで，ウェクスラー氏は「新しい王が，彼の主権が王国に受け入れられているかどうか，支配者として天・神々・人々によって承認されているかどうか，テストする方法の一つが巡幸でありつづけたようだ。」〔Wechsler 1985：161〕と述べている[27]。北宋においても，皇帝即位後，第一回目の開封城内への行幸が，重要視されている形跡が認められる。

　徽宗は，即位から数ヶ月した元符3年9月，初めての行幸を行う。この行幸の目的地は，懿親宅[28]蔡王位（徽宗の弟，趙似の邸宅）である。しかし，隣にある龍徳宮（徽宗の潜邸）にも立ち寄り，そこに生じた霊芝（万年茸）を見る計画でもあるという噂が広がった。龍徳宮は，もともと懿親宅の一部だったのである[29]。それに対して陳瓘が上奏し問題点を指摘する。

　　陳瓘言う，伏して聞くならく，（原欠）将に蔡王の外第に幸せんとす。都下の人老幼相い伝え，歓呼鼓舞して天表をみるを願う。人心の帰するところここにおいて見るべし。然るに聞くならく，因りて龍徳宮に幸せんと欲す，と。而して伝うる者は，以って芝草を観んと欲す，と為す。竊かに惟えらく，陛下即位以来，天下豊稔し，慶瑞已に多し。芝草は異といえども，臣知る，以って聖意を動かすにたらざるを。<u>況んや祖宗より以来，乗輿の初めて出づるは，</u>

---

[27] この言及は，詩経の一節（周頌　清廟之什　時邁）によったものである（「時邁其邦　昊天其子之　実右序有周　薄言震之　莫不震畳　懐柔百神　及河喬岳　允王維后　明昭有周　式序在位　載戢干戈　載櫜弓矢　我求懿徳　肆于時夏　允王保之」）。堺武夫氏は，「この歌で時邁其邦というが，かならずしも「巡狩して告祭柴望する」（毛詩序・独断）ところの楽歌ではない。しかし，後世の巡狩の典礼の根拠とはなった」と述べている〔堺　1984：765〕。

[28] 『宋史』18，哲宗本紀，元符元年3月丁巳の条に「五王外第成，賜名懿親宅。」とある。五王とは，神宗の皇子，哲宗の弟たちのことで，端王と呼ばれていた徽宗もその一人である。

[29] 『宋史』19，徽宗本紀，元符3年2月辛酉の条に「名懿親宅潜邸曰龍徳宮。」とある。

必ずその名を正す。若し民のために祈禱するにあらざれば，即ち因りて宗廟に謁見す。今乗輿の出，固より名あり。因りて潛宮に幸すは，何すれぞ不可たらん。然り而して芝草をみるの嫌もまた恤まざるべからず。かくして恤まざれば則ち流伝してしだいに広がり，天下の人，将に万里を遠しとせずして，芝を献ずる者あらん。と。

殿中侍御史陳師錫もまた以て言を為す。並びに報ぜず。(『九朝備要』25, 元符3年9月，幸龍德宮観芝)

行幸そのものについては，「都下之人老幼相伝，歓呼鼓舞願瞻天表，人心所帰於此可見。」とあり，首都住民が，皇帝の尊顔を視ることを願っており，この行幸計画を大変歓迎している，という。すなわち，宗室の邸宅を訪問することを目的として行幸して，即位後はじめて百姓に身体を示すことは，大変望ましいこと，という。「祖宗より以来，乗輿の初めて出づるは，必ずその名を正す。若し民のために祈禱するにあらざれば，即ち因りて宗廟に謁見す。」とあり，最初の行幸は伝統的に特別なものとされていたという言説が注目される。すなわち，皇帝即位直後に首都住民に皇帝としての正当性を了解させる通過儀礼的な行幸が歴代行われていたと，北宋末期には見なされていたのである。しかし，各皇帝の初めての行幸について特徴を確認することができる記事はあまりない。行幸の事実が指摘されているだけである。ただし，英宗の事例は事件性を帯びたものとなったため，多くの関連史料が残されている。以下に検討し，最初の行幸の重要性を確認してみよう。

『長編』201, 治平元年 (1064) 4月丁丑の条には，

権御史中丞王疇，車駕行幸し以って人心を安んぜんと欲す。丁丑，乃ち上疏して曰く，下，初めて即位するに，祖宗の旧にしたがうを貴び，少しく更改するなし。一動一予に至りては，群心を慰むる所以の者もまた廃すべからざるなり。按ずるに真宗初めて天下を有するに，咸平元年春三月，太宗，小祥畢る。是の歳夏五月，車駕出で雨を禱る，これ皇祖の旧典なり。然らばすなわち喪すでに年をこえ，猶お諒陰中に在るも，亦た嘗て臨幸するところあるも，ただ游燕の事を為さざるのみ。陛下，光く天命を有し，丕いに海隅を冒う。ただ都城の人，日月の光を瞻る，羽旄の動くを望むを願うこと久しき

のみならず，四方の遠といえども亦た皆な風に響いて首を環らし，輿馬の音を聴きて以って自ら慰さめんと想うなり。今日月遷速なり，即ち先帝の小祥過ぐ，聖孝思慕し，未だ游幸に及ぶに忍びずといえども，然るに京師の宮館は真霊を奉じ，福禧を延く所以にして，みな列聖，列后の神御の宅なり。臣愚恐らくは宜しく外朝聴断の暇，長楽奉養の隙，中外無事にして，天体康寧の時，或いは享謁請禱するところあれば，以って陛下の尊先奉神の心を表すべし。

王疇は，英宗皇帝に行幸を勧める。その目的は，人心を安定させることにある。即位したばかりの英宗は，病気や，前皇帝にたいする服喪のために，首都住民に身体を見せる機会を得なかった。それゆえ，新皇帝の身体の露出は，首都住民のみならず，天下の大衆が待ちに待っていることであるという。そしてこれは，真宗の故事に則っている。英宗は傍流から入った新皇帝であるので，仁孝に努めることが一つの正当性の表現方法である。もう一つの表現方法が，首都住民と空間を共有する行幸であった。王疇は，両者の間に矛盾が発生しない方法論を上奏文で提案している。

時の宰相韓琦の墓碑銘[*30]（神宗の著作とされる。）は，この行幸をめぐる一連の政治事件を，英宗の親政を実現させた韓琦の功績としてたたえる。「英宗は急に病を得たので，皇太后が垂簾聴政した。英宗が回復すると，韓琦は「乗輿に素杖を具えて出御し雨を祈ったらどうでしょうか。」と述べた。首都住民は，まだ新しい天子のご様子を知らなかったが，この行幸によって皇帝のご尊顔を拝見して，「陛下のお顔は祖宗に似ている。本当の英主である」と噂しあった。皇太后はこのことを聞いて大変お喜びになり，直ぐに英宗に政治をお返しになった。」すなわち，首都住民に身体をさらし，認められて初めて，皇帝としての即位が完成する，と考えられていたようだ。英宗の場合は，容貌が祖宗に似ているという，世論あるいは評判とでも言うものが特に記録され，「帝位継承の正当性の確認が行われ，皇太后もそれを喜んで垂簾聴政を廃止し，親政が開始された」という。

[*30] 『琬琰集刪存』1，神宗「両朝顧命定策元勲之碑」には「初英宗暴得疾，皇太后垂簾，権聴軍国事。及皇躬康復，公乃請，乗輿具素杖出祈雨。都人猶未識新天子。至是瞻仰天日之表，乃相与言，君貌類祖宗，真英主也。皇太后聞之。喜即下令還政。」とある。

『孫公談圃』中*31によると，韓琦が皇帝親政を回復しようとしたところ，御宝（皇帝の印章）が太后の御殿にあった。そこで韓琦は，皇帝行幸の時，御宝が車駕に随行するという制度を利用して，御宝を太后のもとから引き離すことに成功したという内容になっている。韓琦は曹太后に対して「開封住民は，皇帝の聖徳を仰ぎ見て，大変感激しております」という報告をする。太后は「あなたがさせたことですね！」と激怒したが，韓琦が粘って，太后は政柄の返還を渋々認めたという。

英宗のこのエピソードは，いくつかのバリエーションがある。その一つによると*32韓琦は「雨に祈る，あるいは宗室の葬礼」でも目的の如何を問わず，いち早く行幸し，「衆疑を釈け」と主張している。庶民との空間の共有によって，首都住民から皇帝の正当な後継者としての認知を受けるという言説である。

以上のように，徽宗時代，陳瓘が指摘した，「祖宗」からはじまったという，最初の開封市内への行幸は，皇帝の実在を明確に意識させ，支配を正当化するために重要であると考えられていたことが，英宗の事例によっても確認することが可能であろう。また，真宗のケースに関しては，引用した王疇の上奏のはじめの方に前例として述べられており，間接的ながら確認できる。

在位なかばでも予定通り行幸が行われず，皇帝の身体を実感できないでいると首都住民は不安に思ったという。『長編』96，天禧4年10月壬午には，

御正陽門観酺。皇太子侍坐，凡五日。上自不予，罕復臨幸。至是人情歓抃。

とある。真宗が不予となり，しばらく行幸をしなかった，皇帝が皇太子を伴って宮城の正門に五日にわたってお出ましになり，大宴会の様子を御覧になったので，

*31 曹后称制日，韓琦欲還政天子，而御宝在太后閣。皇帝行幸即随駕。琦因請具素仗祈雨。比乗輿還，御宝更不入太后閣。即於簾前具述，皇帝聖徳都人瞻仰，無不歓慰，且言天下事久煩聖慮。太后怒曰，教做也由相公，不教做也由相公。琦独立簾外不去。及得一言有允意，即再拝駕前，遂促儀鸞司拆簾。上自此親政。

*32 『名臣碑伝琬琰之集』中48。李清臣「韓忠献公琦行状」……英宗疾已平。遂請日，視朝前後殿。整素仗行幸祈雨，幸宗室喪，以釈衆疑。民望見車駕出，咸感涕相賀曰，吾君貌類祖宗，真聖主也。……

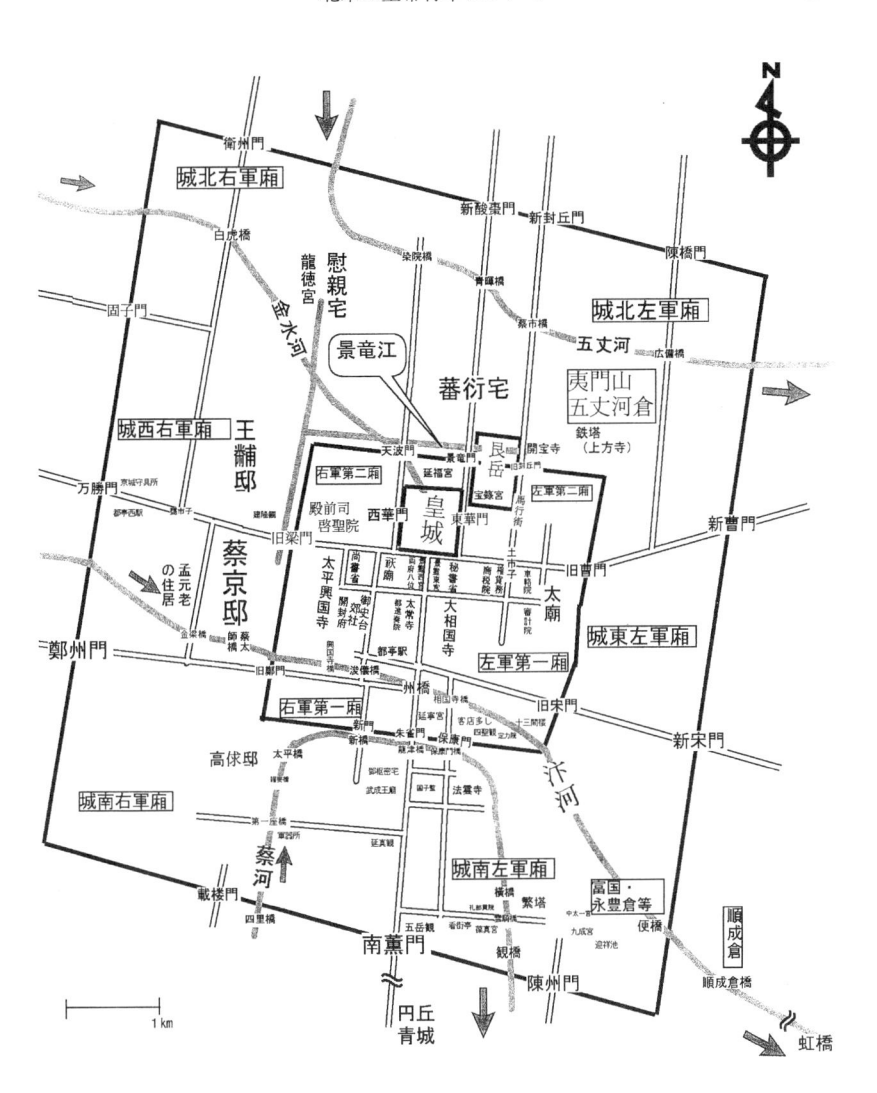

北宋開封概略図（徽宗時代後半）

　内城・外城・蔡河河道は，開封市文物考古隊編《開封考古発現与研究》（中州古籍出版社，1998）に付録の実測図によって作成した。汴河河道（西半）は，丘剛氏のご教示による。

「人情」が「歓抃（大いに喜んだ）」したという。とすると，定期的に行幸を行うことは，政治的安定のために必要不可欠のことだと考えられていたのである。

c，徽宗時代の行幸について──祥瑞の復権など

以上，北宋皇帝の行幸についてその特質を指摘してきたが，それから逸脱しているのが徽宗時代の行幸である。

前項で検討したように陳瓘は，宗室の第宅への行幸のついでに，龍徳宮に行き，「芝」を観ることを強い調子で反対した。「芝」とは，今日で言うところのマンネンタケというキノコのことである。このキノコは「霊芝」とも言い，古来，瑞兆とされたものである。

なお，徽宗は超自然的な権威に関心が強かった。太史局が報告する星変に過敏に反応し，神が降臨したという蔡攸の上奏によろこび，後に道教の神霄派（徽宗自身を降臨した神とする道教の一派）に傾倒し艮岳を建設させたりした〔板倉 2004〕〔久保田2005-a〕。「徽宗御筆」として伝わる「瑞鶴図巻*33」は，政和2年（1112）上元の日の夕方，宮城の上空に突如「祥雲」がたなびき20羽の鶴が飛来するという「祥瑞」が出現し，「都民が賞嘆して已まなかった*34」ことをテーマとしたものである。これも祥瑞によって自らの政治を正当化する，あるいは評価しようと考える徽宗の神秘主義的な性向を象徴しているものと言えよう。徽宗は，兄哲宗の急死のために急遽皇帝となった。皇帝即位の際には，宰相章惇から皇帝不適格という指摘を受けたこともあった*35。それゆえに自らの統治・在位の正当性を明らかにするために，潜邸での祥瑞の発生を演出した可能性がある。

したがって，陳瓘・陳師錫の上奏は受け入れられなかった。その後も開封城内で「芝」が生じるという報告があると，それを見るため行幸するようになった。

---

*33　遼寧省博物館蔵。板倉氏によると，絵は徽宗の指示によって画院の画家によってかかれたもので，題詩のみ徽宗真筆であるという。〔板倉　2004〕

*34　徽宗「瑞鶴図題詩」による。〔小川　1996〕を参照。

*35　『続資治通鑑長編拾補』17，建中靖国元年2月丁巳の条に引用されている『宋編年通鑑』引の章惇に対する任伯雨の弾劾文によると，章惇は「端王浪子爾」と発言したという。

たとえば,

> 時に道徳院にて金芝を生ず。上,幸してこれを観る。(『九朝備要』28,宣和元年9月,幸道徳院観金芝遂幸蔡京第)

とある。このように皇帝が霊芝の出現を好んだため,陳瓘の恐れたとおり,徽宗時代には,これまでとは桁違いに,数万単位で霊芝が発見されて開封に送られるようになった。有司は数え切れなくなり,上奏するのを止める。開封でも「およそ殿宇・園苑,妃嬪の位,皆これ有り。外は則ち中書・尚書二省太学医学もまた紫芝を産す。」*36という状況であったという。王黼は,自邸の屏風に「芝」を産したという報告をし,徽宗はそれを見るために行幸した*37。

従来の行幸のスタイルを逸脱しているのは,祥瑞の問題だけではない。この『九朝備要』の下文には,

> 遂いで景龍江より舟をうかべ,(蔡)京の第の鳴鑾堂に至る。淑妃,上に従いて曰く,今歳四たび鳴鑾に幸せり,と。京に酒を賜う。ここにおいて京,鳴鑾記を作りて以って進む。初め京,上に侍るに,毎に君臣相悦の説を進む。ここにおいて以って倐は主を尚る。而して攸は最も親幸たり。上,時に軽車小輦もて京の第に幸し,坐を命じて酒を賜う。……

とあり,景龍江という運河を利用して,行幸を行っているのである。内城の景龍門の外側に景龍橋がある。その下に景龍江が水を湛えていた。元々は内城の護城河であったが,徽宗時代に改装されて,園林の中を流れる河川となった。そしてどういう仕組みであるか判然としないが,景龍橋を通る一般の人々に観られない

---

*36 『文献通考』299,物異5,芝草・朱草の項政和2年2月戊午の記事を参照。
*37 黼専結梁師成。既為相,再賜第於城西。開便門与師成対街,以相往来。及燕山告功。黼益得意。乃妄言,家之屏風生五芝,請上臨幸。上既幸黼第。又自便門過師成。復来黼家,駐蹕,因黼自出伝旨,支賜命放散侍従百官。於是禁衛諸班直争願見上始謝恩,不肯散。因大訩訩。師成・譚稹乃扶持上,出撫諭之。猶洶洶不已,已而復入。夜漏上五刻,乃開龍徳複道小牆所謂鹿塞門者以還。内宦者十余人,執兵衛之而去。三衙衛士無一人得入者。是夜諸班禁従,皆集教場備不虞,幾至生変,翌日猶不御殿,殆半日人心始少安,祖宗以来,臨幸未之有也。(『九朝備要』29,宣和5年11月,幸王黼第観芝。なお,一つ一つ注記はしないが,宋本は欠落が多いため,四庫本で補った。)

で，舟行することが出来たという*38。となると，皇帝と庶民の一体感を演出する政治空間としての行幸ではない。皇帝自身の娯楽のための行幸となってしまったのである。そのためか蔡京邸への行幸は秘密にされていたらしい。しかし，『九朝備要』28，宣和元年12月　竇曹輔の項に，

　　初め上の微行するや，外人尚お未だ知らず。因りて蔡京，表して曰うあり。

　　「軽車小輦，七たび臨幸を賜う」と。邸報はこれを伝え，四方尽く之を知る。

とあるように，邸報が，蔡京の書いた謝表を掲載し地方でも，このような行幸のありようが知られるようになったという*39。(ふつうの行幸は積極的に，広報されたと考えられる。)

蔡京の邸宅まで，隠密に行幸するルートは，次の史料から判明する。

　　(艮)岳の北，乃ち所謂景龍江なり。江の外なればすなわち諸館舎もっとも精なり。その北にまた瑶華宮火えるによりて，その地を取りて，大池を作り，名づけて曲江池という。中に堂の甚だ雄たるあり。蓬壺と名づく。然るに東は封丘門に尽りて止む。その西は天波門橋より，河水を引きて入る。西して直ぐに殆ど半里，河は乃ち南に折れ，また北に折れる。南に折れるは，閶闔門橋を過ぎ，複道と為り，茂徳帝姫宅に通ず。実は魯公 (蔡京) の賜第なり。……北に折れるは，四五里にして，龍徳宮に属ぶ，上の潜邸なり。(『長編紀事本末』128，万歳山，政和5年9月甲辰の条，蔡絛『宮室苑囿編』)

このように，鹵簿を備えず，景龍江と複道を用いて，蔡京邸や，王黼邸，龍徳宮などに行幸した。あるいは景龍門上の複道を通って，上清宝籙宮で林霊素が主催する道教儀礼などに参加することもしばしばあった〔久保田 2005-a〕。

広大な屋敷地を開封城内にたまわり，そこに徽宗好みの園林を築いて，臨幸の栄誉を賜った蔡京や王黼と違い，若手の蔡攸*40は，徽宗を市内への微行に誘った。

　　攸，嘗つて上に勧めて曰く，いわゆる人主は当に四海を以て家となし，太

　　平をもって娯と為すべし。歳月能く幾何ぞ。豈に徒らに自ら労苦せん，と。

＊38　『宋史』85，地理志，京城。

＊39　邸報の機能については，〔游　2004〕を参照。

＊40　蔡攸の邸宅は，蔡京邸の一角にあった (『朱子語類』140)。

上，その言を納れ，遂に都市を微行す。上，方めて期門*41の事を為す。故に苑囿は皆な江浙に倣いて白屋をつくり五采を施さず，多く村居野店と為す。珍禽異獣を聚め，動もすれば数千百に及ぶを以ってその中をみたす。都下，毎に秋風の夜静なるに，禽獣の声四徹し，宛かも山林陂沢の間の若し。識者以って不祥と為す。(『九朝備要』28，宣和元年9月，幸道徳院観金芝遂幸蔡京第)

身分を隠して「都市」へ行幸することは，漢の武帝の故事にしたがって「期門之事」と呼ばれていた。北宋では徽宗以前には記録されていない。蔡攸が勧めているように，「都市」に行幸することによって，皇帝自らが娯楽とするわけであるから，「祖宗」以来の行幸の意義とは，まったく違うものである。

首都住民とのコミュニケーションを秩序立てて空間的に行い，祥瑞といった超自然的なものの介在を拒否する，それが北宋の仁宗期になって確立した行幸のスタイルだったのである。徽宗の行幸には，むろん，このような行幸も多かったが，それを逸脱する形式の行幸が行われたことが，徽宗時代の一つの特色といえよう。

むすび

北宋の皇帝行幸は，太祖・太宗・真宗の三帝の時代に多かった。しかも首都から地方への長期間にわたる行幸が行われたのは，この三帝の時代だけである。太祖太宗は，もともと武人であり，統一戦争や反乱鎮圧に際し皇帝親征が行われた。真宗時代はさらに地方行幸が多くなる。景徳の役での親征もあるが，澶淵の盟以降，真宗政権は，権威の回復のため，祥瑞を偽造し，それを起点として泰山や汾陰での祭事などを行ったからである。これは北宋においては特殊であるといえる。北宋には，それ以前の朝代とは異なり，祥瑞を重視しない考え方が皇帝や士大夫に広がっていた。そのため，つぎの仁宗時代，真宗のこのような方針を否定する言説が主流となる。また契丹との和平がなったことで親征も無くなった。また，地方でも皇帝の実在性を確認できる仕組みができていった。仁宗時代以降，地方

*41 漢の武帝が，身分を隠して外出したこと。従者と門で待ち合わせしたところから期門と号された。(『漢書』35 東方朔伝)

への行幸は記録されていない。

　首都の都市空間における行幸はどの朝代においても盛んに行われた。これが北宋の特色である。太祖太宗時代は開封の首都機能——禁軍の軍事力・中央官庁などの整備に関わる行幸が、頻繁に行われている。軍事訓練や戦艦、官庁の建造、水磑の整備などを自ら視察する。それに対し、首都機能をふくめて文治主義体制が整った仁宗時代以降は、寺観等への行幸が中心となり、国家体制の成熟ぶりを感じさせる。

　寺観に赴き神仏あるいは先帝の神御を参拝し「民の為に祈る」ことは、北宋を通じて行われている定番の行幸である。また、上元観灯に出御したり金明池の競船を観戦し、民衆とともに行事に参加した。皇帝は一年でかなりの行幸をこなしている。このような首都空間への行幸の意味は、どのようなところに存するのか、時人の言説を中心に考えてみた。それによると、皇帝の娯楽の為ではなく、一定の政治的な意義を有するものと見なされている。すなわち、庶民とのコミュニケーションの空間を設けるためのものだったのである。皇帝の身体の実在を確認しようという庶民たちと、皇帝の身体を、首都住民たちに見せつけることによって、支配の正当性を証明したい政府との間に成立した政治的空間が、首都空間における行幸なのである。行幸の時に行われる越訴は、皇帝と「百姓」の対話ともいえよう。これはもちろん違法であったが、皇帝は寛大に許す。しばしば行幸の際には、金品が賜与され赦免が行われた。「徳治」を表現するためのパフォーマンスとして行幸が行われていたのである。政治的な安定を図るための一つの装置が首都空間における行幸だったのだ。それゆえ、行幸が行われない期間が長期にわたると、首都住民が不安に思うという事態も発生する。また、行幸は邸報などにより地方に伝えられ、地方の人々も間接的に王の身体にふれることが可能になっていた。この一連のシステムは、開封に備わった首都機能の一つだったといえよう。

　以上にまとめた北宋における行幸の特色は、唐の後半期におこった変化を受け継いだもののようである。唐の前半期までは、国家儀礼はあくまでも皇帝と貴族が参加するものであったが、後半期から、首都住民が参加する行事へと変化した。宋代の行幸はその流れを発展させ、皇帝と首都住民の一体感を強める機能を有する政治的な装置となったと言えよう。明清になると、首都においてすらも皇帝の

身体に直接触れる機会が少なくなる,支配層はより間接的で抽象的ないくつかの方法を用いて,皇帝の存在を民衆に理解させ,秩序形成がはかられたという〔Ebrey 2002:373-375〕。すなわち,本稿でのべてきた北宋の行幸のあり方はこの時代の特色を考える上で,等閑視できないものといえよう。

　皇帝の個性も行幸に反映される。真宗は「行幸を好む」と評された。一方,神宗は,『宋史』の論賛で,行幸を控え政務に精勤したことが称えられている。徽宗の行幸は,本文で詳述したように独特である。とすると,北宋に続く南宋の諸皇帝の行幸がどのようなものであったかなど,興味は尽きないが,与えられた紙数はつきたようである。

〔参考文献〕
◇日本語
飯島　洋一　1996　『王の身体都市』（青土社）
板倉　聖哲　2004　「皇帝の眼差し　徽宗「瑞鶴図巻」をめぐって」（『アジア遊学』64徽宗とその時代）
梅原　郁　1986　「皇帝・祭祀・国都」（中村賢二郎編『歴史のなかの都市』ミネルバ書房）
大櫛　敦弘　2000　「後漢時代の行幸」（『高知大学人文学部人間文化学科・人文科学研究』7）
小川　裕充　1996　「徽宗筆　瑞鶴図巻」（『美術史論叢』12）
金子　修一　2001　『古代中国と皇帝祭祀』（汲古書院）
金子　泰晴　1993　「建炎年間における宋金の攻防とその背景——李綱と張浚の巡幸論を中心として——」（『早稲田大学大学院文学研究科紀要別冊』20,哲学・史学編）
久保田和男　2005-a　「北宋徽宗時代と首都開封」（『東洋史研究』63-4）
久保田和男　2005-b　「北宋首都開封の城壁について」（『長野工業高等専門学校紀要』39）
小島　毅　1989　「郊祀制度の変遷」（『東洋文化研究所紀要』108）
小島　毅　1988　「宋代天譴論の政治理念」（『東洋文化研究所紀要』107）
小寺　武久　1969　「平安京の空間的変遷に関する考察（１）——行幸路次を中心として——」（『日本建築学会論文報告集』165号）
堺　武男　1984　『詩経全釈』（汲古書院）

佐藤　智水　1984　「北魏皇帝の行幸について」（『岡山大学文学部紀要』5）
妹尾　達彦　1990　「書評　ハワード・J・ウェクスラー著　『玉と絹のそなえもの——唐王朝の正統化における儀礼と象徴シンボル——』」（『社会文化史学』26）
妹尾　達彦　1992　「唐長安城の儀礼空間」（『東洋文化』72）
高橋　弘臣　2003　「南宋初期の巡幸論」（『愛媛大学法文学部論集・人文学科編』15）
寺地　遵　1968　「欧陽修における天人相関説への懐疑」（『広島大学文学部紀要』28-1）
仁藤　敦史　1990-a　「古代国家における都城と行幸——動く王から動かない王への変質」（『歴史学研究』613号。のち『古代王権と都城』吉川弘文館、1998に収録）
仁藤　敦史　1990-b　「古代王権と行幸」（『古代王権と祭儀』吉川弘文館、所収）
山内　弘一　1983　「北宋時代の郊祀」（『史学雑誌』92-1）
山内　弘一　1985　「北宋時代の神御殿と景霊宮」（『東方学』70）
山内　弘一　1990　「北宋時代の太廟」（『上智史学』35）
渡辺　浩　1997　『東アジアの王権と思想』（東京大学出版会）

◇中国語

何平立　2005　「宋真宗東封西祀略論」（『学術月刊』2005年第2期）
鄧小南　2000　「試論宋朝的祖宗之法」（『国学研究』第7巻）
鄧小南　2002　「趙宋祖宗之法的提出与詮釈」（『中国の歴史世界』東京都立大学出版会）
劉慧　1994　『泰山宗教研究』（文物出版社）
呂樹芝　1984　「宋人絵《大駕鹵簿図巻》（部分）」（『歴史教学』1984年第5期）
游彪　2004　「宋朝的邸報与時政」（『中州学刊』2004年第6期　総144期）

◇英語

Howard J. Wechsler　1985　*Offerings of Jade and Silk*, Yale University Press.
Patricia Ebrey　1999　"Taking Out the Grand Carriage:Imperial Spectacle and the Visual Culture of Northern Song Kaifeng", *Asia Major*,12,1
Patricia Ebrey　2002　"The Emperor and the Local Community in the Song Period"『中国の歴史世界』東京都立大学出版会

多面的な政治業績調査と宋代の情報処理システム

鄧　小　南

（山口智哉　訳）

　中央と地方の疎通およびその相互作用は，それぞれの時代で異なってくる。特定の時期における中央と地方の関係を検討する際，当時双方を結んでいた情報ルートの解明は，避けて通れない問題となる。

　中央と地方には根本的な利害の差異や対立が存在しており，この前提のもと，情報把握の不均衡な状態には，異なる時間や地域など，種々の要因が絡むことで複雑な様相をみせてくる。信頼に足る地方官員の業績情報を適宜把握し，現場の動向を理解できるかどうか，また時宜にかなうかたちで朝廷の意向を下達し，命令の円滑な伝達を保証できるかどうか，これらは直接的に中央集権体制の実効性に関わり，上から下への国家統治の生命線に関わってくる，極めて重要な要素となる。

　中国史上において，宋代に完成したものは，けっして広範囲の統一とよべるものではなかった。しかしながら一方で，その統治が及んだタテ方向の深度は，前代と比べようもないものであった。このことは，まさに宋朝の地方の政治業績に対する多面的な調査，および情報ルートに対する緻密な運営と直接に関係してくる。

　近年，朱瑞煕氏は，『中国政治制度通史・宋代』（人民出版社，1996年）における中央政策決定システムに関連する部分で，また虞雲国氏は『宋代台諫制度研究』（上海社会科学院出版社，2001年）における台諫の政事批判に関連する部分で，それぞれ宋代の情報伝達ルートの問題について検討を加えている。しかしながら総体的にみて学界におけるこの方面の研究は，まだまだ手薄といえよう。本稿は，宋代における，中央が地方の政治業績を調査する際の情報の出所およびその処理機構について考察することを通じて，学界への寄与を願うものである。

一　はじめに——宋朝が地方の政治業績を把握する重要なルート

　宋代の地方文官は，その職責範囲から主として親民・釐務の二種類に分けられる。親民官とは，民政を担当する各級の行政長官のことを指し，また釐務官とは，各地に派遣駐屯して財務関係の職務（たとえば茶塩酒税・冶鋳など）を専門的に管理する官員のことである。その職務上の性質から，親民官は，国家の統治システムの中でより重視される存在であった。宋代における地方官の政治業績の調査は，路の監司（転運使副・提点刑獄・提挙常平など）にはじまり，州の知州・通判，そして基層の県における知県・県令といった各レベルの親民官に重点がおかれていた。
　宋朝は，情報源との疎通をはかって情報ネットワークを作り上げ，情報壟断のおそれを減らすことに尽力した。このことは，まさしく魏了翁の次のような記述に表現されている。

　　所謂宰輔宣召，侍従論思，経筵留身，翰苑夜対，二史直前，群臣召帰，百官転対輪対，監司帥守見辞，三館封章，小臣特引，臣民扣匭，太学生伏闕，外臣附駅，京局発馬逓鋪，蓋無一日而不可対，無一人而不可言[*1]。

地方の政治業績の把握を保証するべく，宋代には，行政・監察の機構を主軸に，その具体的な業務部門が投入されており，重層的かつ多方面にわたって縦横に入れ乱れた，また各自が相対的に独立した情報流通ルートを形成していた。中央も個々の情報ルートにあわせた監督制御を行い，必要に応じて制度外の手段をとることで既存の情報源を補充し，なおかつたびたびそれを整理して正規の情報ルートに組み込ませた。
　宋代の政策決定集団は，弊害防止と安定した支配の保証を制度・規範を設ける起点としており，これに応じて，情報収集の範囲も比較的広範となり，重要とみなす情報に明確な選択性がみられた。たとえば地方官員の業績やその常軌を逸脱した違法行為，および民間世論の動向などは，いずれも朝廷の重要視するものであった。

＊1　『鶴山先生大全文集』巻18,「応詔封事」。

ながらく「情報隠蔽」に対する配慮から，宋朝では一定の情報収集ルートの建設に力が注がれてきた。それは，代々「言路」と呼ばれてきた台諫にとどまらず，以下のような多くの入奏形式もまた地方の政治業績を把握するための重要ルートとみなされていた。

群臣奏事：これには在朝の百官が直接に皇帝と面会して行う上奏や，政事堂（都堂）における奏事，また内外の官僚が閤門司を経て章疏を上呈することを含む。宰執，侍従，台諫などの官員が行う日常的な進奏のほかに，その他の官員たちは，輪対・請対・召対などを通じて皇帝に上奏が可能であった。また経筵官にも皇帝と対話し進言する機会があった。比較的に固定化した奏対としては，在京における在職中ないしポスト待ちの文武升朝官が地方長官となって赴任するさいの告辞や，外任を解かれた者が京師に赴いて行う報告，ないし朝廷の特使として京師を出る場合の報告があった。時政の得失やら制度の利害やら軍事関連の重要事件に関わるものなど，いずれも上奏がゆるされており，とりわけ朝廷では，官僚たちが事情を知る地方政務・基層の動向・民衆の意見といった事柄を重要視していた。

皇帝に対して，直接に上奏を行うルートについては，真宗初年の政務スケジュール中にその一端をうかがうことができる。

　　崇政殿視事，至午而罷。上自即位，毎旦御前殿，中書・枢密院・三司・開封府・審刑院及請対官以次奏事，至辰後還宮進食。少時復出，御後殿視諸司事，或閲軍士校試武芸，日中而罷。夜則召儒臣詢問得失，或至夜分還宮。其後率以為常[*2]。

いわゆる「視事」「奏事」「詢問得失」とは，実際のところ，いずれも異なるレベル，異なる部門，異なる任務の官僚と接触することを通して，多方面の情報を把握することであった。

中下層の官員が皇帝と対面して上奏する際には，申請手続きを必要とした。熙寧前期，当時の監察御史裏行であった程顥は，しばしば皇帝に召しだされたことがあり，「退出するたびに，(皇帝は)いつも『頻繁に対を求めるのだぞ。朕は常

[*2] 『続資治通鑑長編』巻43，咸平元年10月己酉条。

に卿に会いたい』とおっしゃった」という*3。朱熹もかつて淳熙15年（1188）に祠禄を請うた際、皇帝のお召しに応じて対面した経過について、次のように述べている。「6月4日、周揆が人を遣わして上意を伝えてきた。『上（孝宗）の仰せでは、〔朱熹が京師に来て数日になるというのに、どうして対を請わないのか〕と』。そこで閤門司に向かい申請を行った。旨があり、7日に後殿で班引（グループ単位の接見）を行うことになった」*4。このことから、もしも皇帝が召見を希望したとしても、通常は官僚の側からの申請が必要であったことが分かる。

詔求直言：宋代には、皇帝が即位後、通例として天下に大赦が行われ、同時に群臣の上奏が募集される。また災害が発生したり、朝廷の政策を調整したりする際にも、通常ひろく「直言」が求められた。これらの直言は、ほとんどの場合、報告と建議の二種類しかない。太宗は、かつて次のように述べた。

　　自古帝王未有不任用賢良致宗社延永。皆是自己昧於知人，不能分別善悪，為
　　姦邪蔽惑，以至顛覆*5。

史書中には従来から英明なる君主が広く意見を容れることについての賞賛が多いが、統治技術という角度からみれば、奸臣の情報操作を防ぐことこそ統治者が諌言を聞き入れるようになる原動力となる。宋代には、このことをよくわきまえた皇帝もいた。司馬光によれば、咸平・景徳年間には、詔を受けた群臣の上書が一日に100余通以上あり、真宗はつねづね閤門使に速やかに上書を届けるよう戒飭するとともに、専任者を派遣して詳細を報告させたという*6。

臣僚が対や文書によって提出した上奏は、いずれも皇帝の情報ルートの重要な環節点となり、隠蔽防止の要素となる。慶暦年間、丁度はかつて仁宗に次のような助言をしている。

　　旧制，転運使及藩鎮之臣辞謁，皆賜対。上初即位，詔中書・枢密院附奏之。
　　度言，「臣下出外，必有所陳。今一切令附奏，非所以防壅蔽也」*7。

---

*3 『宋史』巻427，道学一，程顥伝。
*4 『朱子語類』巻107，孝宗朝。
*5 『豫章文集』巻3，遵堯録二，太宗。
*6 『司馬文正公伝家集』巻36，「乞令朝臣転対札子」。
*7 『続資治通鑑長編』巻147，慶暦4年3月丁亥条。

皇祐4年 (1052)、封書によって政事の得失を述べる者が少ないことを感じた仁宗は、言路が塞がれているのではないかと危惧した[8]。それからちょうど100年後の紹興22年 (1152)、高宗も、近ごろ手元に届けられる情報が少ないことに疑念を抱き、情報の隠蔽を心配して登聞検院・登聞鼓院所属の官吏に調査を命じている[9]。

地方稟報：地方長官が赴任すると、通例のとおり朝廷に対して着任の報告や、年賀の上表を行う以外に、速やかに当地の状況を調査して、適宜中央へ上申しなければならない。朝廷が頒布した詔勅や政令については、施行を徹底したのちに報告しなければならず、異議があれば、当地の状況を根拠として上奏を行い、指示を仰いだ。年末になるたびに、地方機関では、例年通り当地の財政収支、戸口の増減、農地開墾の状況を統計化し、その帳簿を中央の関連部門に上申してチェックを受ける必要がある。官員の当年の政治業績についても、その考課を取りまとめ、離任の際には監司の再検査および吏部の審査を受けることになっていた。

政治業績の把握に関連して、中央はつねづね地方長官に「民間の利病を箇条書きにして報告する」ように求めた。朱熹が知南康軍だった時、孝宗に次のような上奏を行っている。

> 臣伏睹進奏院報、三月九日臣寮奏乞申敕監司郡守条具民間利病、悉以上聞、無有所隠、奉聖旨「依奏」者。臣以非材、誤叨郡寄、窃見管内民間利病、有合奏聞事件、顧其間有事干機密、不宜宣露者、謹昧万死、具疏壹通、準式実封、随状投進。
> 貼黄、乞至御前開拆、庶幾千慮之得、有以仰副陛下求言願治之意。干冒天威、臣無任跼蹐俟罪之至。謹録奏聞、伏候敕旨[10]。

これは、地方長官が上奏文のなかで「民間の利病」について報告したものであり、その具体的な書式がよくわかる。

登聞検院、登聞鼓院、理検院は、朝廷が吏民の訴訟を受け付ける専門の機関である。北宋前期の致仕官員や選人および庶民は、いずれも登聞鼓院を通じて上書

---

*8 『続資治通鑑長編』巻173、皇祐4年11月丁亥条。
*9 『太平宝訓政事紀年』巻5、紹興22年6月。
*10 『晦庵先生朱文公文集』巻11、「繳進奏疏状」。

することができた。こうした下層から寄せられる訴状は、冤罪を審理する以外に、事実上，朝廷にとって貴重な情報源ともなったのである[*11]。太平興国8年（983）四月，判潁州事曹翰が官爵を剥奪された原因は，彼が知潁州時代に政治が乱れ，汝陰県令孫崇望が京師に赴いて登聞鼓を撃ち，曹翰の不法を訴えたことによる。太宗は，そこで使者を派遣して調査させ，事実が判明したため懲罰を科すことになった。淳化2年（991），知陳州の田錫および通判の郭渭が裁判の審理ミスを理由に黜責処分となったのも，州内の百姓に登聞鼓を撃って冤罪を訴える者がいたためである。このように下層の官吏や民衆が遠方から中央にまで駆け込んで訴えて出る事例は，ほかにも多くみられ，これらの訴えは，原則として朝廷が官吏を派遣して調査することになっていた[*12]。

二　縦横に行われた通常調査

　官僚制度内の多くの措置は，実質的には「情報分布の不均衡状態」に応じて設けられる。ある意味では，政治業績調査制度の重要性は「情報の非対称性」にあるといえ，政治業績調査という制度が有効かどうかもまた情報把握の程度如何にかかってくるのである。
　宋代の地方官に対する政治業績の調査は，多種多様なルートから行われた。
　比較的重要な外任親民官であれば，その就任の際に前もって一通りの審査が行われる。皇帝が接見して，その履歴や振る舞いをチェックする。また宰相・執政が政事堂で面接審査を行い，言葉遣いや態度を判断するとともに，専用の帳簿にその平時の功過を記録する。御史台もこの審査に関与する。『宋大詔令集』巻160所載宋太宗太平興国8年（983）8月，「親選擢官吏中書審勘別聴進止詔」には，次のように述べられている。

　　朕選用群財，分領衆職，雖九品之賤，一命之微，未嘗專望於有司，必須召対
　　於便殿，親与之語，以観其能。儻敷納而可観，必越次而茂賞。恩或由於僥倖，

[*11]　『宋会要輯稿』職官2-27・29。
[*12]　『宋会要輯稿』職官64-9・69-19，『宋史』巻161，職官志一。

理未至於澄清。自今応親臨選擇官吏，并送中書更審勘履歷，別聽進止。
太宗は，人事を有司に任せきりにしたことがないのだが，その一方で恩や僥倖を理由に任官することを心配する。帝王の直接人選と中書門下の履歴審査が結合することで，親民官審査の一連の手続きが構成されるのである。

在任の官員については，朝廷の常設機関からタテ方向の通常調査が行われ，主要なものに以下の2つのルートが存在していた。

ひとつには，地方各級から寄せられる申報および中央の人事管理部門がその総括を担当する通例の調査がある。これには定期的に行われる日常の考課や，不定期ではあるが経常的に行われる按察をも含んでいる。

宋代における日常の考課について，およそ地方では，知州と通判が県令を，監司が知州，通判をそれぞれ評価し，審査に関わる材料を収集整理して中央へ報告する。中央の人事業務は，北宋前期であれば差遣院，磨勘院，考課院，審官院および吏部流内銓などの役所が相前後して分掌していた。神宗朝元豊年間に実施された官制改革以後であれば，吏部四選と考功司がその責務を負う。政治業績を評定する主な資料源は，諸路の監司や諸州の長吏が下層から報告を受けた「考帳」と自ら巡行査察した結果に基づいて所見を附した印紙歷子である。考帳は，各地方で収集された後に吏部考功司に提出される。また官員が離任する際にも「隨身歷」を携帯しており，吏部で等級がつけられ，その黜陟が決められた[*13]。

経常的な按察もまた段階的に行われる。『宋会要輯稿』職官42-58に採録されている詔令中には，

〔大中祥符二年〕十一月，詔論監司失察罪。分天下為郡県，総郡県為一道，而又総諸道於朝廷。委郡県於守令，総守令於監司，而又察監司於近臣。此我朝内外之紀綱也。

とあり，宋代における，中央による地の政治業績調査の諸段階について基本的な概括がなされている。

元祐元年（1086），執政となった司馬光がかつて太皇太后高氏と哲宗に次のように建議した。按察は段階を区分し，系統だったものとすべきであり，監司がもっ

---

*13 『續資治通鑑長編』巻57,『宋史』巻163,職官志三,『宋会要輯稿』職官59-11, 65-24。

ぱら知州軍、通判、路分都監以上を按察し、知州軍と通判が州官や知県を按察し、知県であれば主簿、県尉および県内のその他の官吏を按察する。そしてもしも苛政を行ったり、政治能力に欠けていたり、汚職に手を染める者がいれば、当県が調査（体量）した上で州へ上申し、州も調査後に監司へと報告し、そうして当路の監司もまた調査の上、朝廷へ上申する。朝廷はその上申の事実確認を行ってから処分を決める、というものである[*14]。司馬光のこの意見は、事実上、大中祥符年間に出された詔令の精神を再確認したものといえる。

監司は、地方の政績を調査する基本的な職務を担っており、汚職の摘発や有能な人材の推薦が彼らの最も主要な調査方法となる。彼らは、年末になると調査結果を中央に報告しなければならない[*15]。『慶元条法事類』巻7、「監司知通按挙」には、次のようにある。

　　諸監司毎歳分上下半年巡按州県、具平反冤訟、捜訪利害、及薦挙循吏、按劾奸贓以聞。

朱熹や陳傅良、真徳秀など多くの宋人の文集中には、彼らが監司に任じられていた際に行った糾弾や推薦の上奏が載録されている。たとえば『西山先生真文忠公文集』巻12、「挙刺」には、真徳秀が江東転運副使の職にあって知寧国府張忠恕、新知徽州林琰、太平州通判韓楚卿、知太平州当涂県謝湯中、前知建康府溧陽県王棠などの人々および司戸、県丞、主簿や監当官を弾劾した文章がある。あるいは知信州丁黼、転運司の属官である洪彦華などの人物を推薦する文章もみられる。「薦本路十知県政績状」には、江東一道43県のうち、世間の評判をもとに、困苦の中にあっていささかでも寛厚な政治を行い、徴税を急務とせずに民を養うことを心がける能力がある10人が奏聞されるべき者として挙がっている。

当然のごとく、「監司が官吏を調査しない」[*16]という状況もままみられた。孝宗朝期、王庭珪は江西の状況について次のように述べている。

　　一路数千里之間、未聞薦挙一人奉法愛民能推行寛恤之詔者、其所薦挙者必苛

[*14]　『司馬光奏議』（山西人民出版社、1986年）巻40、「乞令監司州県各挙按所部官吏白札子」。

[*15]　『慶元条法事類』（燕京大学1948年印行本）巻7、職制令。

[*16]　『建炎以来繋年要録』巻196、紹興32年正月庚辰条。

刻険悍之夫，号為能集事者。相帥成風，争為剝下媚上以図寵擢，而廉介自守者無所容於時，今皆相率而去矣*17。

　監司が地方の政治業績を調査する方法としては，資料をチェックする以外に，みずから巡歴する必要もあった。淳熙年間に提挙浙東常平茶塩事であった朱熹は，次のように述べる。

　日与僚属寓公鈎訪民隠，至廃寝食。分画既定，按行所部，窮山長谷，靡所不到，拊問存恤，所活不可勝計。毎出皆乗単車，展徒従，所歴雖広而人不知。郡県官吏憚其風采，倉皇驚懼，常若使者圧其境，至有自引去者。由是所部粛然*18。

しかしながら勤務にいそしまない監司もまた多かった。熙寧7年（1074），検正中書刑房公事沈括は，みずからの両浙路察訪の経験から，巡歴をいい加減にする状況がかなり深刻で，その結果として一方では「文書が飛び交い，指示が交錯して一定しない」ことになり，他方では「州県行政が廃れ，誰もチェックしない」状態を招いているという*19。両浙のみならず他路においても，また北宋期のみならず南宋期においても，このような状況は相当に普遍的なことだったろう。

　各路の諸司は並立し，多種多様な情報源となっていたが，同時に際立った問題を生じさせることにもなった。王庭珪によれば，

　前年宗祀赦書悉放建炎四年積久応寛恤事，専委提刑司，徳意甚厚也。至今提刑司出榜放，転運司出榜催，両司争為空文，倶掛墻壁*20。

とあり，政令が複数の官庁から布告されるような状況が基層の行政運営や民衆生活に支障をきたしたであろうことは疑いない。

　その他のタテ方向の通常調査としては，中央の業務部門が地方のそれぞれ対応する機関（主要なものに諸路の転運司，提点刑獄司，提挙常平司などがある）に対して行う調査がある。たとえば刑部は諸路の提点刑獄をチェックし，三司もしくは戸部は諸路の転運使副や提挙常平をチェックする，等々である。

　元豊2年（1079）3月，河北東路転運副使と判官が処罰されたが，その原因は，

---

*17　『盧溪集』巻27，「与宣諭劉御史書」。
*18　『勉斎集』巻36，「朝奉大夫文華閣待制贈宝謨閣直学士通議大夫諡朱先生行状」。
*19　『続資治通鑑長編』巻252，熙寧7年4月壬辰条。
*20　『盧溪集』巻27，「与宣諭劉御史書」。

三司が本路の熙寧10年（1077）の銭帛収支の統計をとったところ，従来報告してきた額より73万緡も少なかったからである。また元豊7年正月，尚書省戸部の報告によると，京西南路提挙常平官であった葉康弼の「上簿」に記載された過失が他の同類の官員たちよりも多かったため，転職処分となった。哲宗朝後期に制定された『元符考課令』では，監司の功過および在任中の施策がもたらした利害を戸部が記録し，年末に評定して三等に分けることが重ねて明記されている。崇寧4年（1105）9月における戸部の報告によれば，当年に戸部が諸路の提挙官について評定した資料が，基本的に諸路転運使が上申してきた内容に基づいていたことがわかる*21。

南宋紹興年間，軍需物資を調達すべく，朝廷は四川・淮東・淮西・湖広に総領司を設立して財政を担当させた。総領司は，毎年諸州が上納してくる銭糧額の過不足を調べて朝廷へ報告し，それに基づいて地方官の賞罰を決定した。乾道4年（1168）に淮東総領所は，「路州軍ごとの総領所の銭米があるところでは，その数量を基準に殿最を決める」ことを請うた*22。また紹熙3年（1192）には，朝廷が淮西総領所の要請を受けて，「知州，通判展減磨勘法」を制定し，総領所が勤務評定およびその処置を担当し，中央の刑部，大理寺が再チェックすることとなった*23。

以上が宋代におけるタテ方向の通常調査を構成していた。

いわゆるヨコ方向の通常調査としては，主として諸州や諸司の相互間で実施される調査や申告が挙げられる。これには，同一路内の帥（安撫司），漕（転運司），憲（提刑司），倉（常平司）などの常設機構が相互にチェックしあい，それぞれ上申を行うことや，同一州の知州や通判がお互いの勤務態度について述べた「共書」によるチェックも含まれる。たとえば大中祥符5年（1012）に鎮州通判の東方慶がかつて前知州の辺粛を指弾したことや*24，嘉祐3年（1058）に兗州通判の馬預が朝廷に知州王達のことを訴えたことなどが挙げられる*25。

*21　『宋会要輯稿』職官66-5・25，同59-3。
*22　『宋会要輯稿』職官41-62。
*23　『宋史』巻167，職官志七，『宋会要輯稿』職官41-62。
*24　『宋会要輯稿』職官64-22。
*25　『宋会要輯稿』職官65-17。

宋代においては，同じ職位にある後任官が前任官の治績を調査することが普遍的に行われていた。真宗咸平2年（999）2月，朝廷は詔を下して，以後，新任の州県長官が任地に到着して前任の官員より管轄区域内の戸籍を受けとる際，離任者は印紙歴子に新旧の逃散戸数を書き込まねばならないこととした。すなわち，本任が何年何月何日に招集した逃移戸がいくらで，いつ税金を徴収できたか，あるいは某年月日に逃亡した人戸がいくらで，その夏秋税の損失がいくらであるか，等々。新任官は，関係部門とともに内容を吟味した上で離任者に渡す。そうして離任者は，京師に着いたのちに印紙歴子を人事担当部門に提出し，人事部門が今一度，中央の関連部門に詳細なチェック（点勘）をしてもらい，かつ財政担当官庁である三司に総合評価を求めることになっていた[26]。

前任官が離任後には，彼が任期中に発生した各種の問題が比較的容易に露見しやすいものである。胡宿が知湖州として着任した後，彼は前知州滕宗諒と長年にわたって職場仲間であった通判や僚属たちに彼の歴紙の内容を吟味するように命じ，滕宗諒が学校の振興を進めた功績は評価されることとなった。もっとも，すべての後任がかくも寛大であったわけではない。新任者が前任者の弊政を指弾することは，ほかでもない後任者たる彼自身の職務だったからである。一例を挙げれば，明道2年（1033），夔州路転運使の蕭律は，前任の転運使張正中の「苛察」を弾劾している[27]。前任者の過失が明らかな場合，後任者としては前任に替わってその重荷を背負いこむことを望んだりはしなかったであろう。

このようにして，地方官員の虚偽の政治業績報告は，前後する帳簿のチェックや後任官ないし他司の官員を通じて告発された。紹興24年（1154），もともと京西路転運判官の職にあった魏安行が罷免された。彼の犯した主要な過失とは，過去に知滁州であった際，みだりに荒田2200余頃を開墾したと上奏し，彼が離任して後，州が朝廷に対して実際の開墾地は400余頃たらずであったことを報告してきたという次第である[28]。現在，確認できる宋代官員の虚偽の政治業績の報告に対する処分には，当該官員の離任後に明らかになっていることが多い。このこと

---

[26] 『宋会要輯稿』職官59-5。

[27] 『宋会要輯稿』職官64-32。

[28] 『宋会要輯稿』職官70-39。

は，官僚の転任が中央の地方の実態把握ないし情報の疎通に明らかに効果があったことを示している。

　地方官に対する政治業績の調査は，実際のところ多面的かつネットワーク状に拡がっている。地方では，同一区域の発運使司や宣撫司が，あるいは同一路内における安撫司，転運司，提刑司，常平司といった諸司が，各路・各州でいずれも相互に監督を行い，各自独立して中央へ報告ができることになっていた。

　州郡の監察と指導を職務とする監司についていえば，朝廷は決して全面的に信頼していたわけではなく，そのため監司に多くの制限を設けたのみならず，監司そのものに対する監察も怠らなかった。葉適の書いた「監司」という一文には，次のようにある。

　　今也上之操制監司又甚於監司之操制州郡，緊緊恐其擅権而自用。或非時不得巡歴，或巡歴不得過三日。所從之吏卒，所批之券食，所受之礼饋，皆有明禁[*29]。

　監司は管轄内の州を調査するが，監司自体もその官庁所在州から殿最をチェックされ，同時に管轄内の知州も監司の過失を告発することができた。『宋会要輯稿』食貨49-7，淳化3年（992）2月の詔勅に，

　　今後諸路転運使副，如規画得本処場務課利増盈，或更改公私不便之事，及除去民間弊病，或躬親按問雪活冤獄，或辺上就水陸利便，般運糧草不擾于民者宜令諸道州府軍監俟年終件析以聞。若止是点検尋常銭穀公事，別無制置事件亦仰具狀開説，当議比較在任労績。

とあり，その2年後，太宗は再び詔を下し，諸路転運使に御前印紙を発給し，管轄内の知州，通判にその殿最を評価させ，毎年審官院に提出して審査・評価させることにした[*30]。また，その100余年後の徽宗政和6年（1116）11月には，梓州路転運副使の盧知原が「今後，監司の任期満了ないし転職などの場合には，官庁所在州でのみ印紙に評価を書き込んでもらう」ように上奏した[*31]。このことは，北宋期において基本的に監司と官庁所在州の知州および通判が相互に評価する方

[*29] 『水心別集』（中華書局，1961年）巻14。
[*30] 『宋会要輯稿』職官59-5。
[*31] 『宋会要輯稿』職官59-16。

式がとられていたことをものがたる。その後，盧知原が提案した「監司考課互申法」も朝廷に認可されることとなった。

　監司と管轄内の知州や通判は，ただ任期中の政治業績について相互に評価するだけにとどまらず，監司の任期期間中に違法行為があれば，管轄内の知州がこれを告発する権限をも有していた。真宗朝期，両浙転運使であった姚鉉は，在任中に白銀の売買で利益を上げ，湖州などの長吏に頼んで絲綢を購入してもらいその税を納めなかったり，勝手に官舎を改修したり，あるいは管内の子女を売買したり，と諸々の不祥事を起こし，景徳3年（1006）に知杭州の薛映によって弾劾されることになった[32]。

　中央において，人事部門が監司や郡守の政治業績を調査する場合，銭米や裁判を担当する関連部門に総合的な評価を要請する必要があり，そして主管部門は各路の政治業績を独自に調査する。また官員が寄祿階の昇進や職を替わる際には，いずれも以前の業績についての審査が行われる。この場合，朝廷の中枢機関を管掌する中書舎人や給事中ないしその他の官僚が弾劾する事例は，枚挙に暇がない。

　縦横に張り巡らされた通常調査のルート以外にも，活発かつ厳密な監督や再検査が行われていたことは注目に値しよう。普遍的に存在していた磨勘勾検制度や「言路」と称される台諫監察機構などは，宋代地方官の政治業績の調査に対して前代とは比較にならないほどの重要性をもっていた。このほか，士民の告訴を受け入れる機構も地方吏治を理解するためのもうひとつのルートとして存在していた。

　「多司を設立することで機密漏れを防ぐ」[33] ことは，宋代業務監察の明らかな特徴である。宋代における各司・各部・各級の磨勘勾検は，官員の職務に対する日常的な調査の中でゆるがせにできない存在となっている。「磨勘」とは検査する，追究するということであり，「勾検」とは主に再検査を意味する。当時の磨勘勾検官員には，本司の業務範囲内で過失を調べ，遅延を督促し，事実上その督励と監査を行う職責があった。元豊改制以前，中書門下には検正官が，枢密院に

---

[32] 『宋会要輯稿』食貨49-8，同職官59-16および64-20。
[33] 『続資治通鑑長編』巻40，至道2年閏7月辛未条。

は検詳官が，三司の各部門には勾院および都磨勘司，あるいは三司推勘公事などがおかれていた。都憑由司，理欠司，勾鑿司，催駆司なども財務帳簿の再検査にそれぞれ異なる程度で介入してくる。さらに臨時機関が段階的に設けられ，帳簿の再検査が行われたこともある。このうち三部勾院と都磨勘司は，主として各級・各部の財政および行政長官を監督する責任がある[34]。淳化3年（992），前塩鉄使の李惟清が官銭14000余貫の欠損を出した件も，勾院吏の盧守仁によって告発されたものである[35]。元豊以後，門下省や中書省には催駆房，点検房が，尚書都省には左右司がおかれた。戸部には都拘轄司と推勘検法官が設置され，また刑部内の比部司は専門的に中央と地方の帳簿を再検査（勾覆）した。およそ官設の場務や倉庫に出納される物品は，いずれも月ごとに統計をとり，季節ごとに検査が行われ，そして年単位で集計がとられる。それを各路の監司がチェックした後，比部に対して会計報告する。比部では，その増減や多寡を再チェックし，欠陥があればその時々に応じて処理をする[36]。

　宋代における政治業績の調査制度中でその機能が突出しているのは，監察を専門とする機関の台諫である。宋代の台諫官は，その名義上は「天子の耳目」であり，風聞を根拠に政事批判を行うこと（風聞言事）ができた。彼らの言行は，しばしば朝廷の政治動向や党派間のあつれきや抗争と相当に密接な関係を有している。彼らの地方官に対する督察もまたこの影響から逃れることはできなかった。国家政策の転換時には，この傾向がより鮮明化したのである。

　御史台には六察がおかれ，六曹および百司を分察するほか，地方の吏治などに対してとりわけ注意が払われた。監察機構が重視するのは，地方官の目に余る弊政（私利私欲に走る，徴税や課役が暴虐である，職にあってその政治業績が上がらない，検挙が不公正である，など）に対する是正と摘発である。『宋会要輯稿』職官，黜降門に記載される地方の監司や郡守が責降される状況からみて，その糾弾者たる「言者」の多くが台諫官である。淳熙8年（1181）冬，辛棄疾は，湖南安撫使の在任中に横暴をはたらいたかどで落職罷任の処分を受けた。このときの言者こそ，

[34] 肖建新「宋代的監察機制」2004年宋史学会第11届年会議文を参照。
[35] 『宋会要輯稿』職官64-7。
[36] 『宋会要輯稿』職官64-7。

当時，監察御史であった王藺である。台諫官に弾劾される地方官は，通常，左遷や免職などの処分が待っていた。

『宋史』巻160，選挙志六の記載によれば，宋朝の統治者は，御史台が政治業績調査の実施状況を監督するよう，くりかえし詔令を発布している。当時，成績調査の不実是正を図る数多くの詔令の中で，たびたび強調されていたのが「御史台に摘発させる」ことであった。南宋寧宗朝期，御史台の中に考課司という専門部署が設けられ，監察官を地方官の考課事務に直接介入させた。年末になると御史台は，賞罰黜陟を決める便を図るべく，地方官の能力の有無を朝廷に報告した。

地方官吏の節操や業績の調査は，人事系統の独自運営によるのはもちろん，業務系統の統計調査や監察系統の監督が行われ，さらには各級各層次の通常監察や臨時的な巡視・査察も行われることが理想的である。これらの基礎の上に政治業績の調査のネットワークが形成され，何物にも替えがたいプラスの役割を果たす一方，各機関の不和による離齬や牽制によって，看過しがたいマイナスの影響をも生みだしていた。

三　朝廷の特使派遣による調査

一般的に行政系統の運営上には，上級－下級間での情報交換という機能が本来的に備わっているものである。しかしながら朝廷では，しばしばより直接的な経路としての情報ルートを設置統制し，ある特殊な状況下においては通常の調査ルートを迂回してでも平時に受け取れない情報を得ようとした。それゆえ朝廷は，通常の調査ルート以外に唐代以来続けられている，専門官を採訪使，按察使，察訪使などに充てて諸路に派遣し，民情の視察や官吏の清濁能否を調査する方法を採用した。これら特使の使命は，通常「民の利害を調べ，吏の善悪を視る」[*37]と概括されるが，その主要な特徴には以下のようなものが挙げられる。まず，ある具体的な目的をもって派遣されるという専門性。そして個々の事情に対応して設置され，その解決をみればただちに解散されるという臨時性。また特使は，中央や

[*37]　『蔡忠恵公文集』巻21，「乞遣使広南福建状」，および『続資治通鑑長編』巻104。

地方の本来ある行政体系を超越して多面的な権限が通常附与されているという超階層性をもつ*38。これはまさしく王安石のいう「命を受けて出使すれば，監司以下いずれもがその調査対象となり，もとより人に畏怖されるべき存在」であった*39。

　太宗が即位してまもなく，彼は親近を諸道に派遣して官吏の善悪を密かに報告させ，また雍熙2年（985）8月には，使者を両浙・荊湖・福建・江南東西路・淮南に遣して諸州の裁判状況を調査させ，あわせて官吏の勤務態度について報告させた*40。また淳化4年（993）にも近臣を分遣して諸道を巡撫させ，官吏不適格者を調査させた。そして至道年間になると，幾度となく使者を派遣するようになる。真宗朝では景徳3年（1006）4月に一度，屯田員外郎謝濤ら六人を比較的遠隔の益・利・梓・夔・福建などの地方に遣わし，官吏の能否と民情を視察させた。謝濤は益州，利州から戻ると，調査した30余人の官員の勤務状況について逐一朝廷に報告した。また同月，度支郎中裴荘ら6人を江浙地方にも派遣しており，裴荘もまた両浙から戻ると能吏20人，不適格者5人を奏上し，多くが昇進や左遷の対象になったという*41。

　『宋史』巻160，選挙志六によれば，神宗熙寧5年（1072）に考課院を撤廃した後，たびたび特使を視察に遣わし，派遣先の州県ではいずれも官吏の政治業績を調査して詳しく中央に報告させたとある。およそ知州や通判の政治業績は，中書（政事堂）に報告し，県令の政治業績については司農寺に報告をする。そして各部門で関連する帳簿に適宜記載しておいて参考資料とした。

　このほかにも朝廷では，ある特定の法令の施行状況について重点的に調査する特使をしばしば派遣していた時期がある。熙寧変法期には，諸路の常平・農田水利・義勇保甲といった新法政策の実施状況について視察する察訪使が中央から遣わされた。この使者の多くは，検正中書刑房公事の李承之や沈括，検正戸房公事の熊本や蒲宗孟といった中書検正官が充てられていた。政和年間には，尚書省が

*38　譚星宇修士論文「北宋中期特派専使研究」を参照。
*39　『続資治通鑑長編』巻236，熙寧5年閏7月庚戌条。
*40　『宋史』巻5，太宗本紀二。
*41　『続資治通鑑長編』巻19，同巻62，および『宋史』巻5，太宗紀二。

一部の路分に官僚を派遣して茶塩専売の調査をさせたことがある。これら特使は，たんに特定法令の施行状況をみるだけでなく，州県や監司の勤務状況についても按察が許されていた。南宋初期の戦時下には，高宗が撫諭使を創設して士庶を慰問し，さらに官吏を按察して民に冤罪事案があればその解決を命じた[*42]。

紹興年間後期からは，もともと皇帝の徳音を宣布するという職責だけで他の地方事務には関与しなかった宣諭使も官吏を按察するようになった。隆興2年（1164）には，淮西宣諭使の王之望が病と偽って政務を執らない濠州知事の劉光時を，また淮東宣諭使の銭端礼も官銭の浪費と着服のかどで秀州知州の兪召虎をそれぞれ弾劾し，いずれの場合も被弾劾者は罷免されている[*43]。

三班使臣や皇帝の身辺における伺候を本来の職務とする内侍が充てられる諸路の走馬承受公事は，もと経略安撫総管司に隷属し，当初は河北・河東・陝西および川峡の数路に設置された。その使命は，皇帝に代わって各地の状況を収集把握することにある。北宋後期には，諸路にあまねく設置されただけでなく，その任務も明らかに広範化していく。そして政和7年（1117）には，その職名も廉訪使者と改められ，「一路のことは大小となくいずれも調査対象となり，朝廷の耳目の職としてその委譲された権限は軽くない」とされた。彼らは，じかに地方事務に関与することはできなかったが，監司をチェックする使命を帯び，迅速かつ直接的に皇帝へと報告できる権力を有した[*44]。

地方を巡察する使者は，しばしばその地位や名望が高くない。時として帝王は，彼らに権威を臨時的に与えることで，按察が滞りなく進展する保証とした。ここでは，特に際立った2つの事例を挙げよう。北宋初，京西諸州の銭帛が欠損したところ，開宝5年（972）8月，太祖は大理正李符を知京西南面転運事とし，かつ太祖自ら「李符の赴くところ，朕が自ら行幸するのと同じである（李符到処，似朕親行）」という8字を書いて李符に与え，大旗上に掲げ，常に彼の自由裁量を許した。また南宋建炎年間，朝奉郎張元幹を撫諭使に充てる際，高宗は彼に「天

[*42] 『宋会要輯稿』職官42-62，同職官45-8，および『宋史』巻167，職官志七。
[*43] 『宋史』巻167，職官志七，および『宋会要輯稿』職官71。
[*44] 『宋会要輯稿』職官41-120，および同職官41-131。

子の車がなくても、朕が自ら行幸するのと同じである（雖無鑾駕、如朕親行）」という8字が刻まれた金牌を与えた*45。

朝廷が特使を派遣して巡察させるという措置について、宋代の官僚士大夫たちの反応はさまざまである。肯定的な意見としては、これは帝王が下々を憐れみ、徳政を宣揚するために必要であるというもの。否定的な意見には、使者が多すぎて煩雑を免れえず、軽率に派遣しないことが最良だというものである。しかしながらいずれの意見にせよ、朝廷が特使を派遣するねらいは、はっきりしていた。それは、天下はかくも広く、人情もまた多様であり、国家の大政・方針が貫徹されているかどうかは帝王すら周知することが難しい。だからこそ特使を派遣することで「皇帝の恩沢を宣布して法制を調整し、民衆の苦しみを調査して膨大な利益を推し進め、悪人を撃って停滞をただし、賢才を見分けて風俗を清める」*46のである。

特使の巡行は、役所の状況や民衆の苦しみを知ることができるという可能性をもつのと同時に、多くのマイナスの効果を生むおそれもあった。慶暦5年（1045）、山東に民衆が蜂起する事件が発生したところ、仁宗は「中使」（内侍を使者に充てた者）を派遣して視察させた。中使が京師に戻ると、彼は皇帝に「山東の『盗賊』はご心配には及びません。ただ兗州知事の杜衍や鄆州知事の富弼が山東人の尊敬を集めております。これは憂慮に値しましょう」と報告した。当時は「慶暦新政」が否定されて間もなく、仁宗は「新政」の推進者（杜衍や富弼らを含む）に対して猜疑心を抱くようになっていたので、中使の報告を聞くやこれに頗る共感を覚え、2人を淮南に移すことにした。参知政事の呉育がこれを聞きつけるや、「『盗賊』は確かに恐れるに足りません。しかしながら小人が機に乗じて大臣を陥れるなど、これは深刻な災禍です」と身を投げ出してこれを制止した。中使の密告がその狭隘な性格を反映しているのみならず、この密告が帝王の地方要職にある人物に対する警戒心理に迎合したというのは、いっそう恐るべきことである。このような狭量かつ猜疑的な状況は、事実上、宋朝の安定的統治に脅威となった*47。このこ

*45 『続資治通鑑長編』巻13、および万暦重修『永泰張氏宗譜』、また王兆鵬『張元幹年譜』を参照。

*46 『宋朝諸臣奏議』（上海古籍出版社、1999年）巻66、「乞重使者之任疏」。

とは，まさに司馬光が「体要疏」中で批判していることである。

　　今朝廷毎有一事，不委之将帥・監司・守宰，使之自為，不略責以成效而施其刑賞，常好別遣使者銜命奔走，旁午於道，所至徒有煩擾之弊，而於事未必有益，不若勿遣之為愈也*48。

　宋代の地方官たちは，上級官庁ないし朝廷の特使が調査に来れば，強烈な「自己防衛」意識にかられる。一部の者は，素直に調査を受け入れるだろうが，その他の者は，朝廷の調査網に対して，できるかぎり自分の関係網を構築していく。また血縁・婚姻・同郷・同年・同僚といった固有の関係以外にも，書簡の遣り取りや年賀の挨拶，あるいは礼物の贈答など多種多様な方法を利用することで，新しい関係形成に努めるのである。朝廷が各地に派遣した特使は，しばしば当地の官員から熱烈な接待を受け，官吏，軍員，妓楽たちは，特使の車が見えないうちからその到着を城外で迎える。これらの方法は，確かに予想どおりの効果が得られた。包拯が知諫院だった際，およそ使者の宿舎は改装がなされ，手厚い使者の送迎が行われ，しばしば「適任（称職）」だなんだと賞賛を受けるものの，彼がいざ仕事を始めてみれば悪口雑言が飛び交い，ひどい時には降職や罷免の処分を受けることもある，と述べている。熙寧9年（1076）6月，高賦がこのような状況を批判し，朝廷に対して，現行法では転運使が所属州県を巡行する場合，当地の官員が遠くまで出迎えてはならないのだということを周知徹底させるよう求めた*49。とはいえ，上に政策あれば，下には対策がある。この種の問題は，一度や二度の法令の確認で解決できるものはなかった。

　朝廷にとっては，特使たちも警戒の対象であった。熙寧末年，朝廷は詔を下し，視察調査で外地に派遣される特使に，越権や違法な行為があれば，巡察対象となる路分の監司が発見，報告することが許されていた*50。このことは，朝廷の「任用」と「用心」の並存状況，すなわち，いかなる部門，いかなる按察官ですら絶

---

*47 『宋史』巻291，呉育伝，および『却掃編』巻中。
*48 『司馬文正公伝家集』巻43，「上体要疏」。
*49 『包拯集』（黄山書社，1999年）巻3，「請選河北知州奏」，および『宋会要輯稿』刑法2-34。
*50 『宋朝諸臣奏議』巻66，「乞重使者之任疏」。

対的な信用をおかないという方法を反映している。多面的な監察や情報の相互照会は，まさにこの原則の下に設定されているのである。

　政治情勢の変化にともない，ある特定の使職が急に廃止されたり，あるいは現行体制内に組み込まれて差遣となったり（たとえば神宗朝新法改革期の提挙常平）することがある。また，新しい政治経済上の問題や朝廷の大きな改制などで，新しい特任の使職が創設されることもある。中央と地方の関係を強化ないし調整する段階で，通常，特使の派遣が頻繁化し，中央と地方の関係が相対的に安定している際に，特使の派遣が比較的少なくなる。そのため，特使の派遣を「中央と地方の関係を測定する風見鶏」[*51] とみなす研究者もいる。

四　地方士民の査察について

　宋代において，中央の使臣や監察官が地方官の政治業績を調査する際には，現地の「耆老」とよばれる民衆の反応が非常に重視された。民衆の反応を調査することは，当時の条件下においては一種の情報フィード・バックといえるだろう。朝廷が地方官の政治業績を把握する際には，基層から主要部門に送られてくる報告，信用に足る帳簿および印紙歴子のほかに，多く監司の巡行や台諫などの各官司が行う「廉訪」「訪聞」などの調査結果が利用された。また同時に，宋代士大夫の多くが，天下の事を己が任とみなして，時事や地方吏治に注目しており，しばしば意識的に地方の民意を集めて，それを朝廷に反映させようとしていた。

　石介『徂徠石先生文集』巻5，「記永康軍老人説」には，老人の，永康軍判官であった劉随に対する賞讃と懐旧の念が具体的につづられている。永康軍は国土の西辺，中央の朝廷からみて僻遠の地に位置する。劉随は，当地で民衆の教化や淫祠の破壊，あるいは領民を統率して山野をうがって井戸を開削したり，堤防を築いたりしたばかりでなく，身寄りのない老人を慰問し，冤罪裁判を正し，権勢をたてに横暴をふるう豪強を処罰した。その後，劉随は誣告によって職を替わったのだが，本路の転運使と提点刑獄使が相次いで永康の民情視察に来ると，数千

[*51] 譚星宇修士論文「北宋中期特派専使研究」を参照。

名にのぼる周辺少数民族の群集が馬を遮って劉随のことを問い，さかんに「私の劉父を還してください」と要求した。このさまは中央へと報告され，劉随は晴れてその汚名を雪ぐことができたのである。

仁宗朝期，建州浦城県の主簿であった陳襄は，当時の福建転運使に宛てた書簡の中で転運使の職責がいかに重いものかについて述べ，かつ自己の見解を開陳して言う，「賢才を官吏に任用しようとすれば，信賞必罰であることが一番であり，吏治を調査しようとすれば，これを民衆に訪ねるのが一番だ」。また侯官知県の黄に宛てた書簡中で彼は，自分が浦城へ赴任した際，主に士大夫と知り合いになり，手紙のやりとりをすることで周辺の状況を理解したという。また黄知県が善政を行うことができれば，それは人々の心に深く刻みこまれ，「将来，民衆からきっと多くの評判を得られることでしょう（将来所收民言，宜如何多少哉）」と述べる*52。

当時の各州県には，多くの郷居士大夫が存在していた。彼らの中には，引退していたりポスト待ち中である準官僚たちや，ながらく地方で活躍していたり，郷里で晴耕雨読にいそしむ士人もいる。彼らは，しばしば当地の輿論を左右し，影響力をもった地方の士人階層を形成した。彼らは世事を談じ，吏治に注目し，朝廷各級の高官たちとさまざまな関係をもち，まさしく陳襄のいう「賢人君子」「士大夫」であり，朝廷の使者が地方の政治業績を調査する際の，はてまた世事風評を集める際の主要な対象であった。

嘉祐年間，知河清県王元規の任期満了間近となった時，県内の進士や僧道が連名で彼に上訴し，朝廷に留任の許可をもらえるよう求めた。以下は，京西転運司が彼の治績を調査して得られた結果報告である。

> 本司体量得，本官到任，軍民歌詠有「十奇」。第一奇，民吏不識知県児。第二奇，塌却曹司旧肚皮。第三奇，買物価利不曾欺。第四奇，処断明白尽絶私。第五奇，街裏不見凶頑児。第六奇，蝗虫不入境内飛。第七奇，不敢賭銭怕官知。第八奇，不孝不仁不敢為。第九奇，郷村不被公人欺。第十奇，百姓納税不勾追。如此之類，甚得民情。

---

*52 『古霊先生文集』巻7，「与福建安撫使安度支書」，および「答黄殿丞書」。

転運使が聴取した歌謡は，王元規が門人や胥吏を厳しく統制し，その処断は明々白々，教化を施し，徴税も公平だった等々，彼の「徳政」を称揚したものだった。これらは，いずれも民衆の利益と極めて密接な関連をもち，普段，人々の議論の焦点となる事柄だった。仁宗は，その報告を見るや，審官院の「上簿」に彼の姓名を記録させた。そうして神宗熙寧4年（1071）に，王元規は知滑州に派遣され，長年にわたって水害をもたらしている黄河の管理責任者となった[*53]。

またこの時期には，司馬光が官吏に税金の公平配分を励行すべく奉った上奏の中で，徳州通判の秦植が5県の税額を均一にし，公平を得たと述べている。彼がこの結論を出す根拠となったのは，秦植が税額を均一にしていく中で，徳州内の人戸が訴訟を起こさなくなったということであった[*54]。民衆が訴訟を起こすかどうかは，朝廷が政策の運営状況を判断する尺度のひとつであったようだ。

以上とは正反対の事例も注目に値する。『趙清献公集』巻3にある，趙抃が仁宗に上奏した一文には，荊南府の進士・僧道・公人・百姓など100余人がはるばる開封までやってきて転運使王逵の留任を願い出てきたことが言及されている。王逵は暴虐な性格で，もとより善政を敷いた経歴などなく，彼が荊南で山地住民との間で激しい衝突を起こしたことなどは朝野を問わず周知のことであった。また包拯や司馬光らが相前後して彼を弾劾したこともある[*55]。趙抃は，人々が遠路はるばるやって来て彼を称賛する理由について，おそらくは王逵の差し金，ひどければ脅迫があったのだろうと推理する。地方で奉職する王逵たちのこのような苦心は，ある一面で民間の輿論が地方官の出世に大きな意味をもっていたということを気付かせてくれる。

元豊年間，蘇州の著名な士人である朱長文は，長く郷里に居住し，その名声はさかんで，州人の仰望する存在であった。彼の庭園と屋敷を「楽圃」と呼んだことから，人々は彼を「楽圃先生」と尊称した。米芾の書いた彼の「墓表」によれば，当時，両浙や蘇州に赴任してきた郡守や監司は，必ず彼のもとを訪問して政治の急務について相談した。また近くを通りかかった士大夫は，必ず楽圃を訪れ，

[*53] 『職官分紀』巻42，県令，および『続資治通鑑長編』巻226。
[*54] 『司馬光奏議』巻5，「論均税官吏乞随功過量行懲勧状」。
[*55] 『包拯集』巻1，「弾王逵（一〜七）」，および『司馬光奏議』巻9，「王逵札子」。

他人に遅れをとることを恥とした。その名は京師にも轟き、多くの公卿が自分の後任に彼を推したという。両浙路で監司を務めた張景修も、「当時、東南に使職として赴任する者は、先生を推薦しないことを恥とし、呉郡（蘇州）を訪れる者は、先生に会えないことを残念がった」*56 と述べている。朱長文『楽圃余稿』からは、晏知止・章岵・林希をはじめとする数人の蘇州知事がいずれも彼と密接な関係をもっていたことがわかる。とりわけ晏知止などは、2年間の任期中に、都合8回もみずから楽圃に足を運んで彼と面談している。

　朱長文のように地方で格別の尊敬を集める士人は決して少なくない。朱長文の親友であり、蘇州に寄居していた方惟深は、衆に抜きんでた文才をもち、王安石が称揚を惜しまなかった人物である。彼もまた楽圃先生同様、人々の尊敬を集めていた。朝廷の使者が巡視に来たり、新任の監司や知州が赴任したりすれば、必ず彼のもとを訪れたのである*57。朱長文や方惟深などは、地方士人の代表者的存在であり、彼らの意見は事実上、当地の士人階層の見解を反映していた。

　南宋孝宗朝期、趙汝愚が四川制置使兼知成都府として赴任し、皇帝に当地の民情を報告した際、収集した情報が信頼に足るものであることを証明するべく、特に情報の来源について次のように記している。すなわち、四川でみずから実見したものを除いて、「成都に到着すると、毎日、士大夫と交わったり、人々の訴状を受け取ったりして」、多くの状況を知り得たという*58。

　また、南宋期の『名公書判清明集』官吏門の関連項目からも、当時の監司が州県官を観察したり、知州が属県の長吏を視察したりする場合の主要な方法がわかる。たとえば、本書巻1には、真徳秀が知泉州時代に書いた「勧諭事件於後」と題する教戒文が採録されており、そこには単刀直入に次のようにある。

　　当職入境以来、延訪父老。交印之後、引受民詞。田野利病、県政臧否、頗聞
　　一二。

真徳秀がこの文章で戒めたかったことは、各県からの報告を通じて把握できるものもあるが、多くは士友の投書を含む現地での収集活動によって情報を得ること

---

*56　『宝晉英光集』巻7、「朱楽圃墓表」、および『楽圃余稿』附「墓志銘」。
*57　『中呉紀聞』巻3、「方子通」。
*58　『歴代名臣奏議』巻169。

ができるということである。

　蔡戡「臧否守臣奏状」にも，士人を訪ねて，得られた情報を斟酌すること，および自ら巡察して，部下や士民から情報を得ることがくりかえし強調されている*59。ここから，地方の士民を訪問することは，基層の吏治にかかわる情報を獲得する重要な手段の一つであったことがわかる。

　民間輿論の毀誉褒貶は，じつに鮮やかなものである。包拯が知開封府だった際人々は「賄賂で渡りをつけずとも，包閻魔さまがいらっしゃる」と語りあった。また知蘇州の王觌について，その政治を「官吏は氷上を歩むように政治に気を遣い，人びとの心に鏡のように映える（吏行氷上，人在鏡心）」と歌に詠んだという。紹興年間に淳安県令となった孔端中は，時人の誉れ高く，酒家が自分の製品に「酒は淳安知県のように徹底して清い」という広告をつけたほどであった。一方，陝西転運使の李稷と李察は，いずれも過酷暴虐で名を馳せており，当時，広く「むしろ黒殺（邪神）に遭遇しても，稷や察にはあってはならない」という言葉が伝わった*60。

　さまざまなルートを通じて京城へと伝えられる民間の風聞には，朝廷の注目を浴び，官吏の任期中の仕事振りを理解する証拠となる場合もある。北宋徽宗期，知州の任にあった田登は，州内の吏民に自分の名を避諱させ，不注意にも「登」字をしゃべってしまった吏卒は，しばしば責打処分となった。さて上元節の前夜となり，慣例では提灯をつるして飾りとする「放灯」のお触れを出さねばならない。そこで官吏は，市街の中心に「本州は慣例どおり放火三日」と大書した掲示を貼り出した。後に人々は「州官の放火を許して，百姓の点灯は認めなかった」と語りあったという。田登は後に知河中府に任命されることとなったが，ある朝官がまさにこの一件を朝廷に報告し，彼が郡守としての行いに軽薄で，人々の嘲笑の対象になったと述べ，結果的に彼は罷免されてしまった*61。

＊59　『定斎集』巻2。

＊60　『古謡諺』巻13，および『独醒雑志』巻6。

＊61　『老学庵筆記』巻5，および『宋会要輯稿』職官69-10。

五　「多面的政治業績調査」間の連絡と阻隔

　宋代における諸々の情報収集・伝達系統は，それぞれ独立して運営されていた。中央と地方の間における情報のやりとりは，各常設機構を経由して伝えられるものもあれば，不定期ではあるが経常的に実施される巡訪按察によるものもある。諸々の官員がさまざまな形式で行う謁見時の質疑応答や呈上される章奏などは，君主が外界のことを理解する重要な手段だった。中央の業務部門がそれぞれ対応する地方の機関に実施する専門的な調査や各司・各部・各級で行われる磨勘勾検系統の調査は，活発かつ厳密な情報ルートとなった。監察の専門機関である台諫は，情報伝達の運営に対して直接的に関与し，また積極的な監督を行った。吏民の訴訟を受理する登聞鼓院，登聞検院および理検院なども，朝廷が地方政治を把握するルートとなった。

　多面的情報ルートの最高調整機関には，主要なものに中央の行政権力を握る政事堂，すなわち当時の宰相や執政が開く執務会議の場があった。中国史上の宰相は，議政権をもつばかりでなく，百官を監督する権限をも有していた。宋代の宰相は，「天子を補佐し，百官を統括し，諸々の政事を治め，統率しない事はない」[*62]。その職責の中で，人事方面の調査権は，明らかに突出した意義をもつ。彼らの官僚調査権の執行には，多面的な人事調査結果を総合したものによるところが大きく，また多面的な人事調査の遂行には，中央の最高意思決定層の政治意思とその処理上の微調整に頼るところが大きかったのである。

　しかしながら，帝政時代における君主と宰相の関係上，宰相の執務会議が大権を掌握するまでには至らなかった。御史台の監察・弾劾は，直接，皇帝に責任を負っていた。皇城司は，民間を巡り歩いて隠密裏に偵察活動を行う。また「中使」を含む皇帝の側近たちは，帝王の耳目として四方へ出て情報収集にあたる。各種の特使の中で，重要な任務を帯びた者は，命令を受けて京師を出，任務完了後に朝廷に戻り，直接皇帝に謁見して報告をする。政和年間，按察を専門の任務とす

[*62]　『宋史』巻161，職官志一。

る使者が報告してくる文書は特に重視され，入内内侍省経由での報告が許されていた。諸路走馬承受公事は，特別な事件がなければ，毎年1回だけ朝廷に赴いて報告するだけでかまわない。ただし，もしも機密事案や緊急事案があれば，ただちに上申する義務があり，すぐさま駅伝を利用して京師に向かい，到着したらそのまま皇帝の臨御している殿庭で報告することができた[*63]。

　宋王朝のこのような制度規定には，おのずと深い意味がある。収集された情報が最終的に集められる場所，それはほかでもない君主の「御前」である。国家の重大事についての処断も，最終的には皇帝より下されていた。これは，まさしく宋代の用意周到なる「祖宗の法」が求めたものだった。太祖の開宝年間，宰相であった趙普は，まさに「中外の表疏」の情報独占を企んだかどで弾劾を受け，職を去ることになったのである[*64]。

　宋代の各種文書は，情報の疎通や意見の交換，および意思伝達の主要な媒体であった。公文書の作成とその伝達，頒布は，さらに政府の行為の重要な構成部分となる。当時，各級の役所では，あまたの事項を管理するために文書や帳簿に頼っていた。中央と地方との間の疎通も，大量の文書によって行われる。また中央の政令は，詔勅や批答などの書面形式で地方にもたらされる。地方の各レベル間では，文書を回して指令を遂行する。基層社会の民衆に対しても，大通りに貼り紙や立て札をすることで政令が伝えられる。地方が朝廷に行う報告も，たえず文書を体裁として行われてきたし，戸口・財賦の統計は帳簿に，官員の総合的な政治業績は印紙歴子に集約されている。地方が判断できないことも，文書で上申しなければならない。

　このような檔案資料に対する重視傾向は，一方では担当部門が繁多な仕事にとりかかる拠り所となるが，他方では査閲処理が煩雑に堪えなくなる。元豊官制改革の実施当初，尚書六曹諸司には，5・6月の2ヵ月で総計12万3500余件の文書が寄せられた（『文昌雑録』巻2）。かくも大量の公文書を，政策決定者が自身で処理するなど明らかに不可能であり，たとえ尚書省全体の官員がこれに当たっても

[*63] 『宋史』巻164，職官志四，および『宋会要輯稿』職官41，同職官45。
[*64] 『続資治通鑑長編』巻14，開宝6年8月。

無理である。各部局の胥吏を使って逐一登録，分類，選別を行うなどの初期処理が行われねばならない。情報が総合される交差点，取り次ぎないし集散の連結点には，情報流失や職権分散の可能性が存在していた。

　多くの例証が示しているのは，宋代の行政運営過程において，いかに「路程を逐一計測すること（計程駆磨）」を重視して期限が定められていたかということである。ところが，正常な制度運営がなされている状況下であっても，当時の技術的制約に加え，政策決定担当者は互いに牽制しあうべきだという考え方の存在や，情報伝達や政令転送の部署が過多となったことから，情報の鮮度が失われる，政務処理が遅れるなどの問題が，依然として相当に目立っていた。『宋会要輯稿』職官2-39の記載によれば，熙寧3年（1069）5月，看詳銀台司文字の上奏に，進奏院が毎日銀台司に投じてくる諸路州軍の文書は400～500件を下らず，これらの奏状が6日たってようやく処理されるという。この処理には，上奏文の内容事項の抄録，題目および処理記録の抜き書き，禁中進呈分の押印，検査，分配などを含み，そのあとで担当機関に送付される。そうして銀台司は，今後はいずれも4日以内に一連の手続きを終わらせるべきだと提案する。銀台司の登録手続きだけで4日から6日もかかるのだから，全国各地から駅伝で呈上されてくる資料（機密や緊急を要さない文書）の処理効率など，たかが知れていよう。南宋理宗端平2年（1235），真徳秀「乙未正月丙辰経筵奏己見札子（二）」中でも，当時，広く意見を求める号令が出されていたものの，提出された意見が膨大で，選別することもできず，文書は机にあふれて通覧できない状況にあり，結果として賢才が朝下に満ちていても政治的効果は顕れず，議論が殿庭にあふれても弊害は解決しないと述べる[*65]。

　北宋中期，蘇軾は政治の問題点を「任文太過」にあると指摘した[*66]。「任文太過」とは，実際には法律や条文に拘泥しすぎること，文字資料に頼りすぎることを指している。事実上，文書の種類や数量の激増は，官僚制の十分な発展に附随して現れる自然な現象であり，合理的行政の必要条件がまねいた結果のひとつで

[*65]　『西山先生真文忠公文集』巻14。
[*66]　『蘇軾文集』（中華書局，1986年）巻8，「策別課百官二」。

ある。中国の伝統社会では、頃合いを計ることが大変に難しく、情報処理の手段と目標の隔たりがとりわけ突出してくる。制度発展それ自身がもたらす問題について、朝廷ではジレンマを感じていた。というのも、ある面からみれば「任文太過」という状況は、みずから遵守し続けてきた「未然に防ぎ、周到に制御する（事為之防、曲為之制）」を核心とする祖宗の法がもたらす必然の結果だからである。

　文書に対する過剰な拘泥がもたらすマイナスの影響として、文書の放置や政務の停滞を引き起こし、またそれぞれ文書の体裁だけを繕うという風潮を促進させてしまうことが挙げられる。これは、まさに紹興年間に枢密院編集であった鄭剛中が述べたことである。

　　朝廷施行一事，付之監司，監司付郡守，郡守付県令。各了一司文移之具，不問其有無実恵及民。……美意一頒，天下知其為虚設爾。蓋欺罔誕謾之弊，至今不革，広設文具，応辦目前，髣髴近似，以報其上[*67]。

　宋朝では、上述の問題に対応すべく、しばしばより詳細な文書や細密な法規を頒布して、基層の誤解をまねく余地を狭め、「虚偽隠蔽」の減少を図った。こうなると事態は、奇妙な循環に陥ってしまう。すなわち、もともと中央は相互チェックによってできるだけ大量の資料を集めようとしたのだが、行政の執行過程ばかり手がかかって「文書を通じて文書の正確を期す」ようになってしまったのである。しかしながら、「人まかせ」を「法律まかせ」にし、柔軟な対応能力をすり減らすことを代償として得られたものは、現場における報告資料の形式上の厳密さ、内容上における相当程度の不実性であり、それに対して上層部では、おびただしい資料群に、いっそう監督や調査をする余裕がなくなってしまった。

　各系統のさまざまな機関が情報収集に関わるものの、効果的な協力関係にあるわけではなく、効率の良い情報処理システムを構築するには至らない。その結果、一方では調査が重複し、かえって地方の官員の不正行為を促進することになり、他方ではすでに得られた公的・民間の資料が十分に利用されない事態に陥る。かくして情報取得ルートの多元化がもたらす利点がいまだ発揮されないままに、命令系統の混乱や議論の噴出に対応するフィードバック処理の効率も低下し、宋朝

＊67　『歴代名臣奏議』巻172，考課。

の統治に暗雲が漂うことになるのである。

　情報収集については，次のような問題について考慮せざるをえない。すなわち，当時，収集される情報の真偽について本当に関心をもっていたのは誰かということである。資料を届け出てくる者は，しばしば現実的な利害得失を考えている。また，資料とりまとめ等の具体的な事務手続きを担当する官員や技術的な部分を管掌する胥吏は，事実調査の重責を負っているはずなのに，主に関心をもっていることは多くの資料中に欠落部分やつじつまの合わない部分が存在するかどうかであり，情報の出所や真偽には意を払わない。帝王を含む朝廷の政策決定者は，当然のごとく情報の信憑性に関心があるはずだが，明らかに私利私欲の陥穽から逃れることはできず，都合のよいことだけを聞きたがっている。総体的には正しい情報の重要性について自覚していても，主観性を排除できずに取捨選択をしてしまうという矛盾は，根本的に情報の充足および正確さという可能性を制限してしまうのである。

　情報処理は，決して純粋な技術上の問題ではない。情報の把握と処理の方法は，実に政治運営と密接な関連をもっているのである。非常に理解しがたいことは，宋代の政策決定者たちが全く地方の実情を把握していなかった――下級機関からの不実なる報告に対して，ほとんどの場合，彼らはどちらかといえば黙認という選択肢を採用し，体制および自己の地位の安定を犠牲にしてまで，すすんで誰も知りたがらないような負の情報の把握しようとはしなかった，ということである。このような角度からみれば，これらの政策の制定を主導した人物は，政策が執行される過程の中での逸脱を放任し，隠蔽や虚偽の報告を認め，ついには彼らが制定，実施に参与した「良法の美意」を台無しにしてしまったのである。

参考文献

（単行本・論文）

王兆鵬『張元幹年譜』（南京出版社，1989）

鄧小南『宋代文官選任制度諸層面』（河北教育出版社，1993）

賈玉英『宋代監察制度』（河南大学出版社，1996）

朱瑞煕『中国政治制度通史・宋代』（人民出版社，1996）

苗書梅『宋代官員選任和管理制度』(河南大学出版社, 1996)

虞雲国『宋代台諫制度研究』(上海社会科学院出版社, 2001)

譚星宇『北宋中期特派専使研究』(北京大学修士論文, 2001)

肖建新『宋代的監察機制』(2004年宋史学会第11届年会論文, 未刊)

(史料)

(宋) 謝深甫等『慶元条法事類』(燕京大学, 1948年印行本)

(清) 徐松輯『宋会要輯稿』(中華書局影印本, 1957)

(元) 脱脱『宋史』(中華書局点校本, 1977年版)

(宋) 陸游『老学庵筆記』(中華書局点校本, 1979)

(宋) 李燾『続資治通鑑長編』(中華書局点校本, 1979〜1986)

(宋) 米芾『宝晋英光集』(叢書集成初編本, 中華書局, 1985)

(宋) 龐元英『文昌雑録』(叢書集成初編本, 中華書局, 1985)

(宋) 曾敏行『独醒雑志』(宋元筆記叢書, 上海古籍出版社, 1986)

(宋) 龔明之『中呉紀聞』(上海古籍出版社校点本, 1986)

(宋) 黎靖徳『朱子語類』(中華書局, 1986)

(宋) 孫逢吉『職官分紀』(中華書局影印本, 1988)

(明) 黄淮・楊士奇編『歴代名臣奏議』(上海古籍出版社, 1989)

(宋) 李心伝『建炎以来繋年要録』(上海古籍出版社影印本, 1992)

(宋) 陳襄『古霊先生文集』(北京図書館古籍珍本叢刊, 書目文献出版社, 1998)

(宋) 趙汝愚編『宋朝諸臣奏議』(北京大学中古史中心点校本, 上海古籍出版社, 1999)

(宋) 王庭珪『盧渓文集』(影印文淵閣四庫全書本)

(宋) 黄榦『勉斎集』(影印文淵閣四庫全書本)

(宋) 蔡戡『定斎集』(影印文淵閣四庫全書本)

(宋) 朱長文『楽圃余稿』(影印文淵閣四庫全書本)

(宋) 羅従彦『豫章文集』(影印文淵閣四庫全書本)

『水心別集』(中華書局点校本, 1961)

『宋大詔令集』(中華書局, 1962)

『太平宝訓政事紀年』(宋史資料萃編本, 台北文海出版社, 1981)

『古謡諺』(杜文瀾輯・周紹良校点本, 中華書局, 1984)

『徂徠石先生文集』(陳植鍔点校本, 中華書局, 1984)

『名公書判清明集』(中国社会科学院歴史研究所点校本, 中華書局, 1987)

『包拯集』(楊国宜校注本，黄山書社，1999)
『司馬光奏議』(王根林点校本，山西人民出版社，1986)
『蘇軾文集』(孔凡礼点校本，中華書局，1986)
『晦庵集』(影印文淵閣四庫全書本)
『鶴山先生大全文集』(四部叢刊本)
『司馬文正公伝家集』(影印文淵閣四庫全書本)
『清献集』(影印文淵閣四庫全書本)
『西山先生真文忠公文集』(四部叢刊本)
『端明集』(影印文淵閣四庫全書本)

第 2 部

宋代の宗族と空間，コミュニケーション

【問題の所在】
宋代の宗族研究と空間, コミュニケーション

遠 藤 隆 俊

1. 同族共同体論から同族ネットワーク論へ

　宗族をはじめとする中国の社会集団は, かつて「郷団」「中間団体」と呼ばれ, 近年では「共同体」と呼ばれたこともある。確かに, 清末近代の宗族はそのように強固で団結力のある一面を持っており, 現在, 中国の各地に見られる宗族の遺産もその名残と言える。しかし, そのような宗族の姿は族産の保護が公的に認められた清代以降の状況, とりわけヨーロッパの勢力がアジアへ及び中国の社会や国家が危機に瀕した清末近代の状況を反映したものである。
　それ以前の宗族, とりわけ本稿で扱う宋元時代は, いわゆる近世宗族の萌芽期にあたり, 宗族の制度や秩序, 規範が必ずしも十全に完備していたわけではない。宗族が分布した地域や階層についても明清近代と比べて限られれており, 結合の実態も清末近代ほど強固ではなかった。その意味で, 宋代以後の宗族を「共同体」と呼ぶのは必ずしも適当ではなく, この時代の宗族はむしろ「ネットワーク」のように柔軟で弾力的な要素を多く持っていた[*1]。
　もっとも, 宗族は社会の流動化にも固定化, 安定化にも対応する多様な組織であり, どちらか一方に偏ったシステムではない。また, 一口に宋以後の宗族と言っても歴史的な変化があり, 宋元時代においても宗族の普及や発展に大きな違いが見られる。その意味で, 宋以後の宗族が「共同体」であるか「ネットワーク」であるかという議論にはあまり意味がない。

[*1]　遠藤隆俊「宋代における「同族ネットワーク」の形成」『宋代社会のネットワーク』汲古書院, 1998年。

ただ、これまでの研究ではどちらかと言えば宗族の物的あるいは制度的な側面のみが重視され、これと人的な側面とがどう関わるのかという点についてはあまり研究されてこなかった。また、ここで扱う宋元時代はそれ以前の時代とを比べた場合、やはり人々の階層移動や社会的流動性が相対的に高く、宗族もそのような競争的な社会の中から生まれたことは既に明らかになっている[*2]。その意味で、宗族の歴史においてもいわゆる唐宋変革の意義は大きく、また、宗族を柔構造から見ることは本論においても論者の共通理解となっている。

そこで、本論では宗族を「団体」の側面から見るのではなく、人々の集まりや人的関係すなわち「集団」や「ネットワーク」「コミュニケーション」の側面から検討し、これを人々が生きた「地域」や「空間」との関わりから考察した。「集団」と「ネットワーク」、「地域」と「空間」とではそれぞれニュアンスを異にするが、目的とするところは宗族の問題を人々の関係性やそれが成立する「場」の中で理解する点にある。

現在、日本の宋元宗族史研究は、概ね次の3つの点から進められている。1つは士大夫家族や科挙官僚制度との関係、2つめは地域社会における開発や階層分化の問題、そして3つめには思想や礼制、規範、秩序の視点である。かつては財産問題や土地制度史、地主制などいわゆる社会経済史の研究がほとんどであったが、いまではむしろここに見られるような社会文化史の研究が主流といえる。本論でも以上のような流れを受けて、宗族の問題を士大夫の人的関係や地域開発、礼制、規範の側面から宗族の問題を考察した。中国および欧米においても関心を共有する部分があり、ヒュー・R．クラーク氏と常建華氏のお二人からも同様の視点からの論考をいただいた[*3]。奇しくもお二人が福建宗族を題材に選んだのは、宗族研究の国際化を物語っている。

[*2] 小林義廣『欧陽脩　その生涯と宗族』創文社、2000年。井上徹『中国の宗族と国家の礼制』創文社、2000年。

[*3] Patricia Buckley Ebery and James L. Watson, *Kinship Organization in Late Imperial China 1000–1940*, University of California Press, 1986. 馮爾康『中国宗族社会』浙江人民出版社、1994年。常建華『宗族志』上海人民出版社、1998年。井上徹・遠藤隆俊『宋－明宗族の研究』「総論」、汲古書院、2005年。

クラーク氏は唐末五代宋の福建における家譜伝統の出現を，人々の移住と社会的流動性の側面から考察している。遠藤隆俊は北宋時代における宗族形成の問題を，やはり士大夫の移住とコミュニケーションから明らかにした。また常建華氏は南宋の福建における祠堂の普及や広がりを，朱熹の佚文を手がかりに地域士大夫の人的関係から考察した。さらに中島楽章氏は以上の時代を包括し，唐末五代から宋元時代に到る累世同居から宗族形成の軌跡を，徽州の地域開発という点から考察している。各人が重きを置く時代や地域，対象は異なるが，共通して持つ認識は以上の通りである。

2．宗族と家，地域，国家

さて，宗族と空間，コミュニケーションの問題を考える場合，次の3つの側面から考えることができる。1つは「家」の問題であり，2つめは「地域と国家」，そして3つめは「規範と秩序」である。まず宗族を考える場合に最も基本となるのは，「家」の問題である。中国の「家」については中国および日本，欧米に膨大な研究蓄積があり，ここでそのすべてを網羅することはできない。ただ，多くの研究に共通するのは，宗族もやはり一つの「家」であり，家族の延長であるという認識である。本論における中島氏の論考も，この問題に大きく関わっている。

ここに言う「家」とは滋賀秀三氏も指摘するように広狭両義があり，広義には「宗族」の意味，また狭義には「家族」の意味である。また氏によれば中国の「家」には「家系」という人的側面と「家計」という物的，財産的側面があり，この2つが「家」を構成する大きな柱であったという[*4]。宗族の問題を考える場合，この2つの側面に着目することは極めて有効であり，本論でも主に前者の人的な側面に着目しながら後者の物的な側面との関係を考察している。

第2の宗族と地域，国家の問題についてもこれまでに数多くの研究があり，とりわけ明清近代においては様々な角度から研究がなされている。それによれば，前近代の中国社会はいわゆる「団体」から成る社会ではなく「人倫の網の目」に

[*4] 滋賀秀三『中国家族法の原理』創文社，1967年。

よって成り立つ社会であったことが明らかになっている。宗族についても前述の通り「中間団体」「共同体」と呼ばれることはあっても、それは必ずしも法的な裏付けのある国家の構成体ではなく、民間社会で自律的に発展した集団と考えられている[*5]。

ただし、それなるが故に皇帝による国家の支配が人民にストレートに反映したか、それとも地域社会や民間における自律的秩序や論理を認めるかという点については、意見の分かれるところである。本論はどちらかと言えば後者の立場に立つものであり、「一君万民」の皇帝支配や国家理念と家族、宗族や税役、裁判に見られる民間社会の秩序、規範、慣習とは相互補完的な関係にあったと考えている。かつて、島田虔次氏は宋学の特徴の一つとして「道徳と政治の一致」「哲学と政治の一致」を挙げ、「儒教的世界（天下）は、いわば国家と家族（個人）との二つの中心を有する楕円」であり、『礼記』大学篇にある「修身・斉家・治国・平天下の理想は、この楕円をあくまでも楕円たらしめようとする理想主義であって、それをいずれか一方の中心へ収斂させて円にしようとするのではない」と述べたことがある[*6]。この説明はあくまでも儒家の理念や理想を説くための喩えであるが、宋代以降の国家と社会の関係を考える上でも極めて示唆的な指摘である。なお、地域開発と宗族形成との関係については日本よりも中国や欧米の方が進んでおり、中島氏の論考はその数少ない研究の一つである。

第3の宗族と規範、秩序の問題であるが、その根幹の一つに「服制」すなわち喪服の制度がある。これは「五服」とも呼ばれ、自己から見た父系血縁の遠近によって喪服の種類が異なるとともに、刑法上の範囲もこれによって規定されていた。クラーク氏の論考にもあるように、これが適応されるかどうかが人々にとっては親族かどうかの分岐になり、また宗族内における親疎の関係を計る尺度とな

[*5] 岸本美緒『明清交替と江南社会』東大出版会、1999年。遠藤隆俊「范氏義荘の諸位・掌管人・文正位について」『集刊東洋学』60、1988年。伊藤正彦「中国史研究の「地域社会論」」『歴史評論』582、1998年。吉田浤一「中国家父長制批判序説」『中国専制国家と社会統合』文理閣、1990年。大澤正昭「中間層論と人間関係論への一視点」『東アジア専制国家と社会、経済』青木書店、1993年。

[*6] 島田虔次『朱子学と陽明学』岩波書店、1967年。

る。その意味で、服制は祖先祭祀や礼制など家族内の規範であるばかりでなく、人々の人間関係や日常生活の規範にもなっていた。

　実際、費孝通氏は中国社会を「差序格局」と称して西洋社会の「団体格局」と区別したが、それは取りも直さず服制に見える同心円的なヨコの広がりを基本とした考え方である。もちろん、服制には仲間的な対等関係ばかりでなく、上下の尊卑関係も存在し、この両者が螺旋階段のように重層的に連なって人々の規範を形成していた。またこの同心円的な広がりが島田氏の言う楕円的な世界観とどう関わるかについては、改めて考察が必要である。ただ、少なくとも服制に見られる重層的な関係が人々の規範や秩序の根幹にあったことは確かであり、そこで果たした宗族の役割については今後も十分に検討する価値がある[*7]。

3．族譜と族産、祠堂

　最後に、宗族制度の基本である族譜と族産、祠堂について検討することにより、本論の課題と展望に替えたい。周知のように、この族譜と族産、祠堂は宗族のいわゆる「三点セット」とも呼ばれ、宗族の結合や機能を見る上で重要な指標となっている。しかし、それがセットとして登場するのは宗族が復興再編された明代中期以降のことであり、宗族形成の萌芽期である宋元時代には、必ずしもセットとして社会に存在したわけではない。その意味からも、宋元時代と明清近代の宗族の違いをうかがうことができる[*8]。

　族譜については周知のように欧蘇の家譜が有名であるが、宋代にはそれ以外の族譜はあまり多く残されていない。もちろん、これまでの研究でも明らかなように、宋元時代にも多くの族譜序文が残されており、族譜の編纂そのものがなかったわけではない。ただ、現存する宋代の族譜は少なく、これを歴史の史料として使うことは明清時代に比べて確かに難しい。もっとも、近年は明清近代の族譜が

[*7]　費孝通『郷土中国』上海観察社、1947年。家族、宗族の人的関係については、清水盛光『支那家族の構造』岩波書店、1942年、仁井田陞『中国法制史研究　奴隷農奴法・家族村落法』東京大学出版会、1980年再刊。

[*8]　前注[*3]井上・遠藤「総論」参照。

続々と発見，出版されており，その中に含まれる宋元時代の記録は，今後有効な史料となり得る可能性を持つ。クラーク氏や中島氏の論考もこの点に鋭く切り込んだ研究であり，筆者もかつて族譜を利用したことがある。

ただ，族譜とは言うまでもなく自家の歴史を自家の人々が記録したものであり，そこには偽作や誇大，作為の史料が数多く含まれている。したがって，族譜を歴史学の史料として用いる場合には，その史料性を慎重に吟味しながら扱う必要がある。また，明清族譜に見える宋元時代の記録には別に出典があり，族譜を一次史料として扱うことのできないものも多くある。その意味で，宋元時代の研究に明清族譜を利用するのは非常に有益であり，また魅力的ではあるが，その扱いは極めて慎重にしなければならない[*9]。

義荘をはじめとする族産についてもこれまで数多くの研究があり，その機能や運営については概ね明らかにされている。しかし，その財産関係については古くから議論があるところであり，いまだに定説を見ていない。かつては「財団法人」という考え方や族人による「総有」「共有」説があり，またあるいは父祖など族産の設立者が死後も所有主体であるという説もある。その分岐は宋代以降における「所有」の問題をいかに考えるか，また「家」の財産関係をどうとらえるかに関わっている。

その意味で，この問題は容易に解決しがたい課題であるが，今後は宗族の税役負担や「戸」の問題とも併せて解明が必要な課題である。また族産の機能や運営についても，それがいかなる秩序や規範のもとに再配分されることになっていたのか。そして，そこに結集した人々はいかなる関係にあったのか。こうした宗族内の規範や人的関係については，遠藤が移住とコミュニケーションの面から扱っている。しかし，まだ研究が始まったばかりであり，今後さらに深く追究する余地が残されている[*10]。

祠堂や『家礼』をはじめとする祖先祭祀や礼制についても，これまでに数多く

[*9] 遠藤隆俊『族譜および書簡，筆記史料から見た宋代の宗族と地域社会に関する動態的研究』（平成15〜17年度科研費基盤C成果報告書），2006年。

[*10] 小林義廣「宋代宗族研究の現状と課題——范氏義荘を中心に——」『名古屋大学東洋史研究報告』25，2001年。

の研究がある。それによれば，祠堂は家廟とも呼ばれて既に北宋時代から存在し，様々な変遷を経ながらひとまず『家礼』に収斂したという。また『家礼』は人々の生活規範または日常生活のマニュアルとして広まり，そこで想定されている家族ないし宗族の規模も決して大きくなかったことが明らかにされている[*11]。ここからも，宋元時代の宗族が必ずしも大規模で完備したものではなく，過渡的かつ萌芽的な存在であったことがうかがわれる。本論における常氏の論考は，この時期における祠堂の普及問題を社会史の側面から扱った研究である。

　もっとも，いまも述べたように『家礼』に至って北宋以来の礼学問題がある程度決着し，『家礼』が広く受容されたことは確かである。しかし，それを受容した者は必ずしも『家礼』の通りに実行したわけではなく，時代や地域の実情に合わせて多くの改変を行っている。例えば，祖先祭祀の範囲や宗族の規模についても『家礼』では確かに高祖までの五代と決められているにもかかわらず，実際にそれを守っている一族は極めて稀である。むしろ，北宋以来の名族やのちの明清宗族を見てもわかるように，ほとんどの宗族は五代を越えて無制限に広がっている。こうした現象はいかなる論理や実情によるものなのか，今後は思想と現実社会との接点について改めて課題となる。

　以上，本論のまとめとして，宋元時代における宗族研究の現状と課題を簡単に述べてきた。課題ばかりが多く残ったが，大方のご批判を賜ることができれば幸いである。

[*11]　小島毅『中国近世における礼の言説』東大出版会，1999年。前注2井上著書。吾妻重二「宋代の家廟と祖先祭祀」『中国の礼制と礼学』朋友書店，2001年。佐々木愛「『朱子家礼』における家族主義の構造とその大きさについて」『島根大学法文学部社会システム論集』8，2003年。

宋代初期の閩南における家譜伝統の出現

ヒュー・R．クラーク

（遠藤隆俊　訳）

序　論

　歴史家によれば，中国における家譜の伝統は唐の後半期にとぎれがあったという。漢の滅亡と門閥政治の出現以来，門閥貴族は自らの身分を明確にし，また独占的な権威を高めるために，長く家譜の記録を利用してきた。門閥貴族そのものが 8 世紀半ばの安史の乱以後に崩壊すると，家譜の伝統も彼らとともに崩壊した。一般的な解釈によれば，その伝統は11世紀半ばに范仲淹（989－1052），欧陽脩（1007－52），蘇洵（1009－66）によって編纂された家譜とともに復活した[*1]。

　この新たな士大夫たちの家譜モデルは，その後数世紀にわたって発達し，後期中華帝国の族譜に結実した。これについては，清水盛光，仁井田陞，費孝通，モーリス・フリードマンらの学者によって研究されている。さらに，ここではほんのわずかしか挙げないが，彼らの研究は近年の多賀秋五郎，エミリー・エイハーン，デイヴィッド・フォール，ヒラリー・ビーティ，鄭振満らの研究の基礎となっている。もし11世紀の家譜編纂がかりに「復活」だとすれば，唐末五代宋初の数十年間にその起源があったというのが，本論文の大前提である。そしてこの時期に，華南の地域社会は中世の伝統である家譜を，自ら必要としたのである。

---

*1　ほんの数例であるが，森田憲司「宋元時代における修譜」（『東洋史研究』37－4, pp.27－52, 1979年），Patricia Buckley Ebrey, "The Early Stages in the Development of Descent Group Organization," Patricia Buckley Ebrey and James Watson eds., *Kinship Organization in Late Imperial China*, Berkeley, University of California Press, 1986, pp.16－61, 劉黎明『祠堂，霊牌，家譜：中国伝統血縁親族風俗』（成都，四川人民出版社，1993年）を参照。

筆者の議論の地理的な中心は中国南東部の福建省南部，すなわち閩南である。福建は山々に囲まれ，横断する河川もないので，漢唐の間に中国文化を河川によって華南にもたらした移民は，福建を大きく迂回した。福建において漢族の定住は主に閩江流域の北部で発達した。そこは閩江の南から閩南に及ぶまでのずっと手前である。それにもかかわらず，8世紀半ばまでに先住の漢族は独自の社会構造と固有のエリートを閩南に輩出していた。よって，閩南における家譜の考察は，これらのエリートから始めなければならない。

1．閩南における唐のエリート

漢民族の移住者たちは漢末以来，閩南の肥沃な河川の流域に浸透していった。我々はこれらの人々に関して具体的なことは何も知らないが，実際はおそらく次のようなことを教えてくれる。まず，時間と空間を超えて移民一般に当てはまることだが，彼らの大部分は郷里との関係を絶っていた。なぜならば，そこには彼らを束縛するものがほとんどなかったからである。言い換えれば，彼らの中にはエリート出身者は少数しかおらず，そのエリートたちでさえも社会の周縁層の出身であった可能性が極めて高い。なぜなら，好機を期待する人々にとってはその好機自体が魅力であり，自らを郷里に結びつける理由がほとんどないからである。彼らは閩南において社会階層のない，組織化されていない社会環境を見つけたにちがいない。これは一種のフロンティアであり，アメリカの歴史もそうであったが，ここには社会的流動性のすべての可能性が存在していた。

我々は，地域の社会組織がどのように出現したかを，推測によってしか知りえない。のちの伝承によれば，閩南における宗族の祖先は唐よりかなり以前に，時にはエリートの肩書きを持ってこの地に到達したという。例えば，今日の莆陽林氏は林禄の最も遠い子孫だと主張している。林禄とは伝えられるところによれば「晉安郡王」という肩書きを持ち，4世紀初めに閩江流域に定住したが，それ以外には何も知られていない。現在，林氏は当地の有力な宗族であり，興化県ばかりでなく閩南の奥地やこれを越えたところにも大きく広がっている。莆陽とは興化県の雅名である。詳細は何一つ保存されていないが，林氏の伝承によれば，林

禄には漢代およびその後数十年間にわたるエリートの経歴があった。彼は4世紀初期に，東晋の南遷とともに福建に定住した*2。莆陽林氏と同じように，興化の鄭氏も後の数世紀においてとても名高く重要な宗族である。その家系は，6世紀には莆田の城外に定住したと言われる三兄弟にまでさかのぼることができる。鄭氏はその兄弟たちが鄭庠の子孫であるとみなしている。伝承によれば，鄭庠も林禄と同じように，東晋の南遷とともに華北の故地を離れた高名な官僚一族の子孫だったという。伝承ではさらに，庠の末子の昭が福建に入った最初の人物であり，彼は福州の近くに住みついたという*3。

以上のような伝承は閩南の家譜に書き残された記述の共通点であるが，筆者が他の研究で論じたように論証できる事実との関連はほとんどない*4。しかし，当面の議論においてそれは問題ではない。重要なことは，唐の後半期までに林氏や鄭氏，莆陽黄氏，飛銭陳氏のような少数の宗族が，地方や地域社会において卓越した地位を確立したということである。帝国各地の地方エリートたちにはよくあることだが，彼らの地位は土地の支配を基礎としていたに違いない。そのような場所を示す好例として，莆陽黄氏が土地経営に専心した，莆田の東北にある黄港を挙げることができる。

一方，彼らとほかの地域における中華帝国のエリートとを区別するものは，彼らが帝国で共有されていたエリート文化とほとんど関わりを持たなかったという点である。彼らの名声はまったくある地域に限られたものだった。ただ1つの特別な場合を除けば，彼らは帝国の科挙文化に参加していなかった。「南選」として知られる地域ごとに分けられた任用制度を通過する以外，ほとんどの人は帝国の官職に就くことはない。これは名声を望む南部の学者を庇護するための手段であ

---

*2 林捿云『西河林氏族譜』(1883年，福建師範大学図書館所蔵，ページなし) 所収の林英序文 (表題なし，1088年，元祐3年) を参照。
*3 鄭時敏『南湖鄭氏大宗譜』(清版，年代不詳，福建師範大学図書館所蔵，ページなし) の佚文を参照。
*4 拙文 "Portrait of a Community; Society, Culture, and Structures of Kinship in the Mulan River Valley (Fujian) from the Late Tang through the Song" (未公刊) でこれらの伝承を分析している。

り，また南部の人たちが中央の人たちと対等に競争する能力に欠けていたことの現れでもある。彼らは著述をしたり，学問に従事したりはしなかった。たとえ彼らがしたとしても，それはもっぱら地方で消費されるためのものであり，実際その記録はほとんど残されていない。閩南は帝国においてまださほど重要な地域ではなかった。ここは，正真正銘のエリートとみなされた華北中核地域の貴族によって無視され，また地方行政を監察するために派遣された不運な官僚によって軽蔑された地域である。閩南の内部では林氏や鄭氏，そして彼らの仲間の地位は安定していた。しかし閩南を越えれば，彼らは取るに足りない存在だったのである。

2．唐末五代宋初の挑戦

9世紀中ごろから，帝国の中心部すなわち黄河南部のとりわけ肥沃で人口密度の高い地域では，唐の終わりを告げる黄巣の乱が熾烈を極め，ますます激しくなる暴力の続発に苦しんだ。治安の崩壊と軍閥の激増にともない，多くの難民が南部の比較的安定した土地にかつてない移住を始めた。その結果，南部には人口が流入し，これまでの階層制度が不安定化した。

閩南において，のちの歴史書で詳しく語られる人口流入の具体的表現としては，いわゆる「固始人」がある。「固始人」はもともと光州（弋陽郡，現在の河南省）の固始県において，エリートのはしくれであった王姓の三兄弟に率いられていたが，2人の軍閥の間に生じた対立を避けて移住の旅に出た。江南内陸部の山々を通り，885年（光啓元年）ついに閩南にたどりついた。はじめ「固始人」は福建において，冷酷で敵意のある対応を受けた。しかし逆転の連続ののちに，泉州の支配権を手に入れることができた。彼らは民衆の支持を受けたらしく，そこに彼らは腰を落ち着けた。このとき福建は他の地域と同様に，唐朝の権力が衰えたことにより長期にわたる政情不安に直面していた。その結果，地方の権力者が，増加する自治団体とともに地域を治めていた。これを利用して，三兄弟の長男で固始移民のリーダーでもある王潮（898年没）が軍閥たちの不明瞭な継承権を奪い取り，福建の政治の中心地である福州に移った。そして892年（景福元年）に彼自身の政治組織を確立した。これが唐末五代宋初の数十年間，福建を支配した閩国の始めである。

どれくらいの人々が固始からの移住者だったのかを知ることは不可能であるが，『資治通鑑』の中で司馬光は5千人に達する一団だと主張している[*5]。しかし，のちの歴史書が彼らを唐代後半期における人口流入の具体的な表れだと位置づけたように，彼らは閩南だけに避難した移住者ではない。実際，9世紀後半から10世紀のはじめは，華北を悩ます戦乱から逃れた難民が多く華南に流れ込んだように，中国の長い歴史の中で最も大きな人口移動期の1つであった。多くの「固始人」のように，これらの難民の大部分は名前も明らかでない存在だった。しかし，中には帝国秩序の伝統的な枠組みの中で確立された政治的，文化的な血統を持つ人もいた。例えば，杭州奥地の婺州と歙州の境界地域の出身である方延範は，800年代のまさしく終わりに新たに莆田に定住した。唐の後期までに，延範の一番近い先祖は，歙州において官職を保持し始めた。延範の祖父は身元不詳ながら，都督府に随行する長史だった。父も軍人であるが黄巣に反対したため，884年（中和4年）に恩賞として御史の役職を与えられた[*6]。延範自身に文化的，政治的な経歴があったという記録はないが，伝承によれば彼は莆田に定住する前の唐末に福州地域の官職を継承したという。一方，韓偓は唐朝のもとで誇るべき名族の伝統的な官職を受け継いでいた。彼は10世紀への変わり目に泉州に避難する前に，科

[*5] 『資治通鑑』巻256（8320頁）参照。筆者はこの数字を妥当と考える。なぜならば光州地域の実力者でありまた軍閥でもある王緒のもとには，当然ながら大勢の武装した家臣がいたからである。9世紀後期の記録によれば，私設の軍隊は並外れてもいなければ，数千もの非常に大きな軍事力だったわけでもない。欧陽脩はより漠然と「数万」の一団だと主張しているが（『新五代史』巻68，845頁，北京，中華書局，1974年），この数字はあまり妥当ではない。

[*6] 劉克荘「方氏薦福祠碑記」（『莆田刺桐金紫方氏族譜』「碑記」1a—4a）参照。この史料は劉の『後村先生大全集』巻93，8a—11aにも載っている。テキストに重要な異同があるので，劉の文集を参考に『族譜』の史料を引用した。『大全集』の原文には脱字があるなど，不完全である。『族譜』の文章では，延範の父が黄巣に反対し褒美として官職を与えられたと読める重要な部分を，『大全集』では判読不能の文字に続いて「果」の文字を挿入している。明らかに，『大全集』が引き写した碑文はこの部分が傷ついており，黄巣に関する最後の部分だけを残して，その前の文字が完全に消えている。事件すなわち黄巣の乱に全く一致する時間軸に沿って，失われた文字の不足を『族譜』で補えば，筆者はこちらの方が正しいと思う。

挙の試験で進士の称号を授けられ，都の文学界において卓越した人物になっていた*⁷。唐末五代宋初の数十年間，閩南においてはこのような人物たちが，実際には「固始人」以上に社会的にも政治的にも，いっそう顕著な役割を果たしていたようである。これらの新来者は全く新しい政治の秩序に自由に接近しただけでなく，その地域のエリートにはなじみのない高い水準の正統的な学問をもたらした。

それは端的に言えば，それまでの地域エリートの社会的権威，すなわち伝統に基づいた権威に対する先例のない集団的な挑戦であった。旧来のエリートは官僚や学者になるための主張ができなかった。少なくとも方延範や韓偓ができたようにはできなかった。また旧来のエリートたちの権威は「固始人」がそうであったような，政治制度に基づくものでもなかった。というのも，彼らはいつも朝廷によって不運な役割しか任されていなかったからである。さらに土地――前述のようにおそらく彼らの権威の基礎となっていた実体的な価値あるもの――に対する支配権も，同様に挑戦を受けていたかも知れない。唐末五代宋初における閩国の支配者たちはすべての領地を3つの等級に分け，一番よいものを仏寺と道院に与えたという記録が12世紀まで伝わっている*⁸。11世紀半ばの有名な文章家であり，また文官である蔡襄（1012-67）は「（閩国は）良民の豊かな土地を相継いで奪い，それを仏教徒に与えた」と嘆いている*⁹。閩国の支配者たちはこの改革を政治権力または先例という力によって成し遂げたが，その結果，それまでのエリートの土地は不相応に減らされたに違いない。

これらの展開が複合的に影響したことにより，閩南のエリートたちはより流動的になった社会環境と政治環境の中で，その地域における特有の役割を失い，また威信と富を競うもう一つのありきたりの集団になり下がるという危険性に直面した。それゆえに，彼らが直面した挑戦とは，自らのアイデンティティーと，おそらく自らの威信の尺度とをいかに維持するかであった。そのような先例のない挑戦に直面していた時にこそ，彼らは家譜という手段に回帰したのである。それは，かつて中世の門閥貴族たちが同様の危機に瀕した時に，自らの地位を永続さ

＊7　韓の伝記は多くある。例として『新唐書』巻183（5387頁）を参照。
＊8　『宋史』巻173（4191頁），1151年（紹興21年）の記述に引用されている。
＊9　『蔡忠恵集』巻27，2b参照。

せるために求めた手段でもあった。

3．中世の家譜とエリートの権威

　中国における家譜の伝統は遠い過去の歴史にさかのぼる。しかしながら，漢唐の偉大な帝国にはさまれた数世紀の間，すなわち中国における政治的権威が門閥貴族というエリートたちの小さな集団の手に集中していた時代は，中世という様相の全盛を呈している。例えば，鄭樵（1104-62）は12世紀の有名な類書である『通志』の中で，次のように言っている。

　　隋唐に至るまで〔の数世紀〕，官には簿状があり，家には譜系があった。官僚の選銓は簿状に基づかなければならず，家族間の婚姻は譜系に基づかなければならなかった[10]。

同様に，柳芳（8世紀半ば）は，次のように思い起こしている。

　　〔南北朝期には〕官僚の銓選では，家譜の譜籍を調べ，その真偽を確認した。よって，官には世冑があり，譜には世官がある[11]。

数世紀の後に，馬端臨（1254―?）は『文献通考』の中で，その制度を簡潔に説明している。

　　かつて，世系の学が盛んだった。姓には自らの苑があり，官には自らの譜があり，氏族には自らの志があった[12]。

唐代において，貴族政治の独占的権力が新しい秩序に取って変わられたとき，家譜の役割はこれらの一族にとってより重要なものとなった。中世貴族の子孫にとって，唐の皇帝一族などは出自のあやしげな成り上がりの一族だった。たとえ唐朝の権力が社会からの挑戦を超越していたとしても，皇帝は社会の敬意を受けるに足りなかった。しかし，科挙という実力主義の制度によって官僚社会に入ることになった零落貴族は，社会からどれほど追いやられたであろうか。のちの英

---

[10]　鄭樵『通志』巻25，439a（台北，新興書局，1965年，「十通」1935-37年の再版）。
[11]　欧陽脩『新唐書』巻199，5677頁，柳冲伝（北京，中華書局，1975年）。
[12]　馬端臨『文献通考』巻207，1710a（台北，新興書局，1965年，「十通」1935-37年の再版）。

国貴族，すなわち『バーク貴族年鑑』やアメリカ北東部の古い『貴族の血統』，そして『紳士録』も似たような役割を果たしたが，これらの記録によって貴族であると社会的に認知された英国貴族の同系交配の事例を見れば，貴族たちは系譜の中に自らと自らの社会的地位を描写しようとしたことがわかる。実際，系図は彼らの社会的アイデンティティーを明確に保つための手段になったのである。

4．閩南の家譜

「固始人」の流入後すぐ，閩南における旧来のエリートは先祖伝来の系譜を，正式なものにし始めたようである。その１つは興化鄭氏の記録である。筆者が目にした鄭氏の家譜のうち，最も早いものは２つあり，どちらも清朝のものである。１つは日付がなく，もう１つは1848年（道光28年）の序がついたものである。しかし，家譜は，寿命がある地名辞典のように，朽ちやすいものであることを思い出さなければならない。新版が編纂されるとき，旧版はたいていよく捨てられる。だから，より古い版が残存していることはとても珍しいことである。しかし，だからと言ってより古い情報を価値のないものと見なす必要はない。というのも，ちょうど新しい地名辞典が旧版からデータを写したのと同じように，最新版の家譜の編纂者は情報をすぐ前の版から複写したからである。

このことを考慮に入れながら，興化鄭氏の２つの清版家譜に残されている史料，すなわち1169年（乾道５年）の家譜序と見られる史料をテキストに考察を始めたい[*13]。一般に，南東部のいたるところのエリート家族は，この1169年までに家譜

[*13] 鄭時敏『南湖鄭氏大宗譜』（清版，年代不詳，福建師範大学図書館所蔵，ページなし），および鄭惠元『鄭氏族譜未定巻』(1848年，福建師範大学図書館所蔵，ページなし）所収の鄭東老序文（表題なし）。鄭東老については，残念ながら誰にあたるのか特定できない。状況証拠では彼は鄭厚という人物の可能性が高く，厚は12世紀における興化鄭氏の中でもよく記録に残っている人物なのだが，筆者は前稿でこのことを論じた。前掲 "Portrait of a Community" および拙稿 "Reinventing The Genealogy : Innovation in Kinship Practice in the 10th-11th Century," Thomas H. C. Lee, "*The New and the Multiple: Sung Senses of the Past,*" Chinese University Press, 2004. を参照。

を出版していたことは確かである*14。したがって，時代的に見れば，この史料は物議をかもすものではない。しかしながら，1169年の家譜序と見られる文章は早期ではあるが日付のない2つの家譜から引用したものであり，その文章は鄭仁儒と鄭希韓の2つの序文から成ると見なされている。どちらの文章も独立したものとしては今日残っていないが，作者である仁儒と希韓の2人は鄭氏の記録の中に確かに記されている（**図1**参照）。

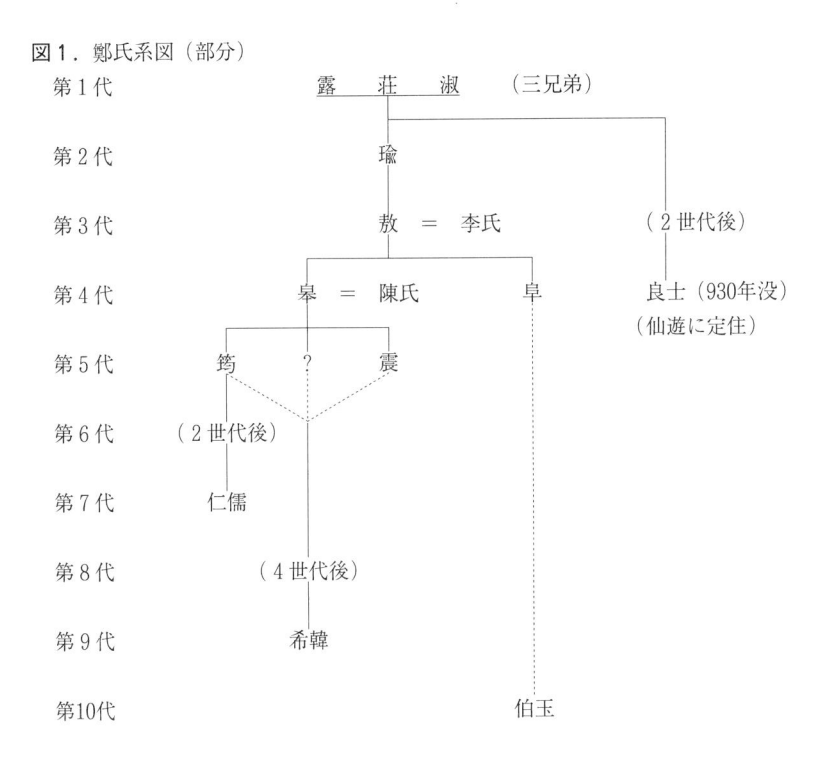

図1．鄭氏系図（部分）

世代	人物
第1代	露　荘　淑　（三兄弟）
第2代	瑜
第3代	敖 ＝ 李氏　　　　　　　（2世代後）
第4代	皋 ＝ 陳氏　　阜　　良士（930年没）（仙遊に定住）
第5代	筠　？　震
第6代	（2世代後）
第7代	仁儒
第8代	（4世代後）
第9代	希韓
第10代	伯玉

問題は，この原文を彼らはいつ書いたのかということである。まず希韓に関係する唯一の明確な日付は1053年（皇祐5年）である。この時，希韓は進士の称号を授かり，莆田の公式記録においても独自の祝典が挙行されたという出来事が記

---

*14　これについては多くの資料が引用されるが，福建に関しては陳支平『福建族譜』（福州，福建人民出版社，1996年）を参照。

録されている。それは十分に信頼できるように思える*15。だから、彼の序文は11世紀半ばから後期にかけての時期に書かれたはずである。多くの場合、家譜の序文を編集した人は宗族の年長者であったから、序文は11世紀前半ではなく、むしろ後半に編集されたと推測できる。この日付を見てもわかるように、鄭氏の記録の始まりは范仲淹らの時代にさかのぼるにもかかわらず、これまでの研究ではこの希韓の最も初期の文章が検討されることはなかった。

次に、仁儒の作だとされる序文に対しては問題が生じる。というのも、正確な日付が全く残されていないからである。しかし、希韓より二世代早く生存していた仁儒は、鄭筠の孫であった。筠とその弟の震は、同様に10世紀への変わり目に生きていた。莆田光化寺の記録に残されている909年（開平3年）の碑文によれば、彼らは自らの両親を敬って土地を寄贈している*16。ここが議論にもどるポイントである。すなわち、これによって仁儒が10世紀後半から11世紀初期より後に生存していたということは信じがたい。言い換えれば、彼の序文は范仲淹らの時代よりも前に書かれたに違いない。

さて、鄭筠と鄭震の話に移ろう。鄭東老が引用した祖先の希韓の序文には、次のようにある。

> 開平2年（908年）に、地主の筠公と震公は、父の皐公とその妻陳氏のために、大堂で香を焚くため、平吟里の小さな水田の一画と収入のうち現金900をともに寺院に寄付した。次いで、彼らは自らの歴史の深さを後世の人々に伝える（示于後代以歴年之久）ために、大堂に隣接した先祖代々の廟である祠堂の中に石碑を立てた*17。

寺院の碑文に記されている909年の注釈によれば、兄弟は「石碑を建てることを

＊15　希韓の進士に関しては、蓼必琦等『莆田県志』巻12、7ｂ（1926年、1879年版の再版、台北、1968年、中国方志叢書）を参照。

＊16　「光化寺檀越鄭氏舎田碑記」（丁荷生、鄭振満『福建宗教碑銘彙編』「興化府分冊」、福建人民出版社、1995年、pp.6－7）を参照。

＊17　鄭時敏『南湖鄭氏大宗譜』所収の鄭東老序文に引用される、鄭希韓の序文（年代不詳）による。丁荷生、鄭振満『福建宗教碑銘彙編』pp.6－7所収の909年碑文も、この情報の大部分を裏付ける。

要請した」(仍請立碑)と書かれている。

ところで,この石碑とは何だったのだろう。結局,もちろん推測で答えることになる。しかし,状況証拠として,篤と震の兄弟が「先祖の廟」と呼ぶ祠堂(909年の寺院碑文では「影堂」と呼ばれている)に,「自らの歴史の深さを後世の人々に伝えるために」建てることを強く提案したのは,刻まれた系図(譜図)であったと考えられる。もちろん,この譜図には本論のテキストとして使っている序文もなく,譜図と言っても十分に発達した意味での家譜とは言えない。しかし,譜図とは「最初の祖先」から子孫までの視覚的概念を,父系の世代によって図式的に配列したものであり,それは「自らの歴史の深さを後世の人々に伝えるために」分かりやすく直系の方法で示したものである。これこそ,まさに欧陽脩や蘇洵が11世紀半ばに編纂し,また石に刻んだ家譜と同じものである。

鄭氏家譜の記録には1353年(至正13年)の解説文も残されており,それによれば碑文には黄滔の文章も含まれていたと付け加えられている[*18]。黄滔とは唐宋変革期の初めに閩南の地域エリートから出た多作の文章家であり,また最も傑出した学者である。この文章が筆者の議論で言う「序文」(序,序文)であり,宗族の歴史を紹介するために書かれた簡単な文章である。そこには欧陽脩や蘇洵らが自らの族譜(譜図)に書いたような,祖先や最近の世代に関する伝説も含まれる。そのような場合,鄭仁儒や鄭希韓の序文は最新の記録―すなわち新しい碑文,より適切な言い方をすれば,拡大しつつある系図―に光彩を与えただろう。おそらく,興化の鄭氏は12世紀の半ばになってはじめて,ここでテキストにしている序文と系図を結びつけて,さらに複雑な家譜編纂に着手した。これが鄭東老の序文のもとになったと考えられる。

もしこれが孤立した事例なら,重要ではない。実際,筆者が主張してきた状況根拠だけでは,ほとんど注目に値しない。しかし,これは個証ではない。前述と同様に状況証拠ではあるが,9世紀末あるいは10世紀の初期までに地域エリートのいくつかの宗族が,自らの系譜に注目していたことを累計的に示す重要な主張

[*18] 鄭旼「南湖山鄭氏西祠堂記」(丁荷生,鄭振満『福建宗教碑銘彙編』pp.73-74所収)。黄滔の正確な生卒年代については論証されていないが,彼は『莆田県志』巻22, 2b, 895年(乾寧2年)の科挙合格者リストに掲載されている。

がある。例えば、莆陽の黄氏を取り上げてみる。彼らには、黄蟾の序文とされる家譜の記録が残っている[19]。序文と言われるものには日付がないが、黄蟾は、同世代の前述した随筆家である黄滔と同様に、9世紀後半から10世紀初期にわたって生きていた（図2参照）[20]。

原文は今日の学者の間ではまさに懐疑を巻き起こす性質のものであり、ほとんど証明されにくく、標準的な解釈と矛盾する。しかしながら、ここに鄭氏の伝統に対する価値と同程度の信憑性をもたらす傍証がある。莆陽黄氏の記録によれば、次のようにある。

図2．黄氏系図（部分，6世代まで）

第1代	岸	
第2代	謡	
第3代	華	莫
第4代	昌朝	昌裔
第5代	峰	院
第6代	滔	蟾

> 黄滔は、最初の祖先である黄岸とこれに続く世代を祭るために、黄岡祠を建設した。…その中には碑銘がある（内有刻字）[21]。

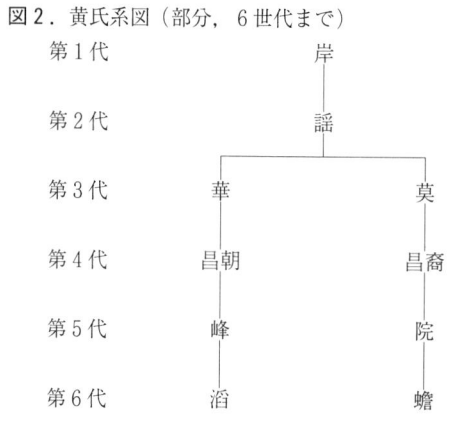

何十年も後のことではあるが、同じような気持ちで、朱熹はこう語る。

> 黄蟾と彼の孫の文恵は先祖に対する深い愛情を分かち合った。それゆえ、家廟を建てることを提案した。彼らは廟が完成する前に亡くなった[22]。

---

[19] 黄蟾「三黄族譜序」（黄壽生編『莆田黄氏世徳言行録』「嘉言篇：黄孝思」第5所収。1964年、年代不詳の明版をもとに再刊、福建師範大学図書館所蔵）。

[20] 黄蟾のおおよその日付については、黄邦士『莆陽甃渓黄氏宗譜』（年代不詳、清版、福建師範大学図書館蔵書、ページなし）を参照。それによれば、黄蟾は唐の昭帝時代（889年―903年）に崇文閣の職員として働いていたという。

[21] 黄邦士『莆陽甃渓黄氏宗譜』「懿行篇：念祖」第11。

[22] 朱熹「唐貴州刺史封開國公諡忠義黄公祠堂記」（丁荷生、鄭振満『福建宗教碑銘彙編』pp.30－31所収）を参照。『華郊黄氏族譜』巻1、29a－30b（1752年、福建師範大学図書館蔵書）に引く同文も参照。丁荷生と鄭振満は、筆者が朱熹の碑文資料としては手に入れてない黄氏の家譜を、さらに2つ引用している。『莆陽黄氏族譜』と『莆陽刺桐黄氏族譜』である。朱熹によれば、この文章は彼がこれまで家廟に献納してきた中で、最初の碑文だと鋭く指摘している。

2つの文章とそこに出てくる人物は,もちろん異なっている。にもかかわらず,それらは同じ出来事に言及していると筆者は考える。すなわち,9世紀後期あるいは10世紀初期のある時期,黄滔あるいは黄蟾のどちらかに率いられて莆陽の黄氏は家廟を建設した[*23]。あるいは2人がともに建設したという可能性が高い。なぜなら,その時彼らはどちらも一族のリーダーであり,また共通の事柄に関する記録があるからである。その家廟の内部には「碑文があった」。既に述べた通り,その文章は始祖である黄岸以下の子孫の記録に関係する石碑であり,そして黄蟾の序文として紹介されている碑文である。

　他の例に言及する。延壽徐氏の記録は,徐寅(848-921,894年-乾寧元年-進士)の作とされる序文を含んでいる[*24]。莆田玉湖陳氏の家譜には,10世紀の変わり目に生きた陳淮が「祖先の廟を造り,家譜を編纂した」(建宗祠著譜牒)と記録され,あわせて翁承贊(896年,乾年3年進士)の序文を載せている[*25]。考察すべき問題は,なぜこれらの宗族すなわち唐代までの閩南におけるエリートのすべてが,この時期に家譜の記録をつけ始めたかということである。これを引き起こした要因として,2つの事柄が同時に展開していたと考えられる。

　1つは世代の問題である。鄭筠と彼の弟は,興化鄭氏の始祖として認められていた3兄弟,すなわち露,荘,淑の5代目の子孫であったが,家譜はこの3兄弟をひとまとめに扱っている。つまり,彼らの先祖はまさしく不明瞭なものだった。しかしながら,彼らの父系祖先が明確でないにもかかわらず,5代目というのは

[*23] 二つの伝承の食い違いに対するもっともらしい説明の一つは,それぞれの資料がそこにあるという説明である。朱熹に墓誌を書くよう頼んだ黄藟(1169年,乾道5年進士)は,黄蟾の子孫である。『莆田黄氏世徳言行録』は表面上,莆陽黄氏の4派をすべて記録しているが,その中にはおのずと選択があり,何よりもまず黄滔の子孫たちに焦点を当てている。

[*24] 許寅「許氏入莆譜序」(徐監『延壽徐氏族譜』首巻3a,1761年,福建師範大学図書館蔵書)。

[*25] 陳琴題『莆陽玉湖陳氏家譜乗 1936年版』「世系」43a。黄氏が使った「宗祠」という言葉について,諸橋轍次『大漢和辞典』と『漢語大詞典』はどちらも「家廟」と定義している。したがって,筆者も「宗祠」「家廟」の英訳には,どちらも同じ'ancestral shrine'の訳語を使った。

中国における家譜の習慣においては重要な問題を示している。すなわち服喪の義務は5代に及ぶのであり、それは垂直方向（つまり父祖直系）にも、また水平方向（つまり同一世代のヨコへの広がり）に対しても同様である。しかし、5代を越えるとそのような義務はなくなり、血族関係にあること自体が問題になる。かくて、兄弟から発展した家族の連続性は、まさに閩南の社会環境が変化し、彼らの社会的地位が脅かされた時に問題になったのである。莆陽黄氏が直面したアイデンティティーの危機は、より深刻であったにちがいない。黄蟾や黄滔は「最初の祖先」から6代目の子孫だった。2人の血縁的アイデンティティーを永続させるべく行動するまでに、莆陽の黄氏はすでに標準である5代の喪服義務を越えていただけでなく、4つの異なる支派に分かれていたからである[*26]。

　言うまでもなく、これは中世の偉大な門閥貴族の前に立ちはだかった窮地と全く同じである。興化鄭氏のような「ありふれた」一族と同様に、門閥貴族もまた5代の服喪義務に縛られていた。それは五服と呼ばれる伝統的な規定であり、そこに階級による違いはない。にもかかわらず、彼らは5代が一度過ぎるだけではなく、何度も繰り返すという暗黙の困難に打ち勝って存続した。彼らの家譜の伝統は、絶えず前進する連続性、すなわち広く世間に知られていたという事実の中核的表現である。

　ただ、血縁関係の伝統は数世紀の間、5世代目で途切れずに無事に切り抜けてきた。血族の6代目さらにそれ以下の世代が規定通り血族集団から消えたときでさえ、血族の制度それ自体は存続していた。それゆえに五代王朝が始まったばかりの時、閩南のエリート家族の多くは5世代目に達していたが、それ自体は変革を必要とするほどの危機ではなかった。結局、莆陽黄氏に関する答えは、その危機が単に5世代目の問題によって引き起こされたのではないということである。実際、このとき彼らは既に6代目におり、4つの異なる派別に分かれて存続していたのである。

---

*26　同じころ、黄蟾のいとこである璞は『閩中名士録』を編集した。これは福建出身の有名な人物を集めた最初の有名な総録である。ここで彼は自分の宗族に明確に焦点を当てているわけではないが、どうも彼は自分の血縁関係のアイデンティティーに大きな疑問を持っていたようである。

それでは第2に，何が彼らの危機であったかと言えば，それは既に示唆した通り唐宋変革の文脈である。旧来のエリートに挑戦し，またこれに取って代わる人間関係と伝統文化の両方を備えた外来者たちの流入によって，旧来のエリートたちは自らに共通するアイデンティティーが崩れ始め，それを永続させる手段を見いだす必要に強く迫られた。唐代の門閥貴族たちは増大する新しいエリートの挑戦に対抗する手段として，何世代にもわたる共通のアイデンティティーを永続させるべく自らの家譜の伝統を使った。同様に，閩南の地域エリートたちも唐宋変革期における社会的挑戦に対抗するバランスとして，自らに共通するアイデンティティーを永続させるべく家譜に回帰したのである。

結論

筆者の議論は閩南とりわけ唐末における数十年間の閩南に焦点を当ててきたが，閩南エリートの様相は中国の大部分とりわけ移住と定住が概ね類似した開発途上の華南地域のエリートの構造に似ていたと思われる。それゆえに，唐末の数十年間に閩南に出現した挑戦は，華南における多くの土着の人々についてもあてはまるはずであり，彼らは同じような変革の必要性に迫られたに違いない。本論の考察は閩南を越えて広がることはなかったので，筆者は確固とした証拠を提示する立場にはない。それでも，閩南で起こったことがらと唐宋変革期における数十年の文化的変化について得られた結論は，別の地域でも起こったはずだと確信している。この時期は極端な地方主義の数十年だった。地方勢力が南部を分割し，自らを統治していたので，いかなる国家政治への要求も退けられた。10世紀の半ばに宋朝が出現する直前においてさえ，地域エリートたちは新しく意義深い方法で地域の挑戦に応じた。このように，11世紀から12世紀の文化的変革で名高い宋代を見るにつけ，我々はその時代から国家的な対話ではなく，地域社会の起源を探るための助言をこそ得られるであろう。

〔訳者附記〕
本論文は2004年8月にモスクワで開かれた国際アジア北アフリカ研究者会議（ICANAS）

において，クラーク氏が口頭発表した論考を活字にしたものである。2005年1月のシンポジウムとは直接に関係はないが，ICANASの発表も科研費「宋代以降の中国における集団とコミュニケーション」によるものであることから本書に収録した。本訳は小松美紀氏（高知県香我美中学校）の素訳をもとに，遠藤が改訂を行った。訳語や表現の中には原文直訳ではなく，日本の東洋史学界で通用している熟語や言いまわしをいくつか使用しているが，内容についてはできるだけ原文に沿って訳出した。以上の点については，クラーク氏の了解を得ている。

北宋士大夫の寄居と宗族
―― 郷里と移住者のコミュニケーション ――

遠 藤 隆 俊

序　論

　長い中国の歴史の中で，移住と宗族の問題は極めて大きな比重を占めている。社会学や人類学においては既に牧野巽氏やJ.L.Watson氏，吉原和男氏，瀬川昌久氏らが考察し，また明清近代史では山田賢氏，荒武達朗氏らが明らかにしたように，移住と宗族の形成には大きな関係がある。宋代史においても斯波義信氏や呉松弟氏らの研究で明らかなように，唐宋の変革期や両宋交替期には大きな人口移動があり，それによって江南地域の開発や経済発展が促進した。ただ，こうした移住と宗族との関係については必ずしも十分に検討されておらず，今後の課題として残されている[*1]。

　本稿で取り上げる寄居とは，宋代の官僚や士大夫が任官などの理由で郷里を離れ，異郷に仮住まいをすることである。宋代の史料には寄居のほかに「徙居」などと表記されることもある。唐宋変革期や両宋交替期の人口移動とは比べものにならないが，これもまた移住の一形態と考えられる。ちなみに，移住と宗族との関係から見た場合，次の「表１」にあるように，宋元時代は５つの時期に区分されると筆者は考えている。この中で，本稿で取り上げるのは第２期，すなわち宗族モデルの形成期である[*2]。

　さて，寄居については日本では竺沙雅章氏に一連の研究があり，この寄居が宋

[*1]　牧野1980, Watson1975, 吉原1991, 2000, 瀬川1996, 山田1995, 荒武1998, 1999, 斯波1988, 呉2000を参照。

[*2]　明清近代との比較で言えば，表１の時期全体が宗族モデルの萌芽，形成期と考えられる。詳しくは拙稿2005を参照。

表1. 宋元時代における移住と宗族形成（蘇州范氏の事例）

```
第1期（唐末五代宋初）：華北から華中，華南への移住，宗族形成の萌芽期
第2期（宋代中後期）  ：華中，華南から華北への移動，宗族モデルの形成期
第3期（両宋交替期）  ：華北から華中，華南への移住，宗族の分裂崩壊期
第4期（南宋中後期）  ：華中，華南への定着，宗族モデルの再編期
第5期（南宋末元代）  ：華北との交流，宗族の拡大発展期
```

代の社会や文化に大きな影響を与えたことを実証的に論じている。本稿で注目している宗族との関係についても，寄居の背景に族的結合の弛緩があったことや，寄居士大夫と郷居士人の分化があったことなどを明らかにしている。しかし，氏の言われる族的結合の弛緩とはどのようなものか，またそこにはいかなる時代的背景があったのかについては必ずしも十分に解明されていない。また，寄居士大夫と郷居士人の分化があったことは確かであるが，彼らの関係はどのようなものだったのかについても十分にわかっていない[*3]。

以上のことから，本稿では郷里を離れて寄居した士大夫と郷里に残って土居した士人との関係を，移住と宗族およびコミュニケーションの視点から考えてみたい。事例として取り上げるのは，蘇州に義荘を設けた范仲淹とその一族である。范仲淹とは周知のように北宋中期の副宰相であるが，彼らは河南の穎昌に寄居して郷里の蘇州にもどることはなかった。しかし，手紙の往来や義荘の設立維持に見られるように，彼らと蘇州の一族とは長く交流を保っている。この両者の関係を具体的に明らかにすることにより，宋代士大夫の移住と宗族形成について再検討したい。そこから，宋代士大夫の血縁意識や地域認識，さらには集団とコミュニケーションのあり方を考える手がかりとしたい[*4]。

[*3] 竺沙2000所収の第7，8，9章を参照。また定居，土居については伊原弘1977を参照。

[*4] 蘇州范氏の移住と宗族については既に近藤秀樹1963および拙稿1998においても指摘されているが，今回は集団とコミュニケーションという観点から新たに考察した。

1．北宋士大夫の寄居生活

(1) 范仲淹の寄居

　まずは蘇州の范氏と頴昌の范氏について，その概要を説明したい。蘇州范氏の祖先は唐代則天武后時代に宰相となった范履氷と言われ，その一支派が唐末に華北の長安から蘇州に移住した。これが蘇州范氏の始まりである。その後，彼らはこの地域を支配した呉越国に仕え，宋の太宗が呉越国を併合したあとは宋朝の官吏として全国に赴任した。彼らの間に寄居の風潮が広まったのはこの頃からであり，族人の中には郷里の蘇州に帰らない者も多くいた。范仲淹が河南の頴昌に寄居したのもこうした風潮の延長線上にあり，北宋中期の政治や社会が士大夫の生活に与えた影響は非常に大きかったと言える。

　もっとも，范仲淹の場合，母の再婚によって幼い時から山東で過ごし，蘇州の族人とは関係のない半生を送った。その意味では，同じ寄居でも江西から開封に出てきた欧陽脩や四川出身の蘇洵らとはかなり事情が異なっている。しかし，詳細は別に検討することとして，范仲淹の場合にも蘇州の范氏であるとの認識があり，これも変則的ながら一種の寄居と言うことができる。したがって，本稿では彼の移住もほかの士大夫と同様に寄居と考えている[*5]。

　さて，范仲淹が寄居した先が河南の頴昌，すなわち現在の許昌である。ここは曹操が後漢末に都を遷した場所であり，また宋代では楊億や蘇軾，程顥，范鎮らが寓居した土地でもある。欧陽脩の「思頴詩」にもあるように，頴昌は開封に出仕した北宋官僚にとって格好の寄寓地であった。この頴昌における范氏の生活については，范氏の子孫である范公偁『過庭録』に多く書き記されている。作者の范公偁とは仲淹の玄孫，純仁の曾孫にあたる人物で，『過庭録』はその公偁が南宋初めに父の范直方から聞いた話をもとにして書いた随筆である。この随筆は頴昌の范氏に代々伝わってきた一種の伝聞史料であり，その内容は必ずしも正確な

[*5] 欧陽脩の移住については小林2000，蘇洵については上注[*3]の竺沙論文を参照。范仲淹については拙稿1998で簡単に述べておいた。

史実とは言えない。しかし，ほかの一次史料とつきあわせることによって，潁昌における范氏の生活実態を探ることのできる有効な史料である*6。

図1.『過庭録』潁昌范氏関係図

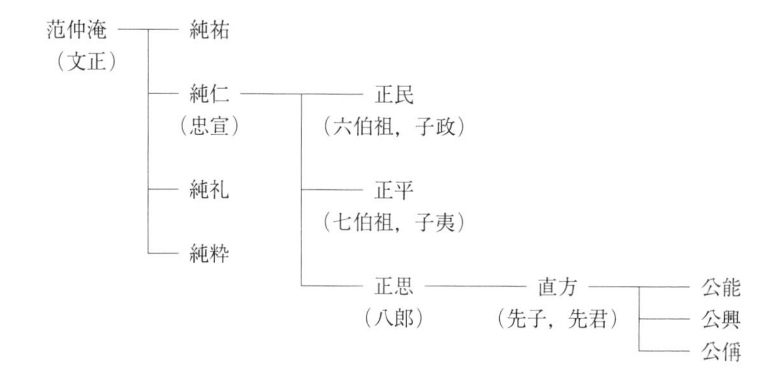

```
范仲淹 ──┬── 純祐
（文正）  │
         ├── 純仁 ──┬── 正民
         │ （忠宣）  │  （六伯祖，子政）
         │          │
         │          ├── 正平
         │          │  （七伯祖，子夷）
         │          │
         ├── 純礼   └── 正思 ── 直方 ──┬── 公能
         │              （八郎）（先子，先君）├── 公興
         └── 純粋                             └── 公偁
```

その『過庭録』によれば，潁昌范氏は仲淹の同僚であった韓琦らの世話により河南の社会に定着したことがわかる。『過庭録』第31話「崔比部忠於忠宣所託」には，

> 崔比部は諱が公立で，韓魏公（韓琦）の妻の弟である。その人となりは古風で実直，意志の強い人である。彼は許州に住み，忠宣（范純仁）と隣家であった。忠宣は文正（范仲淹）の服喪が明けると，妻子を崔に託して出仕のために都（開封）にのぼった。崔は朝に夕に彼の家族を見守り，終始怠らなかった。時に，七伯祖（范正平）が単州推官となったが，人が来て重い病気だと告げた。魏国夫人（純仁の妻，正平の母）は驚いて心配し，様子を見に行こうとした。すると崔公がさえぎってこう言った。「あなたは結婚した女性です。夫が単身で出かけているというのに，どこへ行くのですか。私はあなたのご

---

*6 『過庭録』について本稿では唐宋史料筆記叢刊に収められた版本を使用し，併せて稗海および四庫全書，筆記小説大観に収められた版本を参照した。各話の題目は唐宋筆記叢刊本の命名による。なお『過庭録』の史料性について，四庫全書には「絶えて冥心臆測なし」とあり，また唐宋筆記叢刊では「范仲淹研究の第一次資料」「実実在在の史料筆記」と述べている。

主人からあなた方を託されている身です。」そこで杖を門に立てて，こう言った。「ここを出ようとする者は，私が杖でたたく。」魏国夫人は二度と言おうとはしなかった。忠宣が帰ると，彼に礼を言った。

とあり，范仲淹および純仁父子は許州すなわち潁昌を拠点とし，そこから開封へ出仕していた。この史料は純仁の事例であるが，彼は仲淹の没後，妻子を潁昌に残して都にのぼったのである。この時，既に純仁は科挙に合格していたが，父の在任中には出仕せず，その没後にはじめて開封に出たことがわかる。そこで潁昌に残された范氏家族の世話をしたのが，崔公立なる人物である[*7]。

これによれば崔は韓琦の妻の弟であり，潁昌范氏の隣家であったという。韓琦は相州安陽県の出身で，仁宗末年から英宗，神宗時代に宰相となった人物である。范仲淹とは西夏戦争以来の盟友であり，いわゆる慶暦の改革では仲淹や富弼らとともに改革案を主導した。その妻の崔氏は宋初の官僚である崔立の娘であり，もとは隋唐時代の貴族で有名な山東博陵の崔氏の一族であった。その後，崔立が出仕して開封にのぼり，彼らは開封の人になったのである。潁昌に移り住んで間もない范仲淹父子はこの崔氏の庇護を受けており，それは韓琦など政官界における士大夫の人的なネットワークによるものであった[*8]。

その結果，『過庭録』第32話「崔比部来時食稍不精必直言」には，

> 魏国公（韓琦）の甥で，崔比部の次男は子厚と言う。崔は親戚のよしみでしばしば忠宣公（范純仁）の家を往来し，忠宣の家も常に彼をごちそうでもてなした。食事が少しでもまずいと，崔は直言してはばからなかった。そこで忠宣は常に食事係を杖で打った。だから家の使用人たちは，崔比部が来たと聞くとみないやがった。比部には二人の子がおり，長男の保孫は忠宣の娘婿となった。

として，純仁の娘はその崔公立の長男に嫁いだとあり，両者は婚姻関係を持つことになった。同じく『過庭録』第33話「崔子厚詩警韓持国」には，

[*7] 韓琦一族の同族，婚姻関係については，小林2005を参照。これと『過庭録』の記述とでは事実関係を異にする部分もあるが，本稿ではその主意を損なわない限りにおいて『過庭録』を優先した。両者のより詳細な検討については，別に行う予定である。

[*8] 南宋時代ではあるが，士大夫の交友関係については，黄1999，岡2003を参照。

> 韓持国公（韓琦）は晩年に許州の知事となり，崔子厚が酒官となった。韓の誕生日に歌を献じて喜びたたえ，こびへつらう者が非常に多かった。子厚だけは詩を献じてこれを戒めた。「錦の衣裳や栄名は輝いていても，冠に掛けた気高い節度は因循に流されてはいけない。」韓はこれをもらうと再三感じ入ってこう言った。「君でなければ誰が私のために言ってくれるだろう。」そこで，韓は太子少師で退任した。

とあり，韓琦が晩年に許州すなわち潁昌の知事になった時にも，彼と崔氏，范氏との間には密接な交流があったことがうかがわれる。この一節には范氏の人物こそ登場しないが，この話題が范氏の記録である『過庭録』に残されていること自体，彼らの交流および情報交換の緊密さを示している。

（2） 家と墓

ところで，『過庭録』によれば，寄居地の潁昌に家を買ったのは仲淹ではなく息子の純仁だったようである。第28話「先祖於忠宣服中命子弟不得出戸嬉遊」によれば，

> 忠宣公（范純仁）は許州に家を買った。その喪中に，祖父の光禄（范正思）は門を閉め，子弟を外へ出さなかった。しかし十七叔祖はまだ幼く，ある日父上は家の裏門から豆を売る者を見て，買ってこれを食べた。劉顕（晦升）の子の民則がたまたまこれを見て，帰って晦升に告げた。晦升はすぐに手紙を祖父（正思）に送ってこう言った。「私は先ごろお宅の子弟が門のところで，うれしく遊んでいたと聞きました。丞相（純仁）のお墓の土もまだ乾かず，天のしるしもまだありません。わたくし顕は丞相の門下生なので，知っていることはつつみ隠さず申し上げようと思います。」祖父は恥じて晦升に礼を言い，子どもたちはみなしかられた。

とあり，許州すなわち潁昌に家を買ったのは純仁であり，ここから彼は開封へと出仕したと考えられる。この話題は純仁の喪中にあったできごとであり，時期的には徽宗の初年頃のことである。これによれば，范氏の家族が純仁の門生にたしなめられたとあり，潁昌范氏が既に河南の社会に深く溶け込んでいた様子をうかがうことができる。

実際，ここにもあるように彼らの墓は既に河南洛陽にあり，その墓には范仲淹とその母謝氏以下，頴昌范氏の子孫が代々葬られている[*9]。ちなみに『過庭録』には，子孫が墓参りをした時のエピソードも残されている。第67話「丞相尹洛以徳化罪人」には，

> 父上は許昌から河南の洛陽へ墓参りに行き，洛陽の境域に着くと，馬を止めてある村で少し休憩した。しばらくすると，老人が家から出てきて父上を注視し，尋ねてこう言った。「あなた様はお顔が范丞相（純仁）に似ていますが，その家の子孫ではありませんか。」父上が言った。「そうです。」老人は何も言わず家に入り，正装して出てきて父上を拝礼した。父上は愕いてそれを受けなかった。老人は言った。「私は言いたいことがあります。」拝し終わると，老人は父上に言った。「むかし丞相は洛陽の知事をしていました。その時，私は四十二歳でした。私は平素はだいたい本分を守り，法律を畏れてつつましやかにしていましたが，たまたま意外なことで争いとなり，官府で杖罪を受けるはめになりました。丞相は晩に役人をすわらせ私を引き出し，着物を持ち上げて刑罰を加えようとしました。丞相は私の容貌が素直で謹み深く，皮膚や体は傷や入れ墨もなくきれいだったので，ひさしの前に来るよう命じ，尋ねてこう言いました。『私が察するに，お前は悪人ではなさそうだ。皮膚や体には傷がない。なのに，どうしてこんなことになったのだ。』私は事情を話し，また率先して改悛したい気持ちを申し上げました。すると丞相は言いました。『お前は本当に悔い改めることができるか。』私は泣いて丞相の言いつけを守ると約束しました。すると丞相はすぐに私を軽く罰して釈放してくれました。これにより，単に私がまっとうな人間になることがで

[*9] 頴昌范氏の墓については『范文正公集』洛陽志に記録があり，また竺沙2003の前編第3章論文に墳寺に関係する考察がある。筆者の調査によれば，現在も同じ場所に墓があり，墓守は第29代子孫の范欽忠氏という。現在，敷地の前には高さ十数メートルに及ぶ范仲淹の塑像が立っている。これは第30代子孫の范振国が建てたと記されている。詳しくは，別途に考察する予定である。また宋元時代の墳墓および墓碑については，Shottenhammer 2003および平田茂樹，須江隆，蔡罕，中島楽章各氏の2005論文（井上・遠藤2005所収）を参照。

きただけでなく、この地域全体が丞相の人徳に感化され、今に至るまで争いごとがありません。」

とあり、作者范公偁の父である直方が、洛陽へ墓参りに行った時のエピソードが語られている。直方とは范純仁の孫、仲淹の曾孫にあたり、両宋交替期に華北から蘇州へ逃れてきた人物である。したがって、この話も北宋最末期のものと思われる。もちろん、これらのエピソードは作者が自分の祖先を記したものであり、その間には多くの誇張や虚構が含まれるであろう。しかし、彼らが北宋時代の約百年間にわたって潁昌に住み、既に家や墓まで建てたことは事実である。その意味で、彼らは生活実態として河南の地域社会に定着し、またそこでの婚姻や地縁的なネットワークを広げていた。実際、范純礼の子である正夫などは、既に本貫が蘇州ではなく潁昌の人と記録されている*10。

以上、北宋時代の范氏は蘇州范氏とそこから分かれた潁昌范氏の二つが存在し、後者は蘇州に帰ることなく河南の社会に定着した。旧法党の一派閥として有名な「范党」も、実態としては蘇州の范氏ではなく潁昌范氏のことである。彼らは開封に出仕した官僚や地域の士大夫と人的なネットワークを結びながら異郷の地に根付き、また官界でも大きな発言力を持つようになったのである*11。北宋中期以降、東アジア国際関係の相対的安定にともない、中国社会の内部にも様々な変化が現れた。范氏をはじめ欧陽脩や蘇洵など、いわゆる南人官僚の増加もその一つである。寄居という現象もそのような社会的変化の中から生まれたものであり、北宋中期以降の社会を映し出す一つの鑑と言える*12。

---

*10 范正夫の記録については、『画継』巻3などを参照。また墓参りの記事はほかに『過庭録』第21話「范弇学究詩」や第22話「忠宣謁見松山隠者敏公時」などに見え、范氏が河南、潁昌の人々と多くの交流を結んでいた様子をうかがうことができる。

*11 神宗から哲宗時代の朋党と家族については、平田1992、2005を参照。

*12 宋朝の版図が江南に及び遼朝との和約がひとまず成立すると、高麗や日本との関係も安定するとともに、江南地域の開発が大きく進展し、蘇州を中心とする浙西地域が中国経済を大きく動かすことになった。江南官僚の進出や彼らによる宗族形成も、このような国際環境や国内事情と大きく関係がある。

2．書簡の往来

（1） 慶暦改革期

　さて，穎昌に寄居した范氏と蘇州に残った范氏との間には，いかなる社会関係やコミュニケーションがあったのだろうか。本節では，それを見てみたい。日常的な交流およびコミュニケーションの方法として重要なのは，人の往来と手紙のやりとりである。人の往来についてはあとで詳しく述べるが，手紙のやりとりについては范仲淹の文集『范文正公集』尺牘巻上「家書」に兄仲温との往復書簡が16通残されている。その往復書簡は大きく3つの時期に分かれ，最も早い時期の手紙と考えられるのは仁宗慶暦3年（1043年）の書簡である。慶暦3年と言えば有名な慶暦改革案が仲淹らによって提出された時期であり，「与中舎①」にもその時の様子が記されている[*13]。

> 監簿三哥に拝上します。兄上におかれましては，ご機嫌麗しいことと拝察いたします。私は近頃陛下の御恩を蒙り，枢密副使に抜擢されました。これは祖宗の慶福が我々子孫の家系にまで及んだためと存じます。重ねて辞譲したのですが許されず，今月二日には枢副として文書に署名する仕事をしました。さらに十二日になると，聖恩を蒙り参知政事に改められました。ついで御前にて拝命の利害を上陳したところ，聖旨を得て辞譲が許され，とりあえず枢府にいるよう命じられました。しかし枢府では相次いで国境巡視に出ており，そうなったらいつ入京してお目見えできるかわかりません。小三郎は聖節の奏薦で試将作監主簿となりました。一族の皆様も安泰でいることでしょう。こちらからも人を遣わしてご機嫌伺いに参らせます。お互いに戒めあって，州県を煩わさないようにして下さい。もしみだりに訴訟などおこせば，必ず上奏があって深く追究されるでしょう。どうか兄上から子供や甥たちに命じて，よく知らしめて下さい。お体を大切に。

[*13] 仲淹の「家書」については拙稿2001，2003を参照。手紙に付した番号は『范文正公集』に収められている順番による。

これは仲淹が枢密副使から参知政事に昇進した慶暦3年7月の手紙であり，10条の改革案を上陳した心情についても記されている。また，同族関係では息子が恩蔭で任官したことや，郷里の蘇州でみだりに訴訟などをおこさないようにとの戒めが綴られている。仲淹が執政に上ったことは彼自身としても，また范氏一族としても慶賀であったことは確かであるが，それに浮かれることなく身を慎むというのが彼の処し方だったようである*14。

図2．蘇州范氏移住モデル

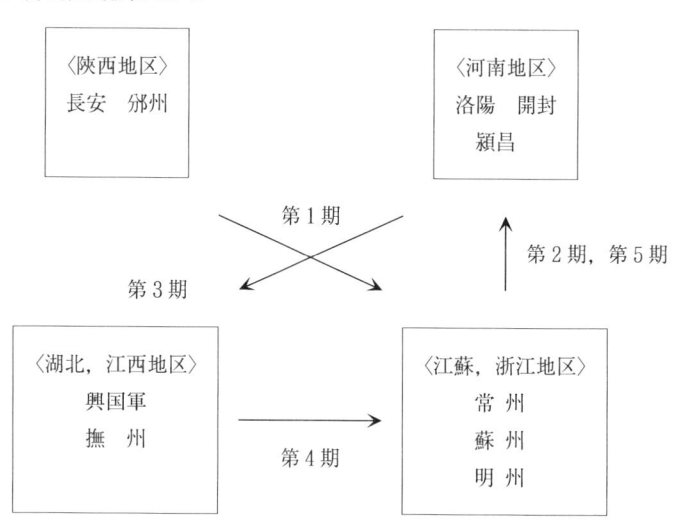

```
        〈陝西地区〉                      〈河南地区〉
        長安　邠州                       洛陽　開封
                                              潁昌

                       第1期
                                    ↑
                                    │ 第2期，第5期
         第3期                       │

        〈湖北，江西地区〉              〈江蘇，浙江地区〉
        興国軍                         常州
        撫州          ────→           蘇州
                      第4期           明州
```

（2）　改革挫折期

次にまとまった手紙があるのは，慶暦5（1045）年から7年までであり，上で述べた慶暦改革が挫折して彼自身が中央政界を去った時のものである。この時期の手紙に特徴的なのは，族人の任官および勉学について多くを話題にしていることや，義荘の構想を兄に語り，蘇州范氏のルーツ探しを兄に依頼していることで

─────────────────────
＊14　范仲淹の政治思想については，西1961，寺地1972，程1986，陳1987，范仲淹研究会1995，王瑞来2001を参照。

ある。例えば「与中舎⑨」には,

> 再び節推三哥に拝上します。ご機嫌麗しく存じます。近頃運使李同年からの手紙をもらい,そちらは平穏であることがわかりました。お義姉様もきっとお体はもう良くなられたことと存じます。子供たちも成長し,こちらは普段と変わりません。十九郎〈純粋か〉はまだ回復していないと言っても,病は次第に退いています。そのほかの者はそれぞれ勉強に努めています。南陽(鄧州)は清閑で,静養にはもってこいの所です。とても幸いです。浙江の親族もそれぞれ安寧のことと存じますが,奏薦の挙主が何人いるかはわかりません。小さなことにも注意してお慎み下さい。今は誹謗中傷を受けやすい時期ですので,ひたすら身を縮めて先のことは考えず,つつましく過ごせればそれで良いのです。どうかお体を大切に。

とあり,恩蔭に必要な推薦人についての議論を兄としていたことがわかる。これは彼が中央政界を追われて南陽すなわち鄧州にいた頃の手紙で,執筆時期は慶暦6～7年頃と考えられる。これによれば今は誹謗中傷を受けやすい時期であるとして,慎重に身を処するよう求めている。同じく「与中舎⑫」によれば,

> 再び節推三哥に拝上します。お手紙をいただき,兄上も幸福でいらっしゃると知りました。また九姐がお嫁に行かれたと知りました。深くお喜び申し上げます。李郎から手紙をもらい,非常に成績が良いとのこと。あちらでは既に省観したのでしょうか。馬秘丞もまた手紙をよこしました。郷里では不熟のところが多いとのこと。土地が悪いのでしょうか。あるいは数頃ほど高田常熟の土地に買い換えることができれば,婚嫁の費用も十分まかなえるでしょうに。特に天平山の墳墓に碑誌を一つ立てましたので,どうか祖先の文書を探し,また他人に尋ね,さらに諸房において先代の官告文書を求め,兄上が自ら聞いたことも併せて,その都度書き送って下さい。聞けば,祖先はもと藍田の人とのこと。ご記憶にないでしょうか。このことはいつも心においてお尋ね下さい。十二姑に尋ねれば,また必ず憶えていることもあろうかと思います。お体を大切に。

とあり,義荘設置のための土地の買い換えや,祖先のルーツ探しを兄に依頼していたことがわかる。彼が義荘の設置を思い立ったのは任官してすぐの時期であっ

たと言われているが，それが本格的になったのは執政を退いたこの頃と考えられる。また，前節でも述べたように蘇州范氏と言えば唐代則天武后期の宰相范履氷にさかのぼると言われているが，実はそれは唐代以来伝わってきた「周知の事実」ではなく，北宋中期の范仲淹によって始めて「探索された事実」あるいは「発見された事実」である。その意味で，唐五代における蘇州范氏の系譜については，改めて検討する必要があろう[*15]。

（3）義荘設置期

さて，仲淹の手紙の中で最も多いのは，彼が知杭州であった皇祐元年（1049年）前後に書かれた11通である。その多くは義荘および二人の健康について書かれた手紙である。義荘については後節に詳しく述べるとして，健康についてはこの時，兄弟ともに既に晩年であり，とくに兄の病気は深刻だった。その原因は娘婿とのいさかいとお酒の飲み過ぎにあったようで，手紙の中では仲淹が兄に薬を送ったり食事療法のアドバイスをしたりしている。「与中舎②」によれば，

再び中舎三兄に拝上します。今日届いた張祠部の手紙によれば，二十九日に兄上にお会いしたところ，兄上は心底お疲れのご様子で，その日の夕食にはお粥を数匙しか召し上がらず，薬を二つ服したとのこと，それもそのはずです。なぜなら兄上のこの病は二婿に煩わされて食べ物がのどを通らなくなったからであり，さらにお酒を飲み過ぎて脾臓や胃を痛め，ようやく食事ができたかと思えばこのように嘔吐してしまう始末です。今は病が重い上に，さらに家のことや娘たちのことを心配し，かえって益々不快になるのですから，どうして安寧にしていられるでしょうか。どうかよくお考え下さい。千古の聖賢でも生死を免れることはできないし，死んだ後のことまで面倒を見るこ

[*15] 唐末五代における系譜については，拙稿1998を参照。それによれば，彼らの祖先は邠州と確定された。また，彼らは義荘を設置する前にまずは祖先の旧宅を再建して義宅すなわち一族のセンターを作り，ついで祖先を祀る影堂が設けた。さらに一族のルーツを調べて族人を確定し，族譜や義荘の基本台帳を作り，さらには義田を買って税金を納め，収穫した租米を貯え，そして最後に義荘規矩を制定して実際の賑恤を始める段階があった。族譜の編纂や義荘の設置もこうした一連の流れの中で考える必要がある。

とはできないのです。一身従無中去、却帰無中去。これについては誰にわけへだてがありましょうか。また誰がこれを制御できましょうか。もはやどうしようもないのですから、心を安らかにして物事にこだわらず、なすがままに任せてはいかがでしょう。そのように割り切ってしまえば、心気が次第に順応するばかりか、五臓も調和し、薬方にも効き目があり、食事にも味が出てきます。安楽にしている人でさえ、突然心配事があれば食事ものどを通らなくなるものです。ましてや長く病気でおり、さらに生死を憂い死後の心配までしていては、大恐怖の中にあって、飲食などどうして通りましょうか。どうかゆったりとした気持ちでご養生下さい。いま関都官が服している火丹砂と橘皮散をそちらに送りますから、必ずこれを服して下さい。

とある。結局、兄はこの翌皇祐二年に亡くなるが、これによって彼らの緊密な交流および手紙のやりとりの一端を見て取ることができる。

　潁昌に寄居した范氏にとって日常的な生活の場は、まさに河南の潁昌や首都の開封であって郷里の蘇州ではなかった。蘇州の范氏にしても潁昌范氏との交流が毎日あったわけではなく、蘇州をはじめとする江蘇や浙江地域に自己の生活圏を持っていたことは言うまでもない。しかし、以上で見たように、お互いの交流はかなり緊密であり、互いの家庭事情にまで踏み込んだ情報の交換をしている。彼らは手紙のやりとりを通して様々な情報を交換しており、蘇州の情報は逐一潁昌へ、そして潁昌の情報は常に蘇州へと流れていた。その意味で「寄居」というのは文字通り仮住まいを意味し、決して郷里の人々と縁が切れたことを意味するわけではない。

　もちろん、南宋時代になるとこの「寄居」という生活スタイルに批判の声が高まってくるが、しかしそれは南宋時代の価値観から見た評価であるにすぎない[*16]。北宋時代の南方士大夫にとって仕官する先は遠く北方の開封にあり、官僚とりわけ中央官僚として勤めるには郷里を離れて開封近くに居を構えざるを得なかった。その結果、彼らの取った生活スタイルが「寄居」であり、またそれ故にこそお互

＊16　例えば『容斎随筆』巻16「思潁詩」を参照。詳しい考察については、前注＊３竺沙論文を参照。

いのコミュニケーションがより重視されたわけである。書簡の往来はその最も重要な手段の一つであり，当時の同族関係や社会関係を知ることのできる格好の材料である*17。

3．人，物，金，情報のコミュニケーション

（1）　族人の往来

　本節では手紙以外の交流，すなわち人や物によるコミュニケーションのあり方について考察したい。まずは人の往来であるが，仲淹は多くの人間を蘇州に送り，さまざまな情報を交換した。手紙によれば息子の純祐や純仁，純礼，おいの純誠らを，江南の族人のもとへ遣わしたことが記されている。例えば「与中舎⑧」には，

> 再び中舎三哥に拝上します。昨日お手紙を受け取りまして，常州の四哥監簿と六哥屯田が亡くなったとのこと。哀苦痛切の至りに堪えません。どういたしましょう。どうか二屯田にはあまり哭泣せず，粥を食すよう勧めて下さい。多難なことです。純仁はそちらに行ったばかりなので，七郎（純誠）と純礼を遣わして焼香させ，こちらでもまた斎戒，焼香いたします。その他のことは言うまでもありません。どうかお体を大切に。七郎はそのまま常州に行かせますので，人を遣わして一緒に行かせて下さい。常州の一家も多難な時でしょうから，俸給二貫を持たせます。常州の二子の名と弟を書いてよこして下さい。

とあり，族人の葬儀に際して次男の純仁や三男の純礼，さらにはおいの純誠らを蘇州および常州に派遣したという。ここに見える「六哥屯田」とは范琪のことであり，彼もまた科挙に合格した官僚であったため，仲淹との交流が深かった族人の一人である。しかも，これによれば范琪らは常州に住んでいたとあり，蘇州の范氏として知られる彼ら一族も，決して蘇州内に固まって住んでいたわけではな

---

*17 范仲淹の書簡には，ほかに山東の朱氏にあてた手紙や韓琦にあてた手紙などがあり，これについては追って検討したい。

かったのである。

　一方，彼らの間には穎昌からばかりでなく，蘇州からもいろいろな人々が仲淹のもとを訪れた。手紙によれば，仲淹は族人の子弟を自分のもとに引き取り，任官のための勉学を積ませていたことがわかる。例えば，前掲范純誠もその一人であるが，兄仲温の子純義らも仲淹の所へ来て勉学していた。「与中舎⑮」によれば，

　　また拝上します。飛脚がもどりお手紙を受け取りましたが，ご機嫌麗しく親族もみな安寧のことと拝察いたします。こちらも変わったことはなく，一生懸命勤めております。ただ過度の毀誉褒貶は，防ぎようがありません。蘇州・湖州は水害とのことですが，どうでしょうか。ここ二，三日はやや晴れ間も見られますが，そちらは晴れでしょうか。晩稲はもう植えることもできますが，水が退いて始めて作業がうまく行きます。現在命を帯びて江南から視察してきましたが，どこもみな大水で，饒州では町なかを船で行き，睦州では楼閣にいても浸水を免れません。今後しばらくは人々がきっと疲弊するでしょう。困ったことです。純義以下みな学問に努めており，純礼は秘書省正字を受けました。はずかしながらうれしく存じます。酷暑の中，お体を大切に。

とあり，純義らが学問に努め，自分の三男である純礼も恩蔭で任官したと述べている。これは皇祐元（1049）年から翌年にかけて江南一帯で水害があった頃の手紙であり，彼自身は杭州の知事であった*18。しかし，本論第１節でも考察したように，その子息たちは穎昌あるいは開封において勉学を積んでいたと考えられる。純義については「家書」の「与中舎⑤」にも記録があり，

　　また拝上します。人が帰ってお手紙を受け取りましたが，ご機嫌麗しく何よりです。水害と疫病はいかがですか。家では朮を井戸や水瓶の中に浸して日用に充てています。水は瘟疫を嫌うからです。竹かごにこの朮を入れ，そのかごを吊すのは，沈まないようにするためです。人に教えられただけですが，結構良い具合です。買った土地はいかがですか。ひとまとまりの土地を買うには，高田であってはじめて永く管理しやすいものです。木瀆付近ならば田

───────
*18　杭州時代の范仲淹については，王瑞来1992を参照。それによれば，仲淹は生涯に３度杭州へ行ったことがあるという。彼が蘇州を訪れた時期については拙稿1998でも考察したが，王氏の見解とも一致する。

段を典買してもよいでしょう。影堂についてはこちらで既に良い木を買って作ります。三間ばかりですが、堅牢で長持ちするようにしました。そちらで売り家のある時には、どうかご相談下さい。一軒の家を修造するにはまず模型を作り、また必ず木の色を見て堅牢にしなければなりません。純義は家に帰りたがっていますが、将来的には州学に送りましょう。勉強をやめてしまうと成就しませんから。寒い季節ですので、お体に気をつけて。

として、純義は家に帰りたがっているという。しかし、仲淹は本人の将来を考えて勉強を続けさせたいと兄に書き送っている。このように、穎昌と蘇州の間には様々な族人が往来しており、彼らは決して面識がなかったわけではない。しかも、これによれば仲淹は義荘設置のための田産や影堂の建築資材を蘇州へ送っており彼らは人的交流はもとより物あるいは金銭的な交流など実に様々な交流を行っていたことがわかる。その意味で、范仲淹の「家書」そのものは兄との往復書簡であり、その限りにおいては二者間交流である。しかし、手紙の内容を見るとそこには実に様々な人々や物、金、情報が介在しており、彼らは地域内はもとより地域を越えた重層的なコミュニケーションを図っていた。

(2) 指使魏祐

穎昌と蘇州の交流において最も中心的な役割を果たしたのは范氏の子弟や族人たちであるが、それ以外にも仲淹の同僚や使用人などがいた。例えば、仲淹の「家書」では「人」「急足」「李同年」「張祠部」「関都官」「銭主簿」「屈徳」「王興」「魏祐」などの名前が見られ、族人ではない人々も范氏のコミュニケーションを支えていた。中でも「魏祐」という人物は手紙の中にもしばしば登場し、仲淹の手足となって働いていたことがわかる。「与中舎⑪」には、

また拝上します。昨日屈徳が来てお手紙を受け取りましたが、季家の子供が病気と知りました。却総未来。また寒食の墓参りと三月半ばの葬事については面倒を見なければなりませんが、奔波にあたっているので、行けば却って体力を消耗します。事が終わったならば逆に早めにこちらに来ていただけないでしょうか。暑い時期になるとかえってやりにくくなりますので。いま魏祐に職田銭と影堂の材木を持って行かせ、併せて職人も連れて行きます。石

碇についてはそちらで手配しやすいかどうかまだわかりませんが，きっとすぐに調達できるでしょう。なお三月半ばの葬事には，夜に水陸道場を作って別に位牌を書き，わが家の祖先を供養して下さい。それと陳家の墓も近いので，伯陽を寺に呼んで供養に参列させて下さい。六屯田一家の祖先も同様です。その他供養すべき神霊は，すべて水陸の法要に従って下さい。さらに必要なものがあれば，すべて魏祐に手配させます。またお手紙によれば親族が飢饉のために困っているとのこと，早速米二十石を仕入れて送りますので，どうかすぐに皆に分けて下さい。義荘から毎月米をもらっている人も，除外しないように。杜大の家には米を出したことがありますか。彼にもまた毎月一石ずつあげて下さい。酒も送りますので，米と一緒に分けて下さい。お体の方はもうよろしいようで，さらにいっそう養生し，慎んで臓腑をみだすことのないようにして下さい。

二屯田は手紙をよこしませんが，口でこのことをお伝え下さい。陳家は二世代にわたる姻戚でありまた墓も隣なので，水陸の会には供養してもかまわないでしょう。陳長官はきっともう行っているでしょうから，これ以上手紙は書きません。

とあり，義田の売買に必要な資金や影堂の建設資材を運んだのも，実はこの魏祐である。これによれば「さらに必要なものがあれば，すべて魏祐に手配させる」とあり，彼は仲淹からの絶大な信用を受けて蘇州と頴昌との間を往来していたことがわかる。魏祐についての伝記がないのでその詳細はわからないが，おそらく彼は范仲淹の秘書を兼ねた范氏の番頭のような存在であったと思われる。実際，彼は「指使」という武階すなわち武官の身分を持っており，一面では范氏の私的な仕事に携わるとともに，もう一面では官府へも出入りできるような立場にあった。仲淹の長子である純祐がこのような役割を果たしていたことは有名であるが，この魏祐もまた同様の任務を帯びていた[*19]。『過程録』第44話「忠宣作布衾待寒

[*19] 仲淹の「家書」には「与指使魏祐」という手紙が残されており，そこで魏祐は開封の族人范純誠の手助けを命じられている。その意味で，魏祐は前代までの門生故吏，のちの幕友，あるいは南宋時代の幹人と同様の存在であったと考えられる。門生故吏については谷川1976，石井1985，幕友については宮崎1991所収論文，幹人については斯波1968を参照。

士」によれば，

> 忠宣公（純仁）は出仕して以来，門下に食客が多く，高い地位につくとます ます増えた。陳州の知事をしていたときに，自分の俸給で数十枚のねまきを 作り，門客の貧しい士人に分け与えた。時人はこう語った。「孟嘗君は三千 個の真珠で門客の靴を作り，范公は三千枚の布で門客にねまきを着せた。」 忠宣のケチをそしったのである。忠宣はこれを聞き，自分も一枚作ってこれ を着て，銘文を書いて弁明した。そこで，范蜀公（范鎮）や司馬温公（司馬 光）もみなこれに倣ったのである。その銘文は家集見える。

とあり，次子の純仁には多くの門生や食客がいたというが，仲淹に仕えた魏祐も これら食客ないし門生と同様の存在と言える。

いずれにしても，潁昌と蘇州の間には人や物，金はもちろんのこと，様々な情 報が行き交っていた。先に見た「与中舎⑪」でも義荘や祖先供養の話ばかりでな く，陳氏などの姻戚関係や杜大など友人関係の情報が交換されている。ほかに興 味深い情報としては，例えば税役免除など官僚しか知り得ない情報や，仲淹が知 事として視察した洪水の様子，疫病対策の秘訣などが挙げられる。その意味で， 当時の宗族結合は寄居などによって確かに弛緩していたかも知れないが，かと言 って族人たちは全く音信不通の状態にあったわけではない。むしろ本節までに見た ように，彼らは様々な手段を通じてお互いのコミュニケーションを保っており， それがまた彼らの同族意識や同族結合を支えていた。有名な范氏義荘もこのよう な情報交換やコミュニケーションの中から生まれたのである。

4．寄居と宗族

（1）潁昌范氏と義荘

范氏義荘の制度や運営そのものについては，日本では清水盛光氏をはじめ既に 多くの研究があり，筆者も何度かその検討を行ったことがある[*20]。そこで，本節

[*20] 清水1949，Twitchett1959，近藤1963，梁1984，井上2000第1章，遠藤1993を参照。 また范氏義荘の研究史については小林2001を参照。

では寄居と宗族あるいは集団とコミュニケーションに関わって，これまであまり注目されていない部分を詳しく検討したい。

　まず，第一に潁昌に移住した范氏と蘇州の義荘とは，いかなる関係にあったのかという問題である。これについては，周知の通り范氏義荘は潁昌に寄居した范仲淹が郷里の蘇州に設けた財産であり，設置にあたっては蘇州にいる兄の仲温と相談したことが明らかになっている。その意味で，義荘は初めから潁昌范氏の主導によって設けられた財産と言っても過言ではない。ただ，彼らの書簡によれば義荘の設置と維持にはより多くの族人が関わっており，義荘は単に潁昌范氏の意向だけで設けられたものではない。例えば「家書」の「与中舎④」には，

　　中舎三哥に拝聞します。飛脚がもどりお手紙を受け取りましたが，お体はもう良くても，体力がないようですね。そんな時は飲食を調節し，湿麺を食べてはなりません。脾臓は湿気を嫌いますから。また少し羹湯を取り，焦餅・蒸餅・軟飯を召し上がるとよろしいです。道書に軽く乾いた物を食べるとよいと書いてあるのは，脾臓に良いからなのです。いま米三石と酒十瓶を送りますので，何事にもゆったりと構えられますように。こちらでは職田銭を使わずにとっておき，すべて義田を買うことにしています。どうか良い土地があれば典買し，さらに陳六一哥に託して留意して下さい。義田のことは成功しにくいわりには，因循に流れやすいので，よくよく注意して下さい。屯田〈范琪〉は春を待つべきだと言いますので，どうかお諮り下さい。

とあり，仲淹は義荘の設置にあたって兄の仲温だけでなく，同族の范琪や姻戚の陳氏にも相談するよう依頼していたことがわかる。さらに，兄の子息すなわち甥たちにあてた手紙「与中舎二子三監簿四太祝（一）」には，

　　三郎，四郎よ，親戚の皆はきっと安寧のことでしょう。義荘はいかがか。よく倹約につとめ，西山のお墓もしばしば見るように。十叔はどこのポストに就任したのか。おまえたちはひたすら細心の注意を払い，郷里の誉れ高く民を治め廉潔を守ることができれば奏薦してやるつもりだ。だから郷里の品行方正な人とおつきあいしなければならない。九師は安寧のことと思うが，いかがか。五義姉様一家とその親族については，一つ一つ消息を伝え，おまえたちもそれぞれ焼香しなさい。不具。叔押報。

表2．北宋范氏義荘規矩制定年表

規矩名	年　次	制定者	項目
1．文正公初定規矩	皇祐2（1049）年10月	范仲淹	13
2．二相公指揮修定規矩	熙寧6（1073）年6月	范純仁	3
3．二相公指揮修定規矩	元豊6（1083）年7月	范純仁	4
4．二相公指揮修定規矩	紹聖2（1095）年2月	范純仁	4
5．二相公指揮修定規矩	紹聖2（1095）年4月	范純仁	2
6．二相公三右丞五侍郎指揮修定規矩	元符元（1098）年6月	范純仁　范純礼　范純粋	10
7．三右丞指揮修定規矩	元符2（1099）年正月	范純礼	1
8．五侍郎指揮修定規矩	崇寧5（1106）年10月	范純粋	1
9．五侍郎二相公指揮修定規矩	大観元（1107）年7月	范純粋　范純仁	1
10．五侍郎指揮修定規矩	政和3（1113）年正月	范純粋	1
11．五侍郎指揮修定規矩	政和5（1115）年正月	范純粋	1

とあり，兄の死後には甥たちに手紙を出して，義荘やお墓のことを指示し，また相談している。その意味で，范氏義荘は確かに潁昌范氏の主導によってられた組織，財産ではあるが，それは単に潁昌側の一方的な押しつけによるものではなく，潁昌側と蘇州側との話し合いの中で設けられたものと言える。

　一方，北宋時代の范氏義荘規矩は全部で41項あるが，これらはすべて潁昌范氏の手によるものである。「表2」にもあるように，最初の13項は「文正公初定規矩」と呼ばれ，義荘の設置者である范仲淹が皇祐2（1050）年に制定したものである。残りの28項はその息子である范純仁（二相公），純礼（三右丞），純粋（五侍郎）の三人が，熙寧6（1073）年から政和5（1115）年に至るまで前後十回にわたって指示し，また制定されたものである。その細部にわたる検討は既に多くの論者によって行われているので省略するが，大きな傾向として言えるのは，当初は義荘の賑恤や支給の制度そのものを定めた条項が多いのに対し，後代になると「～してはならない」という禁止の条項が多く見られるようになるという点である。

　その背景には義米の不正取得や族籍の詐称，墳山での採木，掌管人の不正など，規矩違犯者や不正行為の増加が挙げられ，ここから義荘の有効性に疑問を呈する

論者もないわけではない*21。しかし，この「表2」にも見られるように義荘はまがりなりにも北宋末の徽宗年間に至るまで存続し，またその実効性を保っていた。後にも述べるように，神宗の元豊年間には純仁によって義田が増置され，また九十名の族人がその恩恵にあずかっていたという。その意味で，義荘は潁昌范氏の手によって守られ，また維持されたと言っても過言ではない。

ところで，潁昌范氏の子孫たちはそれほど頻繁に蘇州を訪れたわけではないにもかかわらず，なぜ義荘に関する様々な指示を蘇州に送ることができたのであろうか。言い換えれば，彼らと蘇州の族人の間にはいかなる関係があったのだろうか。その回答の一つは，范氏の義荘規矩に見える「文正位」に隠されている。「文正位」についてはかつて筆者も検討したことがあるので詳しくはそちらに譲るが，「文正位」とは義荘の創始者である文正公すなわち范仲淹の遺志を継ぐ地位にある者で，義荘運営の最高責任者を指す*22。元符元（1098）年の「二相公三右丞五侍郎指揮修定規矩」の第十項には，

 一，規矩に載せられている内容で，事理を尽くさないところがあれば，掌管人と諸位が協議，保明した上で文正位に上申せよ。上申してもまだ文正位の回答が得られていない場合，諸位の文書のみによって施行してはならない。

とあり，義荘の運営においては「文正位」の判断が最も重視されていたことがわかる。ちなみに「掌管人」とは義荘の管理運営を司る現場の代表者であり，「諸位」とは一般の族人またはその代表者である。問題は，誰が具体的に「文正位」の地位についたのかという点である。これについては，実は潁昌に住む仲淹の嫡孫たちが代々「文正位」を継いでいたことが明らかになっている。

例えば，『范文正公集』「義荘規矩」によれば，蘇州の范氏では政和7（1117）年正月に墳墓のある天平山に碑文を立て，北宋時代の規矩をここに刻んだという。その立石を指揮したのは「文正位」であり，また仲淹第四子でもある潁昌の范純粋（五侍郎）である。この時，彼は元祐党禁のために祠禄を食んでいたが，そのことは上記「義荘規矩」にも「朝散大夫・徽猷閣待制・提挙亳州太清宮」の肩書

---

*21 これまでの研究では，范氏義荘が官府すなわち蘇州平江府の保護を受けていたことが明らかになっている。清水1949，近藤1963を参照。

*22 拙稿1998を参照。

きとして記されている。このことから察するに、その前の「文正位」は第三子の純礼（三右丞）であり、さらにその前は次子の純仁（二相公）であったと考えられる。ここに頴昌范氏と義荘との関わりが如実に示されており、彼らの中の少なくとも一人は「文正位」として蘇州の「諸位」や「掌管人」とともに義荘運営に携わっていたのである。

　言い換えれば、蘇州の義荘でおこった出来事や情報はすべて頴昌にいる「文正位」のもとへ送られ、そこから様々な指示が蘇州へと下された。その間には前節で見たような多くの人々が介在したと考えられるが、いずれにしても頴昌の范氏は蘇州の義荘に対して大きな責任を持っていたのである。以上のように、彼らが蘇州の義荘にしばしばてこ入れしたのは、規矩の中で明確に定められた「文正位」の職責上そうしたのであり、単に父の遺志を受け継ぐためや蘇州の族人に対する慈善的な気持だけでなかった。そして、それを定めたのは、何よりも頴昌の范氏自身であった。

（2）移住と宗族

　第二の問題として、そもそも范氏義荘では族人の移住ないし移動をどのようにとらえていたのかという点がある。これについては范氏の義荘規矩にいくつか規定があり、既に近藤秀樹氏がその規矩をもとに検討を加えている。それによれば、范氏義荘では義米の給付対象を蘇州に現住する者に限り、蘇州を出た者については義荘の恩恵を与えないことになっていた。ただし、蘇州に帰ってきた者については義米の支給が認められ、帰郷して五日以内に族人の保証を取って義荘に報告することが義務づけられていたという。実際、頴昌に住む族人の中にも蘇州へもどった者がおり、彼らは蘇州の族人と同様に義荘の恩恵を受けている[23]。

　もっとも、この間にはいくつかの問題や障害があったようであり、それについては規矩の中にも言及がある。例えば、政和3（1113）年の「五侍郎指揮修定規矩」には、

　　一、諸位子弟が蘇州以外にあって、産まれた子供が実子かどうかを調べずに、

---

[23] 近藤1963を参照。

みだりに月米を請求した場合，掌管人および諸位が覚察して支給しないように。もしそれでも承伏しない場合には，掌管人と諸位が文正位に申して，平江府に訴えて処断してもらう。

とあり，蘇州に在住しない者は族籍や系譜関係がはっきりしないこともあって，それを逆手に取って虚偽の申告をする者がいたことをうかがわせる。同様に，大観元（1107）年の「五侍郎及二相公指揮修定規矩」には，

　一，諸位が外姓の者を自分の子供といつわり，みだりに月米を請求する者については，支給してはならない。諸位が覚察して義荘に報告するのを許す。義荘が受理しなければ，諸位はただちに文正位に上申して公議し，平江府に文書を送って処断してよい。

とあり，外姓の者を同族と偽って義米を請求する者もいたという。これは在外者だけでなく蘇州在住者にも該当する不正であるが，いずれにしても范氏ならびに范氏義荘では蘇州を離れる者の存在を前提として義荘が運営されていた。少なくとも范氏がそのことを全く制限していなかったことだけは，以上によって明らかである。

　とくに，規矩の中で最も多く想定されている移住は，頴昌范氏らと同様に官僚として出仕する場合の移住や移動であり，これらは奨励こそすれ制限されることは全くなかった。既に「文正公初定規矩」第十項には，

　一，子弟たちが任官しても待闕，守選，丁憂の場合，あるいは四川，広東，福建の官に任じられ，家族を郷里に留めておく場合には，諸房の例に従って米絹ならびに吉凶銭数を支給する。理由があって家族を留める者も，またこの例に従って支給する。

とあり，官僚として出仕した場合でも，家族を郷里に留めておく者については義荘の支給を認めるとの規定もある。また元符元（1098）年の続定規矩第8項では，族人が出世して陞朝官になった場合には義米の受給を辞退しても良いとも規定されている。義荘が貧民救済のみならず，科挙受験者のための資金や施設を提供したことは既に多くの論者によって明らかにされているが，それは彼らが出世して同族に利益を還流するのを期待してのことでもある。そうした意味からも族人の移住や移動を妨げる理由は何もなく，范氏においてはむしろそれを前提として族

的な結合関係が成り立っていた。

　もちろん，そのことは直ちに蘇州范氏の族的結合が全く弛緩していたことを意味するものではない。むしろ，一定程度の強い結合関係や聚居の状態があったからこそ，義荘も成り立っていたと言える。実際，当時の蘇州にはかなりの族人が聚居しており，江南でも有名な一族であった。元豊年間の記録であるが，『范文正公集』褒賢祠記巻二所収の銭公輔「義田記」によれば，当時の蘇州には九十名の族人が聚居していたという。この中には義荘のセンターである義宅すなわち歳寒堂に居住していた者もおり，その意味では彼らの聚居の度合いも比較的緊密であったと言える。

　ただし，その関係はかつて「同族共同体」として考えられていたほど強固なものではなく，より弾力性のある「ネットワーク」のような関係であったと考えられる[*24]。そもそも北宋の社会そのものが，唐代までに見られるような家柄が比較的固定した社会ではなく，より流動的で競争の激しい社会である。その中で築かれた同族関係もまた流動的かつ競争的なものであり，宗族が内部の構成員をきつく縛るという性質のものではない。前節でも見たように彼らの一族は蘇州ばかりでなく常州など江南の一帯に広がっていたが，潁昌范氏もそのような流動的つ競争的な社会の中で形成された一派別と言える。

結　論

　中国の長い移住史の中で，北宋の寄居は必ずしも大きな人口移動ではない。人口移動の大きさで言えば，唐末五代期および両宋交替期の方がより広範で，かつ深刻であった。移住の類型については既にWatson氏が述べているが，これに従えば范仲淹ら北宋士大夫の寄居は「一時的移住」ないし「還流的移住」と言える。つまり，彼らの寄居は決して郷里を捨てて恒久的に移住するのではなく，郷里との関係を常に密接に保ちながら郷外に出るものである。その意味で，寄居とは文字通り「仮住まい」であり，寄居した者と郷里との関係は恒久的な移住よりもは

[*24] 宋代宗族の性質およびネットワークについては，拙稿1988, 1998を参照。

るかに密接である。

　もちろん，潁昌范氏の寄居生活は北宋一代を通じて約百年間続き，家も墓も河南に構えている。したがって，彼らの生活実態は単なる「仮住まい」の域をはるかに越えており，寄居した先の地域社会に深く定着している。しかし，彼らと郷里の人々とはその後全く音信不通になったわけではなく，むしろ様々な手段を通してお互いのネットワークを広げ，またコミュニケーションを保持していた。その意味で，彼らの移住は決して同族の結合を破壊したのではなく，むしろそれを強化する方向に作用したと言える。かつて，近藤秀樹氏は范氏義荘の設置について「同族結合を破壊した范仲淹による贖罪的産物」であると評し，これを承ける形で前掲竺沙氏も北宋時代の族的結合は弛緩した状態にあったと論じている[25]。確かに，当時の士大夫が比較的自由に移動した点において，両氏の見解も妥当なものと考えられる。しかし，以上の考察によって，寄居から導き出された宗族結合の実態は，両氏の見解からさらに進んだものであったことが判明した。

　しかも，以上の結論は単に蘇州の范氏ばかりでなく，当時の士大夫の多くにあてはまることである。例えば，族譜の編纂で有名な欧陽脩や蘇洵も郷里の江西や四川から開封へ出仕したが，彼らも郷里との関係を絶つことは決してなかった。欧陽脩は晩年に郷里へ帰り，また蘇洵の息子蘇軾は郷里の族人と多くの手紙のやりとりを行っている。その意味で，本論で明らかにしたような宗族形成のあり方は北宋の士大夫一般に言えることであり，それがむしろこの時期，すなわち宗族モデルの形成期であった第２期の特色でもある。北宋の士大夫たちは郷里を離れて，開封での官僚生活に入った。しかし，彼らは様々なネットワークやコミュニケーションを通して，郷里の人々とつながったいた。これが，11世紀半ばを中心とした，宗族再編の下地になっていたのである。そしてそれを可能にしたのは，既に述べたように宋朝をとりまく国際情勢であり，また江南開発の進展であった[26]。

　かつて，仁井田陞氏は宋代以後の宗族を一種の「私的保障機構」であり，それ

---

[25]　近藤1963および前注＊３竺沙論文を参照。

[26]　宗族形成と国際，国内情勢との関係については，前注＊12を参照。范仲淹，欧陽脩，蘇洵以外の士大夫については，陶2001，鄧2003，李2004を参照。

が族人の利得還流によって創出されたものであると述べた。その限りにおいては，本稿も氏の見解に従うところが多い。ただ，氏によれば宋以後の社会は固定的した中世的社会であり，そこで形成された同族集団は「中世共同体」であったという。この見解にはにわかには賛同しがたく，宗族の性質も本論で考察したものとは大きく異なっている。周知のように，宋以後の社会は門閥貴族制が崩壊し，個々人の実力がより一層問われるようになった時代である。この中で創生した宗族も流動的な社会の中で人々が選択した結果であり，それ自体が流動的かつ弾力的な集団でもある。その意味で，宋以後の宗族は決して固定した「共同体」ではなく，より弾力的な「ネットワーク」であったと言える[27]。

ところで，同様の現象はのちの明清時代における徽州宗族や山西商人にも見ることができ，また前掲Watson氏や吉原氏が明らかにしたような近代華僑の中にも確認することができる[28]。ただ，宋代の場合には明清近代のように商人層や一般民衆が宗族形成の主要部分を担うことはまだ稀であり，やはり科挙に応じて出仕を求める士大夫層が中心であった。その意味で，范仲淹らによる寄居と宗族形成のあり方はのちの時代の先駆的形態であるとともに，北宋時代あるいは宋元時代に特有の現象でもある。

一方，北宋時代の華北ないし河南に寄居した南方の士大夫にとって，日常的な生活の場はまさに河南の地域社会や首都の開封であり，南方にある郷里ではなかった。潁昌の范氏にしても蘇州の范氏と日常的に顔を合わせるような交流があったわけではなく，むしろ彼らはそれぞれにの生活圏内で生活していた。ただ，本稿でも繰り返し述べたように，お互いの交流範囲は決して潁昌や蘇州にとどまらず，近くはそれぞれの生活地域から，遠くは相手の生活圏にまで広く及んでいる。その意味で，彼ら北宋士大夫にとっての地域や空間とは，日常の生活圏のみならず

---

[27] 宋以後の宗族と社会については，Ebery and Watson1986，馮1994，常1998，王善軍2000，小林2000，井上2000，遠藤1988，1998，井上・遠藤2005の総論を参照。また，仁井田氏の同族共同体論については，仁井田1980年所収の論文を参照。

[28] 徽州宗族については，趙2004，卞2004，中島2002，熊2003，趙2004，臼井2005，山根2005，および熊，臼井，鈴木氏の2005論文（井上・遠藤2005所収）を参照。また山西商人については寺田1972を参照。

広く中国全土に重層的に広がるものである*29。これが近現代に至ると、華僑に代表されようにに中国という範囲を越えて、遠く海外までも地域として認識されるようになる。

このような空間認識を可能にしたのはまさに移住という現象があったからであり、またその認識を内的に支えたのが同族意識ないし血縁意識である。実際、郷里と移住者のコミュニケーションが全く切れるということがなかったからこそ、彼らはお互いの地域をより身近に感じ、また改めて宗族の形成という機運にもなったのである。その意味で、移住と宗族とは相互作用の関係にあり、北宋時代はそれ以後一千年にわたる長い移住と宗族の歴史の幕開けと言える。今後はそれを支えた集団とコミュニケーションの問題とも併せて、前後の時代における移住と宗族の展開過程を改めて分析したい。

参考文献

荒武達朗 「清朝後期東北地方における移住民の定住と展開」(『東方学』96) 1998年
　同　　 「清代乾隆年間における山東省登州府・東北地方間の人の移動と血縁組織」(『史学雑誌』108-2) 1999年
石井　仁 「南朝における随府府佐」(『集刊東洋学』53) 1985年
井上　徹 『中国の宗族と国家の礼制』(研文出版) 2000年
井上徹・遠藤隆俊 『宋─明宗族の研究』(汲古書院) 2005年
伊原　弘 「南宋四川における定居士人」(『東方学』54) 1977年
臼井佐知子 『徽州商人の研究』(汲古書院) 2005年
遠藤隆俊 「范氏義荘の諸位・掌管人・文正位について」(『集刊東洋学』60) 1988年
　同　　 「宋代における同族ネットワークの形成」(『宋代社会のネットワーク』汲古書院) 1998年
　同　　 「范文正公家書について」(『集刊東洋学』86) 2001年
　同　　 「宋代の地域社会と宗族」(『高知大学学術研究報告』51) 2002年
　同　　 「北宋時代の士大夫と宗族」(『東北大学東洋史論集』9) 2003年
　同　　 「北宋士大夫的日常生活与宗族」(『中國史研究』27、韓国) 2003年

---

*29 地域と社会秩序については、Hymes and Schirokauer 1993がある。こうした秩序の側面と家族、宗族との関係については、別に稿を改めて考えたい。

岡　元司　「南宋期の地域社会における「友」」(『東洋史研究』61-4) 2003年
王　瑞来　『宋代の皇帝権力と士大夫政治』(汲古書院) 2001年
小林義廣　『欧陽脩　その生涯と宗族』(創文社) 2000年
　　同　　「宋代宗族研究の現状と課題——范氏義荘研究を中心に——」(『名古屋大学東洋史研究報告』25) 2001年
近藤秀樹　「范氏義荘の変遷」(『東洋史研究』21-4) 1963年
滋賀秀三　『中国家族法の原理』(創文社) 1967年
斯波義信　『宋代商業史研究』(風間書房) 1968年
　　同　　『宋代江南経済史の研究』(汲古書院) 1988年
清水盛光　『中国族産制度攷』(岩波書店) 1949年
瀬川昌久　『中国人の村落と宗族』(弘文社) 1991年
　　同　　『族譜』(風響社) 1996年
宋代史研究会編　『中国社会のネットワーク』(汲古書院) 1998年
　　同　　　　　『宋代人の認識』(汲古書院) 2001年
谷川道雄　『中国中世社会と共同体』(国書刊行会) 1976年
竺沙雅章　『増訂版　中国仏教社会史研究』(朋友書店) 2003年
　　同　　『宋元仏教社会史研究』(汲古書院) 2000年
寺田隆信　『山西商人の研究』(東洋史研究会) 1972年
寺地　遵　「范仲淹の政治論とその歴史的意義」(『広島大学文学部紀要』31-2) 1972年
中島楽章　『明代郷村の紛争と秩序』(汲古書院) 2002年
仁井田陞　「中国の同族又は村落の土地所有問題」(『中国法制史研究　奴隷農奴法　家族村落法』岩波書店) 1980年所収
西　順蔵　「宋代の士，その思想史」(『世界の歴史』6，筑摩書房) 1961年
平田茂樹　「宋代の言路官について」(『史学雑誌』101-6) 1992年
牧野　巽　『近世中国宗族研究』(牧野巽著作集3，御茶の水書房) 1980年
宮崎市定　「清代の胥吏と幕友」(『宮崎市定全集14』岩波書店) 2001年所収
山田　賢　『移住民の秩序』(名古屋大学出版会) 1995年
山根直生　「唐宋間の徽州における同族結合の諸形態」(『歴史学研究』804) 2005年
熊　遠報　『清代徽州地域社会史研究』(汲古書院) 2003年
吉原和男　「香港の同郷会と華僑送出村」(『香港』東方書店) 1991年
　　同　　『血縁の再構築』(風響社) 2000年

(中文)

卞　　利　『明清徽州社会研究』（安徽大学出版社）2004年
常　建華　『宗族志』（上海人民出版社）1998年
陳　栄照　『范仲淹研究』（三聯書店）1987年
程　応鏐　『范仲淹新伝』（上海人民出版社）1986年
鄧　小南　『唐宋女性与社会』（上海辞書出版社）2003年
范仲淹研究会　『范仲淹研究論集』（蘇州大学出版社）1995年
馮　爾康　『中国宗族社会』（浙江人民出版社）1994年
黄　寛重　「宋代四明士族人際網絡與社會文化活動」（『中央研究院歴史語言研究所集刊』70-3）1999年
李　貴録　『北宋三槐王氏家族研究』（齊魯出版社）2004年
梁　庚堯　『南宋的農村経済』（聯経出版事業公司）1984年
錢　　杭　『中国宗族制度新探』（中華書局）2000年
陶　晋生　『北宋士族　家族・婚姻・生活』（中央研究院歴史語言研究所）2001年
王　善軍　『宋代宗族和宗族制度研究』（河北教育出版社）2000年
王　瑞来　「范仲淹三至杭州考実」（『浙江学刊』2）1992年
呉　松弟　『中国人口史3　遼宋金元時期』（復旦大学出版社）2000年
徐　揚傑　『宋明家族制度史論』（中華書局）1995年
遠藤隆俊　「日本宋代宗族史研究的現状与課題」（『安大史学』1）2004年
　同　　　「北宋士大夫的日常生活与宗族」（『中國史研究』27）2003年（韓国）
趙　華富　『徽州宗族研究』（安徽大学出版社）2004年
周　懐宇　「徽州歴史地理学初探」（『高知大学学術研究報告』53）2004年

(欧文)

Angela Shcottenhammer, *Auf den Spuren des Jenseits, Chinesische Grabkultur in den Facettenvon Wirklichkeit, Geschichte und Totenkult*, Peter Lang, Frankfurt am Main, Germany, 2003.

Denis Twitchett, "The Fan Clan's Charitable Estate, 1050-1760," *Confucianism in Action*, ed. by A.F.Wright, Stanford University, 1959.

Endo Takatoshi, "To My Dear Elder Brother; Fan Zhongyan's Letters," *The Study of Song History from the Perspective of Historical Materials*, The Research Group of Histrical Materials in Song China, University of Tokyo,

2000.

James L. Watson, *Emigration and the Chinese Lineage*, University of California Press, 1975.（瀬川昌久訳『移民と宗族』阿吽社, 1995）

Patricia Buckley Ebery and James L. Watson, *Kinship Organization in Late Imperial China 1000-1940*, University of California Press, 1986.

Robert P. Hymes and Conrad Schirokauer, *Ordering the World; Approaches to State and Society in Sung Dynasty China*, University of California Press, 1993.

朱熹佚文より見た
『家礼』祠堂篇と宋代の祠廟祭祖

常　　建　　華

（山崎覚士　訳）

　宋以降の中国宗族はその組織化を顕著な特徴とする。そして基本的には血縁群体の組織化によって成立する集団である。集団の構成員は一般的群体の構成員に比べ，共同の価値観や共同活動の目的・任務にいっそう依拠して結集するが，この社会的価値観と共同活動の目的・任務こそが人間関係の媒体となる。そしてこの社会的価値観と共同活動の目的・任務が媒体となって，情報交流の作用が果たされる。宋以降の宗族集団が形成されるにあたり重要な媒体となったのは，祖先祭祀を通して表現される祖先崇拝の感情であった。そのため士大夫は積極的に祖先崇拝のために祠堂を建設して一族を組織した。士大夫は祖先祭祀の実践者であっただけでなく，同時に宗族の礼儀を制定しあるいは祠堂記を書くなどして，宗族の組織化を推進した。宗族礼儀や祠堂記などの文献はまた，士大夫と民間社会の情報を交流させる媒体ともなったのである。

　宋代は以後の宗族形態の形成開始期であり，『家礼』は宋代以降の中国，ひいては東アジアの社会文化に重要な影響を与えた。中でも巻1「通礼」中の「祠堂」篇が宗族による祠堂設立や祖先祭祀に影響を及ぼしたことは言うまでもない。近年の研究によれば，『家礼』は朱熹の作であり[1]，当然「祠堂」篇も朱熹の手に

---

*1　『家礼』はもと朱熹の作と題されたが，のちに作者について疑問を唱える者がでた。『四庫全書提要』はその代表でかつ最も影響力があり，現在の学者もそれぞれの見解を提出し一致していない。朱熹の文献を整理研究した束景南氏と図書版本研究の張国風氏の最近の研究は最も注目される。二人は『家礼』を朱熹の作とする。束氏「朱熹『家礼』真偽考辨」（束景南著『朱熹佚文考』江蘇古籍出版社，1991年），張氏「『家礼』新考」（『国家図書館館刊』1992年第1期）を参照。

なるとされている。新たに発見された「唐桂州刺史封開国公諡忠義黄公祠堂記」（以下「唐黄公祠堂記」と略す）は朱熹（1130-1200）の佚文で，朱熹の思想と宋代福建における立祠祭祖の新資料であり，「祠堂」篇と『家礼』について深い認識をもたらしてくれる。そこで筆者は朱熹佚文「唐黄公祠堂記」を中心に他の資料を加えて，立祠祭祖に関する朱熹の思想を分析し，進んで宋代宗族制度とその反映する社会文化を把握したい。

一，「唐桂州刺史封開国公諡忠義黄公祠堂記」に関して

南開大学図書館古籍部に所蔵してある清・黄化龍重修『莆郊黄氏族譜』は乾隆17年（1752）の刊本で，巻1第29から30頁には朱熹を作者とする「唐黄公祠堂記」を記載する。『中国古籍善本書目』史部・伝記類を見ると，福建師範大学にも所蔵されている。筆者は数年前にこの族譜を調べたとき，「唐黄公祠堂記」こそは重要な資料であり，その内容から朱熹の作にちがいないと思った。その後，鄭振満・丁荷生編『福建宗教碑銘匯編（興化府分冊）』（福建人民出版社，1995年。以下『匯編』と略す）第29号の資料がこの祠堂記だと気づいた。編者によると「この碑は莆田博物館に現存し，拓本は涵江黄巷の黄氏宗祠にある。文は『莆陽黄氏族譜』・『莆陽刺桐黄氏族譜』・『莆陽碧渓黄氏宗譜』に見える」[*2] という。ここからその石刻文が今なおその地の宗祠に残ることが知られ，更にその祠堂記が本物であると証明される。

朱熹は生涯に著述も多く，早くから文集が流布したが，その文集にもれた文章もまた多い。旧版朱熹文集に「唐黄公祠堂記」は見えず，朱熹の佚文収集を専門とする束景南氏の『朱熹佚文考』にもこの祠堂記の考察はない。郭斉・尹波氏点校『朱熹集』（四川教育出版社，1996年）は朱熹集一百巻・続集十二巻・別集十巻・遺集三巻・外集二巻・付録五を含むが，やはり「唐黄公祠堂記」は記載されていない。よってこの祠堂記は新発見の朱熹佚文である。

『莆郊黄氏族譜』と『匯編』に収められた「唐黄公祠堂記」を比較すると，そ

---

*2 『匯編』30-31頁。

の題目は同じだが、文字の相違が若干見られる。ただそれは族譜本の誤字・脱字である。先に文章を碑石に刻み、後に族譜を作成したと推測される。碑文が時間と共に磨耗し、後人はその原文を誤って読み、その上族譜を作成するときに誤写されたため、族譜本と碑文の文字が異なることになったのであろう。そこで以下に『匯編』に収める碑文を引用しておく。

「唐黄公祠堂記」の内容は以下のとおり。

　　新安朱熹少聞先生長者云，閩之巨族莆田黄氏，派出尚書令孝子黄香，代有顕名。慶元二年，裔孫殿中侍御史黄黼，上言治道被黜，与熹素有文墨之雅，将帰，授熹以祠堂記。晩輩後生，詞不敏，不嫻于文字，且不敢為庸人頌説，而況敢記名公巨卿之盛祠？既公命之不置，熹不得終辞，承命而退，端坐反覆思之。范仲淹曾記厳子陵，蘇子瞻曾記韓昌黎，熹雖未曾記人祠堂，然願学焉，酒忘其固陋。按状推公書，粤自黄氏之先，得姓有熊氏陸終，後封於江夏之間，後子孫以国為氏。東周元王時，冀州牧封司寇公黄老遷居光州固始。十一世孫有曰大綱，漢高祖拝光州刺史，以一言悟意，拝漢定侯。至十五世知運仕晋時，為永嘉守，生彦豊，為晋安守。晋馬南浮，衣冠随徙，始遷閩之侯官。至唐十二世明皇時，桂州刺史忠義公岸偕其子謠為閩県令，始遷于莆涵江黄巷居焉。刺史六世孫校書郎偕其孫奉礼郎文恵，孝心克篤，爰構家廟，未既而卒。其孫世規以国子司業贈朝議大夫，于明道元年命工営建，榜曰黄氏祠堂，定祭田以供祀典，未備復卒。世規孫彦輝歴官潮州通判，捐俸新之。前堂后寝，煥然有倫。昭穆尊卑，秩然有序。禘祀蒸嘗，孔恵孔時。蓋有効於司馬君実・欧陽永叔氏家廟之意也。則是祠堂之所由立者，三公厥功偉哉！然嘗伏思之，世患無祠堂耳，然世之有者，創于一世，不二世而淪没者多矣。鳴呼！良可悲也。如黄氏祠堂而創続于祖孫若是，此士大夫之家孫子之所難也。然熹又有説焉。創之者爾祖者，後之人可無念爾祖乎？然念之者無他，祖廟修，朔望参，時食荐，辰忌祭，雲礽千億，敦睦相伝于不朽云。

　　慶元二年歳次丙辰仲秋朔日，煥章閣待制・乞致仕不允・依旧秘書閣修撰宮観新安朱熹拝手記，賜進士出身・通議大夫・初授給事中・改殿中侍御史・升翰林院待制・侍郎十四世孫黼立石。

この朱熹の書いた祠堂記は内容に応じて四つに区分できる。第一部は朱熹が祠

堂記の記述を引き受けた理由についてである。慶元2年（1196）にもとより交流のあった黄黼の求めに応じて，「閩之巨族莆田黄氏」のために祠堂記を書いた。朱熹はそれまでに祠堂記を書いたことがなく，范仲淹・蘇軾に倣って祠堂記を書いていた。第二部では莆田黄氏の簡単な歴史を紹介している。黄氏は歴史ある大族で，得姓祖は有熊氏陸終に遡り，光州固始県の始祖は東周の黄老，漢代には十一世孫大綱が出て侯を拝した。晉代の十五世孫知運は永嘉守となり，晉室が南遷するのに随って閩に入りその始祖（入閩始祖）となった。莆田黄氏の始祖は玄宗時の黄岸であった。第三部は莆田黄氏が祠堂を建設した経緯を記す。黄岸の六世孫とその孫の文恵は「家廟」を建てたが完成せず，孫の世規は明道元年（1032）に「黄氏祠堂」を建設したが，祠堂が備わる前に世規が卒し，世規の孫彦輝がついに祠堂を完成させた。言い換えれば，黄氏祠堂は文恵・世規・彦輝三人の手を経てやっと完成したのである。もし六世の校書郎から計算すると，彦輝は十二世であるから六世隔たっており，たとえ文恵から計算しても四世は経過したことになり，ほぼ百年経っている。祠廟を建てて先祖を祭ることは簡単なことではなかったようで，朱熹は黄氏祠堂が司馬光・欧陽脩の家廟を手本としたと考えている。第四部は朱熹の議論する部分で，彼が「世患無祠堂」と嘆くのは社会に祠堂が普及しておらず，祠堂のある家でも多くは一世で没落したからで，黄氏祠堂の状況から見ても，士大夫が祠堂を建設するのは非常に困難であった。朱熹はまた，祠堂を建てた家の子孫は「祖廟修，朔望参，時食荐，辰忌祭」を行い，「敦睦相伝」するべきであることを提起した。つまり祠堂祭祖を通じて宗族の結集力を強化すべきことを説いている。この祠堂記は慶元2年（1196）8月初一に書き上げられた。

朱熹と貶官された黄黼の関係について。『宋史』黄黼伝[*3]によると，黄黼は字元章，臨安府余杭の人で「以劉徳秀論劾，奉祠而卒」とする。台湾の学者が黄黼の伝記史料を総合的に記した小伝によると，黄黼は福建の莆田出身，のち余杭に遷った人で，莆田黄隠の曾孫であった[*4]。宋・劉時挙『続宋編年資治通鑑』巻12，慶元2年の条によれば当時朱熹が提唱した道学は反対派の韓侂冑に「偽学」と斥

＊3　元・脱脱等『宋史』巻393，中華書局1977年校勘本第34冊12018－12019頁。
＊4　昌彼徳等編『宋人伝記資料索引』（中華書局，1988年）第4冊2878頁。

けられた。そこで寧宗は双方の矛盾を平衡させようとし、台諌・給舎に「論奏母及旧事、務在平正、以副朕救偏建中之意」と詔を下した。韓党の劉徳秀等は反対したが、殿中侍御史黄黼は独り賛成したため、黼はついに別の官職に移され、程なくして免官された*5。したがって、朱熹と黄黼は志を同じくする者どうしで、慶元2年12月には朱熹も官職を削られ、慶元3年11月、朱熹と黄黼はともに偽学の籍に列せられた*6。

朱熹は友人にあてた手紙の中で、黄黼に対する同情の念を表している*7。黄黼が朱熹に祠堂記の記述を求めたとき、朱熹はまだ官職を削られてなかったが、自然進んで友人の求めに応じた。こうした経緯を理解すれば、碑文の書かれた年代において、朱熹と黄黼の関係とその歴史的背景が、朱熹が黄黼の求めに応じ祠堂記を作した情理や記文の内容とに符合していると言えるだろう。

碑文の落款を見ても、朱熹と黄黼の官職に符合する。落款上の朱熹の官職は「煥章閣待制、乞致仕不允、依旧秘書閣修撰・宮観」とある。『宋史』巻429道学三、朱熹伝によると、孝宗時に朱熹は「除秘閣修撰、奉外祠」と記す。光宗時には南京鴻慶宮を主管し、寧宗が即位するとまた「煥章閣待制・侍講」に除せられた。韓侂冑が政権を握るや、朱熹は「上疏斥言左右窃柄之失、在講筵復申言之」と上申したが、「御批云『憫卿耆艾、恐難立講、已除卿宮観』」とされ、また朱熹は新旧の職名を追還されるよう求めた結果、「詔依旧煥章閣待制、提挙南京鴻慶宮」とされた*8。であるから、碑文中に見える「宮観」は朱熹が「提挙南京鴻慶

---

*5　劉時挙『続宋編年資治通鑑』（台湾商務印書館景印文淵閣四庫全書）第328冊997頁下・998頁上。また畢沅『続資治通鑑』巻154寧宗慶元2年7月戊子条には、黄戡が黜官されたとあるが、黄戡は黄黼のことである。中華書局1957年版第9冊4141頁。

*6　明・陳邦瞻編『宋史紀事本末』巻21「道学崇黜」、中華書局1977年校勘本第3冊875・876頁。

*7　朱熹「与趙昌甫」『晦庵先生朱文公続集』巻6、四部叢刊初編上海書店1984年重印本第182冊。陳来『朱子書信編年考証』（上海人民出版社1989年）417頁で「黄乃以力賛建中而去」を考証して、「この朱子の書で述べる黄黼についての話は、丙辰の年秋のことである」と指摘する。

*8　『宋史』巻429第36冊、12762－12764・12767頁。

宮」であったことを指し，宮観が侍講を兼ねたことも宋朝の制度と符合している*9。朱熹は病気を理由に致仕を乞い，寧宗は「依旧秘書閣修撰」と詔した。それゆえに慶元2年に朱熹が削官される以前の官職は，碑文落款に記すとおりであった。

　再び黄黼の落款を見てみよう。「賜進士出身・通議大夫，初授給事中，改殿中侍御史，升翰林院待制・侍郎」であったが，『宋史』黄黼伝によれば，「少游太学，第進士，累遷太常博士，……行太常丞，進秘書郎，提挙江東常平茶塩，召為戸部員外郎。尋除直秘閣・両浙路転運判官，進直龍図閣，升副使，辞，改直顕謨閣」とある。最後の官職は「除中書門下検正諸房公事，守殿中侍御史兼侍講，遷侍御史，行起居郎兼権刑部侍郎」であった*10。碑文落款の「通議大夫，初授給事中」について『宋史』本伝では記載を欠いている。しかしながら，落款後半の主要官職である「改殿中侍御史」は『宋史』に見える「守殿中侍御史兼侍講」であり，「升翰林院待制」とあるのは顕謨閣待制*11，「侍郎」とは「兼権刑部侍郎」を指しており，碑文落款の官職は基本的に『宋史』本伝と符合している。総じて，碑文落款の朱熹・黄黼の職官と『宋史』の記載とを比較して見ると，ほぼ同じである*12。よってこの朱熹の祠堂記が偽作ではなく，朱熹の佚文であることに間違いはなかろう。

　朱熹の祠堂記はまた，宗族制度について重要な問題を提起している。まず，莆田黄氏と朱熹はこの祠堂記のなかで家廟と祠堂の語を区別して用いているが，それは当時においてどのような意味をもったのか。その次に，黄氏がいた莆田地区の宗族が行なう祖先祭祀はどのようであったか。加えて，この祠堂記から『家礼』祠堂篇をどのように見ることができるか。以下，それぞれ検討を加えてみよう。

＊9　『宋史』巻162職官二・十，第12冊第3814・2315，4080－4082頁。

＊10　『宋史』巻393，第34冊第12018－12019頁。

＊11　『宋史』巻162職官二・諸閣学士・顕謨閣，第12冊第3820頁。

＊12　会議で発表したのち，学習院大学東洋文化研究所王瑞来研究員および北京大学歴史系鄧小南教授から，碑文中の官職について論証するようアドバイスいただいた。そこで本文に碑文落款の官職についての考察を増補した。ここに謹んで両氏に謝意を表したい。

二，宋代の家廟と祠堂

　中国古代の建廟祭祖の制度[*13]は，原初の儒家経典である『礼記』に依拠し，『礼記』「王制」篇には天子七廟・諸侯五廟・大夫三廟・士一廟・庶人は寝で祭ると規定し，また「祭法」篇には更に多くの説明がなされている。『礼記』は祭祀の場所・建廟の数量・祭る世代の数などの祭祖権力と宗廟中の昭穆制度にわたり五つの祭祀の等級を規定する。

　周代宗廟祭祖の礼制は，後代の宗族の家廟・祠堂制度に大きな影響を与え，漢魏晋南北朝期には古代宗廟制度の回復が図られ，数多の努力が払われた結果，唐代に家廟制度は完備した。「家廟」の語は晋代にすでに出現したが，唐代から多用され始める。唐代ではまた「先廟」「宗廟」とも呼ばれ，「私家の廟」を意味した。唐代家廟の設立は開元20年（732）頒布の「開元礼」に基づいており，家廟を設ける者の身分と家廟の建築及びその場所，家廟の祭儀，家廟祭祀の継続などを具体的に規定した。概括的に述べると，唐代家廟制度が連綿と三百年近く続いた原因は貴族官僚制の盛行にあり，この貴族官僚制の特色を反映したものが蔭任制度であった。唐代では五品以上の官僚が廟を立てることができ，しかも五品以上の官僚は恩蔭の権利を持つので，その子孫は官僚の身分を継承し，家廟を存続することができた。しかも唐代官僚制にはさらに勲・爵など多くの資蔭出身ルートがあった。このように家廟祭祀のために政治的保障と経済的条件を提供した。ただ，官僚制の貴族化が不徹底であったがために，多くの家族が政治地位を世襲できず，祭祀を廃した家廟も多かった。そのため徳宗貞元9年（791）に政府は祔廟の規定を緩めつつ，家廟を持つ家に祭祀を廃する事のないよう強制した。唐代の家廟相続は，唐人が周礼を古典とする宗法分封制を復興しようとしたことを示すが，ただ多くの家廟が祭祀を廃しており，家廟を維持する貴族政治がすでに終焉していたことを証明していよう。唐代家廟は私家の立廟に属するが，立廟する者は多く嫡系ではなく，立廟の初めは宗を異にし，宗廟内ではただ直系の祖

[*13] 拙著『宗族志』第二章「祖先祭祀与家廟・祠堂」（上海人民出版社，1998年）を参照。

先のみ祭っていた。その後、宗法の原則に拠って、廟に入れて復祀できるのは宗子一系のみに限られたから、祭祀の対象となるのは最大五服親内であった。大功親で後無き者が祖廟に祔食しうる点からすると、唐の家廟で祀られる者は大功親を包括していた[*14]。

唐代の家廟制度は五代の戦乱を経て破壊された。司馬光は「五代蕩析、士民求生有所未遑、礼頽教侈、廟制遂絶」[*15]と述べている。宋朝政府は家廟制度を回復せんと試み、仁宗と徽宗時に家廟制度を制定した。仁宗はかつて大臣に「今公卿之家専殖産業、未聞有立廟者、豈朝廷勧戒有所未至耶、将風教陵遅訖不可復耶、当攷諸古制議其可施於今者行之」[*16]と語った。宋庠の「家廟疏」によると、宋代最初の家廟令は「郊祀赦書、応文武官並許依旧式創立家廟」として、仁宗慶暦元年（1041）11月に頒布された。ここに「旧式」というのは唐代の家廟制を指すがただ「遂踰十載」、「諸臣未即建立」というありさまであった。それは一つに「封爵殊制、因疑成憚、遂格詔書」、二つに「礼官既不講求、私家何縁擅立」とい理由からであった。仁宗皇祐2年（1050）、宰相の宋庠は皇帝に「明敕有司、奉行慶暦詔書、下礼官・博士及台閣儒学之臣、考案旧章、同加詳定」[*17]とすることを求め、両制礼官は家廟制度を定めることとなった。官正一品平章事以上は四廟を立て、東宮少保以上は皆三廟を立て、その他は寝に祭る。併せて家廟の襲爵・祔廟・祧廟・嫡庶・立廟場所などを具体的に規定した[*18]。東宮少保以上というのは『宋史』巻12、仁宗本紀に皇祐2年「十二月甲申、定三品以上家廟制」[*19]とあり、三品以上の高級官僚であったことがわかる。家廟を維持するために、改めて襲爵の制度を議論させたが、「既以有廟者之子孫或官微不可以承祭、而朝廷又難尽推襲爵之恩、事竟不行」[*20]というありさまであった。当時の大臣でただ平章事文彦

[*14] 甘懐真『唐代家廟礼制研究』（台湾商務印書館、1991年）を参照。
[*15] 司馬光『温国文正司馬公集』巻79「文潞公家廟碑」、四部叢刊初編第139冊。
[*16] 羅従彦『豫章文集』巻5「遵堯録四」、文淵閣四庫全書1135冊685頁上。
[*17] 黄淮・楊士奇『歴代名臣奏議』巻126「礼楽・祭礼」、四庫全書第436冊517頁下。
[*18] 『宋史』巻190「群臣家廟」、中華書局1977年校勘本第8冊2632頁。
[*19] 『宋史』巻12「仁宗四」、中華書局本第1冊230頁。
[*20] 『宋史』巻190「群臣家廟」、中華書局本第8冊2632頁。

博だけが河南洛陽に立廟することを請い，皇祐3年（1051）に皇帝は詔書を下して同意した。しかし依拠すべき家廟の建築構造が不明であった。そこで至和初年，長安で任官中に曲江にあった「一堂四室及旁両翼」という造りの杜祐旧廟を訪れ，嘉祐元年に模倣して家廟を造営した。嘉祐3年に前両廡・門・斎坊・庖廚を増設し，嘉祐4年（1059）秋に完成した。しかし彦博は「以廟制未備，不敢作主，用晋荀安昌公祠制作神板，采唐周元陽議，祀以元日・寒食・春秋分・冬夏至，致斎一日，又以或受詔之四方，不常其居，乃配古諸侯載遷主義，作車奉神板以行，此皆礼之従宜者也」*21 と言っている。文氏の家廟は宋代で最も早く建立されており，その建設過程からうかがえるのは，宋代には詳細な家廟制度はなく，礼制にかなった家廟を建立するのは困難で，文彦博の家廟も4年を費やして完成し，それでも「廟制未備」という状態であった。文彦博の家廟建設のさなか，至和中に皇帝は礼官議を開き，当時太常礼院であった蘇頌は「立家廟議」をたてまつった。それは「参合古今之制，依約封爵之令」を主たる内容とし，同時に「若以封爵難以遽行，即請考按唐賢寝室祠享議，不須牲牢・俎豆，止用燕語，祭常食而已」*22 というものであった。言い換えると，彼は家廟制度を遂行する主要な条件は封爵制にあるが，封爵制は宋代では実行するのに無理があり，結果として家廟制も実行に移しがたく，ただその時々に寝に祭るのみだと認めていた。蘇頌の考えた封爵制も行なうことはできなかった。のち，神宗時の致仕韓国公富弼が洛陽に家廟を持ったとされる*23。

徽宗の時期に再び家廟制度は制定されたが，これは礼書制定の一部分として出現した。徽宗は「大観初，置議礼局於尚書省，命詳議・検討官具礼制本末，議定請旨」*24 と命じた。そこで大観2年（1108）11月16日に議礼局は「伏聞礼有五経，莫重於祭者，所以追養継孝也。……唐推原周制，崇尚私廟。……五代擾攘，文物損缺，臣庶荐亨，家自為俗，革而化之，実在聖時，所有臣庶祭礼，欲乞詳酌古今，討論条上，断自聖学施行」と建議した。議の主旨は，新たな祭礼を制定すること

---

*21　馬端臨『文献通考』巻140「宗廟考」，商務印書館十通本第947頁。
*22　蘇頌『蘇魏公文集』上，中華書局1988年版206頁。
*23　邵伯温『邵氏聞見録』巻9，中華書局1983年版94頁。
*24　『宋史』巻98, 礼一，中華書局本第8冊2423頁。

を通して，当時官庶の間で流行していた祭祀習俗を改革し，新たな家廟制度を打ち立てることであった。これに対し徽宗は「今稽古制法，明倫厚俗，廟制亦当如古，然其世数之節・荐享之儀・疏数之数，与遷徙之不常・貧富之有異，使不逼不僭，皆得其宜，然後為称，可依所奏，条画来上」との詔を下した[*25]。こののち議礼局の大臣は家廟祭祖制度の方案を定め，大観4年（1110）に徽宗自ら裁決し，新たな家廟制度が大体において作成された。『宋会要輯稿』礼一二によれば，その主要な内容は以下の四点にわたる。

第一は祭祀する祖先の世代の数について。議礼局は「請自執政官以上自高祖而下祭親廟四，余通祭三世」と建議した。徽宗は修正を加えて，この時太廟が九室に増えており，執政官はいにしえの諸侯に相当するので，五世まで祭ってよいこととした。また侍従官から士庶にいたるまで三代を祭るとすると，その等差・多寡の区別がなくなり，礼儀に符合しないとして，「文臣執政官・武臣節度使以上祭五世，文武陞朝官祭三世，余祭二世」と決定した。

第二は家廟を立てる場所について。「今臣僚寓僦舎無有定止，礼令一下，士不立廟当麗於法矣，可応有私第者立廟於門内左，如狭隘，聴於私第之側，力所不及仍許随宜」と徽宗は決定した。

第三は新しく建てた家廟ともとからある宅堂との関係について。徽宗は「古者寝不逾廟，礼之廃失久矣。士庶堂寝，踰度僭礼，有五楹・七楹者，若以一旦使就五世・三世之数，則当撤毀居宇，以応礼制，人必駭聴，豈得為易行？　可今後立廟其間数視所祭世数，寝間数不得踰廟，事二世者寝用三間者聴」とした。

第四は高祖以上の一祖の名称について。議礼局は「謹按『礼記』王制，『諸侯五廟，二昭二穆，与太祖之廟而五』，所謂太祖者蓋始封之祖，不必五世，又非臣下所可通称。今高祖以上一祖未有名称，欲乞称五世祖」と建議し，徽宗はそのまま従った。

この後，徽宗はさらに礼官に家廟で用いる祭器の問題を討論させ，政和6年（1116）に確定された。当時の太師蔡京・太宰鄭居中・知枢密院事鄭洵武・門下侍郎余深・中書侍郎侯蒙・尚書薛昂・尚書右丞白時中・権領枢密院事童貫ら八人

[*25] 『宋会要輯稿』礼一二，中華書局1957年版第1冊566頁下。

が徽宗より家廟の祭器を賜っている*26。

　南宋時にはまた，高級官僚が家廟を建設することがあった。高宗時には太師・左僕射・魏国公秦檜，太傅・昭慶軍節度使・平楽郡王韋淵，太尉・保慶軍節度使呉益，少傅・寧遠軍節度使楊存中ら四人，孝宗時には少師・四川宣撫使呉璘，少保・武安節度使・四川宣撫使虞允文，故大臣韓世忠，少傅・保寧節度使衛国公史浩ら四人，寧宗時には故大臣韓琦・張俊・劉光世，右丞相史弥遠ら四人，理宗時には賈似道である*27。つまり，南宋時に大臣が皇帝の恩を蒙って家廟を立て祭器を買う者は十三人であった。

　唐代の家廟制度は三百年近く行なわれたが，宋代では終始成立しがたかった。それは両朝の政治の相違による。唐代蔭任制度は五品以上の官僚が子孫を蔭庇する権利を持つことを許可し，しかも貞元9年（791）には子孫が爵位を世襲しさえすれば，廟に入って祀られることができた。一方，宋代は慶暦に制度を定めたが，「封爵殊制」であったために成功しなかった。皇祐2年（1050）に新たに家廟制度を定めたが，やはり襲爵の制度が成立しなかったので失敗に終わる。蘇頌は宋代家廟制度が成功しない原因を封爵にあると分析していた。大観年間の家廟祭祖の制度も襲爵制度を十分に解決できていなかった。ゆえに宋代の家廟はわずかに少数の高級官僚に限られ，廟制の成立していない時代だと言えよう。

　しかし官側の礼制以外に，民間ではたえず立祠祭祖の習俗が存在していた。祠堂という語の源流・含意・意義に関して，清代の学者銭大昕は簡潔に概括している。銭大昕は祠がもと宗廟の祭りであり，秦漢以降に神祇群祀の通称となり，最初祠堂とは堂に祠ることであったと指摘する。その後，祠は祭りの名から祭りの場所の意味へと変わり，祠堂も祖先を祭祀する場所となった*28。事実，祖先を祠祭するのは漢代の墓祠に盛んで，後漢より「墓の傍らに廟を立て先祖を祭ったが，祖先の功能はしだいに家内に移る傾向にあり，晋代以後により顕著となった」*29。

---

*26　『宋会要輯稿』礼一二，中華書局1957年版第1冊566頁下・567頁上。
*27　『宋会要輯稿』礼一二，と『宋史』巻109「礼・群臣家廟」に拠った。両書の立廟者は同じ。
*28　銭大昕『潜研堂文集』巻21「銭氏祠堂記」，上海古籍出版社1989年版341－342頁。
*29　甘懐真『唐代家廟礼制研究』（台湾商務印書館，1991年）15－16頁。

北宋の時期には、家祠堂の設置をはっきりと確認できる。

　宋代の士庶は多く家祭を行なっている。北宋程頤はかつて「庶人祭於寝，今之正庁是也。凡礼，以義起之可也。如富家及士，置一影堂亦可」と述べ，また「白屋之家」「只用牌子可矣」[*30] としていた。ここから，北宋のとき，庶人は多く正庁に祖先の位牌を置いて祖先を祭り，士や富家は画工に描かせた祖先の遺影を置いた影堂を設けていたことがわかる。そしてこの影堂は仏教の影響を受けていた[*31]。影堂は確かに普遍的なものであるが，司馬光が祭礼について語っており，文彦博の家廟を除いて，当時だれも家廟を立てていなかったので，「故今但以影堂言之」，また冠礼に関するところでは「影堂亦褊隘難以行礼」[*32] と言っている。ここから，影堂は当時の家祭において重要であり，かつ独立した場所であったことがわかる。でなければ程頤が影堂と正庁を区別し，司馬光が影堂を狭いと述べる見解もありえまい。実例から言って，北宋の影堂は家祭のための祠堂であった。おそらく仁宗天聖6年（1078）の時，礼部尚書任中正の弟任中師は，故郷山東の曹州に「治其第之側隅，起作新堂者厳三室」と堂を構え，「以是升画像而薦歳時焉」と祭りを行った。中室には任中正の父を，東室にはその母を，西室には任中正を供奉し，その堂を「家祠堂」と名づけた。その理由は「前代私廟并置京師，今本不従廟称，而復設於居里」であったからであった。官僚の穆修は任氏家祠堂記を記したが，これによればこの堂は「適事中而允時義」，「家廟者豈可不復之矣乎！　苟復之則已，如未之復，則斯堂也，於奉先之道得一時之礼矣」[*33] と述べている。このように，任氏の家祠堂は北宋における影堂の格好の事例を提供している。北宋時の家祭の祠堂には山東兗州の文人石介の「祭堂」もある。石氏は仁宗慶暦元年（1041）に『周礼』と唐代の家廟制度を参考に堂を設けて家祭を行なった。彼は言う。「介今官為節度掌書記，在国家官器，今従七品。説者謂，適士，上士也。官師，中下士也。庶人，府史之属也。介為庶人，則嘗命於天子，又未至于適士，其官師乎，在周制，得立一廟，唐制，則未得立廟。今祭于寝，則介之烈

[*30]　程頤・程顥『二程集』第1冊，中華書局1981年版285頁。

[*31]　後の第三節に見る後梁時期設立の莆田鄭氏影堂を参照。

[*32]　司馬光『書儀』巻10「喪儀六」，巻2「冠礼」，四庫全書第142冊521頁上・468頁下。

[*33]　穆修『穆参軍集』下「任氏家祠堂記」，四庫全書第1087冊20頁下－22頁上。

考誉為東宮五官，且鬼神之道，尚厳于寝，実為黷神。将立廟，則介品賤，未応于試。貴賤之位不可犯，求其中而自為之制。乃於宅東北位，作堂三楹，以烈考及郭夫人・馬夫人・劉夫人・楊夫人・後劉夫人居焉，薦新及於烈考五夫人而已，時祭則請皇考妣・王考妣咸坐。縁古礼而出新意，推神道而本人情也」*34。文中の烈考とは石介の父石丙で，宋真宗時に及第し，太子中舎に任じた*35。石氏祭堂の奉じる祖先は遺影か位牌か明らかでないが，ただそこは独立した祭祀場所であり，任氏家祠堂などの影堂と同じ性格である。任氏の家祠堂と石氏の祭堂の事例から，北宋時期の家祭祠堂に関して以下の認識を得ることができる。家祭祠堂は前代の家廟制度に倣いながらも，古礼のために家廟礼制とは区別されるが，実際には家廟制度の影響を受けつつ家庭で行う祖先祭祀のための祠堂であった。その名称には影堂・家祠堂・祭堂があり，これを家祠と称すればより分かりやすいだろう。北宋における家祠の建設場所は故郷の居室の隣であり，居室から離れた京師に立てられることが多い唐代とは区別される。任氏と石氏の家祠が供奉するのは父であり，子が父のために堂を立てていた。しかし石氏の祭堂祭祀は皇考妣と王考妣，つまり曾祖と祖にまで及んでいる。事実，一般的には士庶は曾祖まで祭っていた。張載は「今為士者，而其廟設三世几筵，……便使庶人，亦須祭及三代」*36 と述べている。徽宗時の議礼局の建議で，礼官が官僚と士庶が三世まで祭るのを認めていたのは「流俗の情に徇」*37 うことだった。つまり，世俗の家庭では一般的に三代の祖先を祭祀していたことを物語っている。子が父のために祭堂を設けて曾祖まで祭祀することからすると，この祭堂は家庭内の家祭に属している。

　宋代ではまた墓祠祭祖の習俗もあった。北宋慶暦 2 年（1042）に前述の石介は本族の系譜を碑に刻んで「墓前に表した」。日ごとに墓表が損壊するのを防ぎ，かつ歳時に祭品を陳列するために，塋前に堂三楹を立て，「一以覆石，一以陳祭，総謂之拝掃堂云」とした*38。徽宗の大観年間，福建邵武の人李呂はその父の墓側に孝

---

*34　石介『徂徠石先生文集』巻19「祭堂記」，中華書局1984年版234－235頁。
*35　石介『徂徠石先生文集』付録 1「石氏墓表」，中華書局1984年版253頁。
*36　張載『張子全書』巻 8「祭祀」，四庫全書第697冊179頁下。
*37　『宋史』巻109「群臣家廟」，中華書局校勘本第 8 冊2633頁。
*38　石介『徂徠石先生文集』巻19「拝掃堂記」，中華書局1984年版236頁。

友亭を建て,「以備歳時拝掃陳薦于其下」*39 という。南宋の時期,浙江寧波の汪氏は孝宗淳熙12年（1185）に「年々壊れやすくなった」墓祠の報本庵を重修して「為堂三間,後出一間併為修祀之地,前為軒如堂之数,可以聚族列拝,両廡凡六楹,前又為門及享亭」とし,宗人は「遇清明必合而祭者,凡数十人列於其次」*40 と伝えている。ここから墓祠は堂・亭・庵から命名され,歳時に祭祀して一族を集合するために建立され,墓祭がとこしえになり,一族が親睦するのを強化したことがわかる。これらの墓祠は比較的に大きく,寧波汪氏の報本庵がその代表であり,石氏拝掃堂は系譜を刻んだ墓表を立てている。墓祠の出現と類型に関して,宋元の際の浙江の人舒岳祥は「古不墓祭,故庵廬之制未之聞也,後世以廬墓為孝,於隧外作饗亭,為歳時拝掃一席地,其後有力者又為庵於饗亭之左辺,使僧徒守之,以供焚修洒掃之役」*41 と述べている。彼は墓庵が墓亭のあとにでき,通常僧が住持して墓守りをしたので,墓祭に便利であったが,庵はもっぱら祖先を祭るための祠堂ではなく,墓祠は墓側に建てられた祖先祭祀のための祠堂であると考えていた。

　民間ではまた寺廟を借りて祖先祭祀する習俗もあった。両宋の際,福建沙県の羅従彦（1072-1135）の八世祖は田を喜捨して義恩寺を作り,羅従彦の死後,その「遺影は先祖の香火の側に従祀された」*42。羅氏の祖先祭祀は寺廟の助けを借りて実現していたことがわかる。

　僧人祭祖に関し,宋代には功徳墳寺と墳庵がある。いわゆる功徳寺とは皇帝が達官貴人に賜った寺院で,唐代に出現した*43。この寺院は墳墓に置かれ,墳を守って祖先を祀ることから,功徳墳寺とも言われる。宋代の功徳墳寺の制度は仁宗の慶暦4年（1044）に始まる。この年に,范仲淹は墳墓の傍らの白雲寺を功徳墳寺にすることを奏請した。皇祐4年（1052）には故参知政事蔡斉に墳寺を賜って宝厳寺とした。嘉祐4年6月乙丑には詔を下し,親王・長公主・現任の中書令・枢

*39　李呂『澹軒集』巻6「孝友亭記」,四庫全書第1152冊239頁下。
*40　楼鑰『攻媿集』巻60「汪氏報本庵記」,四庫全書第1153冊55頁上。
*41　舒岳祥『閬風集』巻11「広孝墓記」,四庫全書第1187冊436頁上。
*42　盛木「題義恩祠壁」,羅従彦『豫章文集』巻16付録下,四庫全書第1135冊772頁。
*43　黄敏枝「宋代的功徳墳寺」（『食貨』新15-9・10合刊,1986年）。

密使・入内内侍省都知・入内内侍省押班などの身分は墳寺を申請してもよいとした*44。これは宋代における功徳墳寺の定制となった。功徳墳寺を設置する目的は仏教儀式によって祖父の亡霊を祭って福を求めることであり、設置者は自ら田産を運営して寺をつくり、そののち朝廷に申請して寺額を賜った。功徳墳寺の具体的な状況について范仲淹を例にとると、慶暦4年(1044)に范仲淹が「置功徳寺」を上奏し、范氏の祖墓は蘇州天平山明古寺の傍らにあって、常にこの寺に管理してもらっており、白雲寺額を賜予されることを申請した。元朝の人牟巘『忠烈廟記』の考証によると、范仲淹は「嘗即白雲庵奉香火、洎登政府、得追封三世、置墳寺、始奏改庵為白雲寺、祀徐国公・唐国公・周国公、蓋慶暦時也」*45とする。この三国公は范仲淹の曾・祖・父三世の祖先で、白雲寺はその祭祀などを管理した。南宋の時、一般の官僚・士庶も自ら墳寺を置いた。墳寺を置くことで子孫は孝行を尽くすことを表現したので、朝廷は阻止できず、また勅額もないため、通常は墳庵と称した*46。

以上のことから、宋代家廟制度はさほど実行されず、士大夫の祖先祭祀には家祠と墓祠が多く、また寺院の助けを借りて行なわれていた。これら祖先祭祀の形式は程度こそ違え、仏教の影響を受けており、あるいは中国の習俗と仏教の結合であるとも言われる。祠堂で祖先を祭祀する行為は習俗から発生したもので、なお模索中にあって公認の制度ではなかった。いま述べてきたことを背景に莆田黄氏を考察すると、莆田黄氏は最初家廟を立てようとしたが、これは明らかに礼制の影響を受けていた。ただのちに「黄氏祠堂」と改めたが、これは習俗に従った結果である。朱熹は、黄氏が司馬光・欧陽脩の家廟に倣ったことを言うが、これは家廟が行なえない状況下にあって、家廟の機能を祠堂で実現しようとしたことを指している。黄氏の祭祖場所の名称が変化するのは、宋代士大夫が祭祖礼俗を討議していたことを反映し、唐宋間の社会変化を照らし出していた。

*44 『続資治通鑑長編』巻189、四庫全書第317冊169頁下。
*45 范仲淹『范文正公集』付録「褒先祠記」巻3。
*46 竺沙雅章「宋代墳寺考」(『東洋学報』61-1・2、1977年)。

三，福建莆田地区における唐宋間の宗族の祠廟祭祖

　福建は東南沿海地区に位置し，政治の中心から遠く離れている。唐五代には仏教が盛んで，宋代には朱熹を代表とする朱子学を生み出し，明清時代には宗族が強勢であった。東南沿海の平原に位置する今の莆田市は莆田・仙游二県を管轄し，秦代には閩中郡に属し，南朝陳の時に莆田県が設けられ，唐代に仙游県が設けられた。唐代に前後して豊州・泉州に所属し，五代には王氏閩政権下にあった。福建の経済開発は主に唐代より始まり，とりわけ安史の乱後，東南の福建が戦乱の避難地となり，北方などからの移住者が大量に居住した。莆田の多くの大姓は唐五代に戦乱を避け，王審知に従って光州固始県から来た者が多く，官僚を輩出する宗族が多かった[*47]。莆田の宗族による祠廟祭祖は，今のところ唐末五代十国期まで遡及することができる。この時期の宗族による祠廟祭祖は仏教の色彩を鮮明に帯びている。禅宗の盛行をメルクマールとすると，唐代は仏教中国化の時期にあたり，安史の乱から宋朝建立まで禅宗は極盛であった。福建地方史研究者である朱維幹氏はその研究で，禅宗は南方，中でも福建がもっとも盛んで，王審知は仏教を崇拝し，閩に仏寺267座を創建したとする[*48]。唐末五代十国期における祖先崇拝の特徴は仏教との融合にある。

　莆田の黄氏宗族の祠廟祭祖は晩唐にまで遡ることができる。清刊本『莆郊黄氏族譜』巻2「唐賜諡妙応大師」には「生有異質，精於青烏家言，就黄巷祖居卜地建黄崗祠，祀始祖開国公以下四世考妣」とある。また同巻「妙応大師伝」によると，妙応大師はもと莆田黄氏の子弟が落髪して僧となり，憲宗元和15年（820）に生まれ，昭宗乾寧5年（898）に死んでいる。もしこの説が成り立つとすると，

[*47] 明正統刊本『興化県志』巻3「大姓志」には12の大姓が記されている。興化に移住した時期について，はっきりしない呉姓を除き，最も早いのは梁陳間の鄭姓である。方・林・羅姓が唐代であることははっきりしている。唐末五代に陳・董・謝・蕭姓，宋代には薛・黄姓が移住している。明らかに唐末五代に移住した事例が多く，唐の3例を加えると，8姓が唐五代に興化に遷り住んでいた。

[*48] 朱維幹『福建史稿』上冊（福建教育出版社，1984年）167－172頁。

莆田黄氏は晩唐にはすでに始祖以下四世の祖先を祭祀する祠堂があり、寺廟の祠堂に頼っていた可能性も十分ある。後人は唐代莆田に徐氏のような他姓の祠堂があったことも述べている。清代の記述によると「景祥禅寺離郡城六七里，即吾家唐状元公諱寅所鼎建，而宋状元諱鉢所重興。規模宏敞，佛火輝耀。而寺之東有堂翼然，几与寺埒者，則寺僧之崇祀二公檀越祠也」*49 とある。元代の記述にも「粤先輩秘書寅公尚志時，物色於僧，既得志，随捐貲創寺，名立『景祥』，捨田七余頃。」とする。寺の長老は「寺立公祠，為檀越，意可想也」*50 と語っていた。寺には施主徐尚志を祭る祠堂があり、唐代に設立された可能性が極めて高い。莆田徐氏は資財を損じて寺を建て、同時に祠堂を設立していたのである。さらに林氏について、明代永楽年間の記述がある。「林氏祠堂者，莆田林氏所建以祀其先也。上世有永公者，在唐大順間素善浮屠涅槃。永将構堂以為蒸嘗之所，涅槃為卜莆之城東前埭為宜，且曰『是必有異』既発地，得異石宛然若亀・笏各一，遂識謂『五百年後，当有状元及第』永遂築祠，歳春秋荐享，挙族集祠下，恪恭祀事」*51。これに拠ると、林氏の唐代の祖先永公は昭宗大順（890－891）年間に独立した祠堂を建て祖先祭祀を行なっていた。

五代十国期の宗族による祠廟祭祖は唐代に比べ具体的に記述されている。格好の事例として、莆田鄭氏は仏寺に田を施して祖先のために供物を設けていた。後梁の碑文に「梁開平三年，檀越主都督長史鄭筠偕弟信安郡司馬鄭震，抽出考廷評皋公在日置買得陳二娘平陵里小塘甌蘴田一派，産銭九百貫，捨入霊岩広化寺，充長明灯，追荐祖廷平府君・妣夫人陳氏。兼考延平在日，曾抽塘坂上下田六十余段，舍入本寺，為露公太府卿・庄公中郎将・淑公別駕名，充忌晨修設斎供，租付佃収，課帰祠納。仍請立碑於大雄宝殿側及影堂之内，爾寺僧遵之，不得遺墜者。乾化二年五月十日，檀越主鄭筠・鄭震謹志」*52 とある。鄭氏は広化寺に二回にわたり田を施し、一回目に廷平は田六十余段を喜捨し、寺廟に遠祖三位を祭祀することを請うた。もう一回は開平3年（909）にその子の鄭筠・鄭震兄弟が田・銭を喜捨

*49 原出『延寿徐氏族譜』巻24，9頁，『匯編』196号「重建景祥徐氏祠堂記」227頁。
*50 原出『延寿徐氏族譜』巻24，8頁，『匯編』64号「重修景祥徐氏祠堂記」71頁。
*51 原出『莆田前埭林氏大宗族譜』巻5，2頁，『匯編』80号「林氏重修祠堂記」87頁。
*52 原出『広化寺志』巻2，74頁，『匯編』6号「広化寺檀越鄭氏捨田碑記」6・7頁。

して祖廷評夫婦を祀った。二回目の乾化2年（912）に立てられた碑からすると，一回目と同じく，旧によって「碑を大雄殿傍らと影堂内に立て」ていた。ここから判断すると，影堂は供物を設けて祭祀する場所のようで，祭られる者の遺影によって名づけられた。莆田鄭氏の事例によって，後梁の時期に仏教寺院が檀越のために影堂を設けて祖先を祀ることがあり，それは当時の習俗であったことが知られる。言い換えると，人々の祖先祭祀が寺院に祠を立てる方法へと移行していたのである。莆田鄭氏は墓祠も建てて祖先祭祀している。元代の記述では，南胡三は南湖山広化寺に住んでいただけでなく，祖の墳墓を西峰下に移していた。「後埭侍御史伯玉公・祖母余氏創庵，即崇聖庵，又割田若干段，毎遇歳時享祀。祖忌・中元釋氏備礼物，子孫拜謁，納款如約不替。旧有碑記，御史黄公滔為文，兵火磨灰」*53 とある。ここから崇聖庵は僧人の管理にあった墓祠であったことがわかる。黄滔は『四庫全書』所収『黄御史集』の提要によると，唐末昭宗乾寧2年（895）の進士に及第した。王審知が閩を支配したときには黄滔はまだ在世しており，推測すると黄滔が鄭氏のために碑文を書いたのは閩政権下時代であろう。

　莆田方氏も五代十国期の閩王時に祠堂を設立している。南宋理宗景定元年（1260）に莆田方氏は，薦福院方氏祠堂を重修し，劉克荘は「旧祠長史・中丞・長官三世及六房始祖於法堂，遇中丞祖妣・長官祖二妣忌則追厳，中元盂蘭供則合祭，六房之后各来瞻敬，集者几千人。自創院逾三百年，香火如一日，後稍衰落，頼宝謨公・忠惠公后先扶持而復振」とその祠堂記を書いている。方氏は六房数千人とあるから，宗族として規模は大きい。「長史」は都督府長史方琡で，唐末の人。「中丞」は琡の子殷符で威王府咨議となり，僖宗中和4年（884）に黄巣を平定した功績で「銀青兼御史中丞」に進んだ。「長官」は中丞の第三子庭範で長溪・古田・莆田県令に任じ，「長官」と称された。長官ははじめて莆田に居を構え，「憶念中原，蒿葬祖・父衣冠于烏斉豊田。及卒，葬霊隠山」「長官嘗欲営精舎以奉先合族而未果」という。そこで六人の子は父の志を成就しようと協力し，薦福院を建て，田59石種，産銭7貫265文を施した。記文には「及五季分裂，仕者各就其方，六子皆仕王氏」とある*54。「王氏」とは，王潮・王審知の閩政権を指し，

＊53　原出『鞏橋鄭氏族譜』元部，『匯編』66号「南湖山鄭氏祠堂記」74頁。
＊54　原出『福建金石志』巻12，29頁，『匯編』44号「薦福院方氏祠堂記」49・50頁。

893－945年のことである。記文には景定元年に「創建して三百年を越える」とするので，閩政権から南宋理宗の景定元年（1260）までの315－368年と符合する。薦福院方氏祠堂も寺院立祠の形式に属し，莆田鄭氏が寺院に影堂を設けたのと時間はさほど離れていない。

仏教と祖先崇拝の結合した形式に功徳墳寺がある。台湾の学者黃敏枝氏は盛唐2例，五代十国5例の功徳墳寺の事例を見つけ，そのうち五代十国の3例は福建のものである[*55]とする。福建における功徳院の事例が多いのは，福建で仏教が重んじられていたことと関係する。事実，仏教と中国祖先崇拝の結合は，家族の葬祭活動を契機とし，漢明帝は陵上に精舎を建て，その後民間でも墳墓の傍らに仏寺を建てていた。『宋書』蕭恵開伝に，蕭氏は亡き父のために寺四つを建て，そのうち禅亭寺は墓亭に建てており，これは仏寺と墓亭が合体したものであったろう。言い換えると，功徳寺もやはり寺観立祠であり，等しく後漢以降における仏教と中国祖先崇拝の結合の産物であった[*56]。

宋代莆田の宗族による祖先祭祀は一歩進展し，しだいに宗教寺観から独立し[*57]，合族祠堂が出現したのが特徴である。宋は泉州游洋鎮に興化軍と興化県を設け，莆田・仙游を帰属させ，のちに軍を莆田に移した。莆田の文化は隆盛し，宋代には「文物の邦」と称され，「鄒魯の遺風あり」と誉れ，「家の貧しい子も読書する」風俗であった。この地は「家々は儒学を学び，俊傑も多い。詩書礼儀は八閩で第一で」[*58]，新興の士大夫は郷族活動に熱心であった。

祠堂を重建する宗族もいた。先の「薦福院方氏祠堂記」によると，南宋理宗景定元年（1260）では「院貧屋老，賦急債重，主僧宝熏計無所出，将委之而逃」というありさまであった。そこで族人の寺丞君は気前よく私銭を出して税を納め負債を返し，2年かけて祠堂を重修した。祠堂を維持するために，宗族を率いて地

[*55] 前注[*43]黄氏論文。
[*56] 拙著『宗族志』139－140頁を参照。
[*57] 鄭振満氏は「南宋以後，福建各地の宗族は寺廟系統から徐々に離れ，独自の発展をしていった」と指摘する。鄭氏『明清福建家族組織与社会変遷』（湖南教育出版社，1992年）157頁を参照。
[*58] 明・天順年間修『大明一統志』巻77「興化府」，三秦出版社1990年景印本1187－1188頁。

方政府に赴き，今後毎年の助軍銭を減額し，本宗で官職の高い者に主僧を選ばせて，「諸色の泛敷」を免除するよう求めた。結果として地方政府は請願内容を認めて，中央政府を経て批准された。方氏は祖先祭祀の規約も定めていた。「南山，祝聖道場也。歳満散日，族之命士有随班佛殿而不詣祠堂者，自今祝香畢，并拜祠飲福，院為面食，并労僕夫。又霊隠金紫墓，昔拘蒸嘗分数，命士・挙人・監学生多不預祭。自今省謁，院為酒食，請衆拝掃，内赴官入京人免分胙」としている。すなわち，一族の士大夫は南山・霊隠金紫墓の二箇所で祖先祭祀することを求めたのである。この両所での祖先祭祀の酒食を薦福院が用意していることからすると，寺院は方氏宗族の指導者に服従し，方氏宗族のために服務しており，実質上方氏宗族の一部であった。「今十有二僧，略如叢林」というのも無理もない。記文にはさらに「新祠成，并祀二賢於両旁」*59 とする。すなわち功績のあった先祖方宗卿・方忠恵の二人を増やして祀ったのである。莆田徐氏は宋代に状元の徐鐸によって祠堂を重建した。清・乾隆「重建景祥徐氏祠堂記」には「至宋熙寧間，族祖諱鉢魁天下，官尚書，復整是寺，増施田二頃，住僧戴徳，飾祠宇，祀二祖，額曰『唐宋二状元祠』」*60 とある。ここから景祥徐氏の祠堂は北宋神宗熙寧（1068-77）年間に重建していたことがわかる。元代「重修景祥徐氏祠堂記」には「宋季科徴取給於寺，景祥遂爾不支，惟佛殿・公祠独存」と記されている。この文の最初には，祠廟祭祖の風習について「余考，家有廟，祭有田，古制也。近世巨室舎田創寺，主檀越祠，制雖非古，然報本始，昭不忘，一也」*61 と述べる段がある。これはきわめて重要なことを記している。「近世」すなわち唐宋以来，大家族は田を喜捨して寺を創り，祠を立てて主を設け，祖先崇拝を実現していたのであり，この方法が普遍的であったことを指し示している。宗族制度内では，この方法は家廟・祭田の古制と同じ原理であり，同等の地位を持っていたのである。

　新たに祠堂を創建する宗族もわずかながらいた。事例は以下のとおり。(1) 林氏は莆田の大族である。南宋の莆田の人劉克荘は「入本朝，名深之者贈通議大夫，始兄弟策名，二子継之，孫又継之，為莆名家，以忠義祠於郷国者有四人焉」と述

---

*59　原出『福建金石志』巻12，29頁，『匯編』44号「薦福院方氏祠堂記」49・50頁。
*60　原出『延寿徐氏族譜』巻24，11頁，『匯編』207号240頁。
*61　原出『延寿徐氏族譜』巻24，8頁，『匯編』64号71頁。

べ，ついで林氏は代々科挙合格者を出し，「一門四人伏節死義」と書いている。忠義祠堂は礼部が詔書形式で地方政府に祠を立て田を給うことを求め，地方官が助成金を出して建設するものであった。この祠堂はのちに売られ，林氏は「出私銭千二百余緡以贖，又尽贖旁地」と伝えている。こうして祠堂は林氏の所有となったと思われる。しかも知潮州の林朝擢が帰郷の後，「率其宗之稚耋，自期至緦，皆会祭祠下」[*62]という。この祠は著名人を記念して立てられた祠堂から宗族祠堂へと変化したものである。(2) 莆田朱氏は北宋時に「朱氏祠堂」を建てた。南宋度宗の咸淳10年 (1274) に朱氏十三世孫朱元功が言うには，その五世祖宣義十五公は家屋の南の僻地に群仙書社を創建した。堂宇は二座三十余間で，「前座為家廟，祀先世神主，以寓時思之敬，掲其匾曰朱氏祠堂。後座為家塾，訓子姪読書入仕，以為報国之忠，掲其匾曰群仙書社」[*63] と伝えている。この記述が高宗南渡の前のものであるから，朱氏祠堂は北宋期に立てられていた。(3) 莆田蔡氏は南宋時に祠堂を建てたと思われる。莆田の蔡襄は北宋の名臣で，南宋孝宗時に追って諡の忠襄を賜り，子孫は祠を建て，それがのちに宗族祠堂となった。明・成化年間作「蔡氏祠堂記」には「蔡氏旧有祠堂，在莆城南三里許，宋端明殿学士忠恵公所創居第，公卒因祠之矣。其子・孫若曾・玄而下凡几世，皆合祀是祠，以忠恵公為始祖」[*64] と述懐されている。これも著名人の記念祠堂が族祠に転化したものである。(4) 仙游朱氏は南宋時にすでに祖廟があった。始祖朱敬は唐の相国で，亳州に住んでいた。七世孫朱璣は咸通年間の進士で「率族属奉績於閩之侯官，遂至莆相宅水南」という。また三世してのち仙游に分遷し，また五世してのち銭江に分籍した。南宋光宗の紹熙元年 (1090) に「ここに移り住んで二三百年」経っており，系譜を碑に刻んで祠堂に立てた。第十二代孫朱泳はこの祠堂を「祖廟」と呼んでいる[*65]。(5) 莆田国清の林氏の始遷祖は唐の邵州刺史林蘊の裔である大理評事林元で，「五世のちは睦庵府君格」であった。明初の宋濂は林氏について

[*62] 原出劉克荘『後村先生大全集』巻91，14頁，『匯編』41号「林氏一門忠義祠堂記」46・47頁。

[*63] 原出『銭江朱氏族譜』巻首，『匯編』45号「群仙書社祠堂記」50頁。

[*64] 原出『蔡氏族譜』，『匯編』101号114頁。

[*65] 原出『銭江朱氏族譜』巻首，『匯編』348号「銭江朱氏祖廟碑刻譜系記」380頁。

「其先祠旧在浣錦社，蓋以睦庵為之宗。……睦庵在宋時已置祭田」[*66] と述べている。林氏は宋代に先祠を建てていた。(6)仙游傅氏は泉州より分派し，始祖は僕射公であった。元・泰定2年（1325）に記された「正倫堂記」によると「異時建祠堂於羅峰之龍頭界，祠僕射以下，而神霊咸在，丁丑毀於兵。朝廷車書大同，孝治天下，族之長老言曰『人本乎祖，報本返始，其可忽諸？』乃於壬寅年壬子月重新輪奐，題曰奉思，崇祀如旧，春秋時祭惟謹。奉思之前，曰正倫堂，俎豆萃陳，長幼森列，以次受胙，朔旦則以序拜。……復建妙応殿於堂之西偏，厳香火之奉，意謂僕射公与佛有因，克昌厥后，雖詩書之沢，亦我佛之相也」[*67]とある。文中の「丁丑兵に毀つ」とあるのは，泰定2年から推測すると，宋端宗の景炎2年（1277），宋が亡ぶわずか2年前のことである。当然「朝廷車書を大同する」とは元の統一を指し，「異時に祠堂を建てる」とは宋朝のことに違いない。明代の傅氏の子孫の記述によると「傅氏祠堂は宋代に作られた」[*68]とするから，その判断は間違ってないだろう。壬寅年とは元成宗6年（1302）であり，傅氏は祠堂をあらためて修建した。この祠堂は「妙応殿をその西に」備えており，祖先崇拝と仏教信仰が結合していた。

宋代宗族の祠廟祭祖は大いに発展していた。具体的には，唐および十国に建祠した黄氏は新たに黄氏祠堂・思敬堂（後出）を建て，徐氏・方氏は祠堂を重建した。莆田林氏・莆田朱氏・莆田蔡氏・仙游朱氏・莆田国清林氏・仙游傅氏は新たに祠堂を創建していた。以上10例を時系列に並べると，宋代1例・北宋1例・仁宗1例・神宗1例・南宋2例・光宗1例・理宗1例・度宗1例・端宗1例で，南宋は少なくとも6例あり，その例は増加している。唐五代から宋にかけて，宗族の祠廟祭祖は仏教の影響を受けてはいるが徐々に減少しており，南宋に出現した族祠は宗族の発展が新段階に入ったことを示している。

したがって莆田黄氏は福建莆田における唐宋時期の宗族形態の一事例にすぎない。

[*66]　原出宋濂『文憲集』巻2，53頁，『匯編』72号「国清林氏重修先祠記」78・79頁。
[*67]　原出『羅峰傅氏族譜』巻1，5頁，『匯編』363号396頁。
[*68]　原出『羅峰傅氏族譜』巻1，53頁，『匯編』369号「重修祠堂記」401頁。

四，莆田黄氏祠堂記から見た『家礼』祠堂篇

　宋代では民間の祭祖習俗・政府の家廟制度を除いて，思想家たちが絶えず礼制・習俗を備えた実行可能な祭祖形式を探求していた。朱熹の『家礼』祠堂篇はその集大成であり，一般的には朱熹の案における思想史上の継承について注意が払われてきた。たとえば北宋の張載は士庶の祭りは三代に及ぶことを主張し，さらに「大夫士有大事，省於其君，干祫及其高祖」と述べ，四代祖先まで祭ることを述べている。家祭に関しては，「凡人家正庁，似所謂廟也，猶天子之受正朔之殿，人不可常居，以為祭祀吉凶冠婚之事於此行之」*69 と言っている。程頤は富家と士は影堂を設けることを主張したが，司馬光も似た主張をし，ことさら影堂の儀礼を制定し，子孫が外出・遷官するなどの大事のある場合には影堂で祖先に告げるよう求めている*70。特に注目に値するのは，程頤の士大夫における家廟と祖先祭祀の関係に関する主張である。彼は「士大夫必建家廟，廟必東向，其位取地潔不喧処。設席坐皆如事生，以太祖面東，左昭右穆而已。……太祖之設，其主皆刻木牌，取生前行第或銜位而已」*71 と主張する。すなわち士大夫はすべて家廟を建てるべきであり，廟中には高祖の位牌を設けてもよいとした。祖先祭祀のところでは，程頤は四時に高祖・曾祖・祖・考四代の祖先を祭り，冬至には始祖を祭り，立春には始祖以下高祖以上の先祖を祭ることを述べている*72。張載と比較すると，程頤は士大夫に常に高祖以下四代祖先を祭ることを求めただけでなく，始祖と先祖を祭祀してもよいとしたが，これは古制と符合せず，諸礼に僭越する嫌いがあり大胆な主張となっている。程頤の祖先祭祀に関する主張は，宗族が小宗から大宗へ発展し大宗祠を建てる，その理論的根拠となった。

　朱熹は程頤の主張を継承し，『家礼』祠堂篇で宗族祠堂と祖先祭祀の具体的な想定を提示した。彼は祠堂の設置は非常に重要であり，人が根本にかえって先祖

---

*69 　張載『張子全書』巻8「祭祀」，四庫全書第697冊182頁上。
*70 　司馬光『書儀』巻10「影堂雑儀」，四庫全書第142冊525頁下。
*71 　程頤『二程集』第2冊「朱公掞録拾遺」352頁。
*72 　程頤『二程集』第2冊「河南程氏遺書」巻18，240頁。

を敬う気持ちを満足させることができると考えた。また「然古之廟制不見于経，且今士庶人家之賤，亦有所不得為之，故以祠堂名之，而其制度亦多俗礼云」とも述べている。祠堂の制度が当時の士庶の祭祀習俗に基づきつつ，また家廟と区別されて設定されていることがわかる。朱熹は正寝の東に祠堂を建て，四つの廚子で高・曾・祖・禰の神主を奉じるよう主張する。またその当時の居住条件と貧富の差とに基づいて祠堂を建設する議を三つ建てた。(1)正寝の東に独立した祠堂三間を建て，「外為中門，中門外為両階，皆三級，東曰阼階，西曰西階。階下随地広狭以屋覆之，令可容家衆叙立。又為遺書・衣物・祭器庫及神廚於其東。繚以周垣，別為外門，常加扃閉」と主張した。(2)また「若家貧地狭，則止為一間，不立廚庫，而東西壁下置立両櫃，西蔵遺書・衣物，東藏祭器，亦可正寝，謂前堂也」[*73]とした。(3)さらに「地狭則止於庁事之東亦可」とした。換言すると，祠堂は家屋と連接しながら独立して三間あるいは一間を設け，また正寝あるいは正庁の東に廚子を置いてもよいとし，財力に基づき敷地に応じて便宜をはかるなど，大幅に融通性を持たせていた。始祖と先祖の祭祀に関しては，「大宗之家，始祖親尽則蔵其主於墓所，而大宗猶主其墓田，以奉其墓祭，歳率宗人一祭之。……高祖親尽則遷其主而埋之，其墓田則諸位迭掌」[*74]と提案した。朱熹の門人楊復は祖先祭祀の問題について教えを請い，「而今士庶亦有始基之祖，只祭四代，四代以上則可不祭否？」と問うた。朱熹は「若是始基之祖，想亦只存得墓祭」と答え，始祖を墓祭することを明白にした。したがって，楊復は「始祖親尽則蔵其主於墓所」に照らして，「則墓所必有祠堂以奉墓祭」[*75]と考えていた。朱熹が祠堂の制度と墓祭を関連付けたことで，人々が墓所に始祖と先祖を祭祀する宗族祠堂を建設する効果をもたらした。朱熹の宗族制度を再建する案は大小双方の宗法の精神を顧慮し，祠祭対象は高曾祖禰四代の祖先とし五服親をでないが，墓祭の対象は始祖・先祖とするので，祭祀する者は五服を出た親族関係のない族人であった。朱熹の案は小宗祠堂の制度に重点を置くが，ただそれに留まらず，大宗族人の祖先祭祀と一族結集のために案を提供した。小宗が発展し大宗へと向かうにつれて，朱熹

[*73] 朱熹『家礼』巻1「通礼・祠堂」，四庫全書第142冊，531頁上。

[*74] 朱熹『家礼』巻1「通礼・祠堂」，四庫全書第142冊，533頁上。

[*75] 朱熹『家礼』付録，四庫全書第142冊580頁上。

の案は宗族発展の前途を照らし出していた。

　周知のように，朱熹は福建の龍渓に生まれ，福建の理学家に学び，福建で著述・講学し，また生活を営んだ。朱子学とはまず福建の地域学派であって[*76]，『家礼』と朱子学は地域社会文化の産物であるとも言え，『家礼』祠堂篇と福建地域の習俗との関係はこれまで注意されてこなかった問題である。唐宋時期における莆田地区の宗族祭祖の伝統をこれまで紹介してきたが，祖先を祠祭するのは最初仏教の影響を受けまた寺廟に頼っており，宋代から徐々に仏寺から独立していったことを見た。第二章では祠堂が士大夫階層で実行されたことを述べ，祠堂が仏教の影響を深く受けていたことを指摘した。したがって，朱熹『家礼』祠堂篇に「制度に俗礼が多い」というのは，仏教の影響を受けた習俗を認め受け入れていたのである。しかし『祠堂』の案と福建祖先祭祀の習俗を比較すると，『祠堂』の制度は祠堂の場所・祭祀する始祖の問題などの点から習俗を抑制し，また習俗を礼制内に組み込もうとし[*77]，同時に祖先祭祀の習俗に対する仏教の影響を抑制しよ

[*76] 高令印・陳其芳『福建朱子学』緒論及び第一章（福建人民出版社，1986年）を参照。
[*77] 『家礼』の祭祀規定を「厳」「倹」に過ぎると考える者もいる。明天順年間の進士で，戸部尚書にまでなった仙游の鄭紀は「楊氏祠堂記」（『匯編』102号）の中で，「近世諸侯大夫士皆不得世其国邑，并同堂異室之制亦或有未備者。宋仁宗嘗詔太子少傅以上皆立家廟，而有司終不為之定制。時立廟西京者，潞公文彦博一人耳。惜哉！淳熙間，紫陽朱夫子乃取周公『儀礼』士祭礼之篇，与近世司馬公之『書儀』・韓魏公之節祠，酌其宮廬器服之制可通於古今者，名曰祠堂，以為士庶人家奉先之所，天子・諸侯・大夫不与焉。蓋祠有禴祀・蒸嘗，而祠為春祭，言祠所以該禴祠蒸嘗也。廟有門堂寝室，而堂則最大，言堂則該門寝室也。其制三間，近北一架隔為四龕，龕設一桌，桌置一櫝，櫝両主，四世遞遷，以西為上，旁親無後以班而附，門庭廚庫随地広狭，繚以周垣，此祠堂礼制之大都也。然唯士可以行之，大夫而上則倹其先也」と指摘している。鄭紀は『家礼』は士庶にはちょうどよいが，官僚には「倹」に過ぎるとして疑義を呈した。鄭紀は尚書にまでなり，また南湖鄭氏につらなり，大族の考えを代表したから，この地では影響力があったと言えよう。ややのちの明・弘治年間に書かれた周瑛「仙邑陳氏祠堂記」（『匯編』373号）では建祠者の陳儀の考えを引用し，「『家礼』持論厳，先世得祀無几矣。……若於常祭之外，不推及始祖之祀。於始祖之外，不推及旁族之祀。使死者無有知已，如有知也，幾何不為若敖氏之鬼耶哉！」と，『家礼』は求められる祖先祭祀の現実と合致せず，厳格に過ぎるとし，始祖と旁族の先祖を祭ることに固持した。

うとしていたことを見て取れる。朱熹は儒家経典の礼制の実践と現実社会の関係を解決しようとし、その折衷案を探し出していた。朱熹祠堂の制度がでるや、ますます宗族の祖先祭祀が宗教寺観から離れ、独立発展していったのである。

　福建は『家礼』の影響を最も早く受けた地区であった。張国風氏の研究によると、『家礼』は朱熹が孝宗の乾道己丑(1169)あるいは庚寅(1170)の年に書いたもので、『家礼』はできてすぐ人に盗まれた。朱熹の没後一年して——寧宗嘉泰元年(1201)にまた世に出て、嘉定4年(1216)に最初の刻本が出現し、南宋時代にはすでに多くの版本が存在していた*78。束景南氏は、「『家礼』は淳熙2年9月から3年2月の間(1175-76)に草稿され、完成する前に、3月に婺源展墓に赴く途中、僧寺で盗まれた。今本の『家礼』は朱熹の弟子と宋元の後人が妄りに書き改めたものである」*79と指摘する。仙游の人陳讜「道慶堂記」には「興属仙游為壮邑、四民士風為盛、士風盛故多世家宦族。今有合族祠堂、置祭田以供祀事者、倣文公『家礼』而行」*80と記してある。清代『仙游県志』によると、陳讜は字正仲、南宋孝宗の隆興元年(1163)に進士に合格し、官は兵部侍郎にいたり、寧宗の嘉定年間(1208-24)の初めに致仕し、清源郡侯に封ぜられ、食邑一千一百戸、年八十二で卒した*81。したがって、陳讜の致仕と『家礼』刊刻の時間をあわせ考えると、「道慶堂記」は嘉定以後に書かれ、『家礼』の刊刻も程近い。陳讜の記述は『家礼』が再び出たか刊刻してほどないもので、仙游では『家礼』中の祠堂制度にならって合族祠堂を建て、祭田を置いて祭祀していたことを説明している。これはおそらく宋以降における新宗族形態の最初の宗族祠堂であり、言い換えると、仙游を含む興化地区は実際には南宋時代にすでに『家礼』の影響を深く受けて、宗族が組織されていた*82。

*78　張国風「『家礼』新考」(『北京図書館刊』1992年第1期)
*79　前注*1束景南「朱熹「家礼」真偽考辨」(684頁)。
*80　乾隆『仙游県志』巻8下「邑肇志・風俗」、中国方志叢書・華南地方第242号、第1冊242頁。
*81　乾隆『仙游県志』巻33「人物志・名宦」、中国方志叢書・華南地方第242号、第2冊、711頁。
*82　小島毅「福建南部の名族と朱子学の普及」(『宋代の知識人』汲古書院、1993年)を参照。

朱熹の「唐黄公祠堂記」に再び戻ってみよう。莆田黄氏の始祖黄岸は唐の桂州刺史となり、玄宗の時に初めて莆田涵江黄巷へ遷った。刺史の六世孫校書郎、その子孫奉礼郎文恵は家廟を立てようとするが果たせなかった。その孫世規は明道元年（1032）に「黄氏祠堂」を設営させ、祭田・儀式を定めたが、完成前に死んでしまった。明道は北宋仁宗の年号であるから、黄氏はこの時すでに「黄氏祠堂」を設営していたことがわかる。それは朱熹『家礼』祠堂篇が成る四十年前のことであり、黄氏は家廟の建設が終わる前に、変わって祠堂を設けていた。世規の孫彦輝が前堂後寝の祠堂を「新しく」した後、朱熹は寧宗の慶元2年（1196）に祠堂記を書いた。つまり黄氏の二度目の祠堂建設は朱熹が『家礼』祠堂篇を書いた20数年後のことである。朱熹の『家礼』祠堂篇と社会習俗間の相関関係を莆田黄氏から見ると、おおよそ南宋の度宗（1266-74）の時代、莆田の黄仲元は族伯の旧庁を分割するのを望まず、思敬堂に改造して族祖を祭祀した。あわせて自ら祠堂記を書き、この祠を「族祠」と称した。また「堂以祠名、即古家廟、或曰影堂、東里族黄氏春秋享祀・歳節序拝之所也」[83] と述べている。この祠では始祖黄滔以下十三世が祀られた。これはさきの仙游の陳謹と同じく、「合族祠堂」に属し、朱熹『家礼』祠堂篇の主張を超えており、族祠は家祭の家廟・影堂から発展して、「族祖」を祭祀することを強調していることがわかる。黄氏思敬堂は十三代の先祖を祭り、祭田を設けていた。これは新しい宗族祠堂であって、『家礼』祠堂篇の制度を乗り越えていた。

　宋以降、特に明代には、興化の世家大族はその発展に伴って、専祠を置いて祖先祭祀することがより普及し、寺院の択地から離れて別に始祖を祀る祠堂を立てて族祠と称するようになった。宋以後、祖先祭祀の礼制と習俗との折合いに関する討論は、程頤・朱熹の影響を最も大きく受けていた。興化の宗族祭祖の問題は、学者と儒家の経典解釈を中心とした[84]。興化の宗族による立祠の実践と族祠の特徴は祭礼と民情の折合いを反映しており、そこに朱熹『家礼』祠堂篇の影響を見てとれる。朱熹は莆田黄氏のために祠堂記を書いたが、朱熹の立場からす

---

[83] 原出黄仲元『四如集』巻1、4頁、『匯編』46号「族祠思敬堂記」51頁。
[84] 拙著『明代宗族研究』（上海人民出版社、2005年）第3章「福建興化府的宗族祠廟祭祖」、96・134頁を参照。

ると、この地の宗族による立祠祭祖を推し進めたことは確かだろう。

　　五、結　語

　「唐黄公祠堂記」は朱熹の佚文であり、莆田の黄氏宗族の立祠祭祖の経緯とこの問題に対する朱熹の考えを提示している。莆田黄氏は閩の大族で、その来歴は古く、得姓祖は有熊氏陸終に遡り、光州固始の始祖は東周の黄老、漢代に十一世孫大綱は侯を拝し、晋代に十五世孫知運は永嘉守となり、晋室の南遷に随って閩に入りその始祖となった。莆田黄氏の始遷祖は唐玄宗時代の黄岸である。黄岸の六世孫とその孫文恵は「家廟」を完成することができず、孫の世規は明道元年（1032）に「黄氏祠堂」の建設を命じたが、祠堂ができる前に世規は先に亡くなり、世規の孫彦輝はついに祠堂を完成させた。つまり、黄氏祠堂は文恵・世規・彦輝三人の手によってようやく完成したのである。六世校書郎から数えると、彦輝は十二世となり、六世の間があり、たとえ文恵から数えても四世、おおよそ百年を経ていた。朱熹は黄氏祠堂が司馬光・欧陽脩の提唱する家廟を手本としていると考えていた。慶元2年（1196）に、もとより文通のあった罷免中の黄黼に頼まれ、朱熹は祠堂記を書いたが、それ以前に祠堂記を書いたこともなく、范仲淹・蘇軾をまねて祠堂記を書いた。朱熹は「世患無祠堂」と嘆いたが、当時の社会では祠堂が普及せず、祠堂のある家も多く一代で「淪没」していた。黄氏の祠堂建設の状況からしても士大夫の家が祠堂を設けるのが難しく、朱熹は祠堂のある家の後世子孫は「祖廟を修め、朔望に参り、時食を薦めて、辰忌に祭」って、「仲むつまじく」せねばならないとして、祠堂祭祖を通じて宗族の凝集力の強化を提起していた。

　宋代家廟制度は実行されず、士大夫の祖先祭祀は家祠・墓祠、寺院に頼って祭祀する方法をとることが多く、これらの形式は程度の差はあれ、仏教の影響を受けていた。これはあるいは本土の習俗と仏教の結合と言えるが、祖先祭祀は習俗に従った行為でなお模索中であり、公認された制度ではなかった。このことを背景に莆田黄氏を見ると、最初黄氏は家廟を立てようとするが、これは明らかに礼制の影響を受けていた。ただのちに習俗に従って「黄氏祠堂」に改めた。黄氏は

司馬光・欧陽脩の家廟に倣ったと朱熹は言うが，それは家廟が普及していない状況で，祠堂で祖先を祭祀することで家廟の効果を実現していることを示している。黄氏の祖先祭祀を行なう場所の名称の変化は，宋代社会の士大夫による祖先祭祀の礼制・習俗の折衷に対する模索を反映しており，唐宋の社会変化を照らし出していた。

　興化の宗族による祠廟祭祖は，今のところ唐末五代十国期まで遡ることができ，この時期の祠廟祭祖は仏教の色彩を鮮明に帯びていた。宋代の興化における宗族の祖先祭祀は一歩進展し，徐々に宗教寺観から脱して独立していったことが特徴であった。南宋朱熹の祠堂の制度はその最たるもので，その形勢をより加速させるものであった。宋代の宗族による祠廟祭祀は大いに発展し，数量も増加するにいたった。朱熹の『家礼』祠堂篇に「制度に俗礼が多い」というように，仏教の影響を受けた習俗を受け入れていた。しかし，祠堂篇と福建祖先祭祀の習俗とを比較すると，祠堂篇の制度は祠堂の場所・始祖の祭祀などの点で習俗に対し制限を加え，また習俗を礼制内にとり込み，同時に祖先祭祀の習俗に対する仏教の影響を抑えているのを見て取れる。朱熹は儒家経典の礼制の実践と現実社会との関係を解決しようとし，折衷案を導き出していた。朱熹の祠堂制度が提案されたことによって，ますます宗族の祖先祭祀は宗教寺観から分離し独立発展していった。

　朱子学は福建の地域的学派であり，福建は『家礼』の影響を最も早く受けた地域であった。陳譓の記述によると，『家礼』はすぐに再出したか刊刻され，仙游では『家礼』の祠堂制度に倣って合族祠堂を建て，祭田を置いて祭祀されており，これは宋以降の新たな宗族形態における最初の宗族祠堂であった。換言すると，仙游を含む興化地区は南宋時代に『家礼』の影響を深く受け，宗族が組織されていった。同時に指摘すべきは，『家礼』や朱子学は地域学派として出発している以上，地域社会の産物であると言え，莆田黄氏の事例は朱熹の祠堂の制度が福建習俗の影響を受けていることを証明している。興化の宗族は南宋時代にすでに合族祠堂を持ち，あわせて「族祠」の語も出現し，後代には寺院を離れて別に始祖を祭祀する族祠を建てるのを特色とした。

　唐五代十国期以降の興化の宗族による祠廟祭祖の変化は，社会文化の変遷を反映していた。つまり仏教社会文化が強から弱へ，儒教社会文化が弱から強へと変

化した。それは儒教社会文化が仏教文化を吸収するのを基礎として発生した。『家礼』祠堂篇はその明証である。祖先祭祀の点から見れば、宋明の宗族制度は程朱理学文化の一形態である。『家礼』祠堂篇は儒教経典・国家礼制と社会習俗とを疎通させた。根本的には専制等級制度を損なわないことを前提として、民情より出発して、祖先祭祀制度の損益を斟酌し、臨機応変に処理し、宋代と後世に多大な影響を残していた。

　以上、朱熹が推し進めた祠堂祭祖の問題から、情報交流が宗族の集団形成に作用し、また宗族の集団形成が社会関係を改変していたことが了解された。宗族を復興するという価値観によって、黄麟宗族は祠堂を建てて祖先祭祀し、朱熹に祠堂記著述を依頼した。二人は祖先祭祀に対する見解を交流させ、そして祠堂記が碑石に刻まれ族譜に収録されることで伝播し、黄麟宗族の集団形成・強化に影響したのである。朱熹が定めた『家礼』は福建習俗の影響を受け、また福建地域社会に作用し、広く社会に流行し、宋以降の宗族社会の形成に影響した。宗族祠堂の形成は族人に新たな情報交流空間を提供し、宗族の集団形成をより一層促進したのである。

累世同居から宗族形成へ
―― 宋代徽州の地域開発と同族結合 ――

中 島 楽 章

はじめに

　宋代以降の宗族組織は，同居共財の生活をいとなむ複数の「家」が，共通する男系祖先の祭祀を中心に結合することによって成立する。唐代後半から北宋にかけて展開した初期の同族結合は，清明節などに祖先の墳墓に参拝することを契機とした，比較的ルースなものであった。しかし北宋中期には，欧陽脩・蘇洵による族譜の編纂，程頤による祠堂祭祀の提唱，范仲淹による義荘の設立などにより，後世の宗族組織を特徴づける「族譜・宗祠・族産」が登場する［Ebrey 1986］。ただし宋代には，実際にこれらの三点セットを完備した宗族は例外的であり，同族結合の焦点は，なお墳墓における祖先祭祀であった。族譜・宗祠・族産を完備した宗族組織が一般化するのは，16世紀以降のことである［中島2005］。ただしその基本的なレパートリーは北宋期の実践に由来しており，概括的にいって，宗族結合は北宋中期（11世紀後半）にモデル化され，南宋から元（12～14世紀）にかけて徐々に普及し，明代後期以降（16世紀～）に急速に拡大したといってよい。

　一方で特に北宋期の史料には，男系同族が全体としてひとつの「家」を形成する，「累世同居」の事例が多数あらわれる。累世同居の大家族では，原則的に家族員は収入・消費・資産保有における共同関係を維持し，同居して炊事を共にする（同居共爨）。一般的には，既婚の傍系親が同居する拡大家族も，やがては家産を分割して単婚小家族に分裂するのが普通である。しかし傍系親が同居する拡大家族が，そのまま家産を分割せず同居共財を続けた場合，時として家族員が数百人にのぼる，累世同居の大家族に成長したのである。

　累世同居はまた「義居」とも称され，国家や地方官はこれを「義門」として表

彰した。この場合の「義」とは「衆とこれを共にする」ことを意味し、「私」の対概念である［斯波1996：191］。もちろん一般的には、傍系親が代々同居共財を続けることは例外的であり、それだけに累世同居は、子孫が各自の「私」を揚棄した義行とみなされたのである。累世同居の記録は後漢ごろからあらわれるが、史料上にあらわれた事例数は、唐代から増加し、宋元時代にピークに達し、明清期には減少にむかう［牧野1949：13－14］。むろん史料上の事例数が、ただちに実数の推移を反映しているとはいえないが、ともかく宋元時代、特に北宋期に累世同居が顕著な現象として注目されたことは確かである。

さらに唐代までは、累世同居の大部分が華北に分布していたのに対し、宋代の累世同居はむしろ華中に多く［黎1998］、特に江南東西路と両浙路に集中している。宋代における142例の累世同居事例を集めた王善軍氏によれば、最多は江南東西の28例（東路が19例、西路が9例）であり、二位は河北路の21例であるが、三位は両浙路の18例（浙西が5例、浙東が13例）である［王2000：142－154］。宋代の累世同居は、特に江南東西路から浙東路にかけての、鄱陽湖・銭塘江水系一帯に集中しているのである。

江南東西路や浙東路は、唐末から北宋にかけて、北方からの移民により特に顕著な人口増を示しており、扇状地や支谷における集約的稲作と山林産品の商品化が進んだ地域であった［斯波1988，大澤1989，小松1993］。特に宋代の江南東西路では、人口の急増によって、稀少化した資源をめぐる競争が激化し、移住民社会特有の不安定な秩序構造もあって、紛争や訴訟も多発していた［青木1999］。同時に、南宋から元代にかけて、宗族組織がもっとも発達したのもこの両地域であった［森田1978］。

宋元期の累世同居に論及した研究はきわめて多く、北宋の江州陳氏［許1989a，1994，1998］・南宋の撫州陸氏［許1989b，1998］・元末の浦陽鄭氏［Dardess 1974，漆1898，許1991，檀上1995］などの事例研究も少なくない。それではなぜ、こうした累世同居が北宋期にピークをむかえ、かつそれが江南東西路に集中したのだろうか。本稿では、江南東路婺源県の武口王氏という一同族の事例研究を通じて、宋代の江南東西路における累世同居の形成と解体を、移住・地域開発・社会移動といった全体状況のなかに位置づけてみたい。

1. 宋元時代の累世同居に対する視角——その形成要因をめぐって——

　宋元時代の累世同居は，つとに社会経済史・法制史・思想史などの研究者の注目を集めてきたが，その発達をもたらした動因については諸説があり，共通する認識は得られていない。ここではまず累世同居の形成要因をめぐる諸説を，大きく四つに分けて紹介する。

A　自給自足説

　仁井田陞氏は，家族団体が自給自足に依存する場合，各種の必需品の生産に従事するため，多数の家族員が必要となり，累世同居の大家族が形成されたと説く。そして商品経済の発展により自給自足の必要性が薄れるとともに，累世同居も衰退にむかったとみる［仁井田1937：26-32］。中国の研究者も，宋代の累世同居は小農と小手工業が結合した自然経済単位であり，市場との接点は稀少で［徐1995：150-153］，生産力が低く閉鎖的な自然経済的な生活環境が，累世同居の基盤であったと説いている［許1991：163；邢2005：51-52］。

　たしかに商品経済と隔絶した状況下で，累世同居の大家族を形成して自給自足生活を営むという選択肢はあり得たであろう。ただし累世同居がもっとも発達した江南東西路は，むしろ食料不足を山林産品の商品化で補っており［斯波1988：112-22］，宋元期の代表的な義門である，撫州の陸氏や浦江の鄭氏も，地主経営のほか商業活動を重要な経済基盤としていた［漆1898；許1989b；1991］。また現代の事例として，福建浦城県の鄒氏は，五世同堂の大家族であったが，山間部のため食料を自給できず，林業や手工業によりその不足を補い，商品経済と密接に関係していた。このため族人が結集して労働力や資源を配分し，最低限の生活水準を維持していたという［陳・鄭1987］。このように自給が困難で商品生産に依存せざるをえない生活環境が，大家族の形成をうながす場合もあったのである。

B　儒教倫理実践説

　小林義廣氏は，宋代における累世同居は，個別家族の個を超えた一族全体の

「公的世界」の実現を図ったものであり、その理念は郷村社会の秩序にも影響をあたえ、国家もこうした役割に注目して累世同居を旌表したと論じる[小林1990]。また檀上寛氏も、明初政権が浦江の「義門」鄭氏を、「郷村維持型」富民の代表として理念化したことに注目し、同居共財という家庭内協和の精神が、郷村秩序の維持という倫理に敷衍されたと説く[檀上1995]。さらにジョン・W・ダーデス氏によれば、浦江鄭氏の累世同居や遠祖祭祀などは、儒教経典の古礼には一致しないが、個々の家族が私利を捨て一族全体の協和をめざす精神自体が、古代の大同の世に通じるものとして、同時代の士大夫により顕彰されたという[Dardess 1974：45-52]。一方で中国の研究者は、累世同居には封建的家族倫理を実践し、階級矛盾を緩和する作用があり、国家も封建社会秩序の維持のため、それを積極的に表彰したと説くことが多い[漆1898：166；許1994：163-165；徐1995：156-159；王2000：166]。

　累世同居は国家による旌表や士大夫による宣揚という文脈で史料上に現れるので、それらの言説によるかぎりでは、儒教倫理の実践と、国家や地域社会による規範化の相互作用が、大家族の形成の動因であったという印象があたえられる。たしかに同居共財の大家族を理想とする社会通念が、家産分割を抑制し累世同居を実現する重要な誘因となったことは疑いない。しかし一方で、北宋期の江南東西路といった特定の時代・地域に、累世同居が集中する理由を、儒教倫理の実践という一般論によって十分に説明することは難しく、やはりその時代・地域に特有な社会経済的要因を考察することが必要であろう。

C　官僚家系維持説

　井上徹氏は、宋代以降の士大夫層は、均分相続による家産の細分化と、開放的な科挙制度のもとで、官僚家系を維持するために、宗族形成を推進したと論じる。浦江鄭氏に代表される累世同居の重要な意義は、儒教知識を共同生活のなかで継承し、読書人と官僚を再生産することにあったという[井上2000]。また小林義廣氏も、宋代の累世同居は家法の制定と学問の奨励によって、読書人を輩出する基体となっていたと説く[小林1990：77-79]。徐揚傑氏も、宋代以降の累世同居は、家産の細分化を防ぎ、官僚を輩出することにより、地主階級がその地位を

延続する手段であったと論じる［徐1995：159−160］。これに対し山田賢氏は，累世同居は官僚輩出のためにはかえって非効率的であり，むしろ全体秩序が解体した危機的状況において，礼的規範を体現した集団としての文化的資源を確保するための，非定常的手法であったとみなす［山田2002：113−115］。

井上氏が示すように，浦江鄭氏の場合は，地域や国家から「義門」として認知されること自体が，任官のための政治資本を提供した。しかし一方で，宋代の累世同居には，むしろ読書や任官を意識的に避けた事例もある［邢2005：51−52］。また北宋期においてもっとも科挙合格者が多かった福建や四川では，むしろ累世同居の形成は低調であった。

その反面，累世同居は必ずしも危機的状況に対する非定常的手法として選択されたわけではない。浦江鄭氏の累世同居は，たしかに大家族の強固な結集によって，元末の混乱に対応するという意味を持っていた。しかし累世同居がもっとも発達した北宋期の江南東西路や浙東路は，決して秩序の壊乱した危機的状況にはなかった。この地域の累世同居は，唐末五代の混乱期ではなく，むしろその後の相対的な安定期に成長したのである。

D　地域開発説

佐竹靖彦氏は，唐末から五代宋初にかけて，江南東西路の開発を進めた地主・富農層が，累世同居の「義門」を形成したと説く。当時の江南東西路では，一円的な大土地所有と，新興の地主・富農層による土地所有が併存していたが，地域開発を主導したのは後者であった。彼らは原住者の社会に入植し，基盤を確立する過程で，血縁により義門として結集し，さらに村落結合をおし進め，郷役を掌握して在地秩序を担ったという［佐竹1973］。

さらに近年，佐竹氏は宋代の累世同居を豪族的大家族の延長上に位置づけている。秦漢時代には，小農法に適した五口程度の小家族が一般的であった。後漢以降，大農法をいとなむ豪族層は，しばしば累世同居の大家族を形成し，こうした大家族が貴族層の基盤ともなった。宋代にも累世同居は社会的評価をうけて存続したが，小農民経営の自立とともに，大家族の維持は困難となってゆく。そのため宋代の士大夫層は，累世同居的大家族を換骨奪胎し，小家族の結集による宗族

主義の確立に向かったというのである［佐竹1995］。

　江南東西路の地域開発という文脈から義門の成長をとらえた，佐竹氏の議論は説得的である。ただし小農民の自立化が大家族から宗族主義への転換をもたらしたとすれば，小農民の自立化がもっとも進んだ先進地域において，宗族形成がもっとも進展するはずである。しかし実際には，宋元時代に宗族形成がもっとも進展した地域は，中進地域である江南東西路・浙東路であった。地域的に見れば，小農民の自立化と累世同居の成長は，必ずしも対応関係にはない。総じて，累世同居の形成要因は地域や時代によって多様であり，累世同居の発達を特定の要因によって一般的に説明することは難しいように思われる[*1]。

　以上，宋元時代における累世同居の形成要因をめぐる諸説を，大きく四つに分けて紹介した。さらに最近の研究では，牧野巽氏が提起した，宋代に同族結合の主要形態が，『司馬氏書儀』に代表される「大家族主義」から，『文公家礼』に代表される「宗法主義」に移行したという図式についても，再検討が加えられつつある。

　まず水口拓寿氏は，『司馬氏書儀』の「大家族主義」と，『文公家礼』の「宗法主義」は，親族集団内の財産をすべて共有化するか，親族集団内の各下部単位の財産とは別に族産を設定するかという違いはあるが，共有財産の設置による族人の統合という目的からみれば「相同な方法論」であり，「表裏一体」であったと論じる［水口2000］。吾妻重二氏も，『司馬氏書儀』が想定している家族形態は，大家族と小家族の双方を含む「ゆるやかな家長主義」であったと説く［吾妻2005］。また小島毅氏も，「大家族」と「宗族」との対立自体が，宗族形成の当事者たち自身ではなく，牧野氏など近代の研究者が作りあげた区分であり，大家族と宗族は機能的に異なっていたとしても，当事者たちは両者をともに「家」として連続的にとらえていたことを重視すべきであると指摘している［小島2005］。

　さらに遠藤隆俊氏は，累世同居は明清・近代まで数は少なくなるが継続してみられる現象であり，両者を牧野氏のような「大家族主義から宗法主義へ」という「移行の図式」ではなく，宋代以降に並存する「親族攻勢の二類型」とみなすべ

[*1] たとえば江南東西路について累世同居の事例が多い河北路の場合，特に遼との国境に沿った北辺に累世同居の事例が多く［王2000：153］，この地域における大家族の発達は，軍事地帯における緊張状態が背景にあったと考えられる。

きだと説く［遠藤2005］。また井上徹氏も，元代から明前半期には，浦江鄭氏に代表される大家族はなお健在であり，宋代以降も大家族主義は宗法主義と並存していたと論じている［井上2005］。

諸氏が指摘するように，累世同居と宗族とを，完全に断絶した現象としてとらえるべきではなく，実際には両者の中間的な形態も存在した。また明清以降も，累世同居の事例は少数ながらも一貫して存在し，近現代にいたるまで，多世代同居の大家族を理想的な親族集団とみなす通念はひろく浸透していた。ただしその反面，累世同居と宗族との相同性を，過度に強調することも問題であろう。中国における「家」は，広義には「宗」と同じく共通する祖先を持つ男系集団を，狭義には家計をともにする生活共同体（すなわち同居共財）を意味し，両者は法概念としても区別されていた［滋賀1967：50－58］。一定範囲の同族が一つの（狭義の）「家」を構成する累世同居と，複数の（狭義の）「家」が，共通する祖先の祭祀を通じて結合する宗族とは，同時代人も異なる範疇として認識していたであろう。また財産共有についていえば，宋代には范氏義荘のような大規模な族産はごく例外的であり，多くの宗族は祖先祭祀のため若干の共有資産を設けるにすぎず，同族集団が一つの「家」として主要資産を共有する累世同居との相違は大きい。

全体として，累世同居は宋代から近現代まで理想的な家族形態として評価されつづけたとはいえ，現実の同族結合の主要形態は，南宋から元代にかけて，宗族結合へとしだいに移行したことは確かであろう。特に江南東西路は，北宋期にはもっとも累世同居が発達するとともに，南宋から元代にかけては，宗族形成がもっとも活発に進められた地域であり，こうした移行過程を具体的に検証することができる。以下本稿では，徽州（北宋までは歙州）婺源県武口の王氏という一同族の事例研究を通じて，北宋における累世同居の形成と解体，南宋における宗族結合の展開の過程を検討してみたい。

2．史料の紹介──『武口王氏統宗世譜』序文──

本稿でとりあげる婺源県武口の王氏は，北宋前期の江南東路という，中国史上でもっとも多くの累世同居が記録された時代・地域にあって，典型的な累世同居

を実現していた。しかし北宋中期には，族人を大家族のもとに統合する求心力が失われ，累世同居は解体を余儀なくされる。そして南宋期には，王氏は族人間の階層分化や，社会的・地理的移動の増大などに対応しうる，あらたな血縁関係としての宗族的結合を模索してゆくのである。

　宋代における宗族的結合は，まず族譜を編纂し，同族の系譜を明確化することを起点とすることが多い。武口王氏もまた，北宋中期から元末にかけて，7回にわたり一族の系図を編纂した。これらの系図自体は現存していないが，幸いにも明代に編纂された王氏の族譜には，歴代の系図の序文が収録されている。すでにパトリシア・イーブリー氏は，その一部を累世同居の解体状況を示す史料として紹介しているが [Ebrey 1986 : 32]，筆者もこれらの序文をにより，武口王氏の累世同居から宗族結合への移行過程を分析してみたい。

　筆者が調査した明代の武口王氏族譜は，次の3種である。

①『太原王氏会通世譜』13巻（王道瑺等纂修，弘治14 [1501] 年刻本，上海図書館蔵）

②『武口王氏統宗世譜』不分巻（王銑等纂修，隆慶4 [1570] 年刻本，国立国会図書館蔵，以下，隆慶『世譜』と略称）

③『武口王氏統宗世譜』24巻（王鴻等纂修，天啓3 [1623] 年刻本，上海図書館蔵残本）

①は唐代の王仲舒を遠祖とみなす徽州王氏の統宗譜である。歙県沢富の王氏に関する記事が大部分を占めるが，巻首には宋代の武口王氏系図の序文も収められている。ただし残欠部分も多く，全文を利用することはできない。②は現存する最古の武口王氏族譜であり，巻首には，宋元期に武口王氏が編纂した7種の系図の序文が完全に収録されている。③は②につづく武口王氏の族譜だが，冒頭部分が欠落しており，明末以降の序文しか確認できない。以下本稿では，②所収の宋代序文を主要な史料とする[2]。

---

[2]　なお『中国家譜綜合目録』（中華書局，1997年）には，明代に編纂された武口王氏族譜として，このほかに『新安武口王氏重修統宗惇叙支図』24巻（王銑等纂修，明末刻本，北京大学図書館蔵），『新安武口王氏重修統宗世譜』（明刻本，国家図書館蔵，存巻一〜十）の2部を著録するが，筆者はいずれも未見である。

ただし明代の族譜に収録された宋代の譜序を，宋代史料として利用する場合，当然ながら慎重な史料批判が必要である。もとより明清族譜に収める宋代の序文・伝記・記事には，家系を宣揚するための虚構や潤色が稀ではない。森田憲司氏も，明清族譜にはしばしば朱熹・真徳秀などの宋代の著名人による旧序を掲げるが，現行の彼らの文集には，それに対応する文章は存在せず，その信憑性には疑問があることを指摘している［森田1978：29－30］。

こうした史料的信憑性の問題もあって，従来の宋代宗族研究では，明清族譜の序文や記事を利用することは稀であった*3。たしかに宋代の名士を撰者とする旧序の大部分は，後世の偽作である可能性が高い。しかし一方で，現存する宋人の文集は，著者が残したすべての序文類を載録しているわけではなく，彼らの文集に含まれない譜序も，ただちに偽作と断ずることはできない。パトリシア・イーブリー氏も，武口王氏の族譜序文に論及したうえで，「著名な学者の撰とされる（そして彼らの文集には見あたらない）譜序は，しばしば後世の偽作であろうが，宋代のものとされる譜序のすべてが疑わしい訳ではない。族譜における状況証拠から，序文の年代や著者の信憑性が認められることも多い」と指摘している［Ebrey 1986：32, note11］*4。

隆慶『世譜』には，北宋の譜序2種・南宋の譜序5種・元代の譜序2種を掲げるが，宋代の譜序はすべて王氏の族人の撰であり，名士に仮託したものではない。元末の譜序一編だけが族人以外の撰であり，元代から族外の著名人による譜序が増加するという傾向とも一致する［森田1978：40－41］。また宋代特有の制度用語や官職名などもすべて正確であり，後世の偽作を疑わせる部分はなく，9種の序文の内容も首尾一貫している。さらにこれらの宋代序文が初出する，①『太原王氏会通世譜』が刊行された弘治年間は，南宋後期から約250年後，元末から約150年後にあたる。この程度の期間であれば，宋元時代の譜序が伝存していてもなんら不思議ではない。

さらに隆慶『世譜』の宋元序文の信憑性は，同時代史料によっても確認できる。

＊3　蘇州范氏の宗族形成を，清代の『范氏家乗』も活用して論じた研究に［遠藤1998］などがある。
＊4　イーブリー氏の利用した族譜は，天啓三年刻本『武口王氏統宗世譜』と思われる。

本稿で主たる史料とするのは，北宋中期の王序舟による「九族図」自序と，南宋中期の王炎による「王氏世系録」自序である。王炎には文集『雙渓類藁』があるが，残念ながら「王氏世系録」自序は収録されていない。しかし宋末元初の戴表元（奉化人，咸淳7［1271］年進士）の文集，『剡源集』巻十八「題婺源武口王氏世系」には，次のようにある。

婺源武口の王氏，……韓文公の為る所の墓碑に見えて知る可きは，唐尚書郎玄暐なり。これ自り下，凡そ十五世，その能く然らかなる所以は，宋の嘉祐戊戌歳，七世孫に左承事郎国子監主簿知撫州崇仁県の如舟あり，嘗て「九族図」を為るを以てなり。嘉定辛未歳，十世孫に中奉大夫婺源県開国男の炎あり，嘗て「世系録」を為り，その宗は遂にこれに因りて散ぜず。録成りて後，今に迨ぶまで，又た幾んど九十年。中奉公の曾孫たる伝は，又た捜討綴緝して，増して五巻と為し，余に言を徴む。余は既に王氏の世徳は長く，義風は美にして，前後の賢子孫，能く人の難とする所を為し，尊祖合族の道を知るを嘉し，遂に喜びてこれが為に書せり。

ここでは嘉祐3（1058）年に王如舟が「九族図」を，嘉定4（1211）年に王炎が「王氏世系録」を編纂したことが明記されている。序文自体の内容の信頼性と，同時代史料の記述から見て，隆慶『世譜』所収の宋代序文は，真作と見てまちがいないだろう。

3．北宋期，武口王氏の累世同居とその解体

武口王氏の遠祖は，9世紀前半に江南西道観察使となった王仲舒とされる。仲舒の孫の希翔は，唐末に黄巣の乱を避け，江南東道の宣州から歙県の黄墩に避難し，広明元（880）年，武口に移住したという[*5]。唐代の官僚の子孫が，黄巣の乱を避け，黄墩を経て徽州各地に定住したというのは，徽州の多くの宗族が共有する移住伝承である［熊2004］。

武口は婺源県を縦断して鄱陽湖に注ぐ婺水と，支流の武渓が合流する交通の要地であった。唐末の婺源県では土豪層の主導のもとで多くの自衛集団が割拠して

[*5] 隆慶『世譜』，「続世系図譜序」・「世系統紀」。『新安名族氏』後巻，王，婺源武口王氏。

地図1 婺源県周辺図

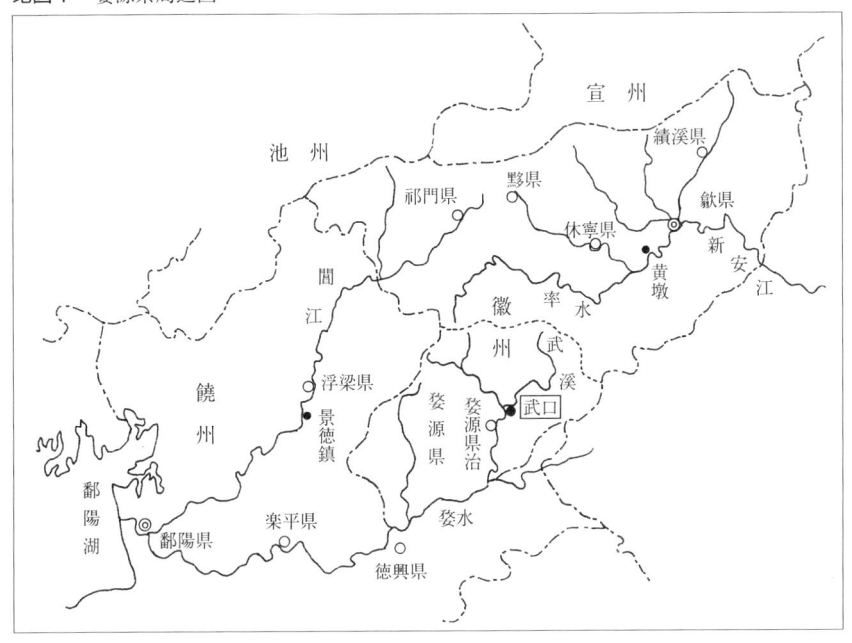

いたが，9世紀末には在地勢力の汪武が，県内の自衛集団を統合して外敵の侵入を防ぎ，茶などの流通と交通を掌握し，のちに南唐を建てる楊行密の勢力に対抗した。汪武は9世紀末に武口に鎮を創設して根拠地としたが，のちにやや下流に新県城を建設して拠点とした。10世紀初頭には，楊行密の部将の陶雅が，汪武の勢力を排除して婺源県を掌握する［山根2002］。王氏はおそらく汪武や陶雅などの勢力に依存して婺源に移住し，交通や軍事の要衝であった武口を拠点として，有力同族へと成長したのだろう［山根2005：52－54］。

唐末五代の婺源県では，主として歙県から移住民が流入し，婺水の上・中流域を中心に地域開発を進めてゆく。北宋期には江西方面からの移民の流入や，県内での移住によって開発が進展する一方，他県への移民の流出もみられるようになる［山根2005］。武口王氏も，唐末から北宋にかけて，水田開発と山林産品の商品化による地域開発を進めたと思われる。武口への始遷祖である王希翔には一子の延釗があり，延釗には10人の男子があった。延釗は北方で宋朝が成立した建隆元（960）年に没するが，その後も延釗の10人の男子は同居共財を続け，しだい

に累世同居の大家族へと成長していったという*6。

　婺源は江南東西路のなかでも，累世同居の事例が特に多い県である［小松1993：24-27；王2000：155］*7。南宋の淳熙『新安志』では，北宋の義門の典型として，まず婺源大畈の汪廷美を挙げている*8。彼は400人が同居共爨する大家族の家長であり，若くして郷官（里正などの郷役）となった。真宗朝に税糧を減免すると，佃戸の租もそれに応じて軽減し，穀価の下落時には，貧民のため穀物を放出した。族人に江西方面で絹を売らせ，贋銀をつかまされても責めず，麦の種を借りた農民が返済不能になると，抵当物を無償で返したという。こうしたエピソードは，汪廷美が大土地経営をいとなみ，郷村統治の基層を担うとともに，穀物を販売・出貸し，商業活動にも関与した開発地主であったことを示している*9。

＊6　隆慶『世譜』，「王氏世系録序」・「同居図」。ただし王氏の累世同居が，実際に始遷祖の子孫の増加と分節化によって形成されたとは限らない。族譜に記された初期の祖先の系譜は，族譜編纂時から遡及的に再構成されることが多く，その過程で系譜のつながらない外来者が，始遷祖の子孫として混入してくることも稀ではない［瀬川1996：24-28］。武口王氏の場合も，各房が実際に同一の祖先から出自した男系子孫であるかを確かめるすべはない。王氏が有力同族として成長する過程で，王氏に依附した他の小同族が，王氏の系譜に混入したり，王氏との姻戚関係を通じて同族集団に参入した可能性も否定できない。

＊7　王善軍氏によれば，宋代の累世同居事例が最多の県は，湖城県（陝西路）・銅陵県（江南東路）・婺源県で，各3例を数える［王2000：155］。さらに小松恵子氏は，王氏が紹介した3例にくわえ，宋末元初の1例を含めた4例の累世同居を紹介する［小松1993：24-27］。

＊8　淳熙『新安志』巻八，義民，汪廷美。また［小松1993：24］を参照。

＊9　なお山根直生によれば，大畈の汪氏は唐末に婺源に移住し，汪武などの勢力のもとで兵事に関与していた。山根氏はこうした事例から，婺源県で累世同居を形成した同族は，「婺源県内外の権力の領導下で当初から一定の隊伍をなして移住した」と考えられ，「周辺社会からの『戎士』としての孤立，それに対応する内部における強固な結集の必要こそ，婺源県での累世同居型同族結合の叢生を促した」と推定している［山根2005：53-54］。婺源における同族集団の発達の出発点に，族譜などには現れない，地方権力のもとでの武装集団としての性格をみとめる山根氏の指摘は重要である。ただし武口王氏の場合，汪武などの勢力と関係していた可能性は高いが，彼らが兵事に関与していたことを明示する史料は確認できない。また婺源における累世同居は，いずれも北宋前期以降の事例であり，唐末五代における「戎士」的性格との直接的な因果関係については判断を保留したい。

『新安志』の汪廷美伝の末尾には、「のち三十年にして、知県劉定は、また処士王徳聡を表して、以て孝友信義と為す。孫の如舟に至りて、時に顕わる」とある。この王徳聡は、武口王氏の始遷祖である王希翔の玄孫にあたる。彼の時代に、武口王氏は婺源県を代表する累世同居の大家族に成長した。弘治『徽州府志』は、その事績を次のように伝える*10。

> 王徳聡、字は安国、婺源武口の人なり。……徳聡は孝友信義、里人は称えて長者と為す。層楼を為り、経籍を聚め、以て子孫に教う。……田百頃あり、公事に非ずんば城郭に入らず。一家に食する者は幾んど五千指、同居すること七十余年。天聖初、県宰劉定は奏して、その門閭を旌す。仁宗朝に扁を賜いて孝友信義の家と曰う。同邑の汪氏は信に篤く義を踏み、先に長者の称あり。徳聡はその人と為りを楽しみ、恂恂として自ら克くこれに効い、常に自ら「心に汪君に愧ずなく、亦た仁に愧ずなし」と謂う。里に辨訟する者あるも、その一言を得れば則ち平らぐ。邑大夫は毎にこれを奨重して曰く「匹夫にして郷人を化す者は、吾は汪君・王君に於いてこれを見る」と。

王徳聡の時代に、武口王氏は広大な土地と多数の家族を擁し、その累世同居は最盛期を迎えた。彼は汪廷美の事績を慕い、郷里の「長者」として紛争処理にあたり、楼閣を造って書籍を集め、子孫を教育した。知県は汪廷美・王徳聡を「匹夫にして郷人を化す者」として賞揚し、天聖初年（1023～）には、朝廷も「孝友信義の家」の扁額を賜ったという。

ただし宋初から11世紀前半までは、武口王氏の族人には、名目的な官名（散官）を持つ者はいても、実際の官職についた者はいない*11。累世同居時代の王氏は、なお新興の庶民地主であった。ようやく皇祐5（1053）年にいたり、徳聡の孫の汝舟が進士に合格し、各地の地方官を歴任して、夔州路提点刑獄使にいたった。この王汝舟が、進士合格後まもない嘉祐3（1058）年に、王氏の系譜をまとめて「九族図」を編纂したのである。

王汝舟は「九族図」の自序において、王徳聡時代の累世同居を、次のように伝

---

*10　弘治『徽州府志』巻九、人物三、孝友、王徳聡。[小松1993：24]参照。
*11　隆慶『世譜』、「襲慶図」

えている*12。

　大宋建隆元年，高祖（王延釗）没す。十人の中，或いは存し或いは亡じ，その子孫は衆多たり。この時天下は初めて定まり，干戈戍役の労なし。王氏の親たる者，三百二十有余人，義として分かつに忍びず，同居すること六十有五年。産の税を計るに，纔（わず）かに七十有二貫にして，金穀・資用の費は，歳ごとに常に余あり。時に里中には独り吾が王氏を盛んと為す。尊卑の義譲すること，灼灼として官府の如し。庭を過ぐる者は必ず揖し，堵（きがし）を趨（はし）る者は必ず恭す。郡邑を撓（みだ）すことなく，粛さずして自ら厳たり。賢宰の劉公定は，表を具してその門閭を旌し，仁宗朝に賜りて孝友信義の家と曰う。

ちょうど宋朝が成立した建隆元（960）年から65年にわたり，王氏は累世同居をつづけ，王徳聡の時代には，家族の総数は320余人に達した。その戸に課せられる「産之税」は72貫であったという。「産之税」とは，所有地に応じて課される夏税額（産銭・税銭）であるが，王氏の家族の多さを考えれば決して大きな額ではない*13。それでも「金穀・資用の費は，歳ごとに常に余あり，時に里中には独り吾が王氏を盛んと為す」といわれたのは，王氏が流通の拠点である武口にあって，水田経営だけではなく，山林産品の生産・加工・販売によって，多大な収入を得ていたからであろう。

　武口王氏の累世同居が最盛期を迎えた11世紀前半には，婺源の地域開発も一段落して，社会秩序も安定し，唐末五代の混乱期に土豪的地主として台頭した王氏も，儒教的家族倫理を実践し，郷村秩序をになう「長者」としての文化的資源を獲得していった。そこではすべての族人が同居共財の家のもとで強固な共同性を維持するとともに，「尊卑の義譲すること，灼灼として官府の如し」という，厳格な

＊12　隆慶『世譜』，武口王氏世譜旧序，「九族図序」。
＊13　宋代徽州の税銭は毎畝100文〜200文であったが，婺源県のみ上田は毎畝42文，中田は40文，下田は38文に止まっていた（淳熙『新安志』巻二，貢賦，税則）。王氏の土地所有額は，中田として換算すれば1800畝（18頃）となる。家族員は320余人なので，一人あたりの土地所有額は5.52畝となる。ちなみに宋代の下等戸の平均的な土地所有額は20畝前後であった［柳田1957］。王氏はむろん全体としては一等戸に格付けられるが，一人あたりの所有地はさほど多くないことになる。

尊卑長幼の秩序を実現していたとされる。それは家長の統率のもと，家族が尊卑長幼の秩序にもとづいて共同生活をいとなむという，理念的な「家」のモデルが同族全体に拡張されたものであった。そして江南東西路の地域開発の過程で，各地で成長し盤踞していた大小の土豪的同族を，宋朝の郷村統治体制のもとに秩序化してゆくうえでも，王氏のような「義門」は恰好のモデルを提供したのである。

しかし王氏の累世同居は，仁宗朝の天聖初年に最盛期を迎え，朝廷から旌表を受けるとほぼ同時に，解体に向かうことになった。王汝舟はその経過を次のように伝える。

> 甲子天聖二年に至り，族は大なるを以て居す可からず。戸内の産税を挙ぐるに，公私の積成すること三百四十有二貫たり。遂に衆田を以て析して十分と為し，私産はこれに与らず。この歳，その十分を以て，また支ちて三十三戸と為す。今に至る三十有五年，その王村に在り，或いは他村に遷る者は，凡そ五十余家，皆な王氏の族なり。税籍・丁口を以てこれを計れば，則ち又た当時に倍せり。その間，勤身立業する能わず，以て貧困に至り，資給する無き者も，亦たこれ有り。吾は後の子孫，既に漸く遠を以て，則ち吾が宗の先祖と，その族派の親疎を記せざることを恐る。因りて九族図一本を集成す。庶幾くば見る者は廼ち始まる所を知りて，先祖の諱を犯さざらんことを。嗚呼，富貴貧賤は天に在り，義と不義とは人に在るなり。

天聖2（1024）年にいたり，王氏の家族員は，同居共財を維持することが難しい規模にまで増加し，やむなく累世同居を解体して，33の戸に分割することになった。分割の時点で，王氏に課せられる産銭は342貫にまで増加していた[*14]。

ここで注目されるのは，累世同居の解体に際して，「遂に衆田を以て析して十分と為し，私産はこれに与らず」とされている点である。もともと王氏の大家族

---

*14 この時点での王氏の土地所有額は，産銭額を中田として換算すれば，8550畝（85.5頃）となる。弘治『徽州府志』の王徳聡伝に，所有する田地が百頃，家族員が約500名というのは，この時期のことを指すのだろう。また342貫の産銭を33戸に分割した後の，各戸の産銭は平均10.36貫（中田に換算して368.18畝）となる。

は，10の房に分節化していた。累世同居の解消にあたっては，共有の「衆田」を各房ごとに10分割し，さらに戸籍上は，各房はいくつかの戸に分かれ，総計33の戸が生まれたのである。ただしこのほかにも，もともと個々の房や族人が保有していた「私産」があり，それは10分割の対象から除外されたのだという。およそ同居共財の家では，家長が家産の管理・処分権を有し，その他の家族員は，妻の持参金などの特有財産を除いて，私産を保有しないのが原則である［滋賀1967］。累世同居の大家族であっても，それが一つの家である以上，理念的には家族内の資産は，家の共同会計に組み込まれることになる。

ただし実際の宋代の家では，全体の共有資産のほかに，個々の家族員が一定の「私財」を持つことも稀ではなかったようだ。持参金などの特有財産のほかにも，官僚としての俸給も「私財」とされることがあった。王氏が累世同居を解消した13年後の景祐4（1037）年には，「子孫が独力で獲得した財産や，官俸により得た財産は，家産分割の対象から除外する」という詔令が下されている［柳1994：268］[*15]。王氏の大家族においても，共有の田地などのほかに，各房が一定の「私産」を有していた。そしてこうした「私産」の増加が，大家族の求心性を弱め，累世同居が動揺する一要因となったのではないかと考えられる。

総じて，累世同居は家族員の貧富や階層の差異が少ないほど維持しやすく，貧富や階層の分化が拡大するほど動揺しやすい。累世同居では家族員の一部が高い地位や収入を得ても，その成果の多くは大家族全体に吸収される。家族員の階層分化が進めば，上昇移動をめざすメンバーの不公平感が増し，それが大家族に対する遠心力として作用する。任官や商業などによる上昇移動と，地方社会での基盤の強化をめざしながら，同族結合を維持するためには，より柔構造の宗族形成のほうが有効であった［Ebrey 1986：32-34］。

北宋から南宋にかけて，同族結合の規範的モデルが，累世同居から宗族形成へとしだいに移行する過程では，両者の中間的なプランも模索された。たとえば南宋初期の趙鼎は，不動産は同族全体の共有として，収益を族人全体に分配することによって，大家族的結合を維持しながらも，動産は子孫の各房に均分し，子孫

＊15 『続資治通鑑長編』巻百二十，景祐四年正月乙未。［柳1994：268］参照。

の任官などによる収入も，各房の私産とすることを定めている［McDermott 1993；柳1995］。武口王氏の場合も，一定の共有資産を保全して，趙鼎型のゆるやかな大家族を維持するという選択肢もあったであろう。しかし実際には，王氏は大家族を完全に解消して，すべての「衆田」を均分し，個々の小家族に分割することを選んだのである。

4．南宋期，武口王氏の社会移動と宗族的結合

　王汝舟が「九族図」を編纂した嘉祐3（1058）年には，累世同居の解消から35年を経過していた。この当時，「王村に在り，或いは他村に遷る者は，凡そ50余家。……税籍・丁口を以てこれを計れば，則ちまた当時に倍せり。その間，勤身立業する能わず，もって貧困に至り，資給する無き者も，またこれ有り」と，王氏一族の人口は倍増し，武口に残る者，周囲の村落に移住する者を含めて，50余家に達した。同時に族人間の階層分化も進み，このために汝舟は，「九族図」を編纂して同族関係を再確認したのである。　しかしその後も，族人の階層分化と同族秩序の動揺は進行していった。元符3（1100）年，如舟は「九族図」を重修するが，その序文で彼は当時の同族秩序の混乱を次のように嘆く。「今の人は，父母の教は則ち従わず，妻妾の一語は則ちこれに従う。父母の厳は則ち懼れず，妻妾の悪悖は則ちこれを懼る。父母の財は顧惜せずして，妻妾の財は則ち力を竭してこれを営む。……兄弟を視ること仇讐の如く，子姪を顧みること盗賊の如し。財を以ってあい妬み，事を以ってあい陥れ，貧はあい保つ能わず，禍はあい扶く能わず。田園はその腴を択び，器用はその美を取り，少も意の如くならざれば，則ち軽を争い重を較い，刑を干し法を冒し，訟を以って勝を取りて後已む」*16。父系出自集団としての同族秩序がゆらぎ，父母よりも妻妾に従い，父母の資産よりも妻妾の資産を重視する。族人の増加は土地や資産の争奪を激化させ，同族内の利害対立や訴訟も顕在化した。

　累世同居時代の王氏は，規範的な家族秩序を実現した「義門」であり，同時に

---

*16　隆慶『世譜』，武口王氏世譜旧序，「重閲九族図序」。

郷村秩序を担う「長者」であるとされていた。王如舟は，累世同居の解体後における，族内秩序の混乱を率直に語っている。さらに郷村社会における王氏の土豪的側面を示す史料として，洪邁『夷堅志』(支甲志)には，興味深い説話が伝えられている。この説話の前半は，宋生という道士が，双子の兄弟を利用して分身の術にみせかけ，楊姓の富豪を欺いたという話であり，後半に「婺源武口の王生」と托鉢僧をめぐる次のような逸話がつづく。

> 徽州婺源武口の王生なる者，富は郷里に甲たるも，人と為りは頑很にして憎むべく，衆は目して「王蜇齧」と為す。俗語に邑落を悩害するを指せる称なり。性は吝嗇にして，尤も僧輩の行化を憎み，至らば必ず罵斥して，一銭も与えず。頭陀の茁髪にして獰醜なるあり，その居内を伺いて，直ちに門に造り，鐃を鳴らし仏を唱え，その声は震響す。王はこれを聞きて怒り，杖を持ちて撃たんとし，これを走らしむ。甫く外より還るに，前の頭陀は故り廊下に在り，鳴唱すること昨の如し。王は愧怖し，敬いて羅漢聖僧となし，頬を搏ちて過を悔い，立ちどころに白金二十両を取りてこれに与え，なお悚然たること盡日。両州の人は説えらく，宋生と頭陀は皆な兄弟双生にして，甚だ相い似る。故に各おのその詐を售げて，以て楊・王の二人を欺くのみと*17。

『夷堅志』の支甲志が成立したのは紹熙5 (1194)年ごろであり［大塚1980］，この説話も北宋末から南宋前期にかけての伝聞にもとづくと推測される。説話の内容自体は，やはり双子の頭陀（托鉢僧）による詐術譚であるが，ここで登場する「武口の王生」は，郷里に武断し，人々に「王蜇齧」(刺したり噛んだりの王)と憎まれる土豪である。この逸話は，宋代の史料にしばしば現れる，郷里の名望家としての「義門」や「長者」と，郷里に武断する「豪強」や「豪民」が，断絶した存在でなかったことを示唆している。

南宋中期の開禧2 (1206)年には，王大中が汝舟の作った系譜を続修して，「続九族図」を編纂した。大中の序文によれば，南宋期の王氏は，武口を中心に周辺の村々にいたる，数十里にわたる同姓集落を形成し，さらには徽州各県や，長江下流・中流域の各地にも移住を展開していたという。大中自身も父に従って

---

*17 洪邁『夷堅支甲志』巻九，「宋道人」。

外地を転々とし、たまに郷里に帰っても、「族人と邂逅するに、あい識らざる者は常に八・九、その尊卑の叙は、憒然として辨ずるなし」というありさまであった*18。王氏一族の空間的・社会的移動や階層分化はいっそう進み、このため彼は、「続九族図」を編纂し系譜を明確化しようとしたのである。

さらに嘉定 4 (1211) 年には、王炎が「九族図」と「続九族図」をまとめて「王氏世系録」を編纂した。王炎は乾道 5 (1169) 年の進士。各地の地方官を歴任し、官は軍器少監にいたった。南宋期の徽州を代表する道学者のひとりで、婺源を原籍とする朱熹とも親交が厚く、文集『雙渓類稾』が四庫全書に収められている*19。

王炎は「王氏世系録」の序文で、累世同居の解体経過を次のように回顧している。

　　建隆元年より、天聖二年に至るまで、凡そ六十有五年、義を以て同居する者は四世、闔門三百二十有六人なり。食指は衆く、産業は少なきも、析居するを兗ばず。これ王氏最盛の時なり。ここに於いて遂に婺源の著姓と為る。析戸の後、未だ幾くも無くして、即ち貧にして自業する能わざる者あり。切かに意うに、析居する所以は、必ずや群を敗う者、その間に厲うならん。故にその勢の聚りて必ず散ずるは、殆ど専ら食指の多くして産業の少なく、用度の足らざるが為のみならざるなり。……*20

11世紀前半に最盛期を迎えた王氏の累世同居を支えたのは、集約的な稲作と、山林産品の商品生産であった。しかし家族員の増加とともに、個々の房や家庭は、周辺地域にあらたな生産地をもとめ、あるいは県外に移住し、収入の格差も広がってゆく。こうした家族員の空間的移動や階層分化がしだいに累世同居の維持を難しくし、その解体をもたらすことになった。

そして累世同居の解体は社会移動と階層分化をさらに加速した。王炎は次のように続ける。

　　これより久しく、丁黄の籍は、曩時に視べて殆ど且に什伯ならんとし、三万林の東西十里の間には、王氏の屋宇あい望めり。才を以て自奮する者は、登

---

*18　隆慶『世譜』、武口王氏世譜旧序、「続九族図序」。
*19　程敏政『新安文献志』巻九十六、行実、儒碩「王大監炎伝」(胡升撰) など。
*20　隆慶『世譜』、武口王氏世譜旧序、「王氏世系録序」。

科入仕し，以てその親を顕栄するに足るも，猥下なる者は，或いは目に書を知らざるに至る。智を以て自ら将く者は，治生殖産し，郷県に豪たるに足るも，困頓せる者は，或いは立錐の余地なきに至る。これに由りて捨去して顧みず，浮居の徒と為る者これ有り。その親戚・墳墓を棄て，他郷に徙る者これ有り。耕農と為り，舟人と為り，負販の夫と為り，以て自らその力を食する者これ有り。百工と為りて藝事を執り，以て自らその技を食する者これ有り。甚だしきは自立する能わずして，自ら奴隷に儕くす。……

　天聖年間から嘉定年間までの200年弱に，王氏の族人は数十倍に増え，武口では大規模な同姓村落を形成していた。しかし一方で，族人の社会移動と階層分化も著しく進んだ。科挙官僚となる者もいれば，目に一丁字もない者もある。地主経営に成功して豪民化する者もいれば，零落した貧民もいる。さらには僧侶となる者，外地に移住する者，農民，船方，輸送人夫，職人などとして自活する者もあれば，奴僕となって役使される者までいるという。

　隆慶『世譜』の「襲慶図」によれば，武口王氏は王汝舟から王炎にいたるまで進士8名，特奏名進士3名，太学生21名を輩出しており，このほかにも士人や下級官僚は数多く，婺源でも有数の名族へと上昇していた[*21]。しかし一方で族内の階層分化は拡大し，族人の均質性が強かった累世同居時代のような緊密な共同性は望むべくもない。

　王炎の同時代人であり，隣接する衢州出身の袁采は，士大夫の子弟は科挙に合格すれば理想的だが，「開門して教授し，以て束脩の奉を為し」てもよく，あるいは「筆札を事として牋簡の役を代え」たり，「点読を習い童蒙の師と為る」という選択肢もあると説く。さらに学問を生業としなくとも，「巫医・僧道・農圃・商賈・伎術，凡そ生を養い先を辱めざる者は」，すべて職業選択の可能性に含まれるという[*22]。南宋期の東南盆地では，士大夫の家においても，子弟の才能と環境に応じて，科挙受験・教師・筆耕・塾師，さらには巫師・医師・僧侶・道士・農民・商人・職人などで生計を立てさせるという，現実的で柔軟な移動戦略が認

---

*21　隆慶『世譜』，「襲慶図」。
*22　袁采『袁氏世範』巻二，処己。

められていた。

　王炎もまた，このような移動戦略と，その結果としての社会的上昇・下降移動自体を否定するわけではない。学問をする環境がなければ，多様な職業選択により生活の途を求めるのはやむを得ない。地域開発の限界と人口増加により，資源をめぐる競争が激化していた南宋の東南山間地域において，人々が状況に応じた生存戦略を追求し，その結果として族人間に階層分化が生じるのは当然のことだ。

　王炎は族人がともに暮らし，ともに食事をするという，累世同居自体の復活を望んでいるのではない。彼が望んでいるのは，累世同居時代の「義」の精神を族人たちが思い起こすことなのだ。祖先の気を共有する同族としての「義」を通じて，激しい社会移動によって失われた共同性を呼び戻し，階層分化によって困窮した族人に対してセーフティ・ネットを提供する。南宋期において，「義」の観念は家族と国家との中間における共同性を示すキーワードとなる。それは直系家族における「孝」，国家に対する「忠」に対し，義荘・義倉・義役など，村落や宗族などのコミュニティにおける公益活動と結びついた概念であった［斯波1996：191；Hymes and Schrokauer 1993：54−55］。不安定で競争的な南宋期の社会において，「義」の理念によって人間集団の共同性とセーフティ・ネットを確保し，尊卑・長幼の序によってそれを秩序づけることが必要とされたのである。

5．族譜編纂と墳墓祭祀

　南宋期の有力同族にとって，累世同居の大家族という結合形態は，すでに現実的な選択肢ではなくなっていた。それでは均分相続による家産の細分化や，社会移動による族人の階層化に対し，どのような形で同族結合を再編すべきなのか。

　当時の多くの士大夫が理想としたのは，始祖の子孫全体（大宗），あるいは高祖の子孫（小宗）が，祖先祭祀を通じて一族を統合するという，古代の宗法の復活であった［井上2000］。王炎も次のように述べる。「後世には宗子の法は既に亡く，緦麻の服に非ざれば，あい視ること幾ど路人の如く，冠婚はその喜びを共にせず，喪葬はその憂いを共にせず。また稍や疎なれば，則ち昭穆も歯うべからず。これ類無きなり。譜牒の存ぜざれば，則ち曾・高より上は，その世系の自りて出

ずる所を知らず。これ本無きなり」*23。古代の宗法がすたれてから，広範囲にわたる同族の共同性も失われた。それを回復するためには，宗法の復活は難しくとも，族譜による系譜の明確化が必要だというのである。

族譜の編纂は，婺源県の内外へと空間的に拡散した王氏の族人が，コミュニケーションを確保するためにも必要であった。宋代婺源の地域開発は，主要水系に沿った中心部から周辺部へと拡大し，県内の開発が進んで人口が充足すると，県外への移住者も増加してゆく［山根2005：45］。王氏もまた武口から周辺の山間地へと開発を進めていった。現在では婺源県内に30あまりの武口王氏の支村があるがうち十二村は宋代に開かれたとされる。こうした支村は，主として山間の小扇状地や山麓，河岸などに築かれた［王1994：233-235］。さらに南宋期には，「武口より遷りて州の里に之く者は，有らざる処なく，江・湖・淮・浙の間に散処するに至りては，また紀すに勝う可からず」*24と，王氏の族人は徽州各県や，長江中・下流域一帯にひろく移住を展開してゆく。

さらに族譜編纂の過程で，武口への始遷祖の子孫が系統化されるだけではなく始遷祖以前の系譜も遡及的に構成されていった。王汝舟の「九族図」では，始遷祖である希翔以前の系譜は「遠くして記す可からず」とされている。王炎の「王氏世系録」にいたり，唐代に江南西道観察使となった王仲舒の子孫が，唐末に黄墩を経て武口に定住したという祖先史が，はじめて示されたのである。そしてこうした伝承がひとたび定着すると，周辺の同姓集団がそれを共有することにより宗族間連合を構築するための基盤ともなってゆく［瀬川1996：29-31；熊2003：101-109］。たとえば睦州（のち厳州）淳安県の王氏は，始遷祖以前の系譜を探索するため，至元21（1284）年に婺源武口に赴いた。そこで古老から王希翔の子孫の一部が睦州に移住したという伝承を聞き，希翔を遠祖とする武口王氏の支派という系譜を作りあげたのである*25。

ただし南宋期の王氏による宗族形成は，系譜の編纂により，社会的・空間的に拡散した族人にコミュニケーションの手段を提供し，父系同族としての共同性を

*23　王炎『雙渓類稾』巻二十六，考古雑論「宗子論」。
*24　隆慶『世譜』，武口王氏世譜旧序，「続九族図序」（王大中）。
*25　隆慶『世譜』，武口王氏世譜旧序，「淳安始新王氏慶源図序」（王元克）。

確認する範囲にとどまっていた。当時の王氏が，祠堂を設立して遠祖祭祀を行ったり，義荘や義学などの族産を設置した形跡はない。南宋期の段階では，程頤の提唱した祠堂での遠祖祭祀や，范仲淹が実践した義荘・義学などは，宗族形成の理想ではあっても，必ずしも現実的な戦略ではなかった。武口王氏にとっても，広範な同族が結集する場は主として遠祖の墳墓であり，同族や房の共有財産は，祖先の墓地や，そこに附設された墓田程度に過ぎなかっただろう。

各地の地方官を転任していた王炎は，「炎の十世祖の隴は婺源に在り，帰りて拝掃せざること九年，清明に感ありて遂に小詩を成す」と題する，次のような律詩を残している。「九陌は黄塵の裏，桃李の開くを知らず。忽忽として春また過ぎ，逐逐として老あい催す。浮脆き身は露の如く，紛華の念は已に灰ゆ。松楸は恙なきや否や，久客は盍ぞ帰来せざる」。「炎の十世祖」とは始遷祖の王希翔を指す。清明節にはその墓地に武口系王氏の子孫が遠近から参集したにちがいない。それは地理的・社会的に拡散した族人たちが，希翔の「気」を共有する同族としての共同性を確認する場でもあった。北宋の官僚がしばしば任地や国都に寄居したのに対し，南宋の官僚は出身地域との紐帯がより密接であったが［Hartwell 1982：405-416］，祖先の墳墓はこうした地方的戦略の重要な舞台でもあった。

王炎はまた自らの房の墓地を保全するため，婺源知県に次のような書簡を送っている。

> 夫れ王氏の婺源の武水に家するは，十世を逾ゆ。炎の房は独り困弱して，振う能わず。田土の存するは幾くも無く，高曾より以下の墳墓は皆な強く力ある者の奪う所と為り，百年の木は斧に尋くに縦せ，以て材と為る。未だ拱把ならざる者も，亦た剪られて薪蒸の環たり。その地は鋤を加えて桑麻菽粟の畔町と為り，塊然たる孤塚，殆ど将に劘りてこれを夷さんとす。嗟乎，人や誰か祖なからん。その害や乃ち是の若く酷なり……*26。

宋代の武口王氏は10の房に分節化していたが，それぞれの墓地の保全は，各房の盛衰や，求心力の強弱に深く関わっていた。王炎は進士合格後ほどなく，その身分を利用して，知県に書簡を送り，墓地の保全を求めたのである。王炎の友人で

---

*26　王炎『雙渓類稾』巻十九，書，「見洪宰」。

あった朱熹の作とされる『文公家礼』では，居宅の祠堂で高祖以下の位牌（神主）を祀るとともに，高祖より上の位牌は，墓所に移して祭祀を続けると定める。また祠堂には祭田を，墓所には墓田を附設し，祭祀費用を調達することも規定している［井上2000：158-161］。王炎の場合，墳墓での位牌祭祀や，祭田・墓田の設置を行った形跡はないようだ。とはいえ武口王氏全体の結合の焦点が，始遷祖の墓地であったように，房レヴェルの結合の焦点も，各房の墓地であった。系譜の編纂はもとより，墳墓での遠祖祭祀も，空間的・社会的に分散した子孫が，相互関係を確認し，定期的にコミュニケーションを取る主要な機会だったのである。

6．江南東西路の地域開発と累世同居

本稿では，武口王氏という一同族を通じて，移住民社会のなかで成長した大家族が，累世同居の解体後，宗族形成を模索してゆく過程を検討してきた。むろん王氏の事例研究による知見を，宋代以降の累世同居全体に一般化することはできない。しかしこの事例が，宋代の東南山間部において，累世同居的大家族の発達と解体をもたらした諸要因を，集約的に表現していることは確かであろう。

武口王氏の場合，自給自足的環境への適応，士大夫層の主導による儒教的倫理の実践や科挙官僚の輩出，危機的状況への対処などの理由から累世同居の大家族を形成したのではない。王氏の累世同居の成長は，やはり江南東西路における地域開発の進展という文脈から考えるべきだろう。上述のように，佐竹靖彦氏は北宋期の江南東西路における累世同居の「義門」を，地域開発を主導した地主層の血縁的結集とみなした［佐竹1973］。累世同居の発達を，地域開発の進展という時代状況に位置づけた佐竹氏の議論は説得的である。ただし残念ながら，唐末～宋代の東南山間部における移住と開発の実態を示す，信頼しうる同時代史料は乏しく[27]，佐竹氏の推論を実証的にうらづけることは難しい。

唐末以降の地域開発の進展と，同族結合の成長の関連を考察するためには，む

---

[27]　山根2002；山根2005は，明代の『新安名族志』の定量分析や，説話史料の利用によって，唐宋間の徽州における移住と開発の実態を試みている。

しろ明清期におけるフロンティアへの移住パターンが、有効な手がかりとなるだろう。まずモーリス・フリードマン氏は、福建や広東などの東南中国で、大規模な宗族(リニージ)組織が発達した初期要因として、①集約的な稲作農業・②広域的な水利灌漑・②フロンティアにおける緊張状態という3要素を挙げている。フロンティア地域において土地を開墾し、水利灌漑を整備するためには、同族の協力が不可欠であり、そのことが急速な宗族の発達をうながした。また生産性の高い稲作や灌漑施設の発達も、同族共有資産の形成を可能にした。そして政府による秩序維持が不十分なフロンティアでは、外敵からの自己防衛の必要があり、そのことも父系親族集団の強化をもたらした、と考えるのである[Freedman 1966]*28。

これに対しバートン・パスターナク氏は、台湾への漢族移住民の事例に基づき、宗族組織は、むしろフロンティア開発がある程度進展した段階で成長したとみなす。国家の統制力が弱く、原住民との紛争が多発するフロンティアへの移住の初期段階では、まず出身地や民系による結合が形成され、同姓村や大規模宗族よりも、雑姓村や非血縁的な連合が先行した。地域開発の進展にともない、それらの諸集団は、血縁的(男系または女系)・非血縁的(民系・言語・宗教など)な高位集団へと統合されていった。高位の血縁集団は、単一村落の同族集団の増加や分節化よりも、異なる村落の親族集団の融合によって成立したであろう。開発が進み、人口増により可耕地や水利資源がしだいに不足する一方、民系・言語・宗教などによる集団間の対立が緩和された段階で、男系同族を基盤とした、村落間の対立が顕在化したと考えられる。つまりパスターナク氏は、大規模な地方宗族の発達は、むしろフロンティア開発の第二段階における現象とみなすのである[Pasternak 1969]*29。

---
*28 東南中国における宗族の発達要因に関する、フリードマンなどの社会人類学者の諸説は、瀬川1991:208-226において、明快に整理されている。
*29 中国本土における移住史についても、同様のプロセスが指摘されている。広東においては、移住民はまず雑姓村を形成し定住したが、人口増により新たに出村が形成され、他方では村落内部で父系同族どうしの利害分化が生じた。村落の散開と父系同族間の利害対立の結果、他姓を排除した単姓村を拠点とする大規模宗族が成立したという[瀬川1982]。また清代の四川においても、移住民は当初は同郷集団ごとに雑姓村を形成したが、やがて同郷村落の中から経済的上昇を果たした有力同族が分化して、新たに同姓村落を形成し、伝統的文化資本を具備した大規模宗族組織へと成長したとされる[山田1995]。

宋代の江南東西路における累世同居の成長も，やはりフロンティア開発の第二段階の現象として考えうるのではないか。ロバート・ハートウェル氏によれば，東南中国の移住と開発は，唐代前期には浙東から江東へ，唐代中期以降は鄱陽湖水系から福建へといたるラインで急速に進んだ。各地域のフロンティア定住期には，農業生産性の高い地域中心部から開発が始まる。中心部の人口が飽和点に達した段階で，その地域は急速な発展期に移行し，移住と開発の前線が周辺部に拡大した。鄱陽湖水系では唐代中期から急速な発展期に移行し，特に周辺盆地部では，占城米などの導入による二毛作の普及もあって，きわめて高い人口増加と農業の発展を示し，多くの新県が設置されている［Hartwell 1982］。

　こうした地域開発と累世同居の成長との関連は，後者の空間的分布からも推定できる[30]。宋代江南東西路の計32例の累世同居事例を，県ごとに図示したのが【地図2】である[31]。

　32例のうち，22例が江南東路，10例が江南西路に属する。江南西路では，贛江に沿った平野にはまったくなく，贛江の支流の中上流部に6例（洪州・筠州・袁州・吉州・南安軍），汝水流域に4例（撫州・建昌軍）が分布している。一方で江西東路では，鄱陽湖周辺に7例（江州・南康軍・饒州），鄱陽湖水系の上流部に6例（歙州・信州），長江水系の中・上流部に6例（池州・宣州），長江沿岸に3例（池州）が分布している。江南東西路全体としては，山間盆地部の事例が，32例中22例を占める。

　総じて，江南東西路における累世同居は，中心平野部よりも，主として周辺山間地の河谷盆地に分布していた。こうした河谷盆地部では，ため池や水路による灌漑が容易であるため，唐代後半から集約的な水田開発が進み，茶などの商品作物の栽培も盛んであった［斯波1988：112-121；大澤1989］。このほか江州や池

---

[30] すでに佐竹靖彦氏は，唐代中期以降における江南東西路の新設県と，計14例の宋代の累世同居が，いずれも鄱陽湖を中心に，水系に沿って放射線状に広がっていることを指摘している［佐竹1973：322-327］

[31] ここでは［王善軍2000：147-149］に挙げる28例の累世同居事例に，［佐竹1973：322-326］から4例を増補した。なお唐宋間の江西東西路における新県の設置状況については，［佐竹1973：324-325，表4］，［顧2004：141-150］を参照。

地図 2 北宋期，江南東西路の累世同居事例

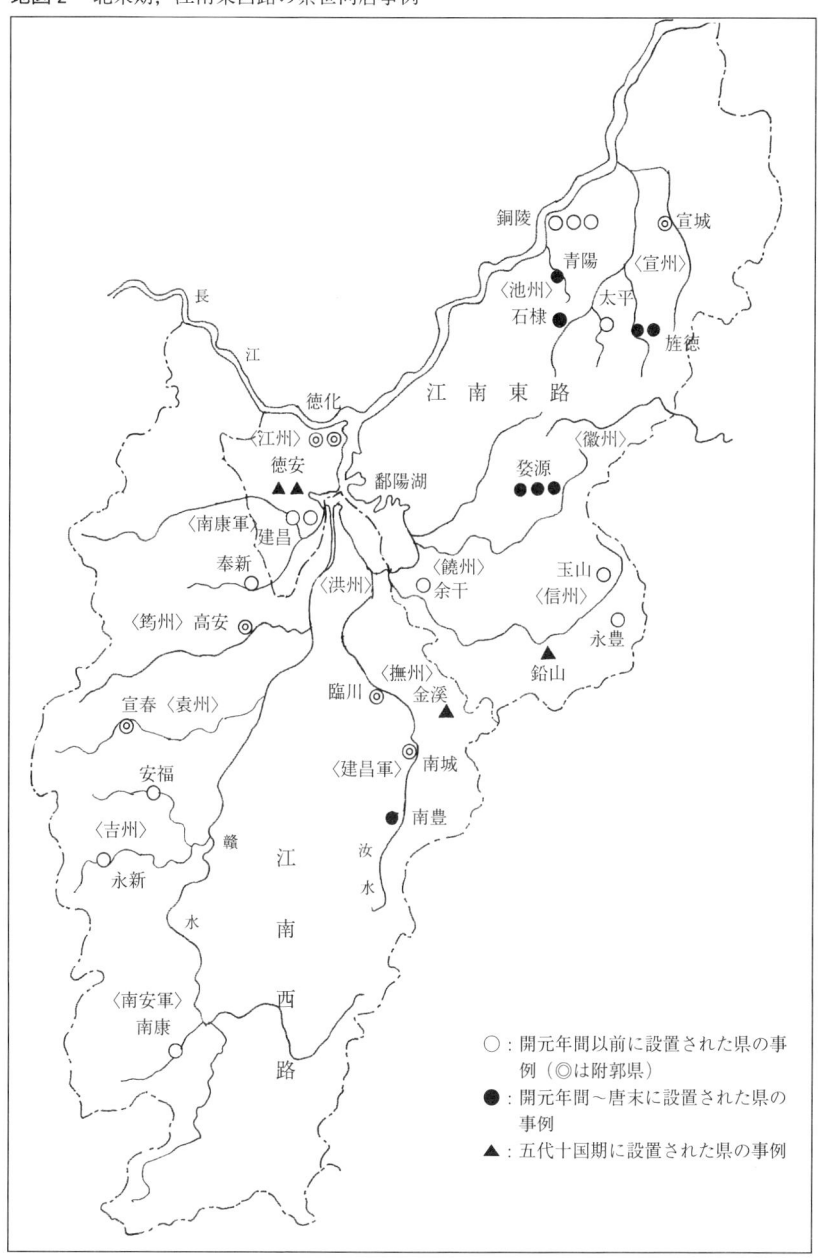

○：開元年間以前に設置された県の事例（◎は附郭県）
●：開元年間〜唐末に設置された県の事例
▲：五代十国期に設置された県の事例

州などの平野部にも累世同居が分布しているが，この地域では唐末から圩田などによる低湿地開発が進められ，江南東路のなかでは，唐宋間の戸数増加率がもっとも高かった[*32]。さらに江南東路では，唐代中期の開元年間以降（713～）の新設県における事例が，22例のうち10例を占めており，州治のある附郭県の事例はまったくない。つまり江南東路では，古くから開発が進んだ地域内の中心部よりも，唐代後期から地域開発が本格化した周辺部で累世同居が成長したのである。

　総じて，江南東西路の累世同居は，唐代後半から人口流入とフロンティア開発が早期に進んだ地域が，フロンティア定住期から急速な発展期に移行した時期に成長したといえる。定住と開発の初期には，治安は不安定で，移住民は同族か否かを問わず，共同して開発と自衛に当たった。北宋期に入ると，社会秩序はしだいに安定し，治安状況も改善されてゆくが，他方では人口増により，農業資源をめぐる競合も激化してゆく。村落内の諸集団は，現実の，あるいは擬制的な父系血縁による結びつきを強め，しだいに有力な男系同族が析出され，弱小集団や後発の移住者を従属させていった。ただし唐末宋初の段階では，後世のような宗族的結合のモデル自体がまだ出現していない。このため大規模化した同族集団は，強固な血縁結合を維持したまま，累世同居の大家族へと発達したと考えられる。

　それではなぜ，宋代の累世同居は江南東西路や浙東路などに集中し，他の諸地域では，地域開発の過程で，累世同居がさほど発達しなかったのだろうか。たとえば四川では，やはり唐代からフロンティアへの移住と開発が進んだが，人口増加率はより緩やかで，人口密度は低かった［呉2000：394-396］。宋代には大規模な土地所有が発達し，小農民の大地主への従属性が強い，典型的な後進地域であった［柳田1963：20-24］。そしてヴァン・グラン氏によれば，四川では江南東西路とは対照的に，父の生前から家産を分割する慣行が根強く，累世同居的な大家族はほとんど発達しなかったという［von Glahn 1987：164-166］。

　両地域の相違は，それぞれの地域開発の特質に起因するのではないか。マーロン・コーエン氏による台湾農村の調査によれば，季節的に集中して労働力を投下

[*32] 江南東路において，元和9（814）年から太平興国五（980）年までの戸数増加率が高いのは，江州（宋初に南康軍が分離）の2.86倍，次いで池州の1.9倍である［顧2004：141-150］。宋代の累世同居も，この江州・南康軍・池州に多く分布している。

するタバコ栽培農家では，共同労働の必要性が高く，家族の相互依存性が強いため，規模の大きい合同家族を形成する傾向があった。また多角的な経営をいとなむ農家も，効率的な分業や投資のため，しばしば合同家族を維持したという。つまり集中的な共同労働を要する商品生産や，家族の分業による多角的経営が，家族の大規模化をうながしたのである［Cohen 1976］。

宋代の江南東西路においても，平地での水田稲作，丘陵地での茶・桑などの畑作や棚田稲作，山地での林業や焼畑農業といった，労働集約的・多角的な商品生産が行われていた［斯波1988：112-121；大澤1989］。こうした農業生産のための，共同労働や分業の必要性が，大家族の成長をうながしたのであろう。これに対し，四川などの後進地域では，粗放な大土地経営が展開し，水田単作による自給的農業が主流であった。このため共同労働や家族内分業の必要性が比較的低く，大家族の成長が抑制されたのではないだろうか。

おわりに

本稿では，徽州婺源県の武口王氏の事例研究を中心に，宋代江南東西路における累世同居の形成と解体の過程について論じてきた。王氏は唐末の混乱期（9世紀末）に，おそらく汪武や陶雅などの支配勢力と結びついて武口に定住し，その周辺で山村型の地域開発を進め，北宋前期（11世紀初頭）にいたって，累世同居の大家族を形成した。王氏の事例は，江南東西路のフロンティア開発の第二段階にいたって成長したと考えられる，多くの累世同居の一つの典型例とみることができよう。

しかし北宋中期（11世紀前半）にいたって，王氏の累世同居は解体し，その後は南宋から元代にかけて，王氏は族譜編纂と墳墓祭祀を中心として，宗族的結合による同族集団の統合を模索してゆく。江南東西路全体としても，累世同居の事例は北宋期をピークとして減少し，南宋から元代にかけては，宗族形成がもっとも活発な地域となる。北宋から南宋にかけて同族結合の主形態が，累世同居から宗族形成へと移行したのはなぜだろうか。

上述のように，佐竹靖彦氏は，宋代に小農民経営の自立化が進むにつれ，豪族

的大土地所有にもとづく累世同居的大家族は衰退し、独立した小家族を基礎とする宗族結合へ移行したと推論している。ただし小農民の自立化が累世同居から宗族結合への移行をもたらしたとすれば、地域的には、小農民の自立度が高い先進地域（江南デルタなど）では宗族結合が発達し、小農民の地主への依存度が高い後進地域（四川など）では、大家族が存続したはずである。しかし現実には、北宋期に累世同居がもっとも成長したのも、南宋～元代に宗族結合がもっとも発達したのも、中進地域である江南東西路であった。さらに明清期にもっとも宗族組織が発達した徽州や広東などでは、近代にいたるまで、隷属性の強い佃僕制が根強く存続していた。小農民の自立化と宗族的結合への移行との関連は、各地域の社会経済的状況に応じて、より複雑だったように思われる。

　王氏の場合、累世同居の解体をもたらした主要因は、家族員の増加と、空間的・社会的移動にともなう階層分化であった。同居共財の大家族は、生活世界が完結的で、家族員の階層が未分化の状態でなければ維持しにくい。しかし家族員の増加により、限られた地域内資源による自活は困難になり、婺源県内に新村を開いて定住し、あるいは県外に移住する族人も増えていった。また商品経済との関わりは、家族員の収入格差を増大させ、同居共財の大家族を維持してゆくことはしだいに困難になってゆく。

　この結果、王氏は累世同居の解体を選択し、そのことは族人の空間的・社会的移動や階層分化をいっそう拡大した。同族結合の弛緩と、族内秩序の混乱という遠心的作用に対し、王汝舟や王炎のような士大夫層は、宗族的結合による求心性の再構築を模索したのである。系譜編纂と墳墓祭祀を通じた宗族結合は、族人に「義」の理念による共同性を想起させ、コミュニケーションの手段を確保し、尊卑・長幼の秩序を具現化する意義をもっていた。それは同時に、柔軟な移動戦略を可能にするための、人的ネットワークを作りあげる基礎作業でもあった。さらに官僚の一族にとっては、族譜編纂にはより現実的な目的もあった。族譜により系譜関係を明確化することは、官戸として認定され、徭役免除の特権を確保し、後継者不在による戸の断絶を避けるために必要であり［青木2005］、恩蔭による任官や、有利な科挙受験を確保するためにも重要な意味を持っていたのである［近藤2005］。

武口王氏が累世同居を解体してからほどなく，11世紀中期には，欧陽脩・蘇洵による族譜編纂，程頤による祠堂祭祀提唱，范仲淹による義荘設立など，宗族的結合の基本的レパートリーが提示されている。こうした一連の実践は，北宋前期～中期にひとつのピークを迎えた累世同居的大家族の限界とも無関係ではないであろう。広範囲の同族がひとつの同居共財の家を形成する累世同居は，族人の移動や階層分化に柔軟に対応することが難しく，同族結合の一般的モデルとはなり得なかった。多くの同居共財の小家族が，系譜を編纂して系譜関係を確認し，祖先祭祀を中心に結集し，祭祀のため共有財産を設置するという宗族モデルは，より柔軟で現実的な同族結合の手法として，南宋から元代にかけて，かつては累世同居の拠点であった江南東西路や浙東路を中心に普及していったのである。

[**参考文献**]

◇日本語（五十音順）

青木敦 1999「健訟の地域的イメージ——11～13世紀江西社会の法文化と人口移動をめぐって——」(『社会経済史学』65巻3号)

青木敦 2005「宋元代江西撫州におけるある一族の生存戦略」(井上徹・遠藤隆俊編『宋－明宗族の研究』汲古書院)

吾妻重二 2005「近世宗族研究における問題点——祠堂・始祖祭祀・大家族主義——」(前掲『宋－明宗族の研究』)

井上徹 2000『中国の宗族と国家の礼制——宗法主義の視点からの分析——』(研文出版)

井上徹 2005「総論——元明の部」(前掲『宋－明宗族の研究』)

遠藤隆俊 1998「宋代における『同族ネットワーク』の形成——范仲淹と范仲温——」(『宋代社会のネットワーク』汲古書院)

遠藤隆俊 2005「総論——宋元の部」(前掲『宋－明宗族の研究』)

大澤正昭 1989「宋代「河谷平野」地域の農業経営について——江西・撫州の場合——」(『上智史学』34巻) →『唐宋変革期農業社会史研究』(汲古書院, 1996)

大塚正高 1980「洪邁と『夷堅志』——歴史と現実の狭間にて——」(『中哲文学会報』5号)

小島毅 2005「宗族を見る手法——一九四〇年代の日本の研究から——」(前掲『宋－明宗族の研究』)

小林義廣 1990「宋代における宗族と郷村社会の秩序——累世同居を手がかりに——」(『東海大学紀要』文学部, 52輯)

小松恵子　1993「宋代以降の徽州地域発達と宗族社会」(『史学研究』201号)
近藤一成　2005「宋代の修譜と国政——青木報告に寄せて——」(前掲『宋－明宗族の研究』)
佐竹靖彦　1973「唐宋変革期における江南東西路の土地所有と土地政策——義門の成長を手がかりに——」(『東洋史研究』31巻4号)→『唐宋変革の地域的研究』(同朋舎, 1990)
佐竹靖彦　1995「宋代の家族——宋代の家族と社会に関する研究の進展のために——」(『人文学報』歴史学編, 23号)
滋賀秀三　1967『中国家族法の原理』(創文社)
斯波義信　1972「宋代徽州の地域開発」(『山本達郎博士還暦記念東洋史論叢』山川出版社)→『宋代江南経済史の研究』(汲古書院, 1988)
斯波義信　1988『宋代江南経済史の研究』(汲古書院)
斯波義信　1996「南宋における「中間領域」社会の登場」(『宋元時代史の基本問題』汲古書院)
瀬川昌久　1982「村のかたち：華南村落の特色」(『民族学研究』47巻1号)
瀬川昌久　1991『中国人の村落と宗族——香港新界農村の社会人類学的研究——』(弘文堂)
瀬川昌久　1996『族譜——華南漢族の宗族・風水・移住——』(風響社)
檀上寛　1995『明朝専制支配の史的構造』(汲古書院)
中島楽章　2005「元朝統治と宗族形成——東南山間部の墓地問題をめぐって——」(前掲『中国宋―明時代の宗族』)
仁井田陞　1937『支那身分法史』(東方文化学院)
牧野巽　1949「司馬氏書儀の大家族主義と文公家礼の宗法主義」(『近世中国宗族研究』日光書院)→『牧野巽著作集』第3巻(お茶の水書房, 1980)
水口拓寿　2000「「大家族主義」対「宗法主義」？——牧野巽氏の中国親族組織論を承けて——」(『中国哲学研究』14号)
森田憲司　1979「宋元時代における修譜」(『東洋史研究』37巻4号)
柳田節子　1957「宋代郷村の下等戸について」(『東洋学報』40巻2号)→『宋元郷村制の研究』(創文社, 1986)
柳田節子　1963「宋代土地所有制に見られる二つの型——先進と辺境——」(『東洋文化研究所紀要』29冊)→『宋元社会経済史研究』(創文社, 1995)
山田賢　1995『移住民の秩序』(名古屋大学出版会)。
山田賢　2002「(書評)井上徹著『中国の宗族と国家の礼制——宗法主義の視点からの分析——』」(『名古屋大学東洋史研究報告』26号)

山根直生 2002「唐末五代の徽州における地域発達と政治的再編」(『東方学』103輯)
山根直生 2005「唐宋間の徽州における同族結合の諸形態」(『歴史学研究』804号)
熊遠報 2003『清代徽州地域社会史研究——境界・集団・ネットワークと社会秩序——』(汲古書院)
熊遠報 2004「黄墩伝説と徽州における祖先史の再構成」(『アジア遊学』67号)

◇中国語 (画数順)

王善軍 2000『宋代宗族与宗族制度研究』(河北教育出版社)
邢鉄 2005『宋代家族研究』(上海人民出版社)
呉松弟 2000『中国人口史』第三巻,宋遼金元時期 (復旦大学出版者)
柳立言 1994「宋代同居制度下的所謂「共財」」(『中央研究院歴史語言研究所集刊』65本2分)
柳立言 1995「従趙鼎『家訓筆録』看南宋浙東的一個士大夫家族」(『宋史研究集』24輯)
徐揚傑 1995『宋明家族制度史論』(中華書局)
陳支平・鄭振満 1987「浦城県洞頭村"五代同堂"調査」(『明清福建社会与郷村経済』厦門大学出版社)
陳愛中 1994「婺源王氏聚落説略」(『徽学研究論文集』(一) 黄山市社会科学界聯合会)
許懐林 1989「陸九淵家族及其家規述評」(『江西師範大学学報』哲学社会科学1989年2期)
許懐林 1991「≪鄭氏規範≫剖析——兼論 "義門" 聚居的凝集力——」(『中日宋史研討会中方論文選編』河北大学出版社)
許懐林 1994「陳氏家族的瓦解与 "義門" 的影響」(『中国史研究』1994年2期)
許懐林 1998「財産共有制家族的形成与演変——以宋代江州義門陳氏,撫州陸氏為例——」(『大陸雑誌』97巻2,3,4期)
漆俠 1989「宋元時期浦陽鄭氏家族之研究——宋元社会階級結構探索之一——」(『劉子健博士頌寿記念宋史研究論集』同朋舎)。
黎小龍 1998「義門大家庭的分布与宗族文化的区域特徵」(『歴史研究』1998年2期)。
顧立誠 2004『走向南方——唐宋之際自北向南之移民与其影響——』国立台湾大学出版委員会

◇英語 (アルファベット順)

Cohen, Myron L., 1976 *House United, House Divided : The Chinese Family in Taiwan*, Columbia University Press.
Dardess, John W., 1974 "The Cheng Communal Family : Social Organization and Neo-Confucianism in Yuan and Early Ming China," *Harvard Journal*

of *Asiatic Studies*, vol.34.

Ebrey, Patricia Buckley, 1986 "The Early Stages in the Development of Descent Group Organization," in Patricia Buckley Ebrey and James L. Watson eds., *Kinship Organization in Late Imperial China : 1000-1940*, University of California Press.

Freedman, Maurice, 1996 *Chinese Lineage and Society : Fukien and Kwangtung*, The Athlone Press.（邦訳：田村克己・瀬川昌久訳『中国の宗族と社会』弘文堂,1987）

Hartwell, Robert M., 1982 "Demographic, Political, and Social Transformation of China, 750-1550," *Harvard Journal of Asiatic Studies*, vol.42, no.2.

McDermott, Joseph P., 1993 "Equality and Inequality in Sung Family Organizations : Some Observations on Chao Ting's Family Instruction"（『柳田節子先生古稀記念 中国の伝統社会と家族』汲古書院）。

Pasternak, Burton, 1969 "The Role of the Frontier in Chinese Lineage Development," *Journal of Asian Studies*, vol.28, no.3.

von Glahn, Richard, 1987 *The Country of Streams and Grottoes : Expansion, Settlement, and Civilizing of the Sichuan Frontier in Song Times*, Harvard University Press.

第 3 部

宋代の地域社会における空間とコミュニケーション

【問題の所在】
宋代地域社会史研究と空間・コミュニケーション

岡　元　司

1.「地域」への関心の高まり

　戦後の日本における中国史学が，社会経済を考察するにせよ，制度を考察するにせよ，最終的には「近代国家」「国民国家」の成立にいたる過程を，意識的あるいは無意識的な前提としてとらえていたとするならば，それに対して近年においては，さまざまな形での「地域」論の隆盛の影響を受け，また中国学研究者が実地を訪れる機会が増えたことにともなって，「国家」を相対的にとらえ，むしろ「地域」からの発想をおこなう研究が増えているといえるだろう。その動きを大きく二つの方向性としてまとめるならば，一つは，具体的な「地域社会」，それを通して「基層社会」への関心の高まり，そしてもう一つは，「境界」や「中心」をあいまいなもの，相対的なものとしてとらえる動きである。

　前者については，論者によって重点のおきかたは異なるが，「地域社会」「基層社会」の分析を通して，伝統中国社会における内発的な変化を重視し，あるいは，地域に生きる人々の深層的な行動パターンの解明を志向している[*1]。そして，「地域」それぞれの事例の研究が蓄積されてくることによって，しだいに，地域どうしの差異や相互関係，そしてまた地域をこえた後者のタイプの考察も見られるようになっており，「境界」のあいまいさ[*2]，そして「中心」のあいまいさ[*3]，さらにはまた「漢族」「中国」といった概念自体のあいまいさ[*4]までをも視野に入れた考察が見られるようになってきている。このようにミクロな尺度からマクロな尺度に至るまで，範囲はさまざまだが，いずれも共通して，従来の前提とされた

[*1]　P. A. コーエン（佐藤慎一訳）『知の帝国主義——オリエンタリズムと中国像』（平凡社，1988年），岸本美緒「時代区分論」（『岩波講座　世界歴史　1　世界史へのアプローチ』，岩波書店，1998年）参照。

きた「国家」からの視点とは異なった分析をおこない,それを通して,「国家」そのものを長期的スパンから客観的に位置づけることが目指されているように思う。

この第3部では,総論に示した「空間」と「コミュニケーション」の視点を地域社会に即して分析をおこなうこととし,そうした本来あいまいなものであるはずの地域社会が,具体的にどのように統合され,またそこにどのような不均衡が存在し,そしてまた地域における文化圏の相違が文化のあり方自体にどのような影響を及ぼしたのかといった問題を検討したい。

さて,宋代地域社会史研究に関するこれまでの内外の代表的な著作については既に整理をしたことがある*5ので,ここでは,近年の傾向を簡単にのべるにとどめたいが,まず注目されるのは,中国(大陸)において地域史関係の著作・論文が大量に執筆され始めていることである。たとえば,それぞれの地域の経済,科挙合格者,思想,宗教など,さまざまな分野ついて分析をおこなった著書が盛んに出版されている。また,大陸の経済発展を反映して,各地方の通史のシリーズ本*6

---

*2　James W. Tong, *Disorder Under Heaven: Collective Violence in the Ming Dynasty*, Stanford University Press, 1991., 唐立宗『在「盜區」與「政區」之間——明代閩粵贛湘交界的秩序變動與地方行政演化』(國立臺灣大學文學院,2002年),甘利弘樹「明末清初期,広東・福建・江西交界地域における広東の山寇——特に五総賊・鍾凌秀を中心として」(『社会文化史学』第38号,1998年)参照。

*3　吉開将人「嶺南史における秦と南越」(『東洋学報』第84巻4号,2003年),平勢隆郎『よみがえる文字と呪術の帝国』(中央公論新社,2001年),譚其驤「中国文化的時代差異和地区差異」(『長水集　続編』,1994年；もと1986年討論会)参照。

*4　笠井直美「＜われわれ＞の境界——岳飛故事の通俗文芸の言説における国家と民族(上・下)」(『言語文化論集(名古屋大学言語文化部)』23:2, 24:1, 2002年),青木　敦「南宋女子分法再考」(『中国－社会と文化』第18号,2003年),王明珂『華夏辺縁——歴史記憶與族群認同』(允晨文化,1997年),片山　剛「"広東人"誕生・成立史の謎をめぐって：言説と史実のはざまから」(『大阪大学大学院文学研究科紀要』44, 2004年)参照。

*5　岡　元司・勝山　稔・小島　毅・須江　隆・早坂俊廣「相互性と日常空間——「地域」という起点から——」(宋代史研究会研究報告第7集『宋代人の認識——相互性と日常空間——』,汲古書院,2001年)参照。

*6　たとえば山東省に関するだけでも,『山東通史』全10巻(山東人民出版社,1993〜95年)『斉魯文化通史』全8巻(中華書局,2004年),『山東教育通史』全2巻(山東人民出版社,2001年)などが出版されている。

や，地域の歴史文化に関する叢書*7，地方文献の叢書*8なども，各地であいついで出版されている。こうした研究成果は玉石混淆ではあるものの，地元の研究者ならでは独自の視点が示されているものや，史料的に有用な情報も増加している。これらのなかには，日本の中国関係書店を通してでは入手不可能なものもあり，最近では，われわれのような外国の研究者といえども，研究対象地域の書店や博物館などに足を運んで関連書籍を入手しておくこと自体が，研究上不可欠な作業の一環となりつつあるといえる。この点，ここ数年で地域史研究をとりまく状況は激変しつつあると言ってよい。さらに，程民生『宋代地域経済』（河南大学出版社，1992年)，同『宋代地域文化』（同，1997年）のように，各地域を総合的に俯瞰する研究書が出てきていることも注目される。

他方，ロバート・ハートウェル氏，ロバート・ハイムズ氏以後，宋代地域社会史研究の体系的な著書をあいついで世に問うてきた英語圏においては，近年では，ピーター・ボル氏が宋代以後の婺州（金華）について，地域社会における道学の普及という視点から，長期的な展望を示す論文を発表している*9のが注目されよう。また，福建を焦点とした沿海地域研究も蓄積を増しており，ビリー・ソー（蘇基朗）氏の単著*10や，アンゲラ・ショッテンハンマー氏編による論文集*11など

*7 たとえば，筆者の手近な範囲で見ることのできるものだけでも，『保定歴史文化叢書』（方志出版社，2002年～），『蘇州文化叢書』（蘇州大学出版社，1998年～），『寧波文化叢書』（寧波出版社，2002年），『甌越文化叢書』（作家出版社，1998年），『晋江文化叢書』（厦門大学出版社，第2輯＝2002年），『厦門文化叢書』（鷺江出版社，1993年～）などがある。
*8 たとえば，現在刊行中の『温州文献叢書』（上海社会科学出版社）は第一輯・第二輯だけでも十種ずつの史料（温州出身者の文集・年譜・日記類や経籍志・碑刻集・史料集など）が収録されている。
*9 ピーター・K・ボル（鈴木弘一郎訳）「地域史と後期帝政国家について――金華の場合――」（『中国－社会と文化』第20号，2005年）に，近年のボル氏自身の研究が紹介されている。
*10 Billy K. L. So, *Prosperity, Region, and Institutions in Maritime China: The South Fukien Pattern, 946-1368*, Harvard University Press, 2000. なお本書については，筆者による書評（『広島東洋史学報』第8号，2003年）も参照されたい。
*11 Angela Schottenhammer ed., *The Emporium of the World: Maritime Quanzhou, 1000-1400*, Brill, 2001.

は，必読の文献であろう。同時に，道教や民間信仰を具体的な地域社会と絡めながら考察する研究も多くなっている。

・台湾では，「基層社会」への関心が高まっている[*12]と同時に，本書第一部で平田氏が言及しているように，墓誌についての史料講読会が定期的に開催されており，そうした活動を通じて，地域社会・基層社会を分析する優れた若手研究者が育つ環境が，大学の垣根をこえて整えられていることも注目されよう。

近年の日本での動きについては，総論で触れた宋代史研究会研究報告第六集・第七集以外に，とくに若手・中堅の世代で，現地に足を運び石刻史料を実見する研究者が増えつつあり，その調査をもとにした地域社会史の論文もしだいに多くなっていることが挙げられる[*13]。現物確認のために現地に赴くことは，単に碑文をテクストとして見るだけでなく，周囲のさまざまな遺跡や景観－もちろん地形にも歴史的変化は伴うが－に触れる機会にもなり，そこでの意図せざる邂逅が，関心を広げ，地域社会を「全体」として捉えることにもつながる。また同時に，「地域社会」を漠然と州や県として捉えるだけでなく，よりミクロな郷や里などのレベルで分析する[*14]ためにも，現地の実見は不可欠である。それらの意味を含めて，地域史・社会史の研究者が今後さらに現地を訪れる機会を積極的にもつことを望みたい[*15]。

[*12] 呉雅婷「回顧一九八〇年代以来宋代的基層社会研究－中文論著的討論」(『中国史学』第12巻，2002年)は，きわめて詳細かつ有用なレビューである。

[*13] 飯山知保「金元代華北社会研究の現状と展望」(『史滴』第23号，2001年)参照。なお，石刻史料については，地元の研究者によって雑誌などに紹介されている場合が多いが，釈文に誤りが含まれている場合があり，論文における使用の際には現物による対校作業をしておくことが望ましい。

[*14] 水利史だけでなく，近年では社会史でも郷・里などのレベルで分析が進んでいる。たとえば，佐竹靖彦「唐宋期福建の家族と社会――閩王朝の形成から科挙体制の展開まで」(『中央研究院歴史語言研究所会議論文集』5，1998年)，山根直生「唐宋間の徽州における同族結合の諸形態」(『歴史学研究』804号，2005年)，拙稿「宋代における沿海周縁県の文化的成長――温州平陽県を事例として――」(『歴史評論』第663号，2005年)など参照。

[*15] 中国史研究に関する現地調査については，片山 剛「中国近世・近現代史のフィール

2．第三部「宋代の地域社会における空間とコミュニケーション」のねらい

　さて，宋代地域社会史に関するこうした研究動向の中で，なぜあらためて「空間」と「コミュニケーション」の視点から考察しなければならないのであろうか。そのねらいを説明しておきたい。

　近年の宋代地域社会史研究の一つの大きな柱となっていたのは，士大夫層を中心としたエリート研究であったといってよい。これはある意味で自然な流れであった。というのが，宋代の地域社会史について，細かな地名をともなった具体的な記述を探すとすると，入手・閲覧が比較的容易であり，また量的にもまとまっているのが，地方志・文集や石刻史料である。それらの撰者のほとんどは，官員や知識人などのエリート層であり，記述される内容も，彼らにとって関心の高いものが中心となる。とくに明清時代のように，より多様な史料を利用して社会史研究をおこなうことが可能な時代とくらべた場合，ハンディがあることは確かであろう。しかし，エリート層の諸活動についての研究が一定の蓄積を見せてきたからこそ，やはりその幅を徐々に拡げ，地域社会の多様な問題と関わらせて考察するためにも，次の一歩へと進む努力を示す必要があろう。

　では，その次の一歩とはなにか。そこにわれわれは，「空間」と「コミュニケーション」という視点を持ち込んでみたい。すなわち，エリート層による多数の史料記述が残されている地域の空間とは，そもそもどのような地理的空間であり，そこにはどのような交通路があり，そこを人々がどのように往来・活動し，そしてどのような共同性が形成されていたのか。とりわけ，近現代とは異なり交通・通信の手段に制約の大きかった前近代社会において，移動や伝達をするためには，距離や地形的要因によって左右される程度がより高くなる。このため，当時，実際の空間においてどのようにコミュニケーションがなされたのかを踏まえながら，人々の相互関係が形成されていたのかを分析する必要がある。

ドワーク」（須藤健一編『フィールドワークを歩く――文科系研究者の知識と経験――』（嵯峨野書院，1996年）参照。

とくに宋代になって各地で整備が進んだ水上交通路，平野や山地などの地形によって自然にあるいは人為的につくりだされる陸上交通路，それらによって形成されるネットワーク，あるいは逆に，距離の差異が生み出す不均衡性，そして信仰圏・言語圏などの多様な文化圏，こうしたものが実体としての地域社会でどのように交差し，そのことが地域社会においてどのように表面化していたのだろうか。すなわち，「空間」を「さまざまな連続性と分断をともなった実体的な場」としてとらえ，たとえば経済と政治の関係を，また経済と文化の関係を，あるいはエリート文化と通俗文化を，地域の「空間」という一つの場の中で有機連関的に考察しようというのが，この第3部のねらいである。

収録した3本の論文のうち，まず，ビリー・ソー（蘇基朗）論文は，交通路を具体的に示したうえで，閩南地域の経済的統合，そして政治的統合がいかに形成されたかを明らかにしている。これらが閩南地域の中長期的経済波動の中でどのように位置づけられるかについては，同氏の前掲著書もあわせてお読みいただければと思う。つづく拙稿は，宋代温州のエリート層についての筆者自身の論文を踏まえつつも，さらに宋代温州の地域文化を多層的なものとしてとらえ，エリート層の具体的な活動空間を，マニ教や南戯などの通俗文化の状況と対比させるかたちで分析したものである。そして水越論文は，宋元時代の祠廟信仰を経済や地域社会の視点から多角的に論じてきた氏が，伍子胥信仰を事例として，その信仰圏が江南諸地域の文化圏のあり方と関わらせて論じるとともに，宋代における信仰圏拡大の特色を探ったものである。つまり，それぞれ地域は異なるが，一つの具体的な「空間」を設定することによって，単なる交通史研究としてのみでもなく，エリート研究としてのみでもなく，また単に宗教史研究としてのみでもない，諸要素の相互関係ないしは「全体」を浮かび上がらせようとしたのが，これらの論文ということになる。

第3部におけるこうした「空間」の含意は，宋代史研究会研究報告第7集『宋代人の認識——相互性と日常空間——』（汲古書院，2001年）における「さまざまな思惑や視線が絡み合った複合体」（16頁）としての日常空間が，「認識」の側面に重心をおいていたのと比較すると，より実体的な側面を示すものとして考えている。ただし，第7集において「認識」の共同体が「地域」という起点から考察

されていたのとちょうど表裏重なるがごとく，本書第3部においては，地域の具体的な空間から思想・信仰などのあり方まで範囲にいれて考察しようとしており，一見相反するかにみえる両者の「空間」というものは，むしろ相互補完的な観点ということになるであろう。

なお，「地域は異なる」と言いつつも，これらの3論文が扱う地域は，「中国」全体からみればかなり偏った配置で，いずれも東南沿海地域や江南を対象としている。そのねらいは，地域研究にとって古典的論文の一つともいうべき桑原隲蔵「歴史上より観たる南北支那」(『白鳥博士還暦紀念東洋史論叢』，1925年；のちに『桑原隲蔵全集』第2巻，岩波書店，1968年）が夙に指摘したごとく，これらがとくに南宋以後，思想文化の関鍵となった地域であり，その地域における「空間」と「コミュニケーション」を多角的に扱ってみようとの意図をこめたのである。今後の展望としては，そうした地域が，さらに「海域」を通して，日本や東南アジア，そしてまた南・西南アジアなどともどのように「地域」としてつながりを持っていたのかも考察の視野に入ってくるであろうし，総論で述べたごとくそのプロジェクトも既に開始することができた。

と同時に，当然のことながら，そうした作業を「海へ」「南へ」といった方向性のみで排他的に進めるつもりは毛頭ない。幸いなことに近年では宋代から金元代にかけての華北について地域社会史の視点からの研究も，とくに若手研究者の努力によって進展を見つつある。さらには，そのこととも関わるが，宋から元をへて明代までを地域の視座からどのように見通していくかは，今後の中国史研究において重要な検討課題となりつつある[*16]。地域を対象として研究をおこなう重要なメリットは，「長期」的な視点を提供し得ることにもあり[*17]，そのメリットを生かす余地は，さらに大きく残されているように思う。

[*16] 中島楽章「宋元明移行期論をめぐって」(『中国-社会と文化』第20号，2005年）は，この時期に関する日本および英語圏の研究動向を，わかりやすくかつ的確に整理している。
[*17] フェルナン・ブローデル（浜名優美訳）『地中海』全5巻（藤原書店，1991～95年)，E.ル・ロワ・ラデュリ（和田愛子訳）『ラングドックの歴史』（白水社，1994年）参照。なお，ビリー・ソー論文の長期的視点での位置づけについては，前掲同氏著書をあわせて参照されたい。

〔付記〕本稿は，2005年1月9日におこなわれた国際シンポジウム「伝統中国の日常空間」第2部「宋代以降の集団とコミュニケーション」パネル3「地域社会の空間とコミュニケーション」において，司会の青木敦氏（大阪大学）とパネリストの岡が共同で作成した「〔序論〕宋代地域社会史研究の課題」というレジュメをもとに，当日の議論などを踏まえて大幅に加筆したものである。本稿執筆にあたっては，時間的制約の関係で，文責は岡とするが，レジュメ準備の段階で，また執筆までの間に，青木氏から多くのご意見・示唆をいただけたことに，厚く御礼申し上げたい。

地域のコミュニケーションと地域の統合
―― 南宋代の福建南部におけるコミュニケーション ――

蘇 基 朗（ビリー・K. L. ソー）
（水口拓寿 訳）

コミュニケーション，コミュニケートすること，そして統合
：本論文の論旨

　本論文は，地域研究上の一事例を検証することによって，地域のコミュニケーションや統合ということの意味を探ろうとするものである。その事例というのは，中国東南岸に沿った，南宋時代の福建省の南部に焦点を合わせたものだが，そこでは中国史上初めて，港町やそこに近接する後背地ではなく，地域という範囲において海上交易が繁栄したのである。私はこの事例について，以前にも実証的研究を幾らか行ったのだが，この論文では以前の研究で発見したことを再利用しつつ，今まで扱ったことのない「空間とコミュニケーション」という論点に取り組むつもりである[*1]。私は以前行った研究の中で，福建南部地域において海上交易と地域経済が密接な関係にあったことを立証した。世界有数の海港の1つとして，宋元時代の泉州府が海上交易を繁栄させていたことについては，既にかなりの量の研究文献があり，それは泉州府の歴史に関する研究文献の豊富さに劣らない。しかし広州や，他にも中国における大多数の海港では，海上交易にたずさわる部門が，都市の中で大いに隔離され，地理的に閉ざされた地域の地元経済には重大な影響をもたらさなかったのとは異なって，少なくとも12世紀の大部分にあっては，福建南部における海上交易は，その地域の経済における他の部門と，機能的にかなり統合されていたのである。福建南部の海上交易は，目ざましいほどの市

＊1　Billy K. L. So（蘇基朗），*Prosperity, Region, and Institutions in Maritime China: The South Fukien Pattern, 946-1368* (Cambridge, Mass.: Harvard University Asia Center, 2001).

場チャンスを生み出したのであり,そうした商機は,地域内の広大な区域に及ぶ地元共同体の,広範な人々へ普及した[*2]。この現象は,中国の歴史に前例のないものであり,そしてこれを凌ぐような現象は,近代に到るまで生じることがなかった。

　本論文の題名には「コミュニケーション」というキーワードが含まれている。この語が持っている様々な意味の中で,少なくとも2つの意味が,この際興味深く思われる。1つは,「物質的に結合されていること」であり,もう1つは,「あらゆる類の情報を共有すること」である[*3]。我々の議論の文脈において,それは第1に,物質的な陸上コミュニケーションのための道路システムが,地理的な意味での地域という,大きな空間ユニットの各部分を結んでいるということである。第2に,ユニット各部分の住民の間で,商業的機会や政治的影響が共有されているということである。第1の定義は,我々の歴史学的な文脈においては,道路によって,さもなくば航海術によって促進される物質的結合に関わるものである。人の往来は,陸上交通システムの発達にずっと先駆けて発生するものだが,しかし道路システムの確立あってこそ,頻繁な往来が可能になり,異なる土地の経済的・社会的統合へと繋がるのである。この第1の定義は疑いの余地がないのに対して,第2の定義は,説明の言葉を幾らか必要とする。

　我々の議論においては,まず商業的機会や政治的影響が,ある種の情報として理解されるべきだろう。商業的機会は,市場という文脈において存在し,そこでは商業的な決断や様々な活動が利益をもたらす。しかし商業的機会は,市場のプレイヤーたちにとって,常に知識という形で存在するのだ。それは発見され,計算され,操作され,想像され,知覚され得るのである。しかし機会というものは,プレイヤーたちに知られた時のみ現実のものとなる。故にそれは,情報の一種なのである。政治的影響についても,同様なことである。政治的影響は,他者の行動に対して作用を引き起こす。しかしそのような作用は,それが作用対象に知ら

[*2] 私の議論を簡潔に要約したものとして,蘇基朗「中國經濟史的空間與制度:宋元閩南個案的啓示」(『歷史研究』,2003, no.1: 35-43)を参照していただきたい。

[*3] Philip Gove, ed., *The Webster's Third New International Dictionary of the English Language* (Springfield, Mass.: Merriam-Webster, 1981), 460.

されなければ力を発揮できない。これもやはり，もう一種の情報なのだ。これら2種類の情報が，本論文で探ろうとするところの，空間におけるコミュニケーションというものの内実である。

　我々の問いは，さらに以下のように整理できる。福建南部という地域に，しっかり確立された物質的コミュニケーションのシステムが与えられたことによって，本当にコミュニケーションが発生したのか。もしそうであれば，如何なる意味において，どれほど集中的に発生したのか。私は，「商業的機会のコミュニケーション」を示す穀物生産地や窯業地の分布パターンから窺われるように，それが地域内部の経済的統合であったという意味において，福建南部が高度なコミュニケーションあるいは統合の場となったことを論証しよう。加えて，地元のエリートによって国家権力が土着化された過程，つまり「政治的影響のコミュニケーション」を示す現象から窺われるように，この地域の政治的構造もまた統合されたのだということを論証しよう。

福建南部における地域的都市システム

　前近代の中国において陸上コミュニケーションシステムは，行政上の中心であった都市の間の結合にもとづいていたのであり，また地形にも依存していた。福建南部は西側半分が山地によって構成され，東側半分が主に沖積平原によって構成されている。2つの山脈，海抜1500メートル以上の高さを持つ戴雲山と博平山が，福建南部という地域の北東境と西境を，自然に形作っている。それらの山腹は下りの斜面を成し，凹凸の多い海岸まで繋がってゆく。そうした斜面は，3つの中規模な水系によって作られたものである。最も大きいものは南側の九龍江が形作った平原であり，北側の木蘭河平原が最も小さい。その間に，中規模な晋江平原がある。

　宋代の間，福建南部は3つの州政府によって統治され，各々の州政府が，ひとつひとつの水系の中心に設置されていた。つまり，州都はいずれも沖積平原に位置していたのである。晋江平原にあった泉州の州都は，福建南部という地域全体における第1の中核として機能した。それは漳州の街から290里（約160キロメー

トル），興化軍の街から160里（約90キロメートル）の距離にあった。このような地理構造の範囲内では，物を輸送するコストを低く抑えることができたし，平坦な道路は，往来して物を輸送する人々にとって便利だった。そして巨大な橋や道路を維持するために，努力が払われた[*4]。これらの州都の下には，合計14の県都があった。それらもまた行政統治や商業活動の中心として機能していたが，しかし州都よりもずっと小さな支配権を，小さな範囲に及ぼすだけであった。

　県都の下，村落の上には，特化された機能を持つ2種類の鎮があった。第1に，窯業または鉄工業に従事する，手工業の鎮である。もう1種類は「鎮市」であり，田舎の村人が日用品を交易する中心として，また地元の産品を海運市場へ送り出す，商品集結の中核という機能を果たした[*5]。これらの鎮は田舎において，正式な政府支配のうちでも最基層を形作っていたのであり，そこには幾人かの下級官吏が常駐して，税徴収のような限られた機能を果たしていた。

　地図1は，州都や県都との関係において，宋代に創立されたと立証できる，そうした25の鎮を図示するものである[*6]。これらの鎮は沖積平原上の，たいていは

[*4] 程光裕「宋元時代之泉州橋樑研究」（宋史座談會編『宋史研究集』6，台北：中華叢書編纂委員會，1971）313-334を参照していただきたい。最も好適な例は，仙游県出身で優れた科挙官僚だった蔡襄であり，彼は道の7里ごとに多くの松を植えて，往来する者が疲れた時には木陰で休めるようにした。黄岩孫『仙溪志』(1257) 4: 7a/bを参照していただきたい。
[*5] 宋代における鎮市の出現について概観するには，傅宗文『宋代草市鎮研究』（福州：福建人民出版社，1989），及び郭正忠『兩宋城郷商品貨幣經濟考略』（北京：經濟管理出版社，1997）の特に66-77を参照していただきたい。
[*6] これらの鎮市に関する資料は，蘇基朗『唐宋時代閩南泉州史地論稿』（台北：商務印書館，1991）132-158, Hugh Clark, *Community, Trade, and Networks: Southern Fujian Province from the Third to the Thirteenth Century* (Cambridge: Cambridge University Press, 1991), 110-19, 傅宗文『宋代草市鎮研究』530-532, 譚其驤編『中國歷史地圖集』（上海：地圖出版社，1982）6: 32-33, 67-68, 懷布蔭『泉州府志』(1763), 4: 5b, 5: 12a, 黄仲昭『八閩通志』(1409, 福州：福建人民出版社，1989), 15: 285, 汪大經『莆田縣志』(1878) 1: 14a-15b, 3: 46a, 羅青霄『漳州府志』(1573) 12: 27b, 22: 35a, 23: 13a, 29: 5b, 黄岩孫『仙溪志』1: 7b, 何喬遠『閩書』（福州：福建人民出版社，1994）36: 897を参照していただきたい。

地図1　福建南部における都市システム

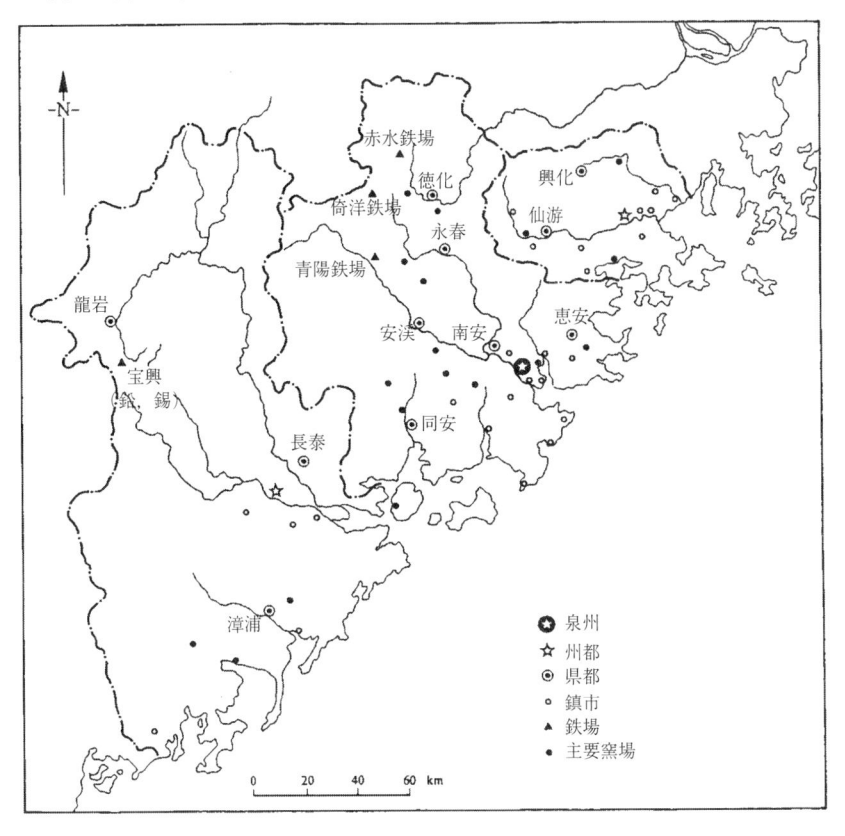

出典：So, *Prosperity, Region, and Institutions*, 133, Map 6.1.

海岸沿いの輸送ルートにおける，2つの高位な都市の中間に位置していた。幾つかの鎮は，例えば安海鎮*7や太平鎮*8がそうだったように，海上交易に直接関わる場所である海岸に近接していた。25の鎮のうち8つは，税徴収の事務所を備えていた。

鎮市の分布パターンが示すことは，それらが九龍江平原に集中していたことで

＊7 『安海志』（泉州市図書館所蔵の明版）2:11b，『安海志』（泉州市図書館所蔵の清版）5:1b-2a。
＊8 黄岩孫『仙溪志』1:7a

あり，合計8つの鎮市があった。木蘭河平原には5つの鎮市があり，そして晋江平原には3つしかなかった。九龍江平原は最大の沖積平原であり，それに対して木蘭河平原は最も小さい。故に，こうした鎮の分布は，平原の大きさに規定されていたのではないことになる。興味深いことに，泉州という州は，3つの州の中で最も商業化されていたけれども，鎮の数は最も少なかった。このことは，経済活動にたずさわる物の地域内分布によって，説明できるかもしれないが，それこそが本論文を世に問うにあたっての主題となるものである。

地域コミュニケーションのための街道や橋

　福建南部の経済は，海外や中国の他の部分と繋がる，海洋によって支配された海運経済であった。しかし，それは地図2に示されるように，泉州から隣接省の主要都市に及ぶ陸上コミュニケーションルートをも生み出した[*9]。
　最も主要なルートは，泉州から北へ向かい，海岸沿いに興化軍を通って福州に達し，そこから建州や南剣州へ北上し，最後に浙江省や江西省の山々に行き当たる。この主要ルートを補うルートシステムとして，副次的な街道ネットワークがあり，それは主要ルート上の若干のキーポイントから枝分かれしていた。泉州から南へ向かう街道は，海岸沿いに漳州を通って，広東の潮州に通じた。我々はさらに，副次的な街道システムの下で，主要ではないがある種の重要性を持った，地域を跨ぐルートを割り出すことができる。最も注目すべきものは，泉州と南剣州を，福州を経由せずに直接繋ぐルートである。それは距離がずっと短いルートであり，そして現実に，11世紀以前には主要な街道だったのである。そのような主導的な地位を維持することが，非常に難しかった理由は，徳化を初めとする泉州より北側のほとんどの鎮へゆくために，難儀な山脈を越える必要があったことである。例えば，途上にある最も高い山である戴雲山は，1500メートル以上の高さを持つ。人々は，泉州から福州まで海岸沿いに通じる主要ルートが，閩江の渡

[*9]　蘇基朗『唐宋時代閩南泉州史地論稿』132-180。おのずから，この陸上ルートのシステムは時に沿って発達し変容したので，その点に注意していただきたい。あるルートは早い時期には比較的重要であったが，後発の諸ルートに取って代わられた。

地図2　福建の陸上コミュニケーションルート

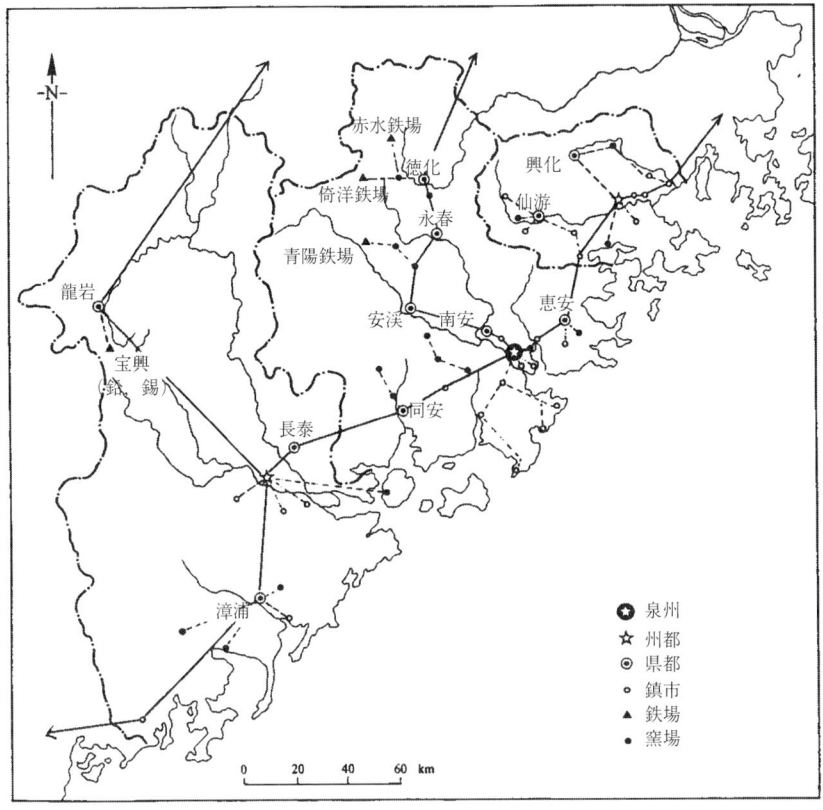

出典：So, *Prosperity, Region, and Institutions*, 153, Map 6.5.

し船の状態が悪いために危険だった時だけ，このような険しいルートに転じたのである。いつから海沿いのルートが選択されるようになったか，言い当てることは難しいが，しかし使えそうな情報によれば，そうすることは南宋代の最晩期までに，次第に普通の習慣となっていったようである。注目すべきことに，漳州を内陸福建の汀州と結ぶ，主要的ではなかったルートは，宋元代を通じてまことに未発達だったのであり，そのせいで福建北西の山々を経由する迂回路が，福建南部の繁栄から極端なまでに取り残されたことは，特筆に値する。

　地域的な街道システムは，このように地域を跨ぐコミュニケーションシステムに基づいて打ち立てられた。**地図3**は，地域内の主要な都市や鎮が結ばれていた

地図3　福建南部における地域コミュニケーションのシステム

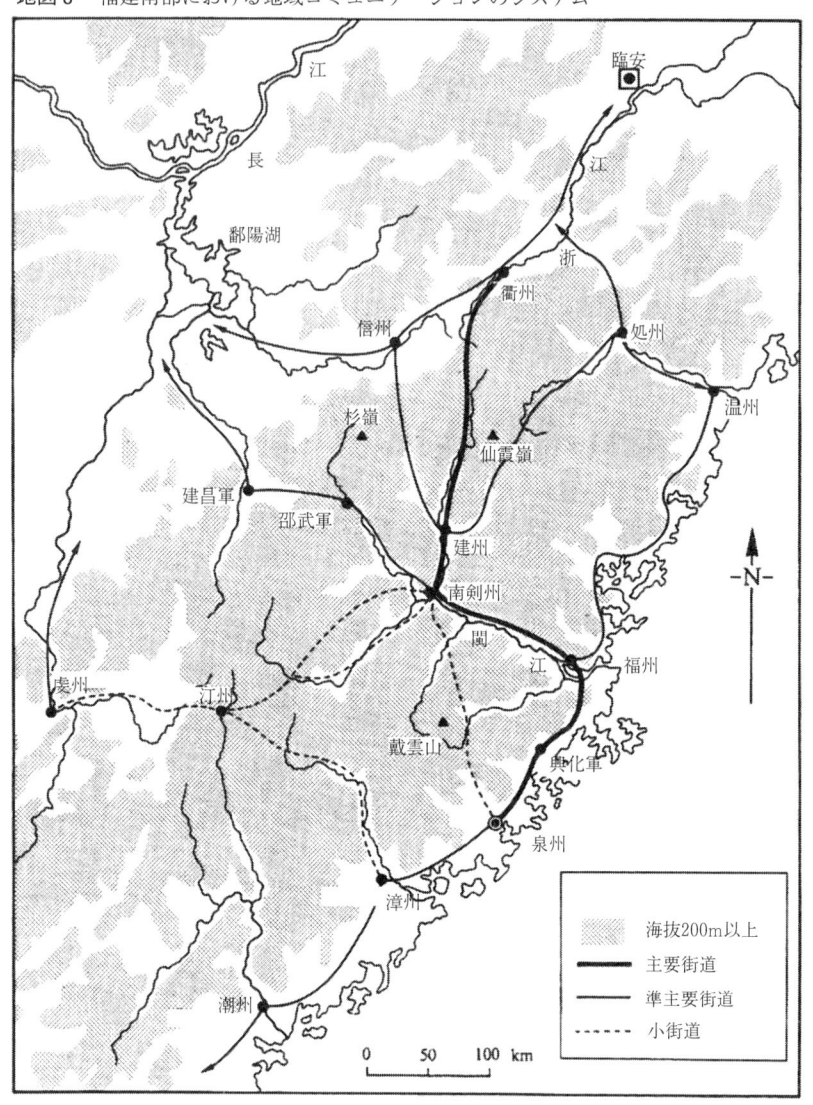

出典：So, *Prosperity, Region, and Institutions*, 133, Map 6.1.

パターンを示すものである．しかし注目すべきことに，地域において主要ではなかったこれらの街道システムの詳細について，情報がまことに少ないことを，ここで付言しておかなくてはならない．とはいえ，当時の地域内コミュニケーショ

ンの発達ぶりを意義深く示すもうひとつの指標をお目にかけることで，補助的な情報を提供することができるかもしれない。すなわち橋の建造である。

　程光裕は，宋元代の泉州の橋の中が，高い割合において，南宋代の初め数十年に建造されたものだと主張している。彼の考えるには，海上交易の景気が良くて，交通用設備の建造に投じられるだけの財富を地元社会にもたらしたゆえに，橋の建造が可能になったのである*10。但しその動機についての問いを，彼は十分に提出していない。私は彼の議論をさらに進めて，それはきっと，安定性があって容易でもある地域内コミュニケーションに対する需要が増していったことが，12世紀中葉に，橋を増やそうという動機を強めたのに違いないと述べたことがある。私は，利益を追求する地元の商人たちが，名声のためだけではなく，コミュニケーションのありようを改善して商業的機会を強化するために，こうした設備に投資したのだと考える*11。

　このことは，安平橋の事例によって例証することができる。それは泉州の南西端の都市にあり，漳州湾沿いの安海鎮に通じるもので，1152年に1年を費やして建造された。長さ2.5キロメートル，幅5メートルであり，橋桁は362本あった。建造費用は合計20000貫であった。この資金の半分は1人の地元聖職者により，残り半分は1人の地元商人によった。安平橋建造計画の名目上の指導者であった趙令衿が書いた碑銘に，それが地元資金のみを用いて，民間で造られた橋であったことが明言されている*12。この橋がコミュニケーションを増強し促進したという事実によって，我々は地域統合の過程を明らかにする助けを得ることができる。

　Hugh Clarkの考えによれば，南安と同安を例外として，南宋代に建造された橋は鎮または泉州府に密集しており，このことは「福建南部中の人々が往来したり物を運送したりするために必要な」交通やコミュニケーションのネットワー

---

*10　程光裕「宋元時代之泉州橋樑研究」313-316。

*11　So Kee-long (蘇基朗), "Economic Developments in South Fukien, 946-1276," (Ph.D. dissertation, Australian National University, 1982), 184.

*12　『安海志』(明版) 3: 9aに収録されている。寸法のいくつかは1980年に，泉州海外交通史博物館が補完したものである。程光裕「宋元時代之泉州橋樑研究」317-325も参照していただきたい。

クを示すのだという。彼は，そうしたネットワークが，現在には知られていない「小道や街道の網の目によって互いに結ばれていた」に違いないと信じている[*13]。私の考えには，これらの橋は，必ずしもさらなる商業的機会を目的として建造されたわけではなく，灌漑や田舎の小集落の日用消費を弁じるためでもあったのだが[*14]，にもかかわらず，地域内の小集落間の密接なコミュニケーションを促進する役割を橋が担っていたという彼の観察は，私もかなり妥当であると考える。

地域の経済的統合（１）：穀物の生産

　福建南部における穀物の生産は，南宋代までの間に次第に商業化されていた。地域内の農耕地のうち目立つ割合が，砂糖黍や，酒造用の糯米や小麦，綿，麻といった特定の作物の栽培に振り替えられた。これらの作物は，地域の市場で高い需要があり，良い値段が付いたし，海外製の日用品に対する需要によっても，生産が刺激されていた。結果として，地域内での食糧生産は，田舎での消費を支えるだけでなく，増大しつつあった都市の非農業人口や，農耕地を特定作物の栽培に切り替えた田舎の住民たちをも支えなくてはならなくなった。この領域における変化は，農耕地や，農耕地と経済の関わりの拡大ぶりを通して観察することができる。まずは福建の諸州における農耕地の分布が，宋代から明代まで目立つほどには変わらなかったと仮定しよう。この仮定を実証することはできないけれども，福建の各州に登記された世帯数の，全省の合計に対する比率が，1080年から1490年まで比較的安定していたという事実によって，仮定に支持を得られるかもしれない。このことは全体的な背景として，表１に示す通りである。農耕地に関しては，幾つかの生データを，我々は検討することができる。そうしたデータは，1490年の福建の８州それぞれにおける農耕地の比率を含んでいる[*15]。それら

[*13]　Hugh Clark, *Community, Trade, and Networks: Southern Fujian Province from the Third to the Thirteenth Century*, 110.

[*14]　程光裕「宋元時代之泉州橋樑研究」325-327。

[*15]　『八閩通志』21: 12b-15b

表1　福建における農耕地

	1080 人口の割合 (%)	1490 人口の割合 (%)	1490 農耕地面積 (頃)	1490 農耕地面積の割合を人口によって補正したもの (%)	1080 農耕地面積の見積もり	1182 農耕地面積の見積もり
福州	20	23	28,199	20	55,459	105,221
建州	18.5	24	36,292	20*	55,459	105,221
南剣州	11.5	12	11,404	8	22,184	42,088
邵武郡	8	8	10,166	7	19,411	36,827
汀州	7.7	9	14,042	10	27,730	52,611
泉州	19	8	16,866	17**	47,140	89,438
興化軍	6	6	13,703	9.5	26,343	49,980
漳州	9.5	10	12,370	8.5	23,570	44,719
福建省の合計	100	100	143,042	100	277,296	526,105
福建南部の合計	34.5	24	42,939	35	97,053	183,876

出典：So, *Prosperity, Region, and Institutions in Maritime China*, 76.
*　原資料によれば1490年の省内合計の25パーセントとなるが，このように補正した。
**　原資料によれば1490年の省内合計の12パーセントとなるが，このように補正した。

は，主に穀物生産に使われるものである畑，つまり狭義の農耕地と[*16]，穀物以外の商品作物や園芸品を栽培するための園林を合わせたものである[*17]。これらのデータとは別に，さらに2つの数値を，我々は見積もりに役立てることができる。第1に，1182年の福州における農耕地の，州レヴェルの合計である[*18]。そして第2に，1080年の福建における狭義の農耕地の，省レヴェルの合計であり，畑と園林の面積比が4対6だったという比率を利用することによって，省における農耕地全体の総計を推定することができる[*19]。

1490年の福建における州レヴェルの農耕地分布が，1080年や1182年における分

---

*16　私は「狭義の農耕地」という語によって，第一義に穀物栽培のため使われた土地を意味する。原典資料の中では，たいてい「田地」という語で言及される。
*17　私は「園林」という語によって，農業目的の土地ではあるが，穀物栽培には用いられない土地を指す。原典資料の中では，たいてい「園林」という語で言及され，ほぼ必ず綿・米・果物・桑などの商品作物を栽培していた。農業を目的としながらも，これらとは異なる利用法に供された土地，つまり堰や用水路や池として利用することも，「園林」の語義に含まれることがあった。
*18　梁克家『三山志』10: 1b
*19　馬端臨『文献通考』（台北：新興書局，1964）4: 60b。4対6という比率は，1182年の福州における，園林に対する狭義の農耕地での平均的な比率に基づく。

表2 福建沿岸部における1人あたりの穀物産出量の見積もり

	1080			1182		
	人口（人）	狭義の農耕地，すなわち畑の面積（頃）	一人あたりの産出量（kg）	人口（人）	狭義の農耕地，すなわち畑の面積（頃）	一人あたりの産出量（kg）
福州	1,057,766	22,184	226	1,606,420	42,088	282（25％）
泉州	1,007,030	18,856	201	1,162,240	35,775	330（64％）
興化軍	315,785	10,628	362	358,250	19,992	602（66％）
漳州	502,345	9,428	202	536,225	17,888	361（79％）
福建南部の合計	1,825,160	38,821	229	2,056,715	73,655	386（69％）

出典：So, *Prosperity, Region, and Institutions in Maritime China*, 77.

布との間に，目立つ違いはあり得なかったという仮定のもとで，これら2つの年における福建各州の農耕地が算出されてくる。しかし，泉州と建州の事例については，2つの小さな補正が施されるべきである。なぜなら，前者が省全体に対して占めていた人口比率は19パーセントから12パーセントに下がり，一方で後者は18.5パーセントから25パーセントに上がったからである。それゆえに，泉州における1490年の農耕地の比率は，12パーセントを17パーセントに補正し，建州のそれは25パーセントを20パーセントに補正することにする。こうした見積もりの結果は，**表1**に示す通りであり，そして我々は1人あたり生産量のキログラム数や成長率という有益な数値を，分析のためにさらに抽出できるのである。それらは**表2**に示される通りである。

表2は，福建沿岸部の全体において，1080年から1182年までの期間に，1人あたりの穀物産出量が著しく増加したけれども，生産量のキログラム数と成長率の両方において，最も際立った成長を見せたのは興化軍と漳州だったことを示すものである。特に漳州における，1人あたり600キログラムという並外れてめざましい産出量は，明らかに，地元で消費された以外に穀物が商品化されてもいたことを意味する。この議論は，福建南部という地域では平均値が386キログラムだったことを踏まえて，さらに検証され得る。中国の歴史上，穀物産出量が1人あたり250キログラムから300キログラムだったことは，Perkinsによって見積もられており[20]，また北宋代には歴史上のピーク値として366キログラムだったことが，

---

[20] Dwight Perkins, *Agricultural Development in China, 1368-1968* (Chicago: Aldine, 1969), 15.

Chao Kangによって見積もられているが*21, それらの見積もりは頷けるものである。これに対して、泉州の1人あたり穀物産出量が比較的低かったことは、人口において比較的大きい割合が穀物生産以外に従事し、そして近接地から、この事例においては明らかに漳州と興化軍から来る穀物に依存していたというパターンによってのみ、説明できるであろう。このことは、福建南部という地域内では、3つの州から成るサブ・エコノミーにおいて、高度な労働分化が起こっていたことを示す好例である。

　地域の中核としての泉州に、海上交易や関連する商工業に関わる物資のほとんどが集中していたが、それに対して残り2つの州は、主に穀物や他の商品作物の供給を掌握していた。またそれ自体として、泉州はそれ自体として、他の2州を、穀物生産を含めて農業のさらなる商品化に導く存在でもあった。加えて述べるに、1人あたりの穀物産出量は、一般的な生活水準をも示す役割を担うものである*22。興味深いこととして、まさに人口と農耕地の変化に関して言えば、福建南部は産出量の総計を、1080年には1人あたり229キログラムだったところを、1182年には386キログラムまで引き上げた。これは69パーセントという見事な増加である。比較するに、州都の福州府でも1080年には同様の226キログラムだったのだが、1182年までに、たった25パーセント増しの282キログラムにまでこぎつけたにすぎない。

地域の経済的統合（2）：窯業

　窯業は、地域の統合を描写するのに最もうってつけの事例である。南宋代以来、特に輸出目的で大量の陶磁器が製造された。それらの陶磁器は、日本から南西アジアに及ぶ様々な海外市場と繋がっていたのである。陶磁器の製造元である窯場がどこにあったか、人類学者や考古学者の間で、熱心に論題とされてきた。この

---

*21　Chao Kang, *Man and Land in Chinese History* (Stanford: Stanford University Press, 1986), 216.

*22　Chao Kang, *Man and Land in Chinese History* (Stanford: Stanford University Press, 1986), 216-217.

論題をめぐって出現し伸長してきた一群の知識によって，我々はこの輸出用の地元産業の分布パターンを把握できるし，また地元の経済との関係において，さらに多岐にわたる論題を模索することができる。

　地図4は，宋元代に窯場があった位置を，県に関して示すものであり，**表3**は，各々の県における窯の数を示すものである。最も密集していたのは南安県である。晋江県と徳化県も，当時の窯業の主要な中心であった。これら3つの県には，当時では最大の窯場があり，地域における輸出用陶磁器のほとんどを生産していた*23。これらの県とは別に，同安県も品質において窯業上の目立つ役割を担ったが，しかし宋元代には多くの窯場を持っていなかった*24。

　私は，福建南部の幾人の住民が窯業によって生活していたか，見積もったことがある。私が推測するに，発見済の窯場1つにつき，少なくとも100世帯つまり500人の福建南部人が暮らしを立てることができた。この中には窯の所有者・経営者・陶工・陶土を供給する者・燃料を供給する者・運送者・商人と，彼らの家族が含まれる*25。**表3**は，前世紀の末までに福建南部で発掘された，合計144の宋元代の窯を列挙したものである。従来なされてきた見積もりによれば，海上交

---

*23　馮先銘「新中國陶瓷考古的主要收獲」(『文物』，1965，no. 9) 38，葉文呈「晉江泉州古外銷陶瓷初探」(『廈門大學學報』哲社版，1979，no. 1) 105－111，曾凡「關於德化屈斗宮窯的幾個問題」(『文物』，1975，no. 5) 63-65。

Ho Chuimei, "Ceramic Boom in Minnan during Song and Yuan times," in *The Emporium of the World: Maritime Quanzhou, 1000－1400*, ed. Angela Schottenhammer (Leiden: Brill, 2001), 236－282は，南安県と徳化県は福建南部における窯業の2大「区域」だと見なしている。彼女によれば，南安区域には南安県の3つの沿岸県が含まれ，徳化区域には徳化県の3つの内陸県，つまり徳化・安渓・永春が含まれる。

*24　李輝炳「福建省同安窯調査紀洛略」(『文物』，1974，no. 11) 80。

*25　So Kee-long (蘇基朗)「兩宋閩南廣東外貿瓷産業的空間模式：一個比較分析」(張炎憲編『中國海洋史論文集』，台北：中央研究院中山人文社會科學研究所，1997) 6: 125－172。これに先立って，私は窯ごとの世帯数について2つの見積もりを提出した。それは200世帯と50世帯である。私は今では，100世帯という数値が一層妥当だと看破している。この数値は，清代初期の景徳鎮に関する記録とも比較できるものであり，そこでは1つの陶磁器工房が70人前後の職員や陶工を雇っていた。梁淼泰「清代景徳鎮一處爐寸窯號的收支盈利」(『中國社會經濟史研究』，1984，no. 4) 1-16を参照していただきたい。

地図4　福建南部の窯場

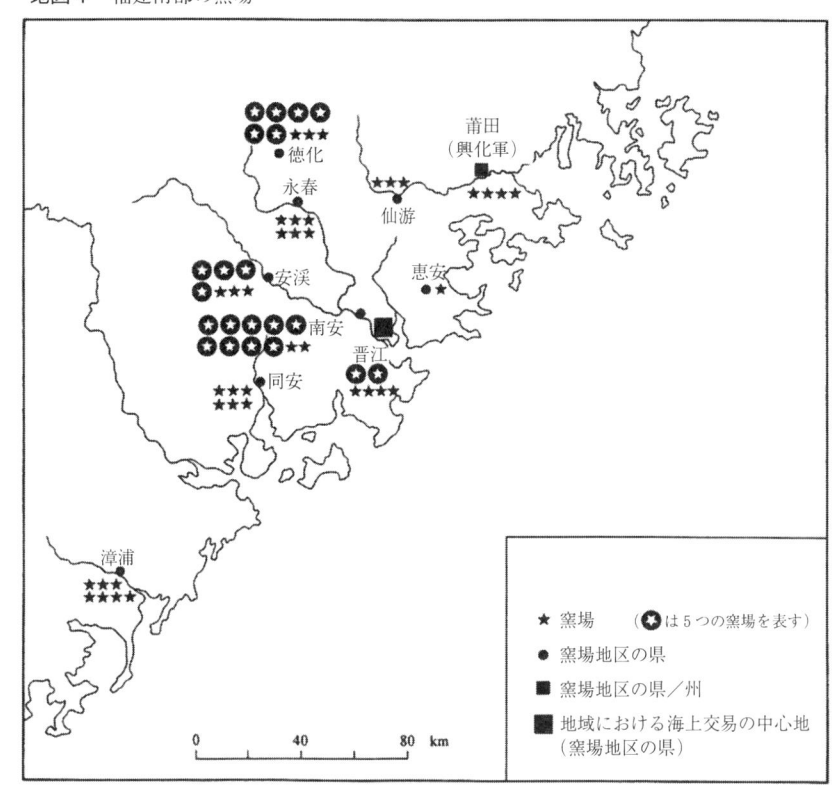

出典：So, *Prosperity, Region, and Institutions*, 189, Map 8.1.

表3　窯業従事者の各県における人口比率（世帯を単位とする）

県	南宋末期において見積もられる県内世帯数（×1000世帯）	窯場の数	窯業に従事していた世帯数	割合（％）
徳化（泉州）	18	33	3,300	18.3
安渓（泉州）	15	23	2,300	15.3
南安（泉州）	60	47	4,700	7.8
仙游（興化軍）	6	3	300	5
同安（泉州）	14	6	600	4.3
永春（泉州）	15	6	600	4
漳浦（漳州）	34	7	700	2
晋江（泉州）	97	14	1,400	1.4
莆田（興化軍）	66	4	400	0.6
恵安（泉州）	36	1	100	0.3

出典：So, *Prosperity, Region, and Institutions in Maritime China*, 195.

易の最盛期には，13000世帯すなわち65000人を優に超える数が，海上交易の中心だった泉州で，輸出用陶器の製造や売買によって生活していた。13世紀初頭には州全体の人口が100万人強だったのに対して，この見積もり値は，6.5パーセント以上の州住民が，この産業から生み出される収入に依存していたことを示唆する。もし地域全体を考慮に入れるなら，同時期には200万人強の人口だったのに対して，72000人つまり3.6パーセントが，輸出用窯業に従事していたことになる。これらの見積もりは，地元の人口のうちかなり高い割合が，当時何らかの非農業的産業に就いていたことを示唆するものであり，それは宋元代の中国において非常に印象深い現象であった。**表3**はさらに，各々の県において全人口のうち輸出用陶磁器にたずさわっていた人々の割合を示すものである。その分布は不均一であり，0.3パーセント（恵安県）から18.3パーセント（徳化県）にまで及ぶ。しかし最も比率が高いものは18.3パーセント（徳化県）・15パーセント（安渓県）・7.8パーセント（南安県）であり，これらもまた，地元の経済において輸出用陶磁器の担った役割が突出していたことを，明らかに示す。

　福建南部における輸出用窯業の発達は，地域の経済における高度な区域統合を反映している。統合に弾みがかかったのは，どうやら海上交易のせいであるらしい。そうした交易が12世紀において，持続的に好調だったために，地域内の津々浦々が，この商機に呼応した。結果として，輸出用陶磁器のための窯が広く分布したのである。上述の通り，泉州のほとんどすべての県がこの産業に携わった。沿海平原にあって，泉州の港に近接していた県だけでなく，永春や徳化のように，離れた内陸高地にあった県もそうだったのである。泉州に隣接する興化軍と漳州から来た，同様の産品も，これら泉州各県による産出量を補った。

社会的・政治的な統合：地元のエリートと，土着化された国家権力

　福建南部における政治的過程は，地域統合の中でも，よりいくらか微妙な次元を示すものである。地元エリートは10世紀中葉に，福建南部における海上交易の，初期の発達に重要な役割を担った。宋朝の創立以後は，そうした地元権力は皇帝の朝廷によって，計画的に解体された。かつての節度使の末裔たちの中には，幾

代にもわたって財富を謳歌し続けた者もあったけれども*26,彼らは地元の政事において，政治的影響を発揮することはほとんどなかった。北宋代には科挙を経て新しいエリートが出現したが，彼らとて故郷の政治よりも国家の政治に貢献することがほとんどであった。

北宋代の間に，福建南部のエリートは持続的に伸長した。第1に北宋代には，福建南部全体として科挙の成績が向上した。表4によれば，南宋代の泉州と漳州の科挙成績はともに，実数と成長率において見事に興化軍を上回っていた。しかし福建南部全体としても，南宋代において進士が895人から1325人に増えたのであり，48パーセントという十分な増加を示している。一方で，これに付随して，福建南部出身の進士の姓氏も58から86に増加し，同様に48パーセント高まったのである。このことは，より多くの家族がエリート集団に含まれるようになったことを反映するものである*27。第2に，何百という皇帝一族（宗室）の者が，1120年代の末から福建南部に定住を開始した。彼らは相当な経済的資源と別に，他にも優越性を有していたのであり，すなわち泉州にあった宗室用の学校で教育を受ける機会と，それにも増して中央や地元のレヴェルにおいて，政府内の影響力を持っていたのである。これら宗室の者が，地元エリートの一翼を形成するに至った*28。

表4 科挙における福建南部人の成績（進士の合計による）

	北宋	南宋	成長率（％）
泉州	344	582	69
興化軍	468	558	19
漳州	83	185	123
福建南部の合計	895	1325	48

出典：John Chaffee, *The Thorny Gates of Learning in Sung China* (Cambridge: Cambridge University Press, 1985), 197.

---

*26 最も際立った例は，留従効の子孫である。南宋代の中期に至ってすら，この一族は宰相を務めた留正のような，中央政界の大物を輩出していた。留氏の傑出した族人に関する長大なリストは，何喬遠『閩書』91: 2752-2757を参照していただきたい。

*27 Hugh Clark, "Overseas Trade and Social Change in Quanzhou through the Song," in *The Emporium of the World: Maritime Quanzhou, 1000-1400*, ed. Angela Schottenhammer (Leiden: Brill, 2001), 47-54.

*28 Chaffee, "The Impact of the Song Imperial Clan on the Overseas Trade of Quanzhou," in *The Emporium of the World: Maritime Quanzhou, 1000-1400*, ed. Angela Schottenhammer (Leiden: Brill, 2001), 13-46.

ClarkとChaffeeは，こうした新しいエリートの勃興と，地域の好景気が関係を持つことについて説得力ゆたかに論じた[*29]。彼らの主な論拠は，科挙に合格するには莫大な物質的サポートを要したということである。学問上の成績が揃いも揃って上り調子だった3つの州に，これら2つの要素が関係を持っていただろうと推測するのは，理の当然というものだ。しかし私たちは，このようにも推測できないだろうか。そうしたエリートは，彼らが新しく身につけた政治的影響力を用いて，地元の海運経済を開拓したのだと。12世紀については，そうだったという証拠がほとんどない。その理由は，彼らが地元の政治に目立った口出しをしなくても，経済から利益を吸い上げる機会を十分に持っていたからかもしれない。しかし，もう1つの要因もあるのだ。13世紀までに，福建南部の下級官僚は主に外部から赴任してくるようになった。土着的な利益や社会的人脈にほとんど与れなかったため，よそ者の官僚たちは地元の政事においてかなり公正であったし，また例えば海事に関する法律の履行をめぐって，地元の権力が国家の利益や政治とそぐわないという場合にも，地元権力に譲歩する見込みはあまりなかった。その代わりに，国家の政策に沿うように決定するというのが，たいていの場合にお

[*29] Clarkの"Overseas Trade and Social Change in Quanzhou through the Song"及びChaffeeの"The Impact of the Song Imperial Clan on the Overseas Trade of Quanzhou"。地方志に記載されているように，福建南部人の科挙における成績が13世紀中葉から低下していったことを，両書ともに認めており，それを海運経済の衰退によるものと解釈している。このような推測には幾分の真実が含まれているが，しかし私は，南宋代の最後の数十年に，地方志に記載される進士の姓名が著しく減少したことについて，判断を保留する。それは王朝交代に伴う政治的混迷によって，記録が不備であったために，合格者が減少したかのように見えるだけかもしれないのである。例えば『八閩通志』50：168，51：188，54：263によれば，1256年以後の福建南部出身進士としてリストアップされた者は22人しかいない。実際には，その年に科挙に合格して進士となった者の数は，『寶祐四年登科録』によって，遙かに詳しく分かるのであって，33人であった。このことは，当時数十年分について地方志所載のデータは深刻に歪んでおり，それゆえ我々は南宋末期の数十年分の数値を，王朝初期のデータと適切に比較できないことを意味する。福建南部のこうした事例とは対照的に，広州における同年の科挙合格者リストはたった3人であり，つまり1256年の合格者リストは，複数の地域で人為的に誇張されていたわけではない。

ける結果となった。故にこのことは，地元エリートが次第に強くなり，地元の官僚機構の中に体現された国家権力に対して，大きな独立性を獲得したことを示すものである。こうしたエリートは，自らの勢力を経済に捧げることにより，自らを経済的にいっそう強化することができた。Hartwell と Hymes は，南宋代の地元エリートのほとんどが，国家の政治に代えて地元の政事に鞍替えする傾向を，次第に強めていったことを示した[30]。しかし，福建南部のエリートは，他の地域の地元エリートとは違って，官界と商業界の間で，他の地域ではあり得なかったほど広範囲にわたる，一群の機会を謳歌していた[31]。

特にこうしたエリートは，精巧な社会組織を発達させた。彼らは社会的によく組織されていたのである。しかし当時までに，福建南部は既に，宗族や氏族のような親族組織が，様々な度合において伸長する場となっていた[32]。Clark は福建南部の宗族について幾らかの研究を行い，宗族の出現が，好調な海運経済によって大規模に組織され，促進されたものであると結論した[33]。これらの家族や宗族

---

[30] Robert Hartwell, "Demographic, Political, and Social Transformation of China, 750–1550," *Harvard Journal of Asiatic Studies* 42, no. 2 (1982): 405–425; Robert Hymes, *Statesmen and Gentlemen: The Elite of Fu-chou, Chiang-hsi, in Northern and Southern Sung* (Cambridge: Cambridge University Press, 1986).

[31] 広州の事例を参考にしてみよう。広州でも海運経済が好調だったが，しかし科挙の成績は取るに足らぬものであった。明州は，広州の科挙合格者数を上回ってはいたけれども，やはり同じようなものである。福州は大量の宗室の者を受け入れ，福建南部の中で最も科挙で成功を収めたけれども，福建南部の他領域に比肩するほどの経済的機会には恵まれていなかった点で，やはり広州や明州の同類だったと言える。

[32] 宋代における親族組織の勃興については，膨大な研究文献がある。例えば Patricia Buckley Ebrey, *Family and Property in Sung China: Yüan Ts'ai's Precepts for Social Life* (Princeton: Princeton University Press, 1984), Patricia Buckley Ebrey and James Watson, eds., *Kinship Organizations in Late Imperial China, 1000–1940* (Berkeley and Los Angeles: University of California Press, 1986)，徐揚杰『宋明家族制度史論』(北京：中華書局，1995)を参照していただきたい。

[33] Hugh Clark, "The Fu of Minnan: A Local Clan in Late Tang and Song China," *Journal of the Economic and Social History of the Orient* 38, no. 1 (1995): 1–74.

の多くは，海上交易か，農業か，工業のような経済活動に参加していた。他方，これらの宗族は息子たちのために高額につく教育を用意し，おかげで科挙を目標にすることも可能になった。全体的に言って，一方では広範な活躍チャンスに対して，もう一方では如何なる企てのためにも必要な，高いコストに対して，一斉に食い付いたわけである。12世紀に経済が好調となった時，この地域は基本的に安定していて，バランスの取れた政治経済を呈していた。そしてそれは，辛苦の時代が到来するとともに変容したのである。

　1200年以後，福建南部の海運経済は深刻な衰退に苦しむようになった。エリートを盛り立ててくれていた構造が，突然に先細ったのである。商業的な消費への誘引力が衰え，土地保有への意欲が高まるとともに，彼らは地元の政事に，それまでに比べてずっと強く傾注して，政治的権力を強化し発揮するようになった。このことによって，彼らは搾取から守られたのであり，政治的バックグラウンドを持たない地主たちに対して，地元の官員が頻繁には横暴をはたらけないようになっただけでなく，彼らが土地買収の機会を拡大することへの助けにもなった。そのようにするための最も効果的な方法は，福建南部の統治に自ら食い込むことであった。このことは福建南部人の中で，地元の政府機関に奉職する割合が上がったという事実に反映している。

表5　南宋代に泉州の州政府で官職に就いた福建南部人

	泉州の知事		他県の知事	
	1127-1200	1201-1276	1127-1200	1201-1276
泉州	0	1	1	2
興化軍	3	3	13	17
漳州	1	3	0	1
合計	4	7	14	20
割合	6.2%	13.2%	7.6%	14.2%

出典：So, *Prosperity, Region, and Institutions in Maritime China*, 104.

表5から明らかであるように，泉州の地元政府機関に勤務した福建南部人の割合は，南宋代の後半に上昇していった。Hartwellは「1150年から1250年までの間に，福建沿岸の莆田県にいた，通婚しあう8家族から成る1つの集団が，世代ごとに少なくとも2人の税関職員を輩出していた[34]」と述べている。そしてこの職こそは，海事の管理において最も影響力のある地位なので

---

[34] Robert Hartwell, "Foreign Trade, Monetary Policy, and Chinese 'Mercantilism'" (衣川強編『劉子健博士頌壽紀念宋史研究論集』，京都：同朋社，1989) 456。

あった。こうした状況は福建南部の政府機関を，折しもモンゴル軍の猛攻と真向かっている間に，ついには高度に土着化させることとなったのである。例えば当時の泉州の知事と，海事の監督者であった者は，いずれも間違いなく泉州の出身であって，片方は中国人であり，もう片方は出自が海外に繋がる者だった。この現象は，国家権力の土着化を示すものである。

約言すれば，南宋代の福建南部における国家権力の土着化の過程は，エリートたちが13世紀に，3つの州に跨って次第に政治的・社会的な統合を遂げたことを，明らかに示すものである。彼らは地域を股にかけてサブ・グループや同盟を形成しつつあり，それゆえに福建南部の各部分を，政治的影響力に基づきコミュニケーションを強化することによって統合しつつあったのである。しかしこれは，エリートにとって経済や自身の国政キャリアに貢献することこそ，福建南部の統治に従事すること以上にノルマであったというかつての状況からの，ひとつの転回として起こったことなのである。

統合を伴うコミュニケーション：結論として

福建南部は，地域統合の事例としてうってつけである。それは州や県のように，明らかな形をとった地元の統治ユニットとして組織されたものではない。そしてそれは，3つの州を含む中間サイズな統合だったのである。しかし地理的景観という点において，それは自己完結的で自然的な空間として切り出されていたのであり，大きく見れば福建の北西部や広東の北東部から分離されつつ，3つの州と，州ごとの都市システムや田舎の後背地を構成していた。南宋代の間に，この地域は市場経済の最盛期を迎えたが，それは泉州という大港湾都市に集中していた盛大な海上交易の賜物であった。地域の経済が時に沿って，より商業化されるにつれ，地域内ではよく維持された街道や橋によって線引きされた，精巧な陸上コミュニケーションルートが発達したのであり，それは自然的境界を越えて隣接領域や，さらに遠くへ伸びていった。

本論文で論じたのは，こうした物質的なコミュニケーションシステムによって，物質だけでなく情報の発信をも促進するようなインフラストラクチャーがもたら

されたということである。経済について言えば，穀物の商品化に関する商業的機会のコミュニケーションが，農業生産における労働の分化を促進したのであり，そのことは海上交易の中核となる州が穀物以外の商品作物栽培に専念することを可能とし，一方では周辺の州に現金収入のための米を生産させることになった。同様に，海上交易の中心だけでなく，そこから比較的離れた内陸山地にも，輸出用窯業が大規模な密集を呈した。よく発達したコミュニケーション用インフラストラクチャーがよく発達していなかったならば，小高い徳化県で作られた壊れやすい陶磁器を，100キロメートル以上離れた泉州の街まで，大量に船で運ぶことはできなかったであろう。さらには，地元エリートが出現し，彼らが地域において政治的影響力を伸長したことは，地域統合の社会的・政治的な次元を示すものだが，それもまた精巧なコミュニケーションシステムを背景として進化し加速して，政治的影響のコミュニケーションを強化したのである。

　総じて言えば，福建南部における高度に発達した市場経済の空間パターンは，しっかり発達したコミュニケーションシステムが特色となっている。そうした物質的な結びあいが，商業的機会や政治的影響のような情報の交換を促進したのである。こうしたコミュニケーション促進は，さらに地域統合を促進したのであり，それは空間統合が高度になされたことを示すものである。

南宋期温州の思想家と日常空間
——東南沿海社会における地域文化の多層性——

岡　元　司

1．序　論

　社会史研究の手法としての「地域研究」のメリットとは何であろうか。筆者はこの点について，以下のように考えている。すなわち，対象の範囲をしぼりこむことによって，その対象をさまざまな複合的な関係の中に位置づけ，相互連関の構造とその変化を考えることができるということである。このことによって，たとえば，都市内部に話を限ったり，あるいは特定の階層を取り上げることで事足れりとするのではなく，一定の広がりをもった空間のなかでのさまざまな階層の多層的な存在やその運動によるダイナミズムのあらわれる場としての地域のあり方を「全体史」として構成することになるのである。

　こうした点を踏まえながら，本報告と関わる範囲で，今後の宋代地域研究の課題を述べるとすれば，つぎの2点をとくに強調しておきたい。

　まず第一に，近年の宋代地域史研究においては，ロバート・ハイムズ氏の著書の刊行〔Hymes 1986〕以後，地域社会とエリートに関する事例研究の蓄積が本格化しているにもかかわらず，それぞれの事例の地域的特色については明確にされていないことが多い。地形などの条件を考慮に入れた地理的区分を参照しつつ，さらに他の地域との類型的比較をおこなう[1]ことによって，その地域のもつ個性についても今後はしだいにあぶり出しを進めていく必要があろう。

　第二に，主としてエリート研究を中心に進められてきた宋代の地域社会史研究

---

[1]　地域比較に関しては，ビリー・ソー氏の宋元時代閩南地域の研究〔So 2000〕に参照すべき点が多い。

を，さらにどのように展開させていくかの問題である。宋代史に関する史料の残存状況からすると，エリート層に関わる研究の数が相対的に多くなることは避けがたい側面もあろうが，近年では"popular culture"に対する関心が高まりつつあり，エリートと非エリートの連続面と断絶面を視野に入れて，地域社会というミクロ観察が可能な場における多層的な文化のあり方や，それらの相互作用を探っていく必要があろう[*2]。

こうした課題に迫る手段として，本稿ではとくに，地域内部における「空間」[*3]の視点からアプローチしてみたい。文化というものが，なんらかのかたちで伝達をともなうものである以上，距離によって影響される要素[*4]は存在し，そこに「空間」を問う意味があるように思う。また，文化が育まれた地域社会がどのような空間であったのかを問うことは，単にある個人の言説・思想・作品などの中身を問うだけでなく，周囲の人々も含めた集合的心性の解明にも近づけていく手段となるように思う。

そこで本稿では，南宋期に朱熹（1130〜1200）や陸九淵（1139〜92）らとは異なった独自の思想が形成されていた温州を取り上げ，その思想家たちの地域的活動を日常空間の視点から分析する[*5]。そして，とくにそれを地域社会の多層的な文化的階層性のなかにできるだけ位置づけ，そのダイナミズムや他の地域との比較の視点から，その地域の有した歴史的意味を考察してみたい。

[*2] "popular culture"・"popular religion" については，〔Johnson 1985〕〔森 2002〕，参照。また，エリートを中心とした地域研究でありながら，地域における幅広い信仰状況についても視野に入れた分析をおこなっているトーマス・リー（李弘祺）氏の視点が注目される。〔Lee 1993〕など。

[*3] 本稿において「空間」とは，当時の人々の日常的な活動をおこなう場について，彼らの行動範囲やその具体的な距離を意識して論じるための概念として用いている。

[*4] 文化地理学においては，"uneven development"（不均等発達）の問題などについても関心が高まっている〔Jackson 1989〕。

[*5] 宋代の士大夫を日常的な具体的空間から分析した近作としては，小林義廣氏による福建路興化軍莆田県の劉克荘の日常活動と行動範囲についての研究がある〔小林 2001〕。

2. 南宋期温州の歴史的位置

　温州において思想家たちがとりわけ活発な動きを見せた南宋中期の時代における地域空間を取り上げる意味を明確化させるために、本節ではまず、（a）「ほとんど動かない歴史」としての自然、（b）「緩慢なリズムを持つ歴史」としての経済・社会、そして（c）「出来事の歴史」としての政治・事件の三つのスパン[*6]のそれぞれの中で、あるいはその相互連鎖の中で、温州がいかなる特色を有する地域であったのかを述べておきたい。

（a）　温州の自然条件

　宋代では両浙路の南端に、現在では浙江省の南端に位置する温州は、比較的温暖な気候ではあるものの、現在でいうところの杭嘉湖平原や寧紹平原を有する浙江北部とは対照的に、広い平野部を抱えているわけではない。温州・台州・処州といった浙江南部は、むしろ地形的には、福建をへて広東の潮州・梅州にいたるまでの丘陵の多い沿海地域としての共通性をもっており、清代後半についてのG・W・スキナー氏、唐代から明代について長期的に考察したロバート・ハートウェル氏のいずれの地域区分においても、行政区画としての両浙や浙江ではなく、福建から広東東部にかけての沿海地域が "Southeast Coast"（東南沿海地域）という "macroregion"（大地域）として区分されている〔Skinner 1977, Hartwell 1982〕。

　この "Southeast Coast" では、唐代後半以降の水利開発によって米作面積が増加したが、それだけでなく、茶や柑橘類・荔枝をはじめとした多様な農産物が生産され他地域にも移出された。そして同時に、鉱業や船・陶磁器・紙などの産地として知られる場所も多かった〔呉松弟 1990〕。平野部が広くないかわりに、こうした多様な産業の発達が、この地域における海上交通の発展とも結びつくことになった。

[*6] この三つの異なった歴史的スパンについては、フェルナン・ブローデル『地中海』による「ほとんど動かない歴史」「緩慢なリズムを持つ歴史」「出来事の歴史」という区分を参照した〔Braudel 1966〕が、本稿では環境をより変動的なものとして捉えている。

ただし，"Southeast Coast"の特色として見落とすことができないのは，長江や黄河の流域とは異なり，一本の大河とその支流によってまとまった水系をもつのではなく，同地域の西北部に横たわる山脈から流れ出す川が，広くはない流域をそれぞれ形成しているため，大地域としての求心性が高くなかったことである。スキナー氏が「東南沿海地域」の特色として指摘するところの"strong subregionalization"であり，"macroregion"をいくつかに分けた"subregion"（亜地域）ごとに地形的な隔離の見られる度合は，他の大地域に比べて顕著であった。そのため，他地域や外国との交易の拠点となった港も，唐宋変革期の北中国から南中国への経済重心の移動という共通的な変化の波に乗りつつも，各拠点港とその後背地を単位としてそれぞれに，多かれ少なかれ異なったサイクルの盛衰を示すことになった。

このように温州という地域は，距離や交通の面では杭州や明州（寧波）といった浙江北部の大都市にアクセスしやすい条件を持ちながら，その一方で，地域そのものの構造は南隣の福建などと共通する特色をもっていた。

（b）　温州の人口・経済・環境

〔表1〕　温州の戸数・口数の推移（東晋～明代）

	戸数	口数	史料
東晋・太寧元年(323)	6,250	36,680	『宋書』巻35・州郡1
隋・大業5年(609)	10,542		『隋書』巻31・地理下
唐・開元年間(713-741)	37,554		『元和郡県図志』巻26・江南道
唐・天宝年間(742-756)	42,814	241,694	『旧唐書』巻40・地理3
唐・元和年間(806-820)	8,484		『元和郡県図志』巻26・江南道
北宋初期	〔主戸〕16,082　〔客戸〕24,658		『太平寰宇記』巻99・江南東道11
北宋・元豊年間(1078-1085)	〔主戸〕80,489　〔客戸〕41,427		『元豊九域志』巻5・両浙路
北宋・崇寧年間(1102-1106)	119,640	262,710	『宋史』巻88・地理4
南宋・淳熙年間(1174-1189)	170,035	910,657	『万暦温州府志』巻5・食貨志
元代初期	187,403	497,848	『元史』巻62・地理5
元・「至元間」(1264～94, 1335～40のいずれかは不明)	189,278　119,278		『万暦温州府志』巻5・食貨志　『雍正浙江通志』巻74・戸口4
明・洪武24年(1391)	178,599	599,068	『万暦温州府志』巻5・食貨志
明・永楽10年(1412)	166,440	486,580	『万暦温州府志』巻5・食貨志
明・弘治16年(1503)	104,976	351,081	『弘治温州府志』巻7・戸口
明・嘉靖年間(1522-1566)	109,755	352,623	『嘉靖浙江通志』巻17・貢賦志
明・万暦10年(1582)	109,922	353,066	『万暦温州府志』巻5・食貨志

つぎに，〔表1〕に示したように，温州の人口を長期的にみると，宋代に入ってから顕著な増加を見せる。北宋初期から北宋後期へと大きく増加し，さらに南宋に入って華北からの移民が加わり，南宋中期にはこの表の期間内での最高点近くに達する。人口過密による地狭が社会問題化してきたのもこの頃であり，温州出身の葉適(1150~1223)が「閩・浙を分かち，以て荊・楚を実たし，狭きを去りて広きに就かしめば，田は益々墾かれて税は益々増さん」(『水心別集』巻2「民事中」)と述べて，両浙・福建から荊湖方面への移住を提言していたのも，温州を含む東南沿岸地域の状況を反映してのことと言える。温州全体の戸数は，その後，元代で頭打ちとなっていくが，その間でも増加を見せていたのが，温州の中では最南端で福建路との境に位置した平陽県であった。南宋中期の紹熙年間に26,336戸であった平陽県の戸数は，元代の元貞元年(1295)に5万戸にまで増加している〔呉松弟 2000〕。

　こうした人口の増加は，温州への移住や水利開発の進行によるものであった〔本田 1984・1996・2000〕が，同時にこうした開発は，環境変化にともなう災害の増加をももたらすこととなった。すなわち，人口増加による耕地面積の増加は森林破壊をもたらし，1001年から1900年までの温州の水災を50年ずつの幅で比較すると，水災が顕著に多かった三つの時期(1151－1200,1551－1650,1801－1900)のうちの第一のピークは，まさに南宋前半期であった〔拙稿 1998b〕。これは，同じく長江以南から華南にかけての沿岸部でも，広東における水災が，明代以後しだいに増加し，それ以前はほとんどおこっていなかった〔梁必騏 1993〕のに比べると，開発の進行にかなりのタイム・ラグがあったことになる。

　以上のように，長期の人口波動のなかで，南宋から元代にかけての温州は，一つのピークに達した時期であり，また温州内部でみても，その人口増加・開発が，州城のあった永嘉県からしだいに南端の平陽県まで広がりを見せていた。また，そうした人口増加・開発にともなって環境面での矛盾も表面化した時期であったといえる。

　ただし，南宋末から明代初期にかけて，李伯重氏が注目しているように，長江下流の江南地域における人口変化が，とくに蘇州や嘉興といった東部低地帯では増加を示している〔李伯重 2003〕のに対し，温州では元代から明代初期にかけ

て下降を見せはじめ、明代後半に明らかな減少状態に陥っていることからすれば、温州の人口・開発の長期波動のタイプを、長江下流デルタの低地帯などとは異なった位置づけで考えておく必要があろう。

　こうした人口の変化と重なるように、温州の産業は、宋代に顕著な発展を見せていた。造船業は北宋末に年600艘を生産して明州と並ぶ全国トップクラスの生産を誇り、また、陶磁器は海外へと輸出され、温州ブランドの漆器は開封・臨安にも独自の店をもうけるなどしていた。柑橘類や水産物も他の地域に移出されて販売されていた[7]。こうした経済状況を反映して、州城・県城だけでなく、郷村部にも8鎮と20数か所の市がもうけられ、また、南宋初期の紹興元年（1131）頃には海外との貿易のための市舶務ももうけられた〔周夢江 2001；周厚才 1990〕。宋代から元代の南海に関する地理書の撰者のなかに、華南に赴任した際の情報をもとに『嶺外代答』を著した南宋の周去非、そして元の使節に同行した際の見聞をもとに『真臘風土記』を著した周達観の二人が含まれている〔石田 1945〕ことは、東南アジア方面との往来の活発化の一つのあらわれと言えよう。また、温州のこのような経済発展は、中国の経済重心の南移の反映というだけでなく、たとえば中国の南北を結ぶ交通路の重心が、しだいに沿海へと東移した現象も関連している〔曹家斉 2003〕。

　しかし、先にもみた人口波動からもうかがえるように、温州の経済は右肩上がりの展開を継続できたわけではなかった。たとえば、南宋中期に温州に赴任した楼鑰によって記された「今は則ち山林の大木絶えて少なし」（『攻媿集』巻21「乞罷温州船場」）といった森林破壊の状況は、北宋末期に比較して造船量の低下を招いていた。また、こうした環境変化は、木材資源とやはり関係の深い陶磁器業[8]の盛衰にも影響を及ぼした。宋代の窯址は既に四、五十か所が発見されており、甌窯の生産は北宋を中心に温州各地でおこなわれていたが、その後、南宋以後、龍泉窯が台頭し、さらに明代になって龍泉窯の停滞以後はかわって景徳鎮が興起す

---

[7]　世界初の柑橘類の専門書といえる『橘録』が、知温州の韓彦直によって南宋期の淳熙5年（1178）に著されている。

[8]　中国における陶磁器産業の立地と燃料との関係については、加藤瑛二氏の著作に詳しい〔加藤 1997〕。

るにともない，温州および甌江流域の窯業は衰退を見せることとなる*⁹。そして，温州の港も，宋代・元代に比べて，明代には停滞期に入り，清代以降の復興までは活力を失うこととなる。

さて，以上に示してきた温州経済の推移と同様の時期に，温州は文化面でどのような変化を見せたのであろうか。ひとまず数値化しやすいものとして，進士合格者からそのおよその推移を見てみたい。

〔表2〕 温州出身進士合格者数の変化

	永嘉県	楽清県	瑞安県	平陽県	泰順県	合計
唐　代	6人	0人	1人	0人		7人
北　宋	49人	1人	17人	16人	(景泰3年	83人
南　宋	470人	144人	232人	330人	(1452)設置)	1176人
元　代	4人	0人	3人	4人		11人
明　代	82人	23人	11人	26人	1人	143人
清　代	14人	2人	18人	3人	4人	37人

〔表2〕に示した通り，温州の進士合格者数の特色は，南宋期に極端な多さを示していることであり，南宋期全体の合格者の数でいえば福州についで全国第2位の多さを誇っていた。

ただしその一方で，同じ南宋期に全国第3位（746名）で温州に続いていた明州（慶元府）が，その後，寧波と名をあらためた明代以降も多数の進士合格者を出し続けたのとは対照をなす。宋代の両浙路とは範囲がやや異なることになるが，後の浙江省の進士合格者数は，明代において第1位，清代に第2位を占めており〔Ho 1962〕，浙江全体の全国的な位置づけは決して低下していない。むしろ，明代中期以降に，温州・台州・処州・金華・厳州・衢州6府の進士合格者は急激に低下することとなり〔多洛肯 2004a〕，さらに清代でも，浙江省全体の進士のうち，91％を北部沿岸の杭州・嘉興・湖州・紹興・寧波が占め，金華・厳州・衢州・台州・温州・処州が残りの9％にすぎなくなっていた〔Rankin 1986〕。したがって，おおよそ両宋交代を境に，進士合格者の多い地域が沿海地域で増加し〔Chaffee 1995〕，さらに明清時代になると，沿海地域の中でも北部沿岸に集中するように

＊9　温州の陶磁器産業の盛衰については，『温州古代陶瓷研究』〔温州文物処 1999〕，『温州工業簡史』〔兪雄・兪光 1995〕など参照。

なったといえよう。

　また同時に，同じ"Southeast Coast"のやはり代表的な港である泉州と比較してみた場合でも，泉州の進士合格者は，唐代12名，五代十国7名，北宋343名，南宋583名，元代3名，明代595名，清代265名となっており，明代以降もかなり多数の進士を輩出しており，とくに明代の中でも前半よりもかえって後半に進士合格者が増えている〔陳・蘇 2004〕。その背景として，泉州港自体は元末に衰退するものの，漳州の月港や泉州晋江県南部の安平港など，明代後半にこれら閩南地域全体の私貿易がさかんで，それと歩調をあわせるように泉州・漳州の進士合格者が増加したことが近年の研究で指摘されている〔林拓 2004，多洛肯 2004b〕。このように浙江や福建の他港の事例と対照させて考えた場合，温州が南宋期にのみ突出的な多さを示したことは，他の沿海地域とも異なる一つの特色を示していると言ってよいであろう。

　この南宋という時期は，桑原隲蔵氏の古典的論文によっても夙に注目されており，一代を画する大思想家が，南宋以後は南中国から多く輩出していることが述べられている〔桑原 1925〕。ただし，大枠ではその通りであるにしても，桑原氏がそこで取り上げた思想家の―とくに明清時代の―かなりの部分が，江蘇や浙江北部に集中しているのに対し，南宋を代表する思想家のうち朱熹・陸九淵はいずれもむしろ山がちの地域に生まれ，また，薛季宣（1134～73）・陳傅良（1137～1203）・葉適ら温州の思想家は，長江下流デルタ地域よりも南にはずれた場所の出身であったことには，明清時代との差異を考えるうえで注意を要する。

（c）　短期的スパンから――政治，出来事――

　以上のように経済的・文化的に一つのピークにさしかかっていた南宋期の温州にとって，具体的な政治過程や事件はどのような関わりを持っていたのであろうか。

　北宋後半に少しずつ進士合格者を出すようになっていた温州において，急速に合格者が増加したのは，南宋初期からであった。南宋初代皇帝の高宗（1107～87）が金軍の攻撃を避けて建炎4年（1130）正月から3月までの約2か月間，温州に滞在し，この間に中央官僚との直接の関係を築いたことは，温州人士の登用に道

を拓くこととなった。また趙鼎（1085～1147）の宰相就任時期に知温州として赴任してきた秦檜（1090～1155）とも個人的なつながりを持つ者があるなどしたため，紹興年間の秦檜専権期に厚遇をうけた者も少なからずおり，南宋初期のとくに永嘉県の進士合格者の多さは，こうした政治状況とも深くつながっていた〔衣川 1973，拙稿 1995〕。

秦檜の死後，反程学策が緩和されたことは，もともと程学の流れをくむ思想家の多かった温州にとって更に追い風となり，以後，乾道8年（1172）の科挙に陳傅良・蔡幼学・徐誼が合格し，また淳熙5年（1178）には葉適が合格するなど，乾道・淳熙年間にかけては，南宋時代の温州の学問を代表する人物たちが相次いで合格した時期にあたる。その後，葉適ら温州出身官僚が寧宗擁立に功をたてるものの，慶元元年（1195）からの慶元の党禁によって，道学系の官僚と並んで陳傅良・葉適らも政権から排除され帰郷することになる。そして，嘉泰2年（1202）以後，党禁は弛められるものの，韓侂冑（1152～1207）の開禧用兵により逆襲して南下した金軍に対し沿江制置使・江淮制置使として防衛に貢献した葉適は，戦後，罷免されることとなった。

葉適が水心村に引退して以後，蔡幼学，周端朝など政府高官のうちに温州出身者を確認することは引き続き可能であるものの目立った動きは少なくなり，また，思想界における温州の思想家の影響力は急速に低下することとなる〔何俊 2004〕。また，温州全体の進士合格者数はこの時期も増加を示しながら，温州内部の重心には微妙な変化が生ずることになる。

〔表3〕 南宋期における温州出身進士合格者数の県別推移　（単位＝人）
（科挙5回ずつの統計。咸淳元年～10年のみが4回の統計。）

年	永嘉県	楽清県	瑞安県	平陽県	合計
建炎2年(1128)～紹興12年(1142)	48	3	13	15	79
紹興15年(1145)～紹興27年(1157)	48	6	12	16	82
紹興30年(1160)～乾道8年(1172)	53	5	21	26	105
淳熙2年(1175)～淳熙14年(1187)	48	5	20	23	96
紹熙元年(1190)～嘉泰2年(1202)	53	15	16	33	117
開禧元年(1205)～嘉定10年(1217)	40	12	24	35	111
嘉定13年(1220)～紹定5年(1232)	31	26	26	44	127
端平2年(1235)～淳祐7年(1247)	35	11	34	37	117
淳祐10年(1250)～景定3年(1262)	52	20	28	47	147
咸淳元年(1265)～咸淳10年(1274)	62	39	38	54	193
（時期不明）	0	2	0	0	2
合計	470	144	232	330	1176

すなわち，〔表3〕によると，進士合格者数は，南宋期でも前半は州城のある永嘉県が圧倒的に多かったのに対し，後半になると，それ以外の楽清県・瑞安県・平陽県の割合が増加している。とくに平陽県は，永嘉県を抜いている時期もあるなど，南宋期後半における躍進ぶりが目立っている。

平陽県は，温州のなかでは永嘉県に直接には境を接していない唯一の県である。先に温州の人口波動について見たように，永嘉県などが既に南宋中期の段階で人口飽和に達していたとみられるのに対し，平陽県はそれ以後も元代前半にかけて人口増加を見せていた後発の開発地であった[*10]。

薛季宣・陳傳良・葉適といった温州の代表的な思想家たちが活躍した南宋中期は，以上のように南宋初期以来の温州と中央政権との関係や思想界に立場の変化[*11]が生じる前の時期にあたり，温州からの進士合格者に関していえば永嘉県に比較的集中している時期であった。

それでは，そうした状況のもと，彼らは地域社会のどのような空間で活動していたのだろうか。また，温州の地域社会全体からみた場合，彼らの活動はどのように位置づけられるであろうか。次章以下で分析を試みたい。

3．温州の思想家たちの日常空間とコミュニケーション

(a) 教育施設の場所

はじめに，士大夫の活動の拠点となっていた各種の教育施設が，温州の中でどのような場所に立地していたかを，主として明代以降の地方志をもとに整理すると〔表4〕のようになる[*12]。

そのうち，北宋中期の「皇祐三先生」にあたる王開祖（字・景山）・丁昌期・林石や，北宋後期の「元豊太学九先生」に含まれる周行己・沈躬行・戴述・張輝と

[*10] 宋代以降，各地において，人口やエリート家族の分布の重心が "core" の県から "periphery" の県へとしだいにシフトしていくことについては，〔Hartwell 1982〕参照。
[*11] この時期にあたる慶元元年（1195）に温州市舶務が廃止されている〔周厚才 1990〕。
[*12] 顧宏義氏の作成した「宋代温州学者所建置部分書院一覧表」〔顧宏義 2003；332-334頁〕に，一部，情報を加えた。

〔表4〕 宋代温州の教育施設

〈永嘉県〉

温州州学		九星宮故址	唐廟学，在州治東。宋天禧初，遷于九星宮故址。
儒志塾	北宋中期	在東南隅	宋王景山設教。郡為立儒志坊。
経行塾	北宋中期	在通道橋	宋丁昌期設教。子寛大・廉大継之。
孝廉塾	北宋中期	在轂頭河	宋仰忻立。周行己初従授経義。
浮沚書院	北宋後期	在鴈池坊（在城内松台山下小雁池東）	宋周行己故宅，初名浮沚，後改為書院。
東山塾	北宋後期	在謝池巷	宋沈躬行設教，戴明仲（述）継之。
草堂塾	北宋後期	在城南廂	宋張煇設教。子孝愷・孫純継之。
小南塾（少南塾）	南宋前期	在五馬坊	宋陳鵬飛立。（以経学教授。鵬飛，字少南，故名。）
城西塾	南宋前期	在郡治西	宋鄭伯熊立。（学者数百至。）
南湖塾	南宋中期	在城南廂（在城南茶院寺東）	宋毛崈立。陳傅良設教。後，蔡幼学・葉適・陳殖継之。
吹台塾	南宋中期	在吹台郷	宋知州楊簡立。簡，陸象山高弟，所著有『慈湖遺書』。（宋呉瀅（呉表臣の曾孫）立設教。後，郡守楊簡礼之，易名慈湖塾。）
徳新塾	南宋中期	在八字橋（在郡城徳新坊）	宋斉恵設教。（宋献儒朱聾建。延師儒蔣恵設教。嘉定間，裔孫平叔継之。郡為立坊。）
永嘉書院	南宋後期	在淵源坊（在城西淵源坊）	淳祐年間，提刑王致遠建。

〈楽清県〉

楽清県学		望来橋西 ⇒ 宝帯橋南	唐在望来橋東南。宋崇寧初，徒橋西。紹興初火，遷宝帯橋南。
鹿巌塾	南宋前期	在永康郷	（宋賈元範設教。）賈如規教授子弟於所居立学。
万橋書塾	南宋前期	在龍門	万規教授処（北宋後期）。其孫万庚継立義学。
宗晦書院	南宋前期	在県治東	宋楊芸堂立。有文公祠故名。
図南塾	南宋中期	在長安郷	宋翁敏之立。延陳殖設教。
白石塾	南宋中期	在茗嶼郷	銭堯卿・銭文世為郷先生，乃立塾講学，従遊甚衆。

〈瑞安県〉

瑞安県学		在県治東	宋崇寧中，徒江瀬。政和六年，知県蔡景初復遷故址。
塘墺塾	北宋中期	在帆遊郷塘墺	宋林石立。以春秋教于郷，屏去進士声律之学。及王氏行新経廃春秋，遊其門者遂不応挙。
仙巌書院	南宋中期	在崇泰郷仙巌	（陳傅良）開門授徒於仙巌僧舎。
心極書院	南宋中期	在崇泰郷仙巌	宋陳止斎読書処。
梅潭塾	南宋中期	在崇泰郷仙巌	宋木礪立。延陳傅良設教。
南山塾	南宋中期	在帆遊郷南山	宋鄭士華立。士華，百有十歳，咸淳中，優礼耆年，郡以応詔特補迪功郎。知県鮑成祖為立山坊。
鳳岡塾	南宋	在来暮郷鳳岡	宋曹経立。延儒設教。後，一門登第者二十四人，如叔遠・圃・元発輩，皆為世名儒。
龍塢塾	南宋	在安仁郷	宋劉良貴設教。

〈平陽県〉

平陽県学		在県治東南鳳凰山	宋陳彦才家献学基（元祐7年）。
会文書院	北宋後期	在雁蕩山（南雁蕩山のこと）	宋陳経正等読書処。朱文公題額。
朝暘書院	南宋後期	在繆程	繆元徳読書処。

(史料)『嘉靖温州府志』巻1，『光緒永嘉県志』巻7，『光緒楽清県志』巻4，『乾隆瑞安県志』巻2，『民国平陽県志』巻9など

図1　温州府永嘉県城池坊巷図（『光緒永嘉県志』より）

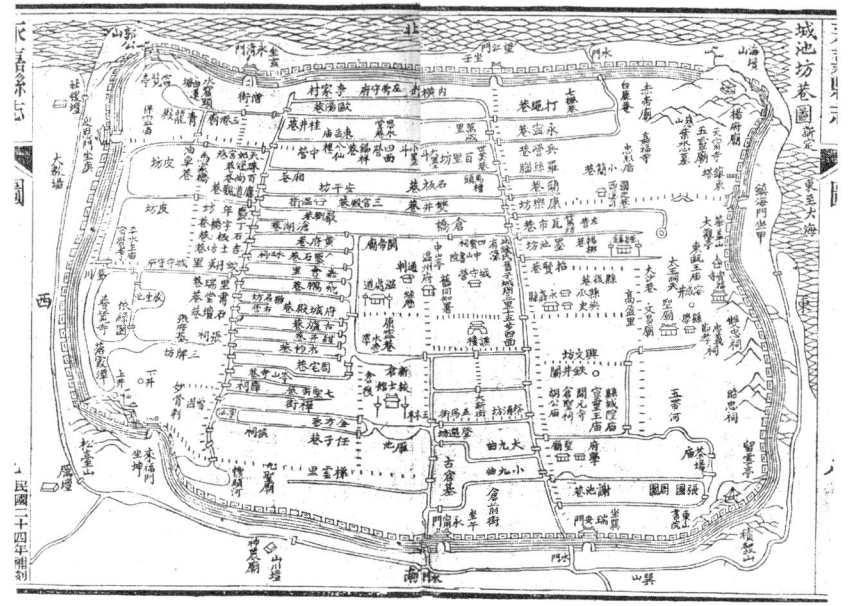

西南に松台山・浮沚・七聖殿巷・薛祠・梯雲里などの地名が見える。

いった人物たちが地元温州に戻って教えていた場所が，「東南隅」「通道橋[*13]」「鴈池坊」「謝池巷」といった温州州城内や，「城南廂[*14]」といった州城外のすぐ近くに立地しており，また，塘嶴塾のあった瑞安県帆遊郷にしても，瑞安県の中では最も永嘉県寄りで，しかも温州の州城と瑞安県城を結ぶ「南塘」に沿った運河の通る交通至便な場所にあった。したがって，薛季宣・陳傅良・葉適らにとって，思想的先駆にあたる北宋中期から後期にかけての思想家たちが，いずれも温州の中心部またはその近くの場所に集中して教育活動をおこなっていたことがわかる。

つづいて南宋に入ると，薛季宣・陳傅良・葉適らの先輩・師にあたり彼らに影

[*13]　通道橋は，『光緒永嘉県志』巻3・建置「橋梁」によると，「城内諸橋」の一つであり，「府治東南栄親坊」にあったとされている。
[*14]　城南廂は，『光緒永嘉県志』巻3・建置「隅廂」によると，「瑞安・永寧二門の外」にあったとされている。

響を与えた鄭伯熊[*15]（1127または1128〜81）の城西塾は，城内の州治の西にあった。また，瑞安県の帆遊郷で生まれた陳傅良は，9歳の時に両親を失った後，祖母に養われ，早くから教師をして生計をたてており，科挙合格も36歳の時であった〔周夢江 1992〕。そのため，科挙合格前の温州での活動経歴が比較的長く，永嘉県・瑞安県では陳傅良の初期の活動に関する場所が確認できる。最も重要であったと思われるのは，温州城外の城南廂にあった城南茶院であり，ここで陳傅良は隆興年間から乾道年間にかけて学を講じていた。陳傅良自身が薛季宣の行状に，地方官として各地に赴任することの多かった薛季宣が，温州に戻っていた乾道2年（丙戌／1166）・3年（丁亥／1167）に城南茶院の陳傅良を訪問し，その翌年には生地帆遊郷から南塘を少し瑞安県城側にすこしくだった所にある瑞安県崇泰郷の仙巌書院に屏居した陳傅良を，やはり薛季宣がたずねていたことが確認できる（陳傅良『止斎先生文集』巻51「右奉議郎新権発遣常州借紫薛公行状」）。陳傅良が，まだ10歳余りであった葉適と初めて出会ったのも，この前後のこととみられ，その場所は瑞安県城内にあった林元章という人物の家であった。その家は「元章，広宅を新造し，東は海に望み，西は三港の諸山を挹う」と記され，「陳君挙（傅良）を聘請して師と為し，一州の文士畢く至る」とあるように，陳傅良を迎えて数多くの文士が集まっていた。葉適自身も，「余，児為りしとき，同県の林元章の家に嬉ぶ」（葉適『水心文集』巻16「林正仲墓誌銘」）と，その思い出を記している。

このように温州州城・瑞安県城の内部や周囲，またその間の南塘に沿った場所にある瑞安県帆遊郷・崇泰郷などが，温州の独自の思想を生み出した思想家やその先駆となった人物たちの教育活動・交流の頻繁におこなわれていた場所と考えることができる。

（b）　温州の思想家の居住地・出生地

つぎに，こうした温州の思想家たちの活動場所を，より日常的な場面に即して考えるために，温州士大夫に関する史料の最も多い南宋中期を中心に，彼らの住

[*15] 葉適は鄭伯熊が乾道年間末期に温州に戻っていた時期に直接教えを受けている〔周夢江 1996〕。

まいなどの確認できる場所から検討してみたい。

まず，一つの集中地区にあたると見られるのが，温州州城の西南端にあった松台山（別名浄光山）の周辺である。北宋中期の思想家である周行己の一族は，南宋中期においても温州の名族としてステータスを保っており，葉適が周鼎臣のための墓誌に，「余は松台下に廬す，而して周氏は居すること二百年なり。山の先儒故老も，君に如く者莫し」(『水心文集』巻24「周鎮伯墓誌銘」)と記している。周行己自身の住まいでもあった浮沚書院も「松台下」にあった(表4参照)ことからすれば，周一族がその後も松台山の麓にずっと住居をかまえていたことになる。『嶺外代答』の著者である周去非もこの一族であり，彼の祭文には，「浄光東麓，遙かに故廬を望む」(楼鑰『攻媿集』巻83「祭周通判」)と記されていることが確認できる*16。

また，瑞安県城内で生まれ，その後，細々と教師暮らしをしていた父にしたがって，永嘉県内をしばしば転居した葉適は，科挙に合格して官員生活をしばらく送った後に，慶元の党禁によって温州に戻り，住まいとしたのが，彼の号にもなっている「水心」村であった。葉適が引退した後も住み続けたこの家は，温州の州城の西南側すぐの場所にあり，付近には，「松台山下」の周氏一族の住まいがあった。また，多数の官員を輩出して宋代温州における随一名族であった薛

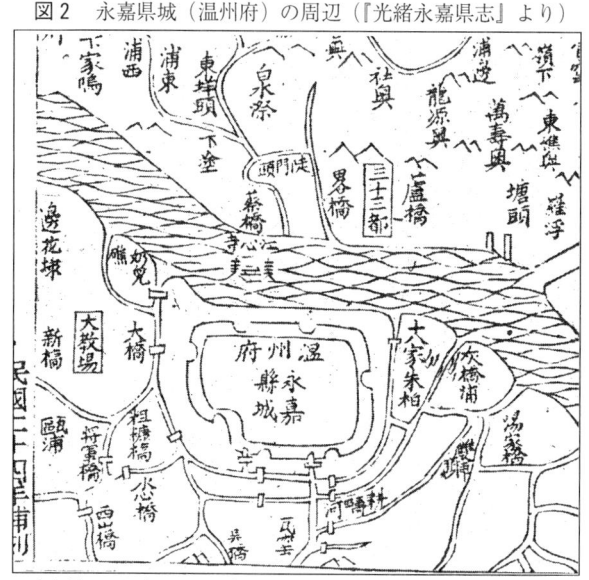

図2　永嘉県城（温州府）の周辺（『光緒永嘉県志』より）

水心橋・江心寺などの地名が見える。

---

*16　周去非と温州との関係については，『嶺外代答校注』の「周去非与『嶺外代答』」〔楊武泉 1999〕，参照。

氏一族のうち，少なくとも薛紹の系統でその孫にあたる薛嵎について，『宋宝祐四年登科録』に「本貫，温州永嘉県在城梯雲坊」と記されている。この梯雲坊はやはり，城内の西南隅にあり，松台山からは500m以内，水心村からでも1km以内の位置にあった。官界を引退して水心村に隠居した葉適は，その薛紹が開いていた老士大夫たちのための真率会に参加していたようで，「家に司馬文正公の真率の約有り，旧時を按ずるに，率年の六十に及ぶ者は之に行き，余も亦た豫かり行く」(『水心文集』巻19「中奉大夫太常少卿直秘閣致仕薛公墓誌銘」)という記述からは，確かに葉適が会に参加して薛紹の家に出入りしていたことがうかがえる。また，薛季宣・薛紹らを含む温州薛氏の先祖とされる唐代福州の進士薛令之の「唐補闕薛公像」碑が薛嵎によって淳祐乙巳(5年/1245)に七聖殿巷の薛公祠にもうけられていたこと*17からすると，遅くとも南宋中期から後期までの間には，西南隅が薛氏一族にとって最も拠点的・象徴的な場所になっていたものと考えられる。

　この温州州城西南隅には，寺院も多く，温州府志や永嘉県志から宋代に存在を確認できる寺院としては，「松台山麓」の浄光禅寺(唐代創建)・菩覚瑜珈寺(後周代創建)，「松台山東」の崇徳寺(唐代創建)のように，松台山周辺に位置するものを多く確認できる。斯波義信氏の指摘によれば，中国の都市には共通して官紳区と商工区の二核並立の構図があり，杭州(臨安)・明州(寧波)のように，官紳区は風致とかかわりの深い立地をする場合が多かった〔斯波 2002：122-135〕とされており，由緒ある寺院の立ち並ぶ松台山付近は，温州の州城の中において，まさに同様な位置づけの場所であったと考えられよう。

　それ以外に，州治のすぐ南の五馬街の街東にある仁美坊には陳傅良の同年進士で葉適とも仲のよかった陳謙が住んでおり*18，相互に行き来をしていた(『水心文集』巻8「陳待制挽詩」)が，これも水心村から直線距離で1.5km前後であった。

---

*17　『東甌金石志』巻12「補闕薛公像碑」による。この碑は『温州文管会蔵石攷』によって現存が確認されている〔温州区(市)文物管理委員会 1961〕。なお，『温州文管会蔵石攷』は森田憲司氏のご厚意によって閲覧することができた。ここに記して謝意を表したい。

*18　陳謙が州城内の仁美坊に住んでいたことについては，梁庚堯氏も言及している〔梁庚堯 1997〕。陳謙は，温州四県の地方志『永寧編』(『直斎書録解題』巻8；現存せず)の撰者としても知られている。

296　　　第 3 部　宋代の地域社会における空間とコミュニケーション

図 3　宋代の温州

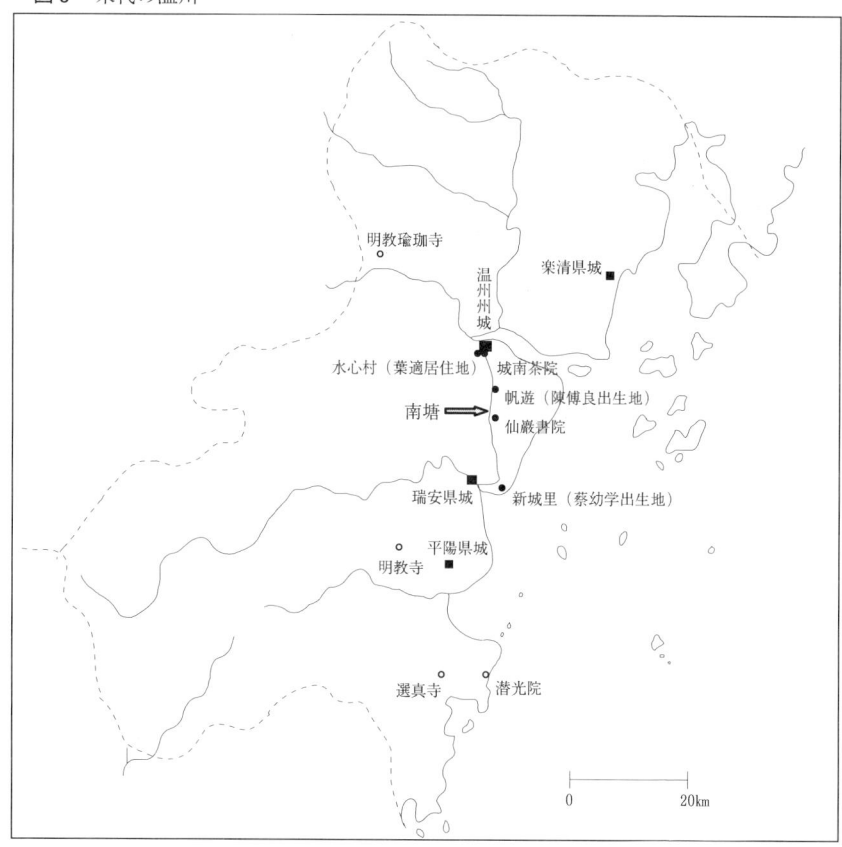

●…思想家に関係する場所　　○…五代十国から元代のマニ教寺院があったことが確認されている場所。
海岸線については，呉松弟氏の研究を参考にして宋代の海岸線の位置で示している〔呉松弟 1998〕。

　以上が，温州の主たる思想家のうち，永嘉県における居住地の例である[*19]が，永嘉県の南隣の瑞安県では，先にも触れたように陳傅良が帆遊郷で生まれ，温州州城と瑞安県の間を中心に活動していた。また，陳傅良の門人である蔡幼学が「温州瑞安新城里」（『水心文集』巻23「兵部尚書蔡公墓誌銘」），すなわち瑞安県城から温州州城方面へ数kmしか離れていない場所で生まれたことも確認できる。

＊19　これ以外に，鄭伯熊が温州州城の近くの城南廂に住んでいたことが確認できる（『水心文集』巻12「陰陽精義序」）。

こうして見てくると[20]，宋代温州を代表するような思想家たちが，温州州城の内外や，そこから瑞安県に通じる水路沿いにかなり多く居住しており，書院などの立地とも重なっていることが見てとれるように思う。

（c） 地域空間とコミュニケーション

さて，このように州城やそれに通じる水路沿いに比較的多くの思想家の居住地や活動範囲が集まっているということは，彼らにとってどのような意味をもっていたと考えるべきであろうか。

梁庚堯氏は，南宋の官戸・士人が都市に定居しがちな傾向を明らかにし，子弟の教育や文化交流に有利であることを考察した〔梁庚堯 1997〕。如上のように温州州城に書院などの施設が集中していること，あるいは瑞安県城においても林元章の家で陳傅良の講義を聴くことができていたことなどからすれば，温州においても教育面について，同様の有利さを見てとることができると言える。文化交流の面でも，たとえば婺州永康県の陳亮（1143～94）が永嘉に遊学に来た際には，州城のすぐ横を流れる甌江の中洲にある江心寺で送別の宴がおこなわれる〔周夢江 1992：124〕など，温州以外の思想家との接点という意味でも，州城などの有利さは見られていた。

また，とくに，州城の西南隅や城外の城南廂など，州城の中心から見て南側に南宋中期の思想家たちの活動場所が頻出していることは，水路を通じての瑞安県との交通とも関連づけて考えることができよう。温州の地形については，全体として山の多いことが強調されがちであるが，同時に，平野部は水路によって到達できる範囲が意外に広く，宋代の史料に舟を利用しての往来についての記述は頻出する[21]。また，宋代の公共事業においても，水路の整備は温州の地方官や士大

---

[20] 本報告では触れないが，温州における士大夫たちの墓も，温州州城から川・水路が通じている便利な場所に比較的多く立地していたことについては，〔Oka 2004〕で分析している。

[21] 現代の温州でも続いている龍舟競渡についても，遅くとも宋代にはおこなわれていたことが確認されている〔葉大兵 1992〕。葉適自身も，「一村一船，一郷に徧く，処処の旗脚に飛揚を争う」（『水心文集』巻6「後端午行」）と詠んでいる。

夫にとって大きな関心事となっており、南宋中期の淳熙年間に、知温州韓彦直によって州城の城内河が整備され、また同じく知温州沈枢によって州城と瑞安県を結ぶ「南塘」が修築されるなどした〔拙稿 1996〕。

このため、とりわけ温州州城と瑞安県城との間の水路に沿った地域を生地・活動範囲としていた陳傅良に関わる史料では、「南塘」についての言及が多く、たとえば葉適も「我、澉村を瞻る。泚なるかな南塘」（『水心文集』巻16「宝謨閣待制中書舎人陳公墓誌銘」）、「南塘の流れに足を洗い、澉村の峯に袖を振る」（『同』巻28「祭陳君挙中書文」）などと、陳傅良のいた澉村と澄んだ南塘の水とを重ねて記憶していたのである。

ただし、貿易をおこなう沿海都市としての発展がしばしば強調されるものの、温州州城自体のサイズは決して大きいものではなかった。地方志の記載をたどれば、温州の城周は、五代十国、明代、清代を通じて18里であったとされている（『嘉靖温州府志』巻1「城池」;『万暦温州府志』巻2・輿地志「城池」;『光緒永嘉県志』巻3・建置志「城池」）。この18里という数字は、斯波義信氏による「宋代の城郭規模資料」（斯波 1988：286-296）を参考にすると、杭州の70里に及ばないのは当然としても、蘇州42里、潤州26.1里、常州27.1里、建康府25.1里、湖州24里といった長江下流域の都市の城周に比べても小さく、むしろ同じく浙東沿海地域に位置する明州の14里、台州の18里が、共通して温州と同様の規模であった。宋代温州とは大きな変化がないと見られる清代の『光緒永嘉県志』「城池坊巷図」の温州府城内の地名や山の位置をもとに、現在の温州の都市地図に重ね合わせても、2km四方に達するか達しないかといった広さである。これに城外四廂（瑞安・永寧二門外の城南廂／迎恩門外の広化廂／来福門外の集雲廂／鎮海門外の望京廂）が加わるのだが、それを含めた温州の都市人口は、呉松弟氏によれば「居民万数千家」（王之望『漢濱集』巻7「温州遺火乞賜降黜奏札」）であり、氏の分類では5,000戸から20,000戸を範囲とする第三級都市にすぎなかった[22]〔呉松弟 2000〕。

[22] 呉氏によれば、50,000戸以上の第一級都市は北宋東京、南宋臨安、紹興府、蘇州（平江府）、江寧府、洪州（隆興府）、福州、泉州、鄂州、潭州、成都府；20,000～50,000戸の第二級都市は贛州、汀州、漳州、興元符、大名府とし、第三級都市はその下の戸数ランクとなる。

しかし，こうした地方都市を中核として比較的密集した地域空間におけるコミュニケーションのあり方は，その内部や近くに暮らす者にとっての社会的流動性の視点からいえば，必ずしもマイナスの条件とはならなかったものと思われる。温州では，先にも触れた薛氏一族や周氏一族など，官員や思想家を輩出する名族が存在する一方で，温州の思想界がその独自性を最も発揮した南宋中期には，陳傅良，葉適，蔡幼学などのように，一族にそれまで誰一人として官員のいない家庭出身の思想家が含まれ，むしろ能動的な役割を果たしていた。

陳傅良は「城南張氏」[*23]，すなわち城南廂に住む「元豊太学九先生」張煇の孫娘を妻に迎え，葉適は北宋の外戚の一族であった高氏一族から妻を迎えている[*24]。しかし，これは既に官員を輩出している家どうしがステータスを維持するための婚姻という性格とは少し異なる。いずれも科挙に合格する前年，陳傅良は35歳，葉適は28歳の時に，当時としてはかなりの晩婚の年齢[*25]で，しかも前途有望ではあるが科挙合格をまだ果たさず，教育や遊学に忙しく動きまわる中での結婚であった[*26]。蔡幼学（字・行之）にしても，「始め，行之は陳（陳傅良）・鄭（鄭伯熊・鄭

[*23] 陳傅良は「余，城南張氏を娶る」（『止斎先生文集』巻47「趙布陣墓誌銘」）と記している。

[*24] 葉適の妻の父高子莫（1140〜1200）は，「公，洪より帰り，我，西山に屛し，痩馬にて独り来たり，共に草間に談ず」（『水心文集』巻28「祭高永州文」）とあるように，隆興府通判の任務から温州に戻り，水心村（そばに西山という山があった）の葉適をひとり訪ねていた。これは，高子莫の没年と葉適の温州滞在時期をあわせ考えると，慶元の党禁の後，葉適が水心村に住んでいた頃のことと考えられるが，高氏の家も，ぶらりと馬で来ることのできる範囲にあったのであろう。

[*25] 当時の婚姻年齢についてはパトリシア・イーブリー氏の研究を参考にした〔Ebrey 1993〕。

[*26] 陳傅良は科挙に合格する前に張氏と結婚したことについて，「令人，窮約の時に来たりて我に帰ぐ」と述べ，長年の夫婦生活を振り返って張氏について「余，敬うこと賓友の如し」と記している（『止斎先生文集』巻50「令人張氏壙誌」）。ただし，苦学の中で地域の名門の娘と結婚した彼らも，その家柄の高貴さについてはやはり誇りに思っていた。たとえば葉適は，妻の実家が「無宅無田」（『水心文集』巻15「高永州墓誌銘」）などと言いつつも，「貴姓」（同），「門貴」（『同』巻28「祭妻母翁安人」）などと表現している。

伯英兄弟）の間に游び，後に鄭氏に壻たり」（『水心文集』巻21「鄭景元墓誌銘」）とあるように，鄭伯英の娘を妻にしているのは，ふだんの学問活動の延長線上の結果として認識されていた。

　科挙合格までに教育活動をしばらく地域社会でおこなっていた陳傅良・葉適らには，官員以外にも知人・友人は少なくなく〔伊原 1991，拙稿 2003〕，たとえば葉適は，処士のまま死去した学問仲間の何傅という人物の墓誌を撰しているが，その中で，州城内の墓林巷に住んでいた何傅を2年前にしばしば訪ねたことや，「嘗て一日大雪なり，道に行く人無く，処士は同巷の朱伯魚とともに余を問れ，遂に郭公山の富覧亭の故基に登り，以て江北を望む」として，州城の西北端の郭公山に登った時の思い出を記している*27（『水心文集』巻13「墓林処士墓誌銘」）。この墓誌が書かれた淳熙9年（1182）は，葉適33歳で既に科挙にも合格していたが，2年前とは科挙合格直後に母の死去にともなう服喪期間で温州に滞在していた時期とみられる。

　また，文学史でその名を知られる徐照（？～1211）・徐璣（1162～1214）・翁巻（生没年不詳）・趙師秀（1170～1219）の四人による「永嘉四霊」は，やはり葉適と日常的な交遊関係のある詩人グループであった。徐璣と趙師秀（宗室）の二人は低い官職についていたものの，徐照は幕僚どまり，そして翁巻は布衣のまま生涯を終えており，江西詩派とは異なり日常生活や農村・漁村の情景をうたうことを特色とする作風は，南宋後半の中下層の文人を中心とした「江湖詩派」へと展開していくことになる〔陳増傑 1985，胡俊林 2000〕。「永嘉四霊」のうち徐照には，「家を雁池に移す」（『芳蘭軒集』）と題する詩があるため，城内南部の雁池付近に少なくとも住んだ経験があることがわかる。また，四霊たちとやりとりをした詩が多数残っている薛師石（1178～1228）の廬でおこなわれていた「文会」に，彼らがしばしば参加し（趙汝回「瓜廬集序」，『瓜廬集』），薛師石は「室を会昌湖の上（ほとり）に築き，榜を敲き楫を擊ぎ，日々漁翁・釣叟と乃欸*28の間に相い忘る」（王綽「薛

＊27　墓林巷が温州州城内のどこに所在したかについては，地方志から確認ができないが，『水心文集』巻13「墓林処士墓誌銘」には，「居する所の墓林巷は，城中の最も深僻の処なり」と記されている。

＊28　「乃欸」（「欸乃」）とは，舟の櫓を動かす音をさす。

瓜廬墓誌銘」,『瓜廬詩』*29）とあるように，その廬が州城の西南5里にある会昌湖岸にあり，舟を出しては漁夫とともに時間をすごしていたと記されていることからすると，やはり州城やその近辺に四霊たちが居住ないし行動圏をもっていたと考えてよいであろう*30。この薛師石は，薛季宣の伯父である薛弼の曾孫にあたり〔拙稿1995〕，一族の薛嵎（本稿第3節（b）参照）とともに，「江湖詩派」の詩人に数えられ，その詩は，杭州の商人である陳起の出版した『江湖小集』などの詩集にしばしば収録されている〔張宏生1995〕。温州随一の名族も，州城やその周辺において，むしろこうした「江湖」の士人との関係を深めつつあったのである。

4．地域空間と文化的階層性

さて，ここまでは，思想家を中心とした士大夫階層の活動空間について検討してきた。これを，南宋期温州という一つの地域空間からみた場合，彼らの活動はどのように位置づけられ，また温州の地域文化自体がどのような特色をもつと言えるのだろうか。最後のこの点について論じたい。

（a）もう一つの日常空間——温州の通俗文化——

宋代の温州は，以上のような思想家たちによる「永嘉之学」*31によってのみ彩られるのではない。むしろ，さまざまな通俗文化の活力が同時に示されていたことが温州の特色と言ってよいであろう。

その一つが，「南戯」である。元の北曲雑劇とは異なってゆるやかな形式をも

---

*29 『南宋群賢小集』所収。
*30 葉適は，永嘉四霊の詩集である『四霊詩選』（現存せず）を編纂するなど，永嘉四霊とのつながりが強かった〔胡俊林2000：22〕。また，徐璣に対する墓誌のなかで「君は余と游ぶこと最も早く……」（『水心文集』巻21「徐文淵墓誌銘」）と記し，その父徐定の墓誌を紹熙4年（1193）に撰述し，さらにまた，水心村に引退して以後も，嘉定4年（1211）に没した徐照，嘉定7年（1214）に没した徐璣の墓誌を，いずれも撰述している。（同上および『同』巻17「徐道暉墓誌銘」）。
*31 「永嘉之学」という語は，『水心文集』巻10「温州新修学記」による。

ち，明代以降の中国の劇にも大きな影響を及ぼした南戯は，北宋末期以降の温州で形成されたものであった。温州で南戯や他の雑技が演じられていた瓦舎は，前掲の図 1 にも確認できる州城内の「瓦市殿巷（瓦市巷）」にあったとされている〔胡雪崗 1998〕。その後，南戯は，臨安だけでなく，南宋後期には太湖周辺や江西などにも伝わっていたことが確認されている〔虞雲国 2003〕。やはり宋代に温州でおこった民間信仰である温元帥信仰が，やはり南宋末期には臨安で廟がつくられ，その後，徳清県や青鎮など太湖周辺へと伝わっていったのと，同様の伝播ルートをたどったことになる*32。

こうした温州の都市部においては，先に士大夫たちの交流の場としてあげた江心寺に関して，「紹興丙寅の歳，温州の小民数十，江心寺に詣り誦仏会に赴く」（『夷堅甲志』巻 4 「江心寺震」）と記されていて，当時，杭州・明州など両浙路でさかんにおこなわれていた仏教結社の活動が見られていた*33。その江心寺には，永嘉四霊の一人の徐照の「題江心寺」という詩に「僧に外国人多し」（徐照『芳蘭軒集』）と記されるなど，外国人の僧の姿を見ることも珍しくはなかったようである*34。

そしてもう一つ，とくに温州の農村部との関わりで注目されるのは，西アジアに起こったマニ教を信仰する人々が，宋代から元代にかけての温州に多かったことである。とくに北宋末期，方臘が両浙・江東の広い地域で反乱をおこした際に，温州・台州においてはマニ教徒による蜂起が見られた〔竺沙 1974，Lieu 1992，拙稿 1996〕。マニ教が「福建より流れて温州に至り，遂に二浙に及ぶと云う」と記す荘季裕『鶏肋編』巻上には，「神仏祖先に事えず」「死すれば則ち裸葬す」など，儒教とは異なった血縁否定的な信仰が具体的に記されている〔相田 1974〕。

こうしたマニ教の信者が温州の地域空間の中でどのような場所で多かったかに

---

*32　ポール・カッツ氏は，温元帥の伝播を商業ルートと重ねて捉えている〔Katz 1995〕。
*33　この記事については，鈴木中正氏が宋代の仏教結社活動の分布を論じられている中でも挙げられている〔鈴木 1941〕
*34　江心寺は南宋期に定められた五山十刹のうちの十刹の一つとなり，元代には大拙祖能ら日本僧も訪ねている〔木宮 1955：472〕。

ついては，政府の禁止対象となった他の宗教と同様に，その記録が少ない[*35]。しかし，北宋末期の温州で，「居する所の郷村に屋宇を建立し，号して斎堂と為し，温州の如きは共に四十余処有り」(『宋会要輯稿』刑法2－78・79（禁約）・宣和2年11月4日の条)とされ，「宣和間，温・台の村民は多く妖法を学び……」(『宋会要輯稿』刑法2－111（禁約）・紹興7年10月29日の条)とされ，反乱のおさまった南宋初期に至っても，「白衣礼仏会」などとしてあいかわらず「夜聚まりて朝散じ，妖法を伝習す」(同条)といった密かな活動が継続していたことが記されており，これらに「郷村」「村民」という表現があることからすれば，温州におけるマニ教信仰は，州城・県城などよりは，郷村部に日常的な拠点をもっていたことが見てとれる。

裏を返して言えば，この乱の最盛期には温州州城および瑞安県城を除いてほかの地域はすべて「盗区」となり，温州州学教授の劉士英が，「城の東は山を負い，北は江に倚り，患無かるべし。惟だ西南のみ低薄なり」と言って城壁を増築する(『嘉靖温州府志』巻1「城池」)ことによって，官軍の増援部隊が来るまで地元エリート層とともに持ちこたえた〔拙稿 1996〕のは，温州のマニ教信者たちにとってこの時点で最も対立的な存在が，都市を拠点とする官およびエリート層であったことを示していると言えよう。

その後も，南宋から元代にかけて，福建から温州，そして明州（慶元）の一部といった沿海地域においては，マニ教の信仰が存続していた〔Lieu 1992〕。温州に関する文献史料としては，元代平陽県金舟郷のマニ教寺院である潛光院の場所について，「竹西楼記」(陳高『不繋舟漁集』巻12)には，「温（州）の平陽，地の炎亭と曰う有り。大海の浜に在り，東は海に臨み，西南北の三面は山を負う。山は之を環り，箕状の如し。其の地は三，四里ばかり，居する者，数百家，多くは漁を以て業と為す」と記され，その漁村のすぐ近くに潛光院があったことが記されている。この潛光院の場所については，林順道氏の調査によって現在の場所が確認されている。さらに，この潛光院と同じ金舟郷には，やはり元代に選真寺というマニ教寺院があり，『民国平陽県志』巻46・神教志2に節録されている元代の

[*35] 秘密結社の研究などにおいても同様のことが指摘されている〔野口 1986：3〕

「選真寺記」が同寺(現在は禅寺となっている)で見つかっている。この金舟郷は，福建との境にも近い地域にあたり，マニ教が福建から温州に伝播する際のルートにあたると考えることもできよう〔林順道 1989，周夢江 2001〕[*36]。

〔表5〕 温州のマニ教遺跡

名称	場所(現在の地名)	創建年代
明教瑜珈寺	永嘉県橋頭鎮	後晋天福3年(938)
明教寺	瑞安市曹村鎮	後晋天福7年(942)
選真寺	蒼南県[*37]括山鎮	南宋後期または元代初期〔周夢江 2001〕
潜光院	蒼南県炎亭	

温州に現存する他の二つのマニ教遺跡(表5参照)を含めて考えても，宋元時代を通じてマニ教信仰の分布は，州内でも州城や県城から遠く離れた周縁の農村・漁村にまで広がっていたと考えても矛盾はないであろう。

(b) 文化的階層性と地域空間

このように南宋期温州には，エリート文化(elite culture)に属する「永嘉之学」の思想家たちの存在だけではなく，通俗文化(popular culture)の色合いが濃い南戯やマニ教など，多様な文化が都市から農村にいたるまで幅広く展開していた。

これらの地域文化は，エリート層と，そうでない階層との間で，受容層の比重に相対的な差があり，文化的階層性は確かに存在していたと言える。そのことは，北宋末期のマニ教徒たちの蜂起に対する鎮圧に，南宋期温州の思想家たちの先駆にあたる人物たちや直接の祖先が多く関わっていたことからもうかがうことができる〔拙稿 1996〕。

しかしその一方で，それぞれの文化に関わりをもつ人々を，エリート層と非エリート層とに明快かつ排他的に区分し得ない傾向があることにも注意しておかね

[*36] マニ教が陸路・海路のいずれから温州へ伝わったのかは不明であるが，たとえば炎亭では，現在も閩南語が話されている〔林順道 1989〕など，陸・海をとわず福建との行き来は盛んであったものと思われる。なお，宋代以降の温元帥信仰を研究したポール・カッツ氏も，その発祥地となった温州平陽県が言語的境界に位置していたことに注目している〔Katz 1995〕。

[*37] 蒼南県は1981年にかつての平陽県の南半分を分離してできた県。福建省と直接境を接する。

ばならない*38。

　たとえば南戯について言えば，代表的作品の一つである『荊釵記』の主人公が，南宋期温州出身の状元，王十朋であったり*39，『張協状元』に陳傅良の門人曹叔遠の族子にあたる曹豳（1170～1249）の詩が引用されていたり，あるいは南宋期に小説を書く芸人グループである書林に属し戯曲執筆にかかわっていたとみられる人物と陳傅良の交遊関係が確認できる〔胡雪崗1998〕など，温州の士大夫・思想家と南戯との接点は，早くから随所に見え隠れしていた*40。この点は，同じ南宋期でも演劇に対して嫌悪感の強かった道学系の思想家たち〔季国平2003〕とは対照的な部分ではないかと思われる。

　また，マニ教の場合も，薛季宣を例にとると，彼の一族の薛開がマニ教の反乱の鎮圧に功をたてたり〔拙稿1996〕，あるいは伯父薛弼は南宋初期に農民反乱が頻発した地域に福建安撫使などとして派遣され〔黄寛重2002〕，薛季宣自身も薛弼の任地で少年時代を過ごした。だが，同様にマニ教に対する鎮圧行動に参加していた劉愈（葉適の少年時代の師）の行状において，後に南宋初期になって郷村で貧者の救済に尽力した劉愈の普段の行動を称える一方で，民衆への税負担の増加を問題視する（『浪語集』巻34「劉進之行状」）など，薛季宣をはじめとする温州出身の思想家たちの財政思想の基調である官員・兵員増による苛斂誅求への批判は，むしろ彼ら自身が身近に体験した現実を重要な契機の一つとして形成された思想でもあった。

　その後，永嘉県出身者が圧倒的に多かった「永嘉之学」の思想家たちにおいても，くだって陳傅良・葉適の門人にあたる世代には，しだいに瑞安県や平陽県な

---

*38　中島楽章氏が，英語圏の民衆文化についての研究成果に自身の分析を加えるかたちで，「中国では民衆とエリート文化との距離はより近く，大伝統は農民の世界にもある程度開かれているのである」と指摘しているのは興味深い〔中島2005：13〕。
*39　王十朋は学問系統からいえば，葉適らとは異なるが，王十朋の子である王聞詩・王聞礼兄弟との交遊関係があり，葉適は彼らの墓誌を撰した。なお，南戯の主役に科挙の状元が多かったことについては，〔金文京2001〕参照。
*40　また，元代の『琵琶記』の作者として有名な高明（高則誠）は，温州瑞安県出身の進士であった。

ど，永嘉県以外の門人も増加し*41，そのことは第2節でも述べたような進士合格者の県別人数の時期的変化とも重なっている。

　こうして士大夫文化は，各県の周縁的な場所にもしだいに浸透するようになり，たとえば陳傅良の門人で温州の地方志『永嘉譜』（現存せず）を編纂した曹叔遠（1159～1234）は，瑞安県城から西南へ約20kmほど山中に入った曹村の出身であった。この曹村とは五代十国時代以来のマニ教寺院である明教寺の位置する場所でもあった。

　さらに，元代になると，温州の代表的な文人・思想家は，むしろ永嘉県よりも平陽県から輩出するようになり，たとえば詩人の林景熙（1242～1310）や思想家の史伯璿（1299～1354）などは，いずれも平陽県の出身であった。また，元代末期の「選真寺記」を撰した孔克表（1348年進士），炎亭におけるマニ教について「竹西楼記」で詳述した陳高（1314～67／1354年進士）は，いずれも平陽県出身の進士であった。

　かつては士大夫たちと対立していたマニ教の寺院の碑を進士合格者が記す背景には，周夢江氏が指摘するように宗教に対する元朝の寛容政策があったと見られる〔周夢江 2001〕が，同時に，温州の地域社会において士大夫文化が周縁部にまで広がってきたという空間的変化も背景としてとらえることができよう。

　そして，そうした平陽県の在郷士大夫たちとも交遊関係をもち，仏教や民間信仰にも幅広い接点をもっていた宋濂（1310～81）ら，浙東の思想家をブレーンとする新王朝が誕生する日は，遠からぬところに迫っていた。

5．おわりに

　以上論じてきたことをもとに，温州の地域文化がもつ意味を考察しておきたい。
　南宋期に独自の思想を生みだした薛季宣・陳傅良・葉適らは，温州の地域社会においては，州城・県城およびその周囲や，それら都市を結ぶ基幹水路に沿った場所を活動の中心としていた。薛季宣のような名族出身者に加えて，陳傅良や葉

---

*41　このうち平陽県の状況については別稿を参照されたい〔拙稿 2005〕。

適のようにさほど富裕ではない教師の家で育った者も全国に名を知られる思想家となったことは、科挙官僚の息子でありその父を亡くしながらも周囲の名族の支援のもとで成長した朱熹や、大家族で同居していた陸九淵の場合などと比べると、社会的流動性の面から注目することができる。そして、温州におけるこうした空間的近接性が、階層的流動性をもたらし、また親密（intimate）な人間関係[*42]を形成するための促進要因となっていたものと考えることができよう。

さらに、温州のエリート文化が、出版の広がりとも結びつきながら、永嘉四霊、江湖詩派へと徐々に通俗化の傾向を見せる一方で、彼らのすぐ周囲では、新たな時代の息吹を象徴するような南戯が演じられ[*43]、また、士大夫の集いや仏教結社の行事が催され外国人僧なども出入りしている江心寺のような場が存在するなど、決して士大夫が社会から遊離して閉じた人間関係の中に籠もるのではない[*44]、多彩な文化をもつ地方都市の日常空間が形成されていた。

しかもその文化は、南戯や温元帥信仰のように温州からしだいに都や他の地方都市へも伝播し、周囲の農村・漁村ではマニ教のような外来宗教までもが基層の人々の信仰を集め、それらが地域社会においてしだいにエリート文化との共存・融合の方向を見せてくる流れを生みだしていた。

このように南宋を中心とした時期に経済的・文化的な輝きを見せた沿海地域を基盤とした温州の思想家たちにおいて、江南西路撫州でも周縁に位置した金渓県出身の陸九淵や、福建路の山間部で成長し、長い官歴のほとんどを地元で過ごした朱熹[*46]に比べると、家族の秩序やステータスを維持するための方策、あるいは、

[*42]〔拙稿 2001〕もあわせて参照されたい。

[*43] 温州の南戯は、元代においても発展を続け、『琵琶記』の作者高則誠（瑞安県出身）らを輩出する。

[*44] 本稿では紙幅の関係でほとんど触れなかったが、こうした思想家たちは、同時に、学問的活動や官界でのつきあいなどを通じて、地域をこえたつながりも有していた〔Walton 1999〕。その点については、筆者も既に部分的に言及したことがある〔拙稿1998a・2003〕が、さらなる分析は別稿でおこないたい。

[*45] 朱熹や陸九淵と地域社会の関係については、〔友枝 1969〕〔Hymes 1986・1989〕〔Lee 1993〕〔市來 2002〕などを参照した。

貧困な農民の救済を目指す方策について，具体的提言は決して多くなかった〔近藤 1979 ; 拙稿 1992〕。

しかしその一方で，温州は，南宋期全国第二位の多さの科挙合格者を生みだし，陳傅良や葉適の文章には評点が施されて受験参考書にしばしば用いられる〔高津 1990〕など，科挙受験とのつながりは全体として深かった。しかも，そのように科挙合格者数が多いわりに，薛氏（宋代に少なくとも16名の科挙合格者）などを除くと，名族への集中度がさほど高くない[46]ことは，社会的流動性の高さとかかわる温州の一つの特色と捉えてよいであろう[47]。

胥吏を批判した葉適の言葉としてよく知られている「官に封建無く，而るに吏に封建有り」（『水心別集』巻14「吏胥」）という見解も，そうした社会的流動性とは対照的な世襲に対する批判として理解することは可能であろう。また，富人の存在を肯定した言葉としてやはりよく知られている「富人は州県の本，上下の頼む所なり」（『水心別集』巻2「民事下」）という見解も，宮澤知之氏が指摘するがごとく温州永嘉県の土地所有において中産層が比較的多いこと[48]を考えあわせると，ごく少数の大地主が牛耳る地域社会を想定していたのではないことが窺えるように思う。

南宋の思想文化は，福建山間部のみによって代表されるのではなく，江西撫州のみによって理解されるのでもない。ある一つの考え方が絶対的な優位をしめ，そこに帰結していくというよりも，多層的・多元的な地域文化の混在にこそ，南宋という時代が文化的に活況を呈した根源を見いだし得るように思う。本稿が扱ったのは，そうした状況の中で，他の地域にもまして南宋という時代に集中的に輝きを見せた東南沿海部の一つの地域の個性である。

---

[46] たとえば両浙路明州では，宋代で確認できるだけでも楼氏30名，史氏26名，汪氏13名，袁氏12名，高氏10名など科挙合格者を多数輩出した名族が目立つ〔拙稿 1998a〕。

[47] これに関連することとして，永嘉学派の教師イメージを包容力のある非排他的伝統として捉えようとしているヒルデ・デュウィールト氏の見解は興味深い〔De Weerdt 2004〕。

[48] 宮澤知之氏は，温州永嘉県の土地所有について，葉適の民田買い上げ構想のデータから，中産層の所有が比較的多く，上戸と匹敵する社会的比重をもっていた，と指摘している〔宮澤 1985〕。

〔参考文献〕

◇日本語（50音順）

石田幹之助　1945　『南海に関する支那史料』（生活社）

市來津由彦　2002　『朱熹門人集団形成の研究』（創文社）

伊原　　弘　1991　「中国知識人の基層社会――宋代温州永嘉学派を例として――」（『思想』802号）

岡　　元司　1992　「葉適の宋代財政観と財政改革案」（『史学研究』第197号）

　　同　　　1995　「南宋期温州の名族と科挙」（『広島大学東洋史研究室報告』第17号）

　　同　　　1996　「南宋期温州の地方行政をめぐる人的結合――永嘉学派との関連を中心に――」（『史学研究』第212号）

　　同　　　1998a　「南宋期科挙の試官をめぐる地域性―浙東出身者の位置づけを中心に―」（宋代史研究会研究報告第六集『宋代社会のネットワーク』、汲古書院）

　　同　　　1998b　「南宋期浙東海港都市の停滞と森林環境」（『史学研究』第220号）

　　同　　　2001　「宋代の地域社会と知――学際的視点からみた課題――」（伊原弘・小島毅編『知識人の諸相――中国宋代を基点として』、勉誠出版）

　　同　　　2003　「南宋期の地域社会における「友」」（『東洋史研究』第61巻第4号）

　　同　　　2005　「宋代における沿海周縁県の文化的成長――温州平陽県を中心として――」（『歴史評論』663号）

加藤　瑛二　1997　『日本・中国 陶磁業の立地と環境』（古今書院）

衣川　　強　1973　「秦檜の講和政策をめぐって」（『東方学報・京都』第45冊）

木宮　泰彦　1955　『日華文化交流史』（冨山房）

桑原　隲蔵　1925　「歴史上より観たる南北支那」（『白鳥博士還暦記念東洋史論叢』；のちに『桑原隲蔵全集』第2巻、岩波書店、1968年、所収）

小林　義廣　2001　「南宋時期における福建中部の地域社会と士人――劉克荘の日常活動と行動範囲を中心に――」（『東海史学』第36号）

近藤　一成　1979　「宋代永嘉学派葉適の華夷観」（『史学雑誌』88-6）

斯波　義信　1988　『宋代江南経済史の研究』（汲古書院）

　　同　　　2002　『中国都市史』（東京大学出版会）

鈴木　中正　1941　「宋代仏教結社の研究――元代以後の所謂白蓮教匪との関係より見て――」（『史学雑誌』第52編第1号）

相田　　洋　1974　「白蓮教の成立とその展開――中国民衆の変革思想の形成――」（青年

第3部　宋代の地域社会における空間とコミュニケーション

　　　　　　　　　　中国研究者会議編『中国民衆反乱の世界』，汲古書院）
高津　　孝　　1990　「宋元評点考」（『鹿児島大学法文学部人文学科論集』第31号）
竺沙　雅章　　1974　「方臘の乱と喫菜事魔」（『東洋史研究』第32巻第4号；のち『中国仏教
　　　　　　　　　　社会史研究』，同朋舎，1982年，所収）
友枝龍太郎　　1969　『朱子の思想形成』（春秋社）
中島　楽章　　2005　「村の識字文化――民衆文化とエリート文化のあいだ――」（『歴史評論』
　　　　　　　　　　663号）
野口　鐵郎　　1986　『明代白蓮教史の研究』（雄山閣出版）
本田　　治　　1984　「宋元時代温州平陽県の開発と移住」（中国水利史研究会編『佐藤博士
　　　　　　　　　　退官記念中国水利史論叢』，国書刊行会）
　　同　　　　1996　「宋代温州における開発と移住補論」（『立命館東洋史学』第19号）
　　同　　　　2000　「南宋時代の災害と復元のシステム――乾道二年温州を襲った台風の場
　　　　　　　　　　合――」（『立命館文学』第563号）
宮澤　知之　　1985　「宋代先進地帯の階級構成」（『鷹陵史学』10）
森　由利亞　　2002　「近年の米国における中国思想・宗教研究――通俗宗教popular reli-
　　　　　　　　　　gionという範疇をめぐって――」（『東方学』第104輯）

◇漢語（画数順）
多洛肯　　2004a　『明代浙江進士研究』（上海古籍出版社）
　同　　　2004b　『明代福建進士研究』（上海辞書出版社）
李伯重　　2003　『多視角看江南経済史（1250-1850）』（生活・読書・新知三聯書店）
何　俊　　2004　『南宋儒学建構』（上海人民出版社）
呉松弟　　1988　「浙江温州地区沿海平原的成陸過程」，（『地理科学』第8巻第2期）
　同　　　1990　「宋代東南沿海丘陵地区的経済開発」（『歴史地理』第7輯）
　同　　　2000　『中国人口史』第3巻・遼宋金元時期（復旦大学出版社）
周厚才　　1990　『温州港史』（人民交通出版社）
周夢江　　1992　『葉適与永嘉学派』（浙江古籍出版社）
　同　　　1996　『葉適年譜』（浙江古籍出版社）
　同　　　2001　『宋元明温州論稿』（作家出版社）
林　拓　　2004　『文化的地理過程分析－福建文化的地域性考察』（上海書店出版社）
林順道　　1989　「蒼南元明時代摩尼教及其遺跡」（『世界宗教研究』1989年第4期）
金文京　　2001　「南戯和南宋状元文化」（温州市文化局編『南戯国際学術研討会論文集』，中

華書局）

季国平　2003　『宋明理学与戯曲』（中国戯劇出版社）

胡俊林　2000　『永嘉四霊曁江湖派詩伝』（吉林人民出版社）

胡雪崗　1998　『温州南戯考述』（作家出版社）

兪雄・兪光　1995　『温州工業簡史』（上海社会科学院出版社）

張宏生　1995　『江湖詩派研究』（中華書局）

陳増傑（校点）　1985　『永嘉四霊詩集』（浙江古籍出版社）

陳篤彬・蘇黎明　2004　『泉州古代科挙』（斉魯書社）

黄寛重　2002　『南宋地方武力－地方軍与民間自衛武力的探討』（東大図書公司）

梁必騏　1993　『広東的自然災害』（広東人民出版社）

梁庚堯　1997　『宋代社会経済史論集』（下）（允晨文化実業股份有限公司）

曹家斉　2003　「宋代南方陸路交通幹線沿革述考」（曁南大学中国文化史籍研究所編『宋代歴史文化研究（続編）』、人民出版社）

葉大兵　1992　『温州民俗』（海洋出版社）

温州区(市)文物管理委員会（編印）　1961　『温州文管会蔵石玅』

温州文物処（編）　1999　『温州古代陶瓷研究』（西泠印社）

程民生　1992　『宋代地域経済』（河南大学出版社）

楊武泉　1999　『嶺外代答校注』（中華書局）

虞雲国　2003　「宋代太湖区域文化述略」（前掲『宋代歴史文化研究（続編）』、人民出版社）

顧宏義　2003　『教育政策与宋代両浙教育』（湖北教育出版社）

◇英語（アルファベット順）

Braudel, Fernand, 1966 *La mediterranee et le monde mediterraneen a l'epoque de Philippe II*, Arnold Colin.
　（浜名優美訳『地中海』全5冊、藤原書店、1991～1995年）

Chaffee, John W., 1995 *The Thorny Gates of Learning in Sung China*, Cambridge University Press.

De Weerdt, Hilde, 2004 "The Transmitter and the Administrator: Twealfth Century Teacher-images", paper for 37th ICANAS in Moscow.

Ebrey, Patricia Buckley, 1993 *The Inner Quarters: Marriage and the Lives of Chinese Woman in the Sung Period*, University of California Press.

Hartwell, Robert M., 1982 "Demographic, Political, and Social Transformation of China, 750-1550", *Harvard Journal of Asiatic Studies*, 42-2.

Ho, Ping-ti, 1962 T*he Ladder of Success in Imperial Chana: Aspects of Social Mobility*, 1368-1911, Columbia University Press.
　(寺田隆信・千種真一訳『科挙と近世中国社会－立身出世の階梯』, 平凡社, 1993年)

Hymes, Robert P., 1986 *Statesmen and Gentlemen: the Elite of Fu-chou, Chiang-Hsi, in Northern and Southern Sung*, Cambridge University Press. ―, 1989 "Lu Chiu-yüan, Academies, and the Problem of the Local Community", Wm. Theodore de Bary and John W. Chaffee eds., *Neo-Confucian Education: The Formative Stage*, University of California Press.

Jackson, Peter, 1989 *Maps of Meaning: An Introduction to Cultural Geography*, Unwin Hyman.
　(徳久球雄・吉富　亨訳『文化地理学の再構築』, 玉川大学出版部, 1999年)

Johnson, David, 1985 "Communication, Class, and Consciousness in Late Imperial China", David Johnson, Andrew J. Nathan, and Evelyn S. Rawski eds., *Popular Culture in Late Imperial China*, University of California Press.

Katz, Paul R., 1995 *Demon Hordes and Burning Boats: The Cult of Marshal Wen in Late Imperial Chekiang*, State University of New York Press.

Lee, Thomas H. C., 1993 "Neo-confucian Education in Chien-yang, Fu-chien, 1000-1400: Academies, Society and the Development of Local Culture", 『国際朱子学会議論文集』下冊, 中央研究院中国文哲研究所籌備処.

Lieu, Samuel N. C., 1992 *Manichaeism in the Later Roman Empire and Medieval China*, 2nd. edition, J. C. B. Mohr (Paul Siebeck).

Oka, Motoshi, 2004 "Elite Families and Graves in Wenzhou during the Southern Song: From the Viewpoint of Local Society", paper for 37th ICANAS in Moscow.

Rankin, Mary Backus, 1986 *Elite Activism and Political Transformation in China: Zhejiang Province, 1865-1911*, Stanford University Press.

Skinner, G. William, 1977 "Regional Urbanization in Nineteenth-Century China", G. William Skinner ed., *The City in Late Imperial China*, Stanford University Press.

So, Billy K. L., 2000 *Prosperity, Region, and Institutions in Maritime China: The South Fukien Pattern, 946-1368*, Harvard University Press.

Walton, Linda A., 1999 *Academies and Society in Southern Sung China*, University of Hawai'i Press.

　なお，主として一般読者向けに執筆した拙稿「沿海地域社会を歩く——南宋時代温州の地域文化が育まれた空間——」(『アジア遊学』No.70，特集「波騒ぐ東アジア」，2004年12月）も，あわせて参照いただければ幸いである。

伍子胥信仰と江南地域社会
―― 信仰圏の構造分析 ――

水 越 知

はじめに――『呉山伍公廟志』をめぐって

　『呉山伍公廟志』という史料がある。その内容は杭州の呉山伍公廟すなわち伍子胥の廟の建物の配置，歴代の廟記や題詠など多岐にわたる。杭州・銭塘江の濤の逆流を引き起こす神として伍子胥神が歴代崇敬を集め，この書が編纂された清朝後期に至るまで豪壮な廟を誇ったことが分かる。筆者は数年前に京都大学文学部所蔵の光緒2年重刊本を目にしたが，この光緒本は国内では京都大学を初め，複数の研究機関に所蔵され，比較的容易に閲覧できる史料である。その後2004年に南京図書館歴史文献部で『呉山伍公廟志』を閲覧したが，南京図書館には光緒重刊本とは別に道光14年刊の原刊本が所蔵されており，光緒重刊本と内容に若干の違いが確認された[*1]。

　道光刊本と光緒刊本の違いは大きくは以下の三点である。一，光緒刊本の巻末に附される溧陽県志の抜粋部分が道光刊本には存在しない。二，巻6の雑記の部分に引用された史料の相違。三，乾隆19年に金志章らが編纂した刊本の資金提供者の名簿が光緒刊本では削除されている。このうち第三点目は光緒刊本が道光刊本の重刊でもあり，乾隆刊本の資金提供者の名簿は必要なかったとも考えられるが，一，二点目はその背景に編集方針の変化があったと思われる。

[*1] 光緒刊本については張智・張健主編『中国道観志叢刊続編』（広陵書社，2004年）で影印された。また1999年上海古籍出版社による『呉山伍公廟志』の標点本は光緒2年刊本を底本としている。

[*2] 京都大学所蔵の光緒刊本は附録の溧陽県志が首巻のすぐ後に置かれているが，巻6の後に附されるのが本来の形である。記載内容は他本と同じであり，単純な錯簡と見られる。

一点目の溧陽県志の記事とは伍子胥が楚から呉へ逃れる際に溧陽の一女性，「史貞義女」が伍子胥の逃亡を助け，発覚を恐れて自殺した故事に関するものである。この増補は全体の構成のなかでも相当部分を占める。溧陽県の記事が増補された経緯は光緒刊本の「重刻呉山伍公廟志記」に述べられるが，咸豊年間に太平天国の乱で伍子胥廟が焼失した後，再建活動の一環として廟志の再版が持ち上がったが，すでに廟志が散佚していたため著名な学者丁丙に「旧本」を借用して書き写し，それを重刻したという。その丁丙所蔵本に溧陽の「史貞義女」と同じく伍子胥の逃亡を助けた「楚江漁父」の逸話が含まれていた。そこで知県から溧陽県志を借りて関連資料とともにそれを増補し，「是に由りて廟志また完備せり」[*3]と自賛するのだが，実際に採録されたのは義女の逸話だけである。それでは溧陽県の伝説を増補しながら，なぜ呉の国都であった蘇州の伍子胥伝説を増補しなかったのかという問題が残る。

第二点目に関しては，重刊本で削除された逸話のなかで最も注目されるのは後漢・王充の『論衡』巻4「書虚篇」のなかの伍子胥信仰に対する疑義である。

> 今時，会稽，丹徒の大江，銭塘の浙江，皆子胥の廟を立つ。蓋し其の恨心を慰めて其の猛濤を止めんと欲するなり。……且つ江中に投ずとは，何れの江ならん。丹徒に大江有り，銭塘に浙江有り，呉に通陵江有り。或いは丹徒大江に投ずと言うも，濤無し。銭塘浙江に投ずと言わんと欲するも，浙江，山陰江，上虞江皆濤有り。三江濤有り，豈に橐中の体を分かちて，散じて三江の中に置かんや。

と述べられる。王充は後漢中期，すでに濤を起こす神として信仰を集めていた伍子胥神に対して痛烈な批判を浴びせている。つまり会稽（紹興）・丹徒（鎮江）・銭塘（杭州）のいずれにも伍子胥の廟があるが，どれも伍子胥と濤を結びつける証拠が足りないとする。この記述を伍子胥の顕彰を志す人々が削除したのは理解できるが，さらに言えば伍子胥神が杭州・銭塘江の神でなければ困るという編纂者側の思惑があったためではなかろうか。それは先に挙げた道光刊本に記載の名

[*3] 光緒2年刊『呉山伍公廟志』「重刻呉山伍公廟志記」。
　　廟志久佚，乃訪紳士丁丙得旧本，借鈔重刻之。内有楚江漁父・史貞義女事実，又従程歩庭大令借溧陽県志，摘録事蹟，及前賢題詠以資攷証，附刻於後。由是廟志亦完備。

簿から資料の性格が窺われる。

　まず乾隆刊本において編纂者のなかに「裔孫」と称される杭州府於潜県の伍氏一族の名前が多数見られる。いずれも知県，挙人，生員などの肩書きを持っており，於潜県の名士であることは間違いない。『嘉慶於潜県志』巻13「選挙」の項を見ると，明・永楽年間に伍金の名が見えるが，伍姓の人物は清代の乾隆年間以降頻繁に登場する比較的新しい名士である*4。

　伍氏のほか，巻末の資金提供者は杭州府3人，仁和県7人，銭塘県5人，山陰県18人，会稽県3人，その他5人の構成である。これは銭塘江を挟んだ杭州と紹興に集中しており，蘇州近辺の人間も全く含まれていない。道光刊本以後の資金提供者の詳細は不明だが，基本的にこれらの地域を基盤とする人々の手になったものと考えられる。於潜県の伍氏や杭州・紹興地域の有力者たちが熱心に廟志の編纂を行う背景として，清最末期の同治年間から光緒初めにかけて地方安寧の方策として賜額・賜号が激増した時期とされ〔澤田1982〕，また清末に盛んになった郷土志編纂の流れに沿うものとも考えられるが，杭州でも城隍廟や汪公廟の廟志が光緒初年に再版されている。そしてこの杭州の人々によって「蘇州の伍子胥」が排除されたのである。歴史上の人物としての伍子胥の事績を合理的に考えれば，蘇州及びその周辺が伍子胥信仰の発祥地であることは自明のことと思われる。しかしこの最も基底部分の同意さえ認められないことは非常に興味深い。

　蘇州・杭州の二大都市で崇拝された伍子胥信仰に関しては，古くは顧炎武・趙翼らの考証学者も一項目を立てて考察しており，『呉山伍公廟志』に伍子胥に関する主要な史料はほぼ提示されている。歴史学的な研究としては宮川尚志氏が六朝時代の特徴的な民間信仰として建康の蔣帝神，呉興の項羽神とともに伍子胥信仰を挙げて考察を加えているが〔宮川1974〕，これまで伍子胥はもっぱら文学研究者を惹きつける素材であったと言ってよい。伍子胥の英雄物語は『史記』，『呉越春秋』を初め，敦煌変文のなかの「伍子胥変文」と，徐々に形成され，戯曲・演劇でも格好の題材を提供しているからである*5。　英雄物語は伍子胥信仰の基盤をな

---

*4　『嘉慶於潜県志』巻14には宋代に伍安が銭塘県から於潜県に移住して隠遁したとあるが，関係は不明。

*5　〔橋本1983〕，〔金1989〕，〔王学奇1994：1729〕など参照。

し，個々の作品にも大いに研究の余地があるが，さらに歴史学的な問題意識との関わりで注目すべき二つの研究がある。一つはD.Johnson氏の「伍子胥変文」研究である。そこでは文献史料に見られる伍子胥信仰の記載を渉猟し，戦国時代から唐代に至る伝説の形成過程を詳細に分析している〔Johnson 1985〕。もう一つは鈴木陽一氏が民間伝承研究の立場から浙江の地方神としての伍子胥神の来歴及び性格を明らかにしたものである〔鈴木 2001〕。Johnson氏・鈴木氏は伍子胥伝説の地域性を指摘し，また全国的信仰との関係にも言及するが，蘇州やその他の地方の伍子胥信仰の位置づけが明らかではない。伍子胥信仰が江南地域[*6]を基盤としながら，いかなる地域的な広がりを持ったか――信仰圏の構造に踏み込む視座の提供にまでは至らないのである。この要因として史料の不足という物理的な問題のほかに，文学研究という性格上，社会経済史的な議論からある程度切り離された問題意識であることも関係するだろう。本稿では伍子胥の伝説と信仰を歴史学の立場から検討し，合わせて民間信仰と地域文化圏の関係について地理的な分析してみたい。

　近年の地域史研究の深化に伴い，「地域」の概念は極めて自在性のあることが改めて議論され，従来自明のものとして画定されていた地域区分がより多元的であり，ときにより広い地域と共通するという側面が指摘されている[*7]。そのなか

[*6] 「江南」地域の範囲について，〔斯波 1988〕の序章一「考察の端緒」ではG. W. Skinner氏のmacro regionの概念を基礎に，紹興・寧波地域を含めた長江下流地域を便宜上「江南」と呼ぶ。一方〔李伯重 2003〕では地理的な区分のほかに人々の感情的な境界線も考慮して，南京・鎮江を加え，銭塘江以東は除外している。現在では李氏の見解が概ね通用している。

[*7] 近年の地域史研究のなかで地理・方言・信仰などを指標に論じたものとして〔張暁虹 2004〕，〔林拓 2004〕などがある。学術・芸術を中心とした地域史としては中砂明徳氏の研究が注目される〔中砂 2002〕。また方言研究者は方言の境界線が多くの場合他の文化的な境界線とも一致するという指摘をしている。周振鶴・游汝傑氏は宋代の路の区分と方言地域区分が非常に緊密な関係にあることを述べる〔周振鶴・游汝傑 1998〕。ただし多くの方言地理学の研究者が方言分布は政治的な状況や移民などによって変動しやすいものとしており，また現代社会の「方言消滅」という社会的背景のなかで，現代の方言分布から過去に遡及させる際には注意が必要である。この点については〔グロータース 1994〕，〔馬瀬 2002〕など参照。

で歴史学が依拠してきた行政単位・地形，また経済・交通による地域区分に加え，方言・風俗・信仰という，文化面の共通性などが指標として注目されつつある。これらは史料上では明示しがたい「コミュニケーション」であるが，裏返せば人々がもっとも基層の部分で，あるいは無意識に共有してきた「コミュニケーション」と言えるだろう。そのなかでも民間信仰は地域意識をもっとも喚起するものの一つである。近年では中国の民間信仰研究も城隍神や関帝といった全国的信仰に関する研究から，地域的な範囲の信仰に止まった地方神の信仰圏形成のメカニズムへの注目が高まり，〔Katz 1995〕や〔濱島 2001〕に代表されるように地域史研究における重要な一分野をなしつつある。信仰の基盤をなす「伝説」に対する研究も，歴史学の立場からは荒唐無稽なものとして敬遠される傾向にあったが，近年は歴史学からの「伝説」・「信仰」への関心が高まりつつある。本稿では従来の研究におけるような，伝説から歴史事実を抽出し，合理的解釈を行うのみならず，長い年月をかけて人々が伝説をいかに認識・共有したか，民間信仰を介した「文化的空間」の共有という側面から考察を行いたい。

第一章　伍子胥伝説の核心地域――「江」と「胥山」

まず伍子胥信仰の起源となった伝説について最低限の概要を述べておかねばなるまい。周知のごとく伍子胥は春秋末期の楚に生まれ，父と兄を殺されて自らは楚から呉に逃亡し，呉軍を率いて楚に勝利して見事に父・兄の復讐を果たしたが，その後呉王夫差と対立して死を賜い，恨みを抱いて死んだとされる。呉の人々は彼の死を悼んで祠を立てて祭ったが，伍子胥の死後，「江」の濤が逆流する現象が起こり，伍子胥の予言通り間もなく呉が滅亡したことから大いに畏怖された。その後の伍子胥信仰は唐代前後から杭州の伍子胥神に関する史料の増加から，杭州を主な舞台に展開してきた印象がある。しかし杭州が元来呉の辺境に位置し，歴史上の伍子胥と直接関係がないことから，その信仰の発展は複雑な経緯が考えられる。杭州の伍子胥信仰隆盛の陰で蘇州での信仰はまったく衰微してしまったのだろうか。ここではまず蘇州の地方神としての伍子胥について考えてみる。

『史記』巻66「伍子胥列伝」によると，

> 呉王之を聞きて大いに怒り，乃ち子胥の尸を取りて盛るに鴟夷の革を以ってし，之を江中に浮かぶ。呉人之を憐れみ，為に祠を江上に立て，因りて命じて胥山と曰う。

呉王夫差によってその亡骸は革袋に入れられ，「江」に投げ込まれた。その死を憐れんだ呉の人々が祠を建てて祭り，その場所が「胥山」と呼ばれた。『史記』には伍子胥信仰の起源となる地点として「江」，「胥山」が登場するが，これが後世に本廟争いの種になった。まず「江」の指す川は王充の批判的言説では後漢の時期に三カ所の候補が挙がっている。興味深いのは旧呉国の中心ではない銭塘や会稽のほうが濤神＝伍子胥の信仰に熱心であり，歴史的な妥当性のある長江には濤がないことが致命的な根拠不足とされている。

それでは伍子胥＝濤神の信仰はどのように始まったのか。結論的に言えば濤神＝伍子胥の信仰が銭塘江にほぼ収斂されたのは後漢の時期と思われる。『史記』巻6「秦始皇本紀」で銭塘江の濤が始皇帝の渡航を阻む記事は見えるが，伍子胥神への言及はない[*8]。後漢に入ると，『論衡』のほか，『太平御覧』巻60「地部二五・江」所引の謝承『後漢書』に，

> 呉郡王閎銭塘江を渡るに，遺風ありて舡覆らんと欲す。閎剣を抜き水を斫り，伍子胥を罵るに，風息み済るを得る。

とあり，また『後漢書』巻44「列伝三十四張禹伝」には，

> 建初中，揚州刺史を拝す。まさに江を過ぎて部に行くべきに，中土の人，皆以えらく，江に子胥の神有りて済渉し難しと。禹まさに渡らんとするに，吏固く請いて聴かず。

と，銭塘江ではないものの，濤神＝伍子胥の信仰は後漢期には相当に浸透している。現在知りうる限り，『呉越春秋』は伍子胥が濤神となった由来を述べた最も古い史料だが，そこでは越の大夫種が伍子胥と同様に越王勾践から死を賜わり，その死から一年（あるいは七年）後，種の葬られた西山（臥龍山）に海上から伍子

[*8] 『史記』巻六「秦始皇本紀」。
三十七年十月癸丑，始皇出游。……過丹陽，至銭塘。臨浙江，水波悪，乃西百二十里従狭中渡。

胥が現れ種を連れて去り,「前の潮水の潘候する者は伍子胥なり。後より水を重ねる者は,大夫種なり」*9 としてはっきりと濤と伍子胥が結びつけられており,この『呉越春秋』の記述が歴代採用されることになったのである。『呉越春秋』は成立年代に問題がある史料だが,周生春氏の考証では『後漢書』「儒林列伝」に立伝される趙曄の撰したものが基礎になっていると述べられる〔周生春 1997〕*10。趙曄は後漢中期の会稽山陰の人であり,『呉越春秋』には地元に伝わる逸話が相当に含まれると考えられる*11。

　銭塘江流域で始まったと見られる信仰は大きな影響力を持ち,『論衡』で言及された地域以外でも水神として伍子胥を祭っている。『荊楚歳時記』の「五月五日」の項の競渡の記事には,

　　五月五日,時に伍君を迎う。濤に逆らいて上り,水の淹う所と為る。斯れ又東呉の俗なり。事子胥に在り,屈平に関わらざるなり。

として,楚地方では屈原の祭事である競渡が「東呉」では伍子胥の祭祀であることが記されている。端午競渡の風習は長江中下流域一帯に広く見られるが,それぞれの地域で奉じられる水神が楚の屈原,呉の伍子胥に分かれることは興味深い現象である。また『芸文類聚』巻79「霊異部」に引く『異苑』によると,

　　呉相伍員廟,永嘉中,呉郡人叔父台郎と為り,洛に在り,京都傾覆に値り,帰塗阻塞さる。まさに江を済らんとするに,南風にして進むを得ず,既にして投奏するに即日渡るを得。

と見られ,また『水経注』によれば揚州江都県にあった江水祠は一般には伍子胥

---

*9　『呉越春秋』巻10「句践伐呉外伝」。
*10　『呉越春秋』の成立に関しては様々に考証されてきたが,後漢・趙曄の十二巻本,東晋・楊方の五巻本を参照して六朝末期の皇甫遵の十巻本が編まれ,さらにこれに音注をほどこした元・徐天祐のものが現在の通行本であるとする。ただしこの成立過程で漏れたと思われる佚文が『太平御覧』などに残されている。
*11　『後漢書』巻114「列伝七四列女伝」によれば後漢中期に会稽地方の新興の濤神=曹娥信仰の逸話の中で伍子胥が「潮神伍君」として登場しており,銭塘江流域の信仰はこれと関連するであろう。〔金 1989〕参照。

廟と考えられ、五嶽と同じ年三回の祭祀が行われていた*12。伍子胥＝濤神が六朝時代には銭塘江地域だけでなく広く長江下流域で共有される信仰であり、それとともに「江」の所在は曖昧になり、ついには信仰の形態も含めて銭塘江がその中心地を担ったと思われる。

　一方の「胥山」の位置をめぐる議論は簡単に解決しなかった。胥山の所在地に関しては宋代以前から様々な考証が展開されてきた。『史記正義』に引く『呉地記』では「胥山、太湖の辺、胥湖東岸の山なり。」として、胥山を太湖の近辺、蘇州にあるとする。これに対する杭州説は『水経注』巻40「漸江水」の銭塘県の項で伍子胥伝説を紹介する*13。これらを踏まえて『史記正義』では司馬遷と『集解』で蘇州説を述べた張晏の説をともに誤りであると断じている。これらのなかでは南宋の范成大が『呉郡志』巻48「弁証」で展開した議論がもっとも明瞭である。要点を整理してみると、基本的に范成大の立場は蘇州説である。彼は『史記』の記載にある「亡骸を江に投じた」のくだりで、「江」を太湖と比定することは妥当だが、亡骸を投じるのに遠く離れた杭州に行くのは論理的に無理がある、として杭州説を全く退けている。また南宋当時の太湖湖畔の胥山も本来の伍子胥の所在地ではなく、越王句踐が呉を攻めた際に伍子胥を祭った場所が本来の伍子胥廟であり、『史記』の記載も疑わしいと結論づける。結局范成大の見解では『呉地記』の記載に依拠して、確実に遡れるのは東晋の伍子胥廟移築の記事までだとしている。

　胥山＝杭州説も有力である。杭州の胥山は一般に呉山と呼ばれるが、九世紀初めの杭州刺史・魯元輔の「胥山銘」*14 や『呉越備史』などには胥山として載せられ、胥山の位置に歴史的な考証や疑義を挟むような記事は見当たらない。あるいは杭州側では考証を加えて否定的な見解を導くのを避けたのかも知れない。ともあれ「胥山」は蘇州・杭州以外に無錫・嘉興にあり、それぞれが一定の根拠を主

---

*12　『水経注』巻30「淮水」。
　　（江都）県有江水祠、俗謂之伍相廟也。子胥但配食耳。歳三祭、与五岳同。
*13　『水経注』巻40「漸江水」。
　　呉越春秋以為子胥、文種之神也。而浮尸于江。呉人憐之、立祠于江上、名曰胥山。
*14　『咸淳臨安志』巻71「祠祀一」。

張している。無錫は張晏が述べたように，太湖からの近さが有力な根拠として提示され，嘉興の胥山は伍子胥が越を破ったときに開発した場所に由来して胥山の名がついたとする。また胥山付近には胥山郷もあり，伍姓の家が非常に多いという*15。

　以上のように伍子胥信仰の起源となるべき「江」・「胥山」の位置は『史記』の簡潔な記載から諸説を生み出したが，ここで考証学者の見解を吟味して決着をつける必要はまったくない。むしろ伍子胥信仰という同一の信仰に対し，ある程度信仰が成熟した段階で正統性を主張する場所が複数存在した事実をこそ考察対象とすべきである。伍子胥信仰は必然的に呉の中心という自覚を伴う特殊な性格を持っていた。現実の事象としては各地に信仰を受容，発展せしめる余地を与えたわけだが，一面ではこれらの地域が総体として伍子胥信仰の核となり，周辺へ広がる基礎となったと思われる*16。

第二章　伍子胥伝説の周縁地域

　前章で伍子胥信仰の起源を考察したが，歴史上の伍子胥は謎の多い人物であり，彼の伝記自体が古代の人にとってもすでに虚構に包まれていたと見るべきだろう。ここでは伍子胥の足跡にまつわる伝説からその広がりを復元してみたい。

　伍子胥の名は『春秋左伝』にも登場するが，後世知られるごとき活躍は見せていない。しかし『史記』「伍子胥列伝」では伍子胥の英雄性や悲劇性は現れており，すでに伝説が多く紛れ込んでいると思われる。ただ『史記』では伍子胥伝説の一つの山場である楚から呉への逃避行の部分は簡略であり，伝説はまだ成熟していなかったと思われる。その後時代を下るにつれて詳細が加わり，あたかも史

---

*15　『至元嘉禾志』巻4「山阜・嘉興県」
　　今嘉興有胥山郷……。旧経云，伍子胥伐越経営于此地，故名胥山……。今胥山郷伍姓甚繁亦謂之。

*16　Johnson 氏はこの状況について蘇州の守護神から銭塘江の濤神へ，そして太湖周辺の人々から崇拝される存在へ統合された歴史的経過として解釈する〔Johnson 1980：494-495〕。

実として認知されていく過程は中国の民間信仰にしばしば見られる現象である。Johnson氏は「伍子胥変文」の資料来源の重層性を指摘しながらも、変文の段階では文献と口頭伝承が融合されて判別しがたいと述べる〔Johnson 1980：97-103〕。しかし「伍子胥変文」は『呉越春秋』に大きく依っているのは明らかである。すなわち伍子胥伝説の中心的な部分はすでに『呉越春秋』に出そろっており、漁父や溧陽の貞義女の伝説なども派生しているのである。ここでは『呉越春秋』の記載をもとに伍子胥の逃避行伝説を検討してみる。

『呉越春秋』によれば、伍子胥は父と兄を殺された後、楚を出奔し、宋→鄭→呉の順に逃亡を続ける。その途中昭関を通過して長江へ至り、進退窮まったところで「漁父」の舟を借りて対岸に渡ることができた。さらに飢えて溧陽にたどり着き、そこで一人の女性、すなわち「貞義女」に食事を与えられて飢えをしのぐ。伍子胥が呉へと立ち去った後、この義女は発覚を恐れて瀬水に身を投げた。

ここに見える宋から鄭、さらに長江を渡って江南へと至る長距離の逃避行ルー

【唐代以前の伍子胥廟分布】

名称	地域	年代	出典
（伍子胥廟）	会稽（浙江）	後漢	『論衡』巻4「書虚篇」
（伍子胥廟）	丹徒（江蘇）	後漢	『論衡』巻4「書虚篇」
（伍子胥廟）	銭塘（浙江）	後漢	『論衡』巻4「書虚篇」
伍子胥廟	康（江蘇）	三国	『三国志』巻64「孫綝伝」
伍子胥廟	頓丘（河南）	三国	『水経注』巻5「河水」
伍員祠	廩丘（河南）	西晋	『水経注』巻24「瓠子河」
呉相伍員廟	長江（江蘇）	西晋末	『芸文類聚』79所引『異苑』
伍子胥廟	湘州（湖南）	劉宋	『高僧伝』巻13「宋京師釈僧亮伝」
伍相祠	江都（江蘇）	北魏	『水経注』巻30「淮水」
伍子胥廟	楚州（江蘇）	北斉	『北史』巻51「清河王勱伝」
伍相廟	夷陵（湖北）	梁	『南史』巻57「范縝伝」
伍員廟	澧江（湖南）	唐	『文苑英華』巻815「重修伍員廟」
伍子胥廟	江陵（湖北）	唐	『劉蛻集』巻6「論江陵耆老書」

トは，信仰の核心地域である蘇州・杭州と比べかなり広域である。Johnson 氏は「伍子胥変文」に登場する地名のみならず，伝説のなかでの川の果たす役割の大きさに注目して，江蘇・安徽・浙江に跨る地域で成立したものと述べるが〔Johnson 1980：103〕，表に示した唐代以前の伍子胥信仰の分布からは，河南省や江蘇省北部などにも多く見られる。伍子胥はすでに伝説化されて久しく，本来関わりの薄いこれらの地域も自らを伍子胥伝説の舞台に結びつけていったのかも知れないが，ただ問題の核心はやはり江南地域を舞台とする伝説である。

　ここで逃避行伝説のポイントとなる地名を挙げると昭関，渡江の場所，溧陽の三つである。昭関と溧陽は地名がはっきりしていることから異説は少ない。まず昭関に関しては安徽省含山県で認識はほぼ一致しており，『景定建康志』，『至正金陵新志』にも記載がある[*17]。昭関を出て到達した溧陽の貞義女の逸話は唐・李白の「溧陽瀬水貞義女碑銘」では「貞義女なる者は溧陽黄山里，史氏の女なり。以て溧陽に家す」と彼女の身元について具体的な情報が加わっており，これは史書に記載がないと述べている[*18]。突然与えられた「貞義女」の姓が史姓であったことは偶然ではない。南宋・兪文豹の『吹剣録』では貞義女廟の由来は伍子胥が川に沈めた金を拾い上げて建設資金としたとあり，また「今に至るまで四旁に史姓甚だ多し」と述べている。歴代の溧陽県志からも史氏が溧陽の有力者であったことが分かり，彼らが自らの家系に附会した逸話であったとも考えられる[*19]。さらには溧陽と南の広徳県の県境に伍牙山（護牙山ともいう）なる山があり，楚から呉に逃亡する伍子胥がそこを通過し，立派な歯が目印になるのを恐れた伍子胥が歯を折ろうとしたが，山神が伍子胥を守り，歯を折らずにすんだ逸話が残ってい

[*17]　『景定建康志』巻50「拾遺」。
　　　案，昭関在今和州含山縣北十八里。正当孔道，自昭関趨溧陽甚近也。
　　また『至正金陵新志』巻13下「人物志・列女・貞義女」。『嘉靖和州志』巻2「疆域志」にも昭関の記事がある。
[*18]　『李太白文集』巻29。
[*19]　溧陽の史氏は『元和姓纂』巻6にも言及がある。また『嘉慶溧陽県志』巻4「輿地志・祠」では付近に漢代の史崇建を祭った史侯祠があり，隋末唐初に南方に避難してきた史氏の子孫が復興したとある。

る。この山は徽州方面に抜ける街道に位置することが注目されよう。『景定建康志』によれば，伍子胥の「遺跡」の存在から，溧陽の人は義に厚く勇気を備えているという評価まで得ている[20]。

問題は漢代以前には溧陽県は南京の南約100kmの高淳県にある楚の固城遺址にあったことである[21]。つまり『呉越春秋』記載の溧陽は現在の溧陽市中心部から約70km西の高淳県であったとも考えられるのである。高淳県は春秋時代には呉楚の勢力が衝突する最前線にあり，歴代の高淳県志によれば県南部にある固城遺址は伍子胥の指揮する呉軍が楚を破り，平王の屍に鞭打った郢城のことであると述べられている。また高淳県には楚平王廟もあり，「呉頭楚尾」と言われる呉楚の勢力が混在する境界性を示している。高淳県の歴代地方志，近年の文史資料など管見の限りでは伍子胥廟の記載は一つもないが，伍子胥が開鑿したという逸話を有する水路，胥渓（胥河）が存在する。胥渓は，東は溧陽→宜興→太湖へ，西は蕪湖→長江へ水路が通じ，また県北部の石臼湖を経て南京への水路も確立した水上交通の要衝であり，この流域が伍子胥信仰圏のなかで占める位置は大きいと思われる。

地名が明確な昭関，溧陽と異なり，長江渡河の場所は記述が曖昧である。宋代以降の地方志などによると，儀徴と和州が渡航した場所，江陰が到着した先という伝説が残っている。儀徴は揚州の西約20kmに位置し，伍子胥が長江を渡った「胥浦」の地名があり，その西には「伍相林」もあった[22]。地方志によれば胥浦の胥浦橋の傍らには伍員祠があり，伍子胥に舟を貸した「漁父」と「浣沙女」が合祀されていたが，この「浣沙女」は溧陽の貞義女と同一の逸話である[23]。胥浦

---

[20] 『景定建康志』巻42「風土志一」。
[21] 『景定建康志』巻20「城闕志・古固城」，巻50「拾遺」によれば，南宋紹興11（1141）年に「溧陽長潘元卓校官碑」発見され，固城が漢代の旧溧陽県の県庁跡であることが判明したとする。
[22] 『詩話総亀』巻16。
　　胥浦，一日三潮，俗云，子胥解剣渡江之所。
『景定建康志』巻44「祠祀志一・伍相廟」。
　　其西又有伍相林，対南岸。
[23] 『大明一統志』巻12「揚州府」。『隆慶儀真県志』巻11。ただし伍子胥を助けた女性が史氏ではなく馮氏となっている。

【伍子胥信仰関係地図】

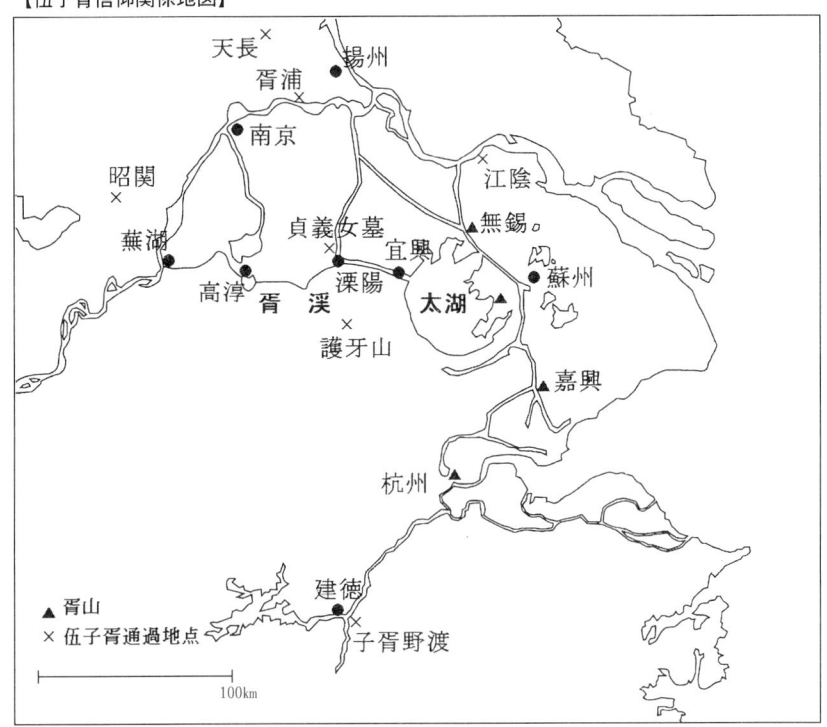

の南対岸の上元県長寧郷（現南京市棲霞区）には「伍相泊馬廟」があり[24]、これは伍子胥が長江を渡り切った場所というわけである。また和州の場合は州城に「漁丘渡」という地名があり、これが伍子胥渡江の場所との言い伝えがあった[25]。無錫の北で長江に面している江陰は伍子胥がたどり着いた場所として遺址が残る。このように伍子胥が通過した逸話は江南各地に散在しているのである。

これらの伍子胥の逃避行伝説の分布を整理すると、溧陽から蘇州に向かうと宜興を、江陰から蘇州に向かうと伍子胥信仰の拠点の一つである無錫を中間点として経由する。これは単に地図上の距離だけではなく、当時の水路を利用しての移

*24 『景定建康志』巻44「祠祀志一・伍相廟」。
　　竹篠溝下口又有廟、里俗呼為伍相泊馬廟、其地在上元県長寧郷。
*25 『嘉靖和州志』巻2「疆域志」。
　　今州城百福寺之東南、旧名漁丘渡。相伝為古之江岸、即子胥渡処。

動を考えれば距離感覚としてもほぼ等しかったと推測される。また呉へ渡った場所は呉との境界線を示すと考えれば、「呉」の範囲＝呉文化圏は揚州付近で画せると仮定できる*26。

　伍子胥が通過した伝説は東南方面でも大きく広がっている。それらのなかで浙江の建徳はひとり大きく蘇州から遠ざかっている。『永楽大典』巻3579所引の『厳州府志』によれば、伍子胥にちなむ地名が他にも数多く存在していた。

> 胥村は伍子胥難を逃れて此に抵るに因りて、遂に以て村を名づく。村の北、山胥嶺と名づく有り、下に子胥廟有り。水廟前を環り、胥水と名づく、東のかた桐江に入り、胥口と名づく。……今難を逃れて此に抵ると云う者、経に見える所無く、当に是れ野に退耕せるの時、或いは嘗て此の地に至るとは、蓋し時に方めて楚の難を逃るるなり。祠の太湖辺に立ち、遂に胥山と名づく。則ち廟を此に立てて胥村、胥嶺、胥水、胥口と名づけるは、理として固より之れ有り、第だ年代考うべからざるのみにして、要ずや因る所無きとなさざるなり。

この記載を見ると、伍子胥渡河の逸話と伍子胥廟が存在し、合理的な解釈を求める後世の史家を悩ませている。ただ『厳州図経』巻2「建徳県・祠廟」の伍子胥廟の項では、紹興9（1139）年に図経を編纂するに当たって封号も杭州・呉山の伍子胥廟に合わせたとあり、杭州の影響下にあると分かる*27。つまり同じ伍子胥通過の伝説でも建徳の場合は明らかに富春江の水上交通で杭州に結びついており、性質を異にするだろう。このように伍子胥伝説は次々に派生していったが、伍子胥の信仰圏が杭州より東には広がらないことは注意せねばならない。鈴木陽一氏によれば、銭塘江を挟んだ対岸では史料上で伍子胥廟は確認されず、紹興の地方

---

*26　揚州の北にある楚州（現江蘇省淮安市）に伍子胥廟があり、六朝時代には盛んに信仰されていたことが分かるが、ここは韓信への信仰との混同が見られ、伍子胥信仰圏を画する地点かどうかは慎重に考えねばならない。例えば流浪時代の韓信を助けた老婆に対する信仰が溧陽の貞義女の特徴に重なっている。

*27　『厳州図経』巻2「建徳県・祠廟」
　　英烈王廟。在胥嶺。蓋伍子胥別廟。旧不載祀典、紹興九年因修図経、考正本原取呉山本廟封爵名之。歳時遣官致祭。

神として防風や禹が濤神の信仰を担ったとされる〔鈴木 2001〕*28。

　以上のように「胥山」・「江」の伝説を有する地域を信仰の中核とすると，伍子胥が漁父の舟で渡江したとされる場所がその外の地域との境界線となり，中間地帯は伍子胥逃亡に関わる伝説の共有によって周縁部を形成した。さらに伍子胥信仰と呉方言の分布地域の重なりが重要な示唆を与えている。呉方言調査の成果を参照すると，呉方言の地域区分が太湖の東岸の蘇州・無錫を中心とすると，その周縁部として常州方言地域（江陰・宜興）があり，そのさらに外周に丹陽・溧陽・高淳などが位置し，呉方言のもっとも西の境界線が高淳・蕪湖間にあることが明らかにされている*29。同様に建徳もまた呉方言のもっとも周縁に属するとされる*30。これらの成果に基づいた方言地図と伍子胥伝説の地図を比較するとその関係がより明確になる。江蘇・浙江・安徽といった地域は度重なる移民の流入や戦乱による人口の移動・増減を経験し，方言地域形成が主としてどの時期になるのか断定は難しいが，大枠としては江南地域が呉方言と北方方言地域に分割された六朝時代に時を同じくして定まったのではなかろうか。

　さらに伝説の分布から幾通りかの異なる逃亡経路が想定できるのは，それぞれの周縁部から蘇州＝呉文化の中心への交通路，あるいは伝説形成の時期を反映すると思われる。現在の通行本『呉越春秋』の成立過程を考えれば，伍子胥が長江を渡って呉に亡命する姿は各時代の移民たちの記憶を投影して，詳細が追加されていったとも読み取れる。交通路の点では魏嵩山氏が論ずるように胥渓の水路を利用した蕪湖から宜興への交通は時期によって盛衰が激しいことが知られている。胥渓が伍子胥の開鑿になるとするのは伝説的な要素が強いが，呉楚が争っていた時代から水路としての利用が行われていたと考えられている〔魏嵩山 1980〕。ただし古代から六朝時代までは重要な水路であった胥渓も唐代にはまったく衰え，その後も盛衰を繰り返すのだが，昭関から高淳→溧陽への路程は『景定建康志』

---

*28　ただし先に見たように紹興の曹娥信仰との関わりのなかでは伍子胥信仰が存在すると言える。
*29　〔顔逸明 1984〕，〔許宝華・游汝傑 1984〕，〔銭乃栄 1992〕などの分析参照。
*30　〔曹志耘 1996〕では建徳の西にある千島湖を挟んで方言が大きく異なるとする。

【呉方言分布と伍子胥信仰の関係地図】（中国社会科学院・澳大利亜人文科学院『中国語言地図集』を元に作成）

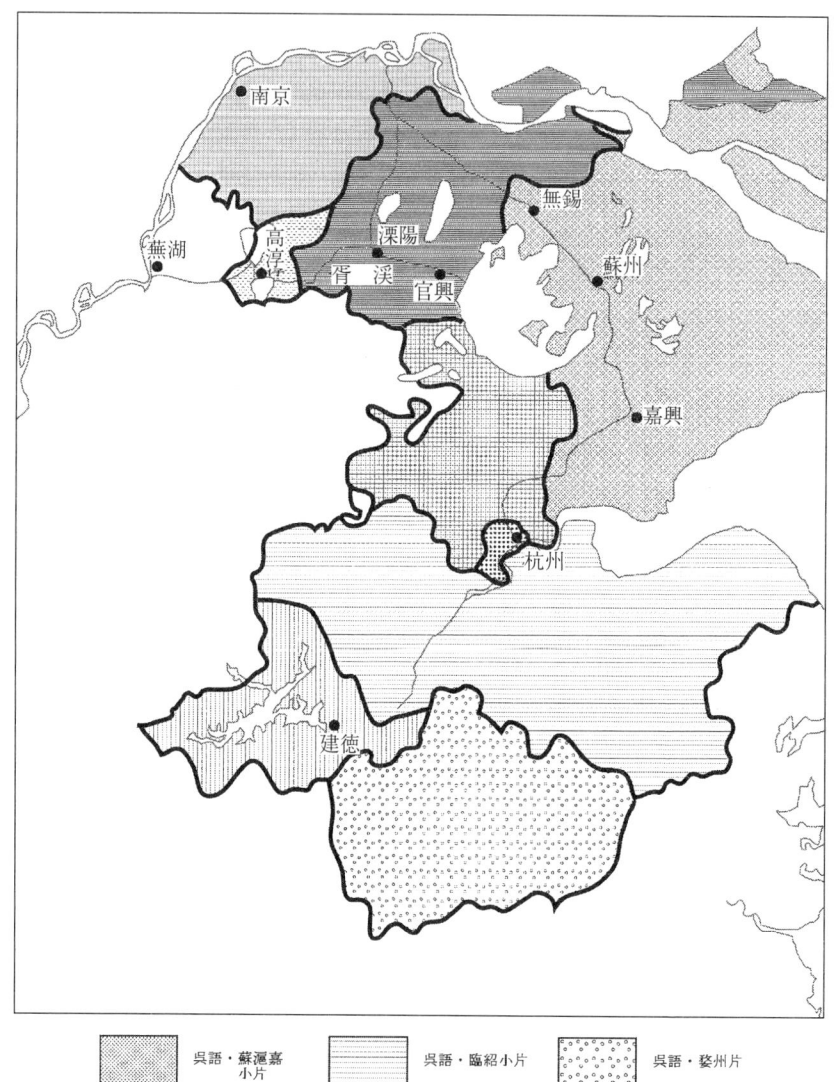

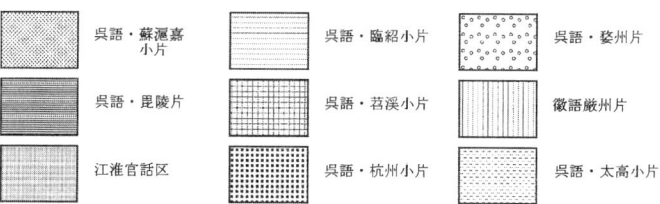

呉語・蘇滬嘉小片	呉語・臨紹小片	呉語・婺州片
呉語・毘陵片	呉語・苕渓小片	徽語厳州片
江淮官話区	呉語・杭州小片	呉語・太高小片

によれば「孔道」であると表現され，楚から呉への伝統的な要路と考えられていた。一方江陰から無錫へのもう一つの路程は，大運河の勃興や胥渓の衰退に反比例して長江水路が利用された時期に繁栄しており，伍子胥が通過したというもう一つの伝説も形成されたのではなかろうか。

　それでは呉文化圏・呉方言地域のはるか外，長江中流域での伍子胥廟が確認されることはどう考えるべきであろうか。楚地方での信仰は郷土出身の偉人として尊崇する素朴な意識が見られる反面，楚を裏切って呉の将軍となった伍子胥に対する楚の人々の根強い抵抗感も見られる。例えば唐・李善夷の「重修伍子胥廟議」では澧江の伍子胥廟再建に際し，

　　里人曰わく，不可なり。(伍)員は楚の仇なり。我が死君を鞭うちたるは其れ過ぎたるなり。甚だしくは又た曰わく，員は父に孝なる者，其の廟之を廃せば則ち以て其の孝を旌するなく，之を建てれば則ち以て其の忠を勧むなし。

という反発の声が上がった*31。この両者の議論の相違は興味深いものであり，極言すれば地域アイデンティティを採るか，国家全体の歴史伝統を採るかの相違になる。このときには李善夷による儒家の論理が展開されて，呉・越・楚という地域意識よりも全体性を優先する立場から伍子胥廟の建設が敢行されたが，旧楚地域で伍子胥を拒絶する意識が簡単に決着したとは考えられない。有名な唐代の狄仁傑による祠廟整理について，北宋の程頤が伍子胥神を残したのも狄仁傑の失策と述べた言葉に対し，南宋の陳淳は「伍子胥は呉に血食すべきも，楚に血食すべからず」との解釈を加えているように儒家の立場からの反対の論理もある*32。南宋の陸游『入蜀記』には長江中流域，すなわち旧楚地域で伍子胥信仰が盛んであったとの記述があるが*33，少なくとも伍子胥伝説に直接関与しないものであろう。また『夷堅支景』巻5「伍相授賦」によれば，江西・福建の境界に当たる建昌軍でも南宋当時伍子胥信仰が盛んであったが，本来の伍子胥神の性格と無関係な科

＊31　『文苑英華』巻763。また『劉蛻集』巻6「論江陵耆書」でも「子胥何為饗人之食，而江陵何為事讐人之神乎」とあり，伍子胥に対する旧楚地方の抵抗感が窺われる。

＊32　陳淳『北渓字義』巻下「鬼神」。

＊33　『入蜀記』巻6「乾道五年十月十日」。
　　　山上有伍子胥廟，大抵自荊以西子胥廟至多。

挙合格を霊験とする神であった*34。ここにはおそらく同一の伝説の共有はなく，まったく異なる伍子胥信仰が存在する。ここから見れば祠廟の分布地域を無条件に同一の信仰圏・文化圏と捉える見方は成立せず，さらに深い分析を要するのである。

第三章　文化圏の衝突——蘇州と杭州・南京

　伍子胥信仰の本山である蘇州は唐宋時代以降，ほぼ一貫して江南地域の中心都市であった。水路を主要な手段とする交通網がすべて蘇州に中心に形成されていたことについては，数多くの研究があり贅言を要すまい。とりわけ明清時代には首都北京に匹敵する全国的市場地であった。上述のように伍子胥信仰が蘇州を中心とした呉地域に広まり，その祠廟や逸話の分布から見れば，周辺各地から蘇州に至る交通路を辿るように配されている。この点から伍子胥信仰の分布地域が蘇州を頂点とする政治・経済圏あるいは文化圏を検討する際の一つの指標と見なしてよいと思われる。しかし江南における蘇州の文化的な求心力はあくまでも他の都市との相対関係のなかにあったことを指摘せねばならない。G.W.Skinner氏も中国都市の階層構造を考える際に，長江下流地域において大都市に人口が集中する特殊性を指摘しているが，これは各都市の力が拮抗していたことを示すだろう〔Skinner 1977〕*35。歴史的な経緯を考えても，近代以前の江南地域において政治上・行政上の機能で南京・杭州は常に蘇州に比肩していた。Skinner氏の分析は行政中心地と経済中心地による階層構造によるものであり，文化的な求心性に議論は及ばないが，これら大都市間の関係は大きく影響したに違いない。本章では

---

*34　『夷堅支景』巻5「伍相授賦」
　　建昌李朝隠，字兼美，其家素事伍子胥之神甚謹，民俗呼為相王，有禱必応。李在太学，以寇至守城得免挙，夢神遣駛卒示以賦一首，其題曰光武同符高祖。夢覚，不能記憶。次夜再夢，且使熟読遂悉記之。紹興辛亥，江東西挙子類試於饒州，正用前句作賦題，遂奏名。
〔廖咸恵 2004：76〕では突出した伍子胥の霊威力が科挙受験生に受容されたとする。
*35　〔斯波 2002〕の第二章でSkinner氏の見解が詳細に検討されている。

江南全体の視点から伍子胥信仰を取り巻く構造を考えてみる。

　江南の各地域を代表する民間信仰が明確に登場するのはおそらく六朝時代である。この時期史料上に頻繁に現れるのは建康（南京）の蒋帝神と呉興（湖州）の項羽神、呉郡（蘇州）の伍子胥神であった。とくに蒋帝は後漢末の秣陵尉蒋子文が賊のために殺害された後神格化されて建康の鍾山に祭られた。その後たびたび朝廷から封号を得て、もっとも権威ある信仰として君臨した。また宮川尚志氏によれば項羽神は中央から呉興に派遣された地方官と全面対決する構図で、反体制的な色彩が濃かったとされる〔宮川1964〕。ここから考えれば蒋帝神・伍子胥神の繁栄も建康・呉郡の地域性を背景にすることに盛衰の原因が潜んでいる。

　歴史的に見て、江南地域の民間信仰が一つの転機を迎えたのが、唐高宗期の狄仁傑による淫祠の破毀であった[*36]。この事件は祠廟信仰全体に対する国家の態度に一つの形を示した点で後世に与える影響は大きかった。ここで『隋唐嘉話』巻下の記事を引いてみると、

> 狄内史仁傑、始め江南安撫使と為り、周赧王、楚王項羽、呉王夫差、越王勾践、呉夫槩王、春申君、趙佗、馬援、呉桓王等神廟七百余所、人に害有るを以って、悉く之を除く。惟だ夏禹、呉太伯、季札、伍胥四廟のみ存す。

とあり、『旧唐書』などに載らない破毀された方の祠廟まで載せられる。項羽神などは六朝末期には国家による承認を事実上獲得したにも関わらず、狄仁傑によって一転して禁絶され、建康の蒋帝神は名前さえ挙がらない。存続を認められたのは夏禹王、呉太伯、季札、伍子胥の四神のうち、禹、太伯、季札は儒教観念上の聖賢であり、伍子胥神はたびたび淫祠として弾圧され、むしろ破毀された神々に近い経歴と言える。これは儒教的観点のみで解釈するよりも、もともと地域性の希薄な禹を除いて、大運河開通に伴って、伍子胥（蘇州）、泰伯（無錫）、季札（丹陽）が興隆し、南京や湖州の相対的な地位低下がその背景となったとも思える。

　唐代以降江南地域で急速に発展してきた杭州は、同じく伍子胥信仰を地域の中核的信仰として奉じながら、徐々に独自の求心力を持ち、蘇州の伍子胥信仰から分離された感がある。すでに唐代にも白居易の祝文などが示すように、城隍神

[*36]〔雷聞2003〕など参照。

と並んで地域の守護神としての役割を期待されていたが*37, 蘇州の伍子胥神を上回る権威を発揮するのは銭鏐が建てた呉越国時代からである。銭鏐は杭州を本拠に呉越地方に確固たる勢力を得た直後の景福2（893）年に初めて胥山を祭り，伍子胥に恵応侯の封号を与えている*38。その後乾寧4（899）年に加封されて呉安王となったのである。ここまでの過程は銭鏐が求心力を得るべく伍子胥信仰を利用したと見られるが，開平4（910）年に銭鏐が銭塘江の濤に対して矢を射かけて鎮めるという逸話によって銭鏐の霊威力が伍子胥を上回る印象を与えた*39。

　宋代に入っても依然として銭塘江の濤神伍子胥の権威は杭州の人々を畏敬せしめていた。大中祥符5（1012）年5月には「詔令杭州呉山廟春秋建道場」という詔が出され，英烈王に封じられた*40。これは銭塘江の水害を鎮めるためのものであり，かつて銭鏐が築いた堤防・捍海塘の修築に関してである。この直後の大中祥符9（1016）年に銭塘江が溢れたときに知杭州の馬亮が伍子胥廟に祈ってそれを鎮めている*41。しかし南宋に入って杭州に首都が移った後，国家の肝煎りで再建されたが全体としては衰勢であった*42。銭鏐による濤の鎮圧の故事以来，その権威を失墜しつつあった銭塘江の伍子胥神は，南宋末の嘉熙年間に張天師による濤の鎮圧を経て，元初の『銭塘遺事』巻1「浙江十廟」の記事では禹や陸相公などの濤神のなかに伍子胥の名は見えず，濤神信仰としての生命力は終焉を迎えたと言ってよい*43。中秋の時期に見られる銭塘江の逆流に多数の見物人が押し寄せ

＊37　『白氏長慶集』巻23「祈皐亭神文」。
＊38　『咸淳臨安志』巻71「祠祀一・忠清廟」。
＊39　新たに濤神銭鏐の信仰が発生する状況については〔鈴木 2001〕に詳しい。
＊40　『宋会要』「礼二〇」，『宋大詔令集』巻137。
＊41　『宋史』巻298「馬亮伝」。
　　　先是江濤大溢，調兵築堤而工未就，詔問所以捍江之策。亮輒詔禱伍員祠下，明日，潮為之却，出横沙数里，堤遂成。
＊42　『宋会要輯稿』「礼二〇」。
＊43　『湖海新聞夷堅続志』後集巻1「道教門・天師退潮」。『龍虎山志』にも元代の逸話の記載がある。

る姿は『夢梁録』に活写されているが*44，元代には大徳4（1300）年に封号が加封されたが，伍子胥廟の土地も僧侶や豪民たちに占拠されるなど，存亡の危機にあった*45。明末に田汝成が，

> 旧伝に，子胥濤神為り。宋自り已前，禱有れば輒ち応ず。其の英霊畏るべきなり。……此れを観れば則ち其の時香火の盛んなること想うべきなり*46。

と感想を述べているのも，当時もはや伍子胥信仰は生命力を失っていた証拠であろう。

　ここまで唐以来の杭州の伍子胥神を概観したが，その間の蘇州の伍子胥神を伝える史料は少ない。『呉郡志』巻12「祠廟」によれば南宋当時，蘇州の伍子胥廟は二つある。一つは胥山にあり，もう一つは蘇州城の南西盤門裏にある南双廟であるが，南双廟は伍子胥とともに隋の武将陳果仁が並び祭られている*47。建中靖国元（1101）年の蔡京の廟記によれば，知州呉伯挙からの申請で朝廷から「英烈」と賜額されたとある。これは杭州の伍子胥が大中祥符5（1012）年に「英烈王」に封じられたのとも，政和2（1112）年に「忠清廟」と賜額されたのとも直接関係しない。この不統一は北宋末当時の賜額賜号の全般的な状況を反映しているとは言え，伍子胥廟の廟額が北宋末まで蘇州・杭州で統一されていなかったとすれば注目すべきである*48。蔡京の廟記では伍子胥神の霊験は全く触れられず，もっぱら伍子胥の忠孝が称えられているため，杭州における濤神との関係は分からないが，呉越・銭鏐の時期を決定的な分岐点として伍子胥信仰の本廟は二つに分かれたと言える。ただし視野を広げて見れば蘇州・杭州の両地域がお互いに本廟を

---

*44　『夢梁録』巻4「観潮」。
　　毎歳八月内，潮怒勝於常時，都人自十一起，便有観者，至十六，十八日傾城而出，車馬紛紛，十八日最為繁盛，二十日則稍稀矣。……家家楼屋，尽為貴戚内侍等僱賃作看位観潮。
*45　『呉山伍公廟志』巻2，元・曹貫享「忠清廟復路記」。
*46　『西湖遊覧志余』巻21「委巷叢談」。
*47　『呉郡志』によれば，陳果仁廟は常州・鎮江一帯にあったものを五代初に呉越の銭鏐が蘇州に持ち込んだものとあり，宋代には武烈帝の封号を有していた。
*48　〔松本1986〕，〔水越2002〕など参照。

【蔣帝廟及江南有力信仰関係図】

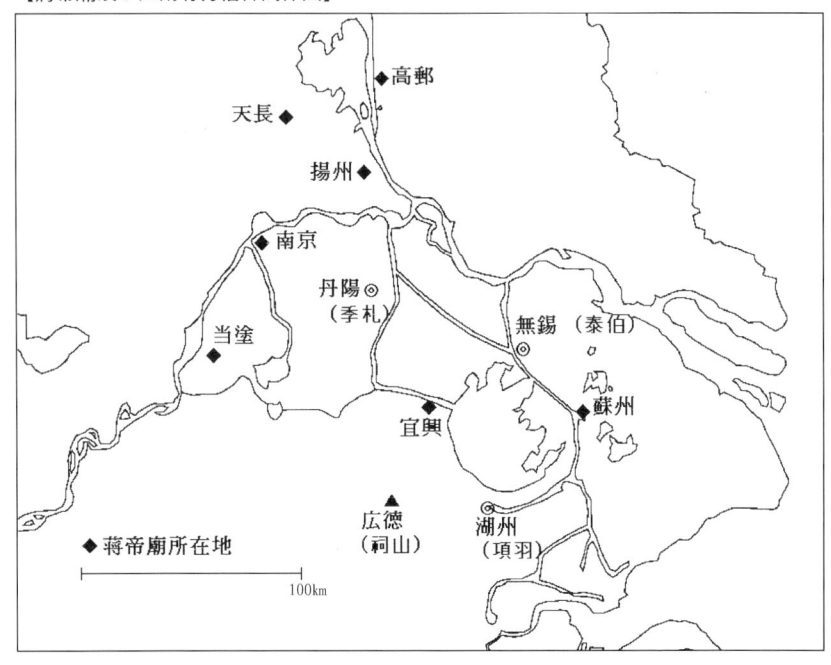

高郵
天長
揚州
南京
丹陽（季札）
当塗
無錫（泰伯）
蘇州
宜興
広徳（祠山）
湖州（項羽）
◆蔣帝廟所在地
100km

主張しつつも同じ文化圏を形作ったのもまた事実である。

　それでは蘇州・杭州に並ぶ江南の大都市・南京はどのような位置にあったのだろうか。南京はしばしば政権の首都が置かれ，常に政治・行政の中枢として，また経済力の面でも蘇州に匹敵する存在であった。それに止まらず，南京が江南の主要都市のなかで独特の立場にあったのは，蘇州・杭州など伍子胥信仰の核心地域が太湖を取り巻く低地に位置するのに対して，南京は地文地域の上では微高地に属しており，自然環境が異なっていることである[*49]。また方言地域に関しても江南の主要都市が呉方言の地域に含まれるのに対し，南京周辺は孫呉政権以来，常に北方からの移民の受け皿となってきたため，完全に北方官話地域に属し，風俗習慣の点でも北方の特徴を示すとされるなど蘇州とは相容れない部分があっ

[*49] 江南地方の地文地域については〔斯波 1988〕，〔李伯重 2003〕の議論参照。また〔北田 1982〕，〔海津 1990〕の考証・地図を参考にした。

た*50。

　伍子胥信仰に関する限り南京は信仰圏の周縁に属する一地域に過ぎないが，南京の蔣帝信仰圏はそれと重なりながら，独自の信仰圏を形成している。干宝の『捜神記』などによれば蔣子文は広陵（揚州）出身であり，揚州に廟が建設されたのは自然だとしても，地方志の記載などから周辺の当塗や宜興，さらに南方の建徳にも行祠が見られる。『南史』巻55「曹景宗伝」の記載では梁武帝の天監6（507）年の旱魃に際して霊験を発揮するのみならず，同時に北魏の侵攻をも撃退したというから，六朝期の蔣帝信仰がいかに絶大な権威であったか理解されよう*51。しかし南朝政権の崩壊とともに権威は急速に失墜したと思われる。南京の地方志によれば唐一代は記事が見られず，十国の一つ南唐が荘武帝の号を与え，廟の修築を行った記事がそれに続く。宋代に入って景祐2（1035）年に賜額され，南宋でも帝号が保持されていたことが分かるが*52，何らかの顕霊の逸話は残されていない。

　ところが明・洪武帝が南京に首都を定めると，蔣帝は南京十廟の筆頭に置かれ，洪武4（1371）年には蘇州にも蔣帝廟が建設された*53。それに先立って明朝独自

---

*50　方言研究では〔銭乃栄 1992〕，〔周振鶴・游汝傑 1998〕，また移民史研究では〔葛剣雄・曹樹基・呉松弟 1997〕によって指摘される。

*51　『南史』巻55「曹景宗伝」。
　　先是旱甚，詔祈蔣帝神求雨，十旬不降。帝怒，命載荻欲焚蔣廟并神影。爾日開朗，欲起火，当神上忽有雲如繖，倐忽驟雨如写，台中宮殿皆自振動。帝懼，馳詔追停，少時還静。自此帝畏信遂深。自践阼以来，未嘗躬自到廟，於是備法駕将朝臣修廟。是時，魏軍攻囲鍾離，蔣帝神報勅，必許扶助。既而無雨水長，遂挫敵人，亦神之力焉。凱旋之後，廟中人馬脚尽有泥湿，当時並目覩焉。

*52　『景定建康志』巻44「祠祀一・蔣帝廟」。また『容斎随筆』巻10「禮寺失職」には，
　　自五岳進冊之後，今蔣廟・陳果仁祠亦称之，江神之帝，於是為不禿矣。
とある。

*53　『呉門表隠』巻3。ここでは楽安下郷の土穀神とすることから，清代後期には小規模な土地神として存在していたと見られる。なおほかの地方志には蘇州の蔣帝廟の記事は見えない。

の宗教政策である郷厲壇設置も江南各地に先駆けて洪武元（1368）年に蘇州に大量に行われている。また蘇州の城隍神・春申君廟を「旧城隍」としてしまい，洪武3（1370）年に蘇州府管轄下の県も含めて一斉に城隍廟を建設した。これら一連の動きは，明の最初期に南京の文化を強制的に，しかも江南文化の中心と目された蘇州に導入した点で象徴的である。蘇州が洪武帝の最大の政敵・張士誠の根拠地であっただけでなく，経済的にも一時失墜したことに起因するであろう[54]。しかし蔣帝神が全土に及ぶことはなかった。もはや蔣帝神の信仰そのものは過去のものに過ぎなかったのだから[55]。

このように見ると，伍子胥神と蔣帝神の関係は同じ江南地域にありながら行政機構・経済圏・方言地域といった分野を包括した「文化圏」をめぐって，歴史上常に競ってきた蘇州と南京の関係が目に見える形で示されたと言えよう。信仰の盛衰が都市の文化発信力を反映するとすれば，信仰圏のせめぎ合いは「文化圏の衝突」と言ってもよいものであった[56]。

第四章　宋代以降の江南地域の信仰圏構造

ここまで蘇州の伍子胥神を中心に，江南地域の有力な祠廟信仰の信仰圏が各都市の文化的な発信力あるいは求心力によって画定されることを検討してきたが，

---

[54]〔濱島 2001〕は元代に江南デルタの豪民の支持を得ていた総管信仰が彼らの没落とともに支持基盤を変化させたことを論じる。また〔Von Glahn 2003：176-211〕では元末明初の長江デルタの経済的没落が祠廟信仰に対する有力者の意識が変化させたとする。ともに元明交替による江南経済の変化と信仰の変容を結びつける点で共通している。また有名な蘇州の富豪・沈萬三の伝説は蘇州の経済力が南京に吸収されたことを象徴するものである。

[55]『日知録』巻30「古今神祠」。
　　今南京十廟雖有蔣侯，湖州亦有卞山王，而亦不聞霊響。

[56]〔周振鶴・游汝傑 1998〕によれば南京が呉語地域を離れて江淮官話地域に入ったのは六朝時代初期に北方からの移民が主に南京周辺に居住したことに起源があるとする。その通りであれば，伍子胥神と蔣帝神の勃興した時期に重なり，江南各地の地域性は六朝時代から始まると考えられる。

宋代以降の社会全体の変化のなかでどのように位置づけられるのか考えてみたい。

　信仰圏構造についての従来の議論を検討すると，信仰圏構造モデルの分析は主に地理学・人類学によって担われ，歴史学の立場から論じられたものが非常に乏しいことが分かる。信仰圏に関して地理学・人類学者たちは信仰上の「聖地」や祠廟の本廟を頂点として，同心円に広がる階層構造を持つものとして論じてきた。ただし各階層をどのように理解するかは視角の設け方によって議論が分かれており，本廟に対する行廟（末寺）の分布や巡礼者の数量，祭祀に対する関わり方などを指標としている*57。これに対して歴史学で注目されてきた階層構造は宋代以降形成されてきた城隍神—土地神系統に代表される支配・被支配の関係といった擬似官僚制的構造である。例えば金井徳幸氏は「郷社（土神）」—「村社」構造があったことを論じ，古代の社から人格神に変化した「村社」が連合し，在地有力者の唱導の下に土神化したとする。そして東嶽廟や祠山廟といった宋代以降の有力な信仰についてもその延長上にあると見る〔金井 1979，1985，1987〕。R. von Glahn 氏の場合は宋代以降の民間信仰の構造として「主宰神」—「保護神」—「家祭神祇」の階層を設定したが，「地方信仰のセンター」という広域信仰圏の祠廟信仰はヒエラルキー構造の外にあるとし〔万志英（von Glahn） 2002，2004〕，実際の地理空間上の信仰圏は明確にしていない。

　信仰圏の地理的な広がりを意識した研究としては，例えばV. Hansen 氏による神々の管轄地域の概念についての考察がある〔Hansen 1990〕。Hansen 氏は施設としての祠廟の分布を論じるだけでなく，それを支えた理論的正当性を明らかにしたことが注目されるが，城隍神の管轄地域については冥界の地方官として各州県を管轄することで問題はないものの，複数の州県やさらに広域の信仰圏をも

---

*57　信仰圏問題の研究動向に関しては〔松本 1993〕，〔金子 1997〕，〔松井 2003〕などを参照した。中国社会の信仰圏構造については「宗教圏」・「祭祀圏」・「信仰圏」などの様々な概念が提出されている。現実の距離や祭祀の実態から構築された信仰圏モデルとしては，古くは岡田謙氏の「祭祀圏」〔岡田 1938〕や福武直氏の「宗教圏」〔福武 1951〕から近年の林美容氏の「祭祀圏」〔林美容 1986〕や末成道男氏の「信仰圏域」〔末成 1991〕などのモデルが示した範囲は概ね村落から県レベルの広さであり，日常の祭祀から巡礼まで含めて直接の祭祀活動を念頭に置いたものである。

つ有力な信仰の位置づけが問題になる。この点でHansen氏は北宋後期以降，神々の管轄地域の概念が変化し，管轄地域を限定するよりも「国家に貢献し，民衆を救う」霊験を示すことが新たな基準として主張されたことをあげる。すなわち国家規模の災害を救う霊験を発揮できる祠廟神は管轄地域の控制を受けないという論理は各地の祠廟信仰の拡大という現状を追認するために利用されたと思われる。さらに別の視点から地理的な広がりを考える研究として「巡礼」研究があり，von Glahn氏は宋代における信仰拡大の最大の要素を交通の発達による巡礼者の増加であるとしている〔von Glahn 2004〕。しかし定期的に本廟への巡礼が行われるような信仰は例外に属する。また各地域にあった行廟の役割は本廟に比して遜色がないし，本廟と行廟を結びつけるネットワークについても，必ずしも明確な関係性は裏付けられていないのである[*58]。

　これらの諸研究はいずれも宋代に起きた祠廟信仰と地域社会の変化を「空前の出来事」と捉えて，新たな秩序と信仰圏形成の関係を論じるものである。しかし祠廟の分布地域の拡大を商人や移民による信仰の移植などに力点を置くと，「点」としての拡大は説明できても「面」としての拡大は視野に入りにくく，城隍神によるヒエラルキー形成や管轄地域の視点では「面」としての信仰圏は想定できるが，なぜその信仰がヒエラルキーの上位に位置づけられるかという信仰圏形成の基礎となる支持者の合意の部分が明確でない。そこで広域の信仰圏を実際の地理的な広がりに即して考えるためにG.W.Skinner氏の市場圏階層モデルと「祀典」という観念上の構造から考えてみたい。

　市場圏階層と信仰圏との関わりでは，T.Kleeman氏が文昌帝君信仰の研究のなかでSkinner氏のモデルを応用し，四川の地方神であった梓潼神が一躍全国的な信仰の文昌帝君になったことについて，梓潼神が四川の中心たる成都で突出した信仰となった以上，他の地域の中心都市，とくに首都に広まるのは極めて容易であるとした〔Kleeman 1993：57-58〕。この分析をさらに演繹すると，成長する信仰は中心地を駆け上がるように広まり，中心地の信仰になると従属する地域では圧倒的な影響力をもって普及する。また首都では各地方の地方神が持ち込ま

[*58] この問題に関しては〔Schipper 1990〕，〔胡国鈞 1995〕，〔張偉然 2000〕など参照。

れ，集結することになるが，南宋の首都臨安には各地の信仰の「外郡行祠」が林立し，まさにこの状況を呈していた。

首都に信仰が持ち込まれることの意義として，行政中心地階層の系統から信仰圏を規定されること，つまり「祀典」による秩序が挙げられる。宋代以降，国家による全国一律の祭祀は「通祀」と呼ばれ，宋以前には「天下の通祀，唯だ社稷と夫子のみ」と言われてきたが，宋代以降になって全国に広まった東嶽廟・城隍廟も「通祀」に含まれ，元代には三皇廟が「通祀」として全国に地方官による祭祀が義務づけられた〔水越 2003，2005〕。この状況を反映してか，南宋後期以降，「通祀」は頻繁に史料上に登場するようになる。「通祀」の一段下には，一定地域で公認された祠廟が「祀典」に採録され，さらに黙認されている「私祀」，そして破壊対象の「淫祠」と区分される祀典秩序が宋代以降の信仰圏構造を理念上から支えていた[*59]。理念上の信仰圏と実際の信仰が及ぶ範囲としての信仰圏が重なる部分も少なくないだろう[*60]。

例えば南宋期に江浙・安徽・江西の広範囲に信仰圏を持ち，他を圧する権威を誇った広徳の祠山廟は，多くの熱烈な信者を獲得して一気に拡大に向かった契機として紹興3（1133）年に「八字王」という国家から最高の封号を得たこと，さらに乾道6（1170）年に杭州という高次の中心地への進出は全国的な展開の足がかりであったはずである。[*61] 祠廟の建設された年代から見れば杭州に祠山廟が建設された後に周辺地域にも建設されている〔Hansen 1990：196-200〕。祠山廟が長江中流域以西に広がらなかったのは南宋という江南地方政権の発信力，あるいは政治的な支配力の限界と言い換えてもよかろう。祠山神はまた，自らの権威を高めるために巧みな形で前代の有力な信仰，蔣帝神の権威を取り込むことに成功している。政和4（1114）年の常安民「霊済王行状」によると，梁武帝の治世に起きた旱魃の際にあらゆる祠廟に祈っても効果がなかったとき，武帝の夢枕に

[*59] 例えば『正徳姑蘇志』巻28「壇廟」では通祀・祀典・土人私祀という祠廟の区分を設けている。この種の区分は明代の地方志ではしばしば見られる。

[*60] 〔濱島 2001〕では県城―市鎮―郷村の三層の構造を提示し，少なくとも明末の江南デルタでは地理的領域と祀典ヒエラルキーがかなり整合的に意識されているとする。

[*61] 『咸淳臨安志』巻73「外郡行祠・廣恵廟」。

蔣帝神が現れ，自分の管轄は南京周辺に限られるので代わりに横山神（＝祠山神）を祭るよう忠告するのである。絶大な権威を誇った蔣帝神を登場させ，一地方神であった祠山神が権威を譲り受けた形だが[62]，先述のごとく，この逸話はそもそも天監6年の蔣帝神の霊験として史書に記載があるのだから，祠山廟が最下層の信仰圏から上昇するために，中核都市の信仰圏を襲うストーリーを作り出したのは明らかである。

また天妃（媽祖）の信仰も福建莆田の一小信仰から宋元時代に急速に拡大・発展したのはつとに知られるが，宋朝から最初に賜額・賜号された霊験は高麗へ向かう使者の航海安全に霊験を発揮したことに基づく。ひとたび国家から賜額され，封号も着実に上昇していく状況となれば，天妃は福建地方でも突出した神に押し上げられ，神格や霊験で競合する類似の航海神を斥けた。そして他の地域に伝播する過程で現地にあった水神を取り込み，あるいは押しやる現象が見られた。甚だしきは自らより上位の東嶽神に取って代わる場合さえあった[63]。

より小規模な信仰について見ると，宋代に泉州の郊外にあたる永春県・安溪県付近で発生した清水祖師の信仰の拡大過程について，林拓氏は安溪の経済的発展とともに信仰の影響力を伸ばし，最終的に地域の文化的中心である泉州州城での祭祀に達することで泉州地域を代表する信仰になったと描出する〔林拓 2004〕[64]。この構造は信仰発生当初から江南の文化的中心を代表していた伍子胥信仰とは異なるものだが，地域経済の中心で信仰を確立してもその発展の速度は遅く，文化的中心に上昇することが決定的な意味を持つとの指摘はほかの多くの有力な信仰にも該当するだろう。

このように見ると，宋代以降明確になる神々のヒエラルキー構造や全国各地での流通網の形成などの情勢が信仰圏形成に影響を与えたと考えられ，具体的には国家の祀典と市場圏階層構造，言い換えれば「行政中心地＝城隍神系統」と「経

---

[62] 『祠山志』巻3「事迹」。

[63] 〔李献章 1979〕第一篇「媽祖伝説の展開」，第三篇「媽祖信仰の発生・伝播及びその影響」参照。

[64] 〔林拓 2004〕第五章第三節「地域神明信仰従辺縁地帯到核心地帯的"換位"——以清水祖師等地域神明為案例的分析」。

済中心地＝地方神」の構造として現れた。この両者が影響を与えた信仰は城隍神－土地神系統には属さない信仰であり，霊験に左右されるため，勢力の消長もまた激しいものであった。この外在的な要因に「伝説」という信仰の生命力とが複雑に絡み合って，信仰圏が形成されていったのである。

むすび――信仰圏問題の展望

　最後に信仰圏の考察から見えてくる問題を展望してみたい。ある地域の小信仰が他の地域に伝播し，信仰を獲得するに至る現象は，現象としては明解でありながら，そのメカニズムを明らかにするのは難しい。本稿では伍子胥信仰を手がかりにして，江南地域の祠廟信仰の信仰圏がいかなる構造を持つのか分析を試みた。伍子胥信仰を例に取ると，呉文化圏の中心である蘇州に伍子胥信仰の本山があり，これを頂点として交通網をたぐるように伝説・信仰が広まっている状況が確認できた。また蘇州を中心とした呉方言地域との関係から言えば，伍子胥伝説の周縁部が呉方言と他方言の境界地域をなしている。これらから考えれば蘇州の経済力・文化発信力がその信仰圏を形作った構図が想定される。江南地域には蘇州のほかにも経済力・文化発信力の点で拮抗する大都市が存在し，江南地域という大地域のなかでさらに小規模の勢力圏が並び立つ状態が起きていた。

　地方神の信仰圏が拡大した延長上には全国的信仰がある。全国的信仰の事例からその拡大過程に関して共通点を探してみると，地域に密着した信仰が全国に展開する際には地域の中心都市，大地域の文化的中心地，首都へと上位中心地の壁を越えてステップを繰り返す傾向があった。そしてより上位の中心地で受容されると，その中心地の発信力が及ぶ範囲において信仰の共有が行われる。すなわち信仰圏の階層構造とは，ほぼ中心地の文化圏に相当するものであり，当然中心地の政治・経済上の変化，発信力の消長から敏感に影響を受けたと指摘できる。広域な信仰圏形成の基礎として，祭神が広範な地域に足跡・霊験を残したことが有利には違いないが，全国的信仰に発展するには各地の信仰を吸収し，地域性を希薄にする過程を経ねばならなかった。宋元時代に拡大した東嶽信仰はそのメカニズムの好例を示している〔水越 2003〕。

こうした自然状態における信仰圏形成に加えて，宋代に顕著になってきたのは祠廟に対する賜額・賜号の影響である。賜額・賜号によって新興の祠廟信仰を取り込んだ形の祀典秩序の再編成が進んでいたが，これによって一地方の神が国家中枢の発信力を背景に地域社会の隅々に普及していく制度的な構造が生み出された。つまり一旦頂点＝国家の祀典，首都での祭祀にまで昇りつめれば，上から下への流れは促進され，さらに全国祭祀である「通祀」と規定されれば全国各地での受容は極めてスムーズなものとなる。例えば孔子廟・城隍廟・関帝廟などの全国的信仰は何らかの形で国家の中枢と直結し，祠廟経営の中心は地方官やそれに近い士大夫層であって，正祠の伝播・拡大の担い手の多くが彼らであることは否定できない。これらの信仰は行政中心地階層との関わりが深く，宋代の祠廟信仰の信仰圏拡大の主体を民間の活力の高潮に求める見方には一部修正が加えられる。中央から地方の信仰までが包含される「祀典」という共通認識は国家や士大夫層にとっては非常に都合がよい。例えばJ.Watoson氏が主張する観念的側面の「文化統合」では主に地域社会の士大夫層や有力な宗族が，多様性に富んだ民間の祠廟を儒教的価値観から見て穏当なものに改変し，国家の「正祠」をシンボルとして押し立て，国家への忠誠や地域社会で主導権を握ったとする地域像を示した〔Watson 1985：322-324〕。ただし，国家や士大夫の考えがそのまま民衆に受容されたとは考えにくい。伍子胥信仰の場合も後年，忠義や孝行の儒教的徳目が強調されたが，民衆が伍子胥を崇拝した理由は必ずしもそこにはなかった。彼らが崇拝したのは異能の英雄・恐るべき濤神の伍子胥であった[*65]。

また伍子胥伝説のように，史実と絡み合いながらさまざまな地域が物語の舞台となるような伝説は，一定地域内で一貫性をもつように，各地の伝説が相互補完的に認識されている。このような「伝説」を軸に信仰圏を捉え直すと，「文化統合」の議論が観念上のものから地理空間をともなう議論へと展開する。S.Sangren

---

[*65] 宋代以降の伍子胥に関する史料の記述が忠義・孝行に傾いていることは『呉山伍公廟志』などを見れば明らかである。D.Johnson氏は士大夫層の思想が浸透する局面と捉えている。〔Johnson 1980〕。一般に欧米の研究では士大夫層と民衆の信仰の対立，あるいは国家側の意志の浸透とする図式から説明されてきたが，この図式に該当しない信仰への関心も高まってきている。〔Shahar and Weller 1998〕参照。

氏は台湾の現地調査を踏まえて，巡礼によって社会の価値が再生産されるという見解を示し〔Sangren 1987〕，von Glahn 氏はこれを宋代の地域社会の状況に当てはめて，「文化統合」に巡礼者の果たす役割を高く評価する。しかし巡礼に見られるような中心に収斂されていく中心と周縁の関係は，「伝説の共有」を基礎とする地域から見る限り必ずしも当てはまらず，中心と周縁の意識の隔たりはそれほど大きくないのではなかろうか。むしろ信仰圏の圏内と圏外の間にはときに強烈な対抗意識が見られることがわかる。宗族の移住伝説を収集した牧野巽氏は，「祖先同郷伝説」の共有が移民社会の結合を深める要素であったという重要な指摘を行っているが〔牧野 1985〕，伍子胥伝説も文化的な祖先として自分たちと周囲の文化圏を区別する存在として共有された側面をもつ。ここから考えれば，「伝説の共有」は地域レベルでは求心力を発揮するが，全国レベルから言えば遠心力として「地域意識」を再生産するものだったのである。本稿で改めて課題とした方言・経済圏と信仰圏との関係については，広く「文化圏」の分析を見据えて議論を深化させていかねばならない。

〔参考文献〕
◇日本語（50音順）

海津　正倫　1990　「中国江南デルタの地形形成」（『名古屋大学文学部研究論集』第107号）
岡田　謙　1938　「台湾北部村落に於ける祭祀圏」（『民族学研究』第4巻1号）
金井　徳幸　1979　「宋代の村社と社神」（『東洋史研究』第38巻2号）
　　　　　　1985　「宋代浙西の村社と土神――宋代郷村社会の宗教構造――」（宋代史研究会研究報告第二集『宋代の社会と宗教』汲古書院）
　　　　　　1987　「南宋時代の市鎮と東嶽廟」（『立正史学』第61号）
金子　直樹　1997　「岩木山信仰の空間構造――その信仰圏を中心として――」（『人文地理』第49巻4号）
北田　英人　1982　「中国江南三角州における感潮地域の変遷」（『東洋学報』第63巻3・4号）
金　文京　1989　「「伍子胥列伝」と「伍子胥変文」――『史記』の神話と文学――」（鑑賞中国の古典7『史記・漢書』角川書店所収）
W.A.グロータース　1994　『中国の方言地理学のために』（好文出版）

澤田　瑞穂　1982　「清末の祀典問題」(『中国の民間信仰』工作舎所収)
斯波　義信　1988　『宋代江南経済史の研究』(東京大学東洋文化研究所)
　　　　　　2002　『中国都市史』(東京大学出版会)
末成　道男　1991　「台湾漢族の信仰圏域――北部客家村落の史料を中心にして」(『国立民族学博物館研究報告別冊』14)
鈴木　陽一　2001　「浙東の神々と地域文化」(宋代史研究会研究報告第七集『宋代人の認識』汲古書院)
中砂　明徳　2002　『江南――中国文雅の源流』(講談社選書メチエ)
橋本　堯　1983　「「伍子胥物語群」について――中国における英雄叙事詩の発掘――」(『和光大学人文学部紀要』第18号)
濱島　敦俊　2001　『総管信仰――近世江南農村社会と民間信仰』(研文出版)
福武　直　1951　『中国農村社会の構造』(有斐閣)
牧野　巽　1985　『牧野巽著作集五――中国の移住伝説・広東原住民族考』(御茶の水書房)
馬瀬　良雄　2002　『方言地理学の課題』(明治書院)
松井　圭介　2003　『日本の宗教空間』(古今書院)
松本　浩一　1986　「宋代の賜額・賜号について」(野口鐵郎編『中国史における中央政治と地方社会』昭和60年度科学研究費補助金総合研究(A)研究成果報告書)
　　　　　　1993　「中国村落における祠廟とその変遷」(『社会文化史学』第31号)
水越　知　2002　「宋代社会と祠廟信仰の展開――地域核としての祠廟の出現――」(『東洋史研究』第60巻4号)
　　　　　　2003　「宋元時代の東嶽廟――地域社会の中核的信仰として――」(『史林』第86巻5号)
　　　　　　2005　「元代の祠廟祭祀と地域社会――三皇廟と賜額賜号――」(『東方宗教』第106号)
宮川　尚志　1964　「項羽神の研究」(『六朝史研究宗教篇』平楽寺書店所収)
　　　　　　1974　『六朝宗教史・修訂増補版』(国書刊行会)
李　献章　1979　『媽祖信仰の研究』(泰山文物社)

◇中国語(画数順)
中国社会科学院・澳大利亜人文科学院　1987　『中国語言地図集』(朗文出版)

王学奇　1994　『元曲選校注』（河北教育出版社）
万志英（Richard von Glahn）王湘雲訳　2002　「太湖盆地民間宗教的社会学研究」（『江南的城市工業与地方文化（960－1850）』清華大学出版社）
李伯重　2003　「「江南地区」之界定」（『多視角看江南経済史（1250－1850）』生活・読書・新知三聯書店、初出『中国社会経済史研究』1990年第1期）
林美容　1986　「由祭祀圏来看草屯鎮的地方組織」（『中央研究院民俗学研究所集刊』62）
林　拓　2004　『文化的地理過程分析──福建文化的地域性考察』（上海書店出版社）
周生春　1997　『呉越春秋輯稿匯考』（上海古籍出版社）
周振鶴・游汝傑　1998　『方言与中国文化（修訂本）』（上海人民出版社）
胡国鈞　1995　「輻射性的同心円：胡公大帝信仰圏概述」（『中国民間文化』18）
葛剣雄・曹樹基・呉松弟　1997　『中国移民史』（福建人民出版社）
曹志耘　1996　『厳州方言研究』（好文出版）
張暁虹　2004　『文化区域的分異与整合──陝西歴史地理文化研究』（上海書店出版社）
張偉然　2000　「太岳朝香習俗及其分布」（『湖北歴史文化地理研究』湖北教育出版社）
許宝華・游汝傑　1984　「蘇南和上海呉語的内部差異」（『方言』1984年1期）
雷　聞　2003　「論隋唐国家祭祀的神祠色彩」（『漢学研究』21－2）
銭乃栄　1992　『当代呉語研究』（上海教育出版社）
廖咸恵　2004　「祈求神啓──宋代科挙考生的崇拝行為与民間信仰」（『新史学』15－4）
魏嵩山　1980　「胥溪運河形成的歴史過程」（『復旦学報』（社会科学版）増刊・歴史地理専輯）
顔逸明　1984　「江蘇境内呉語的北部辺界」（『方言』1984年1期）

◇欧文（アルファベット順）

Hansen, Valarie, 1990 *Changing Gods in Medieval China*. Princeton: Princeton university Press.

Johnson, David, 1980 "The Wu Tzu-hsu Pian-wen and Its Sources", Part 1, Part 2, *Harvard Journal of Asiatic Studies* 40-1, 40-2.

──────. 1985 "The City-God Cults of T'ang and Sung China." *Harvard Journal of Asiatic Studies* 45-2: 363-457.

Katz, Paul R., 1995 *Demon Hordes and Burning Boats: The Cults of Marshal Wen in Late Imperial Chekiang*. Albany: State University of New York Press.

Kleeman, Terry F., 1993 "Expansion of the Wen-ch'ang Cult." in Patricia

Buckley Ebrey and Peter N. Gregory ed, *Religion and Society in T'ang and Sung China*. Honolulu: University of Hawaii Press.

Sangren, Steven P., 1987 *History and Magical Power in a Chinese Community*. Stanford: Stanford University Press.

Schipper, Kristofer, 1990 "The Cult of Pao-sheng Ta-ti and Its Spread to Taiwan —A Case Study of *Fen-hsiang*." In *Development and Decline of Fukien Province in the 17th and 18th Centuries*, edited by E. B. Vermeer. Leiden: Brill.

Shahar, Meir and Weller, Robert P., 1998 "Gods and Society in China" In *Unruly Gods: Divinity and Society in China*, edited by Meir Shahar and Robert P. Weller., Honolulu: University of Hawai'i Press.

Skinner, G. W., 1977 "Regional Urbanization in Nineteenth-Century China", in G.w.Skinner ed., *The City in Late Imperial China*, Stanford University Press.

（今井清一 訳『中国王朝末期の都市——都市と地方組織の階層構造』晃洋書房，1989年）

Von Glahn, Richard, 2003 "Towns and Temples: Urban Growth and Decline in the Yangzi Delta,1100-1400" In Paul Jakov Smith and Richard von Glahn ed, *The Song-Yuan-Ming Transition in Chinese History*, Cambridge and London: Harvard University Press.

―――――. 2004 "Song Transformation of Religious Culture" In *The Sinister Way*. Berkeley: University of California Press.

Watson, James L., 1985 "Standardizing the Gods : The Promotion of T'ien Hou ("Empress of Heaven") Along the South China Coast, 960-1960", David Johnson, Andrew J. Nathan, and Evelyn S. Rawski eds., *Popular Culture in Late Imperial China*, University of California Press.

コメント

宋代史研究の最前線に接して

妹尾 達彦

　2005年が明けた正月8日（土）と9日（日）の両日に，東京大学文学部で行われた宋代史研究者を中核とする国際シンポジウムに，私は，第二部のディスカッサントとして参加することができた。

　あらかじめ送っていただいた，A4版で260頁をこす重厚な予稿集が，当日のシンポジウムの議論の充実ぶりを十分に予測させた。実際に，研究の第一線で活躍する各報告者の議論は，それぞれが個別のテーマをあつかった高度な専門研究であると同時に，いずれの議論も大きな普遍的な問題につながっており，今後の宋代史研究が進む道先を照らし出していると感じた。今回のシンポジウムが，近年，世界各地で頻繁に行われている，唐宋変遷をテーマとする複数の研究集会や，唐宋変遷を再検討する研究動向と密接に関連していることも，強く感じた。

　そこで，本稿では，ディスカッサントとして参加した第二部の議論にもとづき，日本で中国都市史を専攻するものの立場から，本シンポジウムの意義をできるだけ簡潔に分析してみたい。なお，本コメントは，予稿集の内容と当日の議論にもとづいており，シンポジウム会場の熱気を記録に残すことを目的としている。

1　シンポジウムが問いかけたもの

　本シンポジウムは，1月8日（土）の午後一時過ぎ，近藤一成氏（早稲田大学）の司会のもとで，斯波義信氏の記念講演「交通と中国——水・海運の十字路としての寧波」から始まった。

　斯波氏は，40年以上にわたる寧紹平野の社会経済史研究の研究成果をふまえ，中国の社会経済の変化をうながす最も重要な要因として，水利と水運の改良を指摘した。特に，唐宋以後に本格化する大運河の運用が，地域・職業間の分業を進展

させ，長江下流域を中国大陸の水陸の交通の要衝にすることで，中国大陸の各地域の経済・政治・社会組織が連動して動き出すことを，大局的かつ具体的に示した。本シンポジウムの各報告の議論全体に関わる，総論にあたる基調講演だった。

広い時空の中で寧紹平野の地域史を明らかにした斯波氏の研究は，本シンポジウムの組織者が核となって2005年度から始まった，特定領域研究「東アジアの海域交流と日本伝統文化の形成――寧波を焦点とする学際的創生――」(研究代表者・小島毅氏)に，理論的枠組を提供している。斯波氏の講演によって，私は，シンポジウム報告者の各議論が当時の交通問題とどのように相関しているのか，注意しながら聞くことができた。その結果，地域社会や日常空間の形成に際して，その地域差・時間差・状況の違いが，交通技術の進展度と密接に関連すると感じた。この点は，必ずしも各報告で自覚されていた訳ではないので，今後さらに検討すべき課題であろう。

第一部の議論――「日常」の発見と「地域」の誕生――

第一部の「思想文化の日常空間」は，日常空間の存在が思想文化上の重要問題となった宋代の特質について論じる内容であり，早坂俊廣氏(信州大学)の司会のもとで，ピーター・K・ボル(Peter K. Bol)氏，浅見洋二氏，佐藤慎一氏，田中正樹氏の四名の報告と，二名のディスカッサントによって構成された。四名の報告のうち，ボル氏，浅見氏，佐藤氏三名の報告は，『中国－社会と文化』第20号(中国社会文化学会，2005年6月)の小特集「宋代士大夫の日常空間」として，既に公刊されている[*1]。

ピーター・K・ボル氏(ハーバード大学)「後期帝政中国と地域史について――金

[*1] 『中国－社会と文化』の小特集3「宋代士大夫の日常空間」では，以上の三氏の他に，何俊氏の「宋元儒学の再構築と清初の思想史の歴史観――『宋元学案』全氏補本を中心とした考察――」が，シンポジウム報告以外の論考として掲載されている。三氏の論題は，それぞれ報告題目から少し変更されて，以下のように掲載されている。ピーター・K・ボル「地域史と後期帝政国家について――金華の場合――」(『中国－社会と文化』20, 2005年, 364〜389頁)，浅見洋二「『形似』の変容――言葉と物の関係から見たいわゆる宋詩の日常性に関する一考察」(同, 390〜408頁)，佐藤慎一「中国に宋近世説は存在したか？――清末知識人の宋代イメージ――」(同, 430〜444頁)。

華の場合――("On Local History and the Imperial Nation－The Jinhua Case")」は，浙江省金華市（宋代の婺州）を事例にして，近年の世界各地で進展中の宋代地域社会史研究の成果を網羅的に集成して，地域が国家の存在の基盤となる過程を明らかにする，極めて内容の濃い報告であった。今後の中国後期帝政期の地域社会論は，このボル氏の報告からスタートせざるを得なくなるのでは，と感じたほどである。

　思想文化史の方法にもとづくボル氏の報告は，社会経済史の方法にもとづく冒頭の斯波氏の講演と，互いに関連しながらも，直接的にはそれぞれ異なる視角から本シンポジウムの総論をなしていた。両者の報告を対に配することで，本シンポジウムの議論の遠近法(パースペクティブ)を最初に聴衆に提示しようとする，シンポジウム企画者の周到な意図に感心した。

　ボル氏は，論の冒頭で，後期帝政期の中国において，人口増加に比例して行政組織が拡大しなかったにもかかわらず，なぜ，中国は統一を保ち続けることができたのか，という問題を掲げた。その主な理由として，ボル氏は，(1) 国家と地域住民を媒介する地域エリートの存在と，(2) 科挙の浸透による共通の規範の形成をあげる。そして，地域エリートの形成が，都の宮廷とは異なる価値をもつ地域社会の形成と併行しており，地域エリートによる地方志や地理書，伝記・文学，家譜等を編纂する行為自体が，地域社会そのものを構築していく様を，自らの豊かな研究の蓄積をもとに論じた。

　ボル氏の報告を聞きながら，私は，1992年6月初旬にハーバード大学で行われた，ボル氏主催による宋代史を中核とする中国社会史のシンポジウム"The Social History of China, 900－1400"での議論を想い出していた。アメリカ全土から，宋代史研究者20数名が集い，唐宋変遷よりも北宋から南宋への両宋変遷に注目する，R・ハートウェル（R.Hartwell）氏とR・P・ハイムズ（R.P.Hymes）氏による仮説の再検討を，ハートウェル氏とハイムズ氏をかこんで行ったシンポジウムである。当時，日本では，両宋変遷に注目する見解は，今日のように一般的では無かったので，私にはとても新鮮だった[*2]。

───────────────

[*2]　1990年代初頭のアメリカ唐宋史研究の一端については，妹尾達彦「アメリカ唐代研究管窺」（『唐代史研究会会報』第7号，1994年，15～36頁）を参照。

宋代は，中国大陸の主要部を統治していた北宋と，金朝の華北領有によって華中・華南に統治が限定された南宋という，二つの異なる統治空間の時期に分かれる。北宋と南宋の国際関係と統治空間の違いは，両時期の政治・経済・社会組織の違いをもたらす主因をなしている。このような両宋間の違いにもかかわらず，西暦でいう960～1279年の時期を，「宋代」と総称することが，北宋と南宋の非連続を隠蔽する南宋や後代の知識人の正統史観によってつくられた事実に，アメリカでの宋代史シンポジウムにおいて，私は改めて気づかされた。

さて，その宋代史シンポジウムの目玉として，ボル氏は，カリフォルニア大学バークレー校に，地域と国家を媒介する宋代地域エリートの形成を新たに論じる博士論文を提出し，話題を呼んでいた若きB・J・ボズラー氏（Beverly J. Bossler）を，ゲスト・スピーカーとして招いた。

ボズラー氏が，同世代の大学院生たちや，R・ハートウェル氏やR・ハイムズ氏，P・B・イブリ（P.B.Ebrey）氏，P・J・スミス（P. J. Smith）氏，杜維明氏，黄寬重氏，劉静貞氏等の名だたるベテラン研究者を前に論じた点は，宋代における都城居住のエリート層に対する地域エリート層の政治・文化的重要性と，南宋における地域エリートによる戦略的な地域社会の創造という，今回のシンポジウムの本題と重なる内容であった。

その席で，ボズラー氏は，ハートウェル氏とハイムズ氏による，北宋における中央官僚志向から南宋の地域エリートへという，両宋間の士大夫層の志向の転換を論じる仮説を批判的に摂取して，婺州を事例に，南宋における地域エリートの形成が，地域を越えた国家規模の人的・情報ネットワークの形成とも併行していたことを新たに強調した[*3]。中央志向から地域重視への転換という，図式的な見通しの不備を突いたのである。

ボズラー氏の論を受け，これ以後，両宋の変遷を説く論は，より精緻な枠組み

[*3] ハイムズ氏の地域史研究について最近公刊された，包偉民氏の詳細な批判「精英們"地方化"了嗎？——試論韓明士『政治家与紳士』与"地方史"研究方法」（栄新江主編『唐研究』11，北京大学出版社，2005年，653～671頁）も，ハートウェル氏やハイムズ氏によって提唱された地域論が，アメリカにおける中国後期帝政史研究を代表する成果の一つとして認められていることが，批判の前提となっている。

に再編されることになった。今回のボル氏の報告も，ボズラー氏の論をふまえた立論となっている。周知のように，ボズラー氏は，その後，Beverly J. Bossler, *Powerful Relations, Kinship, Status and the State in Sung China* (960-1279), Cambridge: Council on East Asian Studies, Harvard University, 1998. xiv+370ps. と題して博士論文を公刊し，国際的に反響を呼ぶことになる（同書の問題点については，小林義廣氏による批評を参照。『名古屋大学東洋史研究報告』27，2003年，pp. 62-76)。

当時，ハーバード大学燕京研究所の訪問学者として滞米中だった私は，今日のアメリカ宋代史研究の潮流をつくりあげる契機の一つとなった，上記のシンポジウムに出ることができた。それから13年，南宋における地域社会論が，今や一つの大きな潮流に成長して，日米の若い研究者たちを包みこみ，経済・社会・文化の各面で全面的に展開していく様を，東京で開催された本シンポジウムで目の当たりにして，深い感慨を覚えたのである。

また，*"This Culture of Ours" Intellectual Transitions in T'ang and Sung China,* Stanford: Stanford University Press, 1992, x+519ps. において唐宋思想文化史を系統的に論じたボル氏が，この10年間，地域社会論に視座を移し，文化地理学の方法も採り入れながらも，あくまで実証的に，地域社会の形成という観点から，中国伝統社会の特質の解明を精力的に進めている様をうかがい，強い刺激を受けた。思想史と社会史を架橋する試みが，新しい歴史像を生み出すことを，ボル氏は私たちに鮮やかに示してくれたのである。

次に，佐藤慎一氏（東京大学）「清末知識人は宋代をどのように評価したか」は，清末の知識人の宋代観についての誠に魅力的な分析を行った。まず，清末の知識人一般には，内藤湖南の宋代近世論のごとき宋代を画期とする時期区分論は存在しない事実と，その理由を明らかにする。続けて，例外的に，改革派の蔣智由 (1866〜1929) が，20世紀初頭の国際関係を背景に，異民族の中国侵入が全土に及ぶことで民族意識が誕生した南宋を，中国史の画期と見なしたことを紹介し，岳飛と王安石という，宋王朝を体現する二名の人物への清末知識人の評価を検討する。佐藤氏ならではの問題提起と鋭利な分析だった。

浅見洋二氏（大阪大学）「「形似」の変容――いわゆる宋詩の日常性をめぐって」

は，「形似」という，詩と言葉の関係をあらわす語の意味の変化を手がかりに，日常をうたう宋詩の流行の背景を論じた。唐代までは存在した詩の規範が宋代以後崩れだし，その結果，詩と言葉の関係が揺らいで詩の創作に多様性と偶然性が高まり，詩の場と題材に日常の風景が頻出するようになると説く。日常性が，文学によって発見され創造されたことを示唆するとともに，人と物をめぐる認識が唐宋間に変貌することを示した。文学者の繊細かつ犀利な分析力に感嘆した。

田中正樹氏（山形短期大学）「出版と蘇軾像の形成」は，宋代以後の印刷業の盛行が，人びとの心に文人の類型を作り上げていく様を，印刷された蘇軾の文集の序文をてがかりに論じる。印刷業の進展が，異なる地域・時代・状況にもとづく，多様な蘇軾像を生み出していくことを明らかにした。近年注目を集めている，中国帝政後期の印刷文化の特質を論じる報告だった。

これら四名の報告に対して，ディスカッサントとして，李弘祺氏（Thomas H. C. Lee, The City College of New York・台湾大学東亜文明研究中心）と，勝山稔氏（東北大学）が，それぞれ，思想文化史の立場から各報告の問題点を指摘した（コメントの内容は，本書所載の両氏の文章を参照）。

第二部の議論――結び合う人々とつながる場――

明くる1月9日（日）の午前には，第二部の「宋代以降の集団とコミュニケーション」があった。ここでは，宋代以後の人と社会を結びつけるコミュニケーションの要素として，政治・血縁・地域社会の三つを取りあげ，それぞれのコミュニケーションを成立させる場に注目する。人と人が関わりをもつ場に注目する問題設定はわかりやすく，実際に，各報告は互いに密接に関連しあい，宋代に形成され変貌しながらも現代に継承される，中国社会の人間関係の特質の一端が明らかにされた。

パネル1「政治空間とコミュニケーション」では，須江隆氏（日本大学）の司会のもとで，宋朝の為政者層の意志決定過程，つまり政策と，それが生みだされ機能する公的空間との関係が論じられた。

平田茂樹氏（大阪市立大学）「日記より見た宋代の政治空間」は，中央政府の高官による公私の日記をてがかりに，政策がどのような場でどのような過程を経て

決定されるのか，という問題に切り込む。近年の平田氏の研究は，宋代に出現する官僚の詳細な日記を分析することで，宰執・侍従・台諫を中心とする政策決定の過程が，臨場感をもって具体的に把握できることを明らかにしてきた。

本報告は，平田氏によって開拓されてきた，開封を舞台とする政治過程をめぐる研究成果を集成し，北宋・開封から南宋・臨安への都の政治空間の変化が，必然的に政治構造の変化を将来したことも指摘する。このような都城の政治空間への注目は，歴代都城の比較分析に新たな視点を提供しており，今後実り多い成果をあげていくに違いない[*4]。また，政治過程を詳しく描く日記の誕生は，浅見洋二氏のとりあげた日常性をうたう宋詩の誕生と通底しており，「日常」が発見され意味づけられるようになる宋代の特徴を，よく示していると思われる。

久保田和男氏（長野工業高等専門学校）「北宋における皇帝行幸について」は，開封の都市構造と北宋の皇帝の行幸の関係を論じる。行幸の主たる場所が，都から離れた地から都城・開封の中へと変化する事実を述べ，その理由は，行幸の目的が，宋初の不安定な国内外の政治情勢への対応から，都の市民との交流に比重を移していくことにあると分析する。あわせて，祥瑞や道教を利用する，北宋末の徽宗の行幸の特異性も指摘する。久保田氏は，近年，開封の変遷に関する系統的な分析を進めており，開封の都市社会構造を従来にない克明さで明らかにしてきた。本報告も，行幸の変遷を手がかりとする開封論であり，開封史研究の可能

[*4] 平田茂樹氏の分析視角は，他の王朝の都城でも適用可能であり，今後，歴代都城の政治空間の比較分析が進むと思われる。唐代長安城の政治空間については，松本保宣氏（同「唐代後半期における延英殿の機能について」（『立命館文学』516，1990年），同「唐代後半期の待制，次対官再論」（『立命館文学』583，1990年等）や，王静氏（同「唐大明宮的構造形式与中央決策部門職能的変遷」（『文史』2002年第4期，2002年），同「唐大明宮内侍省及内使諸司的位置与宦官専権」（『燕京学報』新16期，2004年等）の専論があり，筆者も簡単に触れたことがある（妹尾「中唐の社会と大明宮」松本肇・川合康三編『中唐文学の視角』創文社，1998年）。これらの研究によると，平田氏の明らかにした北宋開封の政治空間は，唐後半期の大明宮の政治空間と密接に関連しているように思われる。今後，唐宋の宮城における政治空間の比較が進めば，唐宋間の中央政治の変遷の過程と，唐宋の政治体制の違いが，従来以上に具体的に明らかになっていくだろう。

性を開く成果といえよう*5。

　鄧小南氏（北京大学）「宋代の多面的監察制度と情報処理システム（多途考察与宋代的信息処理機制）」は，宋代にいたって政治の集権性が高まった重要な要因に，官僚の功績を評価する多面的な監察制度（日常の考課・台諫や監司の審査・按察・磨勘，掲発等）と，各種の情報を伝達し処理する多様な制度（とりわけ膨大な文書の整理・管理方法）の構築があることを指摘し，その内実を具体的に明らかにする。官僚の監察・推挙と，その運用を可能にする中央と地方を結ぶ情報伝達制度の解明は，重要な課題でありながら，十分には研究が進んでいなかった分野であるだけに，本報告の意義は大きい。宋代官僚制度研究の第一者である鄧小南氏の学風の一端を窺える，精緻で周到な論証だった。

　パネル 2「宗族の空間とコミュニケーション」では，井上徹氏（大阪市立大学）の司会のもとで，男系の祖先を共有する伝統中国の血縁集団である宗族の歴史を，宗族が機能する空間との関係で論じた。本パネルの議論は，2003年 8月の宗族シンポジウムの成果をまとめた，井上徹・遠藤隆俊編『宋－明宗族の研究』（東京・汲古書院，2005年）での成果をふまえて立論されている。

　遠藤隆俊氏（高知大学）「北宋士大夫の寄居と宗族――郷里と移住者のコミュニケーション――」は，任官等の理由で郷里を離れて異境に仮住まいする「寄居」という人間移動を手がかりに，北宋の士大夫が，寄居地と宗族の故郷との間で取り結ぶ関係を論じた。寄居によって蘇州范氏の分派を頴昌に形成した范仲淹（989～1052）を事例に，寄居先と郷里の宗族との関係を保ち，宗族のネットワークを築きあげる中国の人間関係のありかたを，具体的に明らかにした。近年における宗族研究の急速な進展ぶりの一端が窺える報告だった。

　常建華氏（南開大学）「朱熹の逸文より見た『家礼』祠堂篇と宋代の祠廟祭祖」は，新たに発見された朱子の「唐桂州刺史封開国公諡忠義黄公祠堂記」（『福建宗

＊5　唐代の行幸の分析に関しては，Howard J. Wechsler, *Offerings of Jade and Silk, Ritual and Symbol in the Legitimation of the T'ang Dynasty*, New Haven and London: Yale University Press, 1985, pp.161－169が，短い文章ではあるが示唆に富む。王朝初期に軍事・治安目的の行幸が行われることは唐代も同様であり，王権儀礼変遷の共通のパターンが存在するのかも知れない。歴代政権の行幸を比較分析する必要があると感じる。

教碑銘匯編（興化府分冊）』1995年）を題材に，宋代の祠廟における祖先祭祀が，仏教の影響から独立して儒教の形式に変遷する過程を分析する。まず，上記の朱子による「黄公祠堂記」の内容を紹介し，次に，宋代の家廟と祠堂の制度を整理して，祖先祭祀の方法をまとめた朱子『家礼』祠堂篇の目的が，儒教の経典と国家の礼制，福建の地域民俗とを結び合わせることにある点を，鮮やかに分析した。

中島楽章氏（九州大学）「累世同居から宗族結合へ——宋代徽州の開発・移動・同族——」は，江南東路徽州婺源県の武口王氏の北宋における事例をもとに，家族形態が，数世代の男系の同族が同居して財産を共有する形態（累世同居）から，家産を分割して独立した個々の家が，共通の男系の祖先を祭ることで結びつく形態（宗族結合）に転換する理由を分析する。この転換の理由として，地域開発の進展と社会階層の分化に応じ，大家族を解体して宗族結合に転換することで，新たに，同族の生存や移動の便をはかった点を指摘する。武口王氏の事例から，大家族をなす累世同居の解体にあわせて，族譜・祠堂祭祀・族産（義荘）の整備が模索されていく事実も検証する。従来の研究史を丁寧にふまえた上での明晰な分析に感心した。

パネル3「地域社会の空間とコミュニケーション」では，青木敦氏（大阪大学）の司会のもとで，宋代，特に南宋における地域社会の形成と，人間集団の再編との相関性が論じられた。報告の前に，青木氏と岡元司氏の作成された周到なレジュメ「宋代地域社会史研究の課題」にもとづき，青木氏が，地域社会論の現在を簡潔に整理されたので，問題点が明確となり，とても助かった。以下，三名の報告は，宋代における地域社会の形成を，それぞれ異なるテーマにもとづいて明らかにしている。

蘇基朗氏（Billy K. L. So 氏，香港中文大学）「地域のコミュニケーションと地域の統合——南宋代の福建南部におけるコミュニケーション（"Regional Communication and Regional Integration: Communicating in Southern Fujian"）」は，南宋福建を事例に，情報の共有が地域社会を統合していくことを論じた。南宋福建の地域史は，日比野丈夫氏から，斯波義信氏，H・クラーク（H.Clark）氏，陳弱水氏等にいたる，錚々たる研究者による豊かな研究が蓄積する，宋代研究の伝統テーマの一つである。蘇基朗氏自身も，2001年に，福建の沿海交易と地域社

会の形成の関係を論じる専著を公刊している（Billy K. L. So. *Prosperity, Region, and Institutions in Maritime China : The South Fukien Pattern, 946-1368*. Harvard University Press, East Asian Monographs, 2001. 本書については, 岡元司氏による書評を参照。『広島東洋史学報』8, 2003年, 43-47頁）。本報告において, 蘇基朗氏は, 新たに, 沿海交易網の形成が内陸の陸上交通網の整備を促進し, 人と人をつなぐ情報が流通することで地域社会の統合が進むことを, 説得力ある分析によって明らかにした。

岡元司氏（広島大学）「地域社会と文化的階層性——南宋期温州の空間とコミュニケーション——」は, 温州を事例に南宋の地域社会の特質を論じた。地域研究のメリットが, 多様な階層と場所を生きる人々の全体史を描く枠組みを提供してくれることにあると述べ, 南宋温州の地域史を, 長期変動（人口・開発・環境）・中期変動（経済・文化）・短期変動（政治・出来事）の三つの指標に分けて探る。次に, 永嘉学派をつくり横につながる温州の士大夫の活動の特色を論じ, その士大夫層とは異なるマニ教徒の活動や, 温州で生まれた南戯を支える階層の存在も指摘する。これらの作業によって, 温州の地域社会を構成する諸要素が, 系統的かつ重層的に明らかにされるのである。地域研究の分析枠組みが, 凝縮されたかたちで提示される報告だった。

水越知氏（京都大学）「伍子胥信仰と江南地域社会——信仰圏の構造分析——」は, 4世紀初以降, 春秋時代末の策士で, 呉王夫差と対立して自殺した伍子胥（？～前485）が, 怒れる神となって江南の民間社会で広く信仰されるようになる経過を論じる。本報告は, この伍子胥信仰の信仰圏が, 都市の階層的ネットワークに応じて広がる様が明らかにされ, 伍子胥が江南の地域的信仰にとどまり全国神になり得なかった理由は, 伍子胥信仰の中核地であった蘇州の経済力・文化力の限界にあるとする。ここに, 信仰圏の大小は信仰の中核をなす都市の文化的階梯に対応する, という魅力的な見解が提示されるのである。本報告から私は, 地域社会の形成に際して, 都市網と信仰圏の広がりが重要な働きをしていたことを, 学ぶことができた。

第二部の総括討論は, 須江・井上・青木氏の司会のもとで行われた。ディスカッサントとして, 吉原和男氏（慶應義塾大学）, 五味文彦氏（東京大学）と妹尾達彦

(中央大学)，が，それぞれ，文化人類学，日本史，東洋史専攻の立場から議論した（各氏のコメント内容は本書の文章を参照）。

2 宋代は，どのような時代だったのか

以上のような充実したシンポジウムの議論をうかがうことで，私は，日頃の疑問の多くが氷解する快感を得た。同時に，解くことのできない問題の所在を明確にすることができ，また，豊かな議論に触れ得たがゆえに新たな疑問も生じたのである。ここに，一，二の問題を提起して若干の感想をのべ，再度のご教示を賜りたい。

唐宋変遷か，両宋変遷か

本シンポジウムにおける各報告者の議論は，宋代を中国史の分水嶺の一つと考える点で共通するが，宋代のどの時期に変化の起点をおくのか，という点は報告者ごとに異なっていた。また，宋代を起点とする中国伝統社会の形成に重きがおかれたために，唐代から宋代への転換が，中国史を二分する変動期にあたるという唐宋変革論の問題点を，正面から検討することは無かった。

たとえば，本シンポジウムの議論の多くは，近代中国の日常空間の原型が宋代に誕生することを立論の前提としている。それでは，唐代までの社会における生活空間は，宋代に生まれる日常空間と，どこが，どのように異なるのだろうか。本シンポジウムの各報告を聞くと，人間活動における自由の幅の広がりそのものが，政治権力の日常生活への浸透をうながし，権力が日常生活と呼応する社会が，宋代，とりわけ南宋にいたって誕生するように感じる。この意味において，浅見洋二氏の宋詩の日常性をめぐる報告は示唆深い。自分をとりまく生活を，「日常」と意識するようになる政治的意味を，唐代以前と比較して自覚的に分析する試みがもう少しあれば，宋代における変化の特色が，より理解しやすくなったのではないだろうか。

そこで，コメントを担当した際に，私は，各報告者に次の質問をしてみた。
(一) 中国帝政後期の変遷の起点を宋代に設定する場合，宋代のどの時期に起点

を設定し得るのか（北宋の成立か，北宋中期か，北宋末期か，あるいは南宋のどの時期か），（二）その時期以前とその時期以後では，どの点が一番異なるのか。異なると判断する論拠はなにか。

このような，ぶしつけともいえるストレートな質問に対し，誠実に丁寧な答えをいただいた報告者の方々に，ここに改めて深謝申しあげたい。それぞれの回答をうかがいながら，自分の提起した問題のもつ複雑さを，改めて感じた次第である。当然ながら，唐宋間には連続する面と非連続の面が併存し，対象とするものや地域差，階層差による差異を考慮しなくてはならないことを，私自身再確認することになった。

私の感触では，衣食住の生活文化のレベルでいえば，唐宋間というよりも，遊牧民の移動を契機に牧畜文化が華北に浸透しだす四，五世紀から数世紀間の変化が，後代の衣食住の文化の原型をつくりだしているように思う*6。おそらく，芸術部門における変化は，経済と政治の変化に先行し，政治の変化は，唐宋間の都城（長安・洛陽・開封）の支配層の間で始まって地方都市におよぶ*7。そして，南宋にいたって，それまでの数世紀間の変化の流れが地域的・階層的にも広く浸透していき，都城の中央政府とつながりながらも，政治・経済・社会面で自立する地域社会が，中国に初めて誕生するのだろう。

一方，ユーラシア大陸の歴史を鳥瞰すると，8，9世紀にいたり，ユーラシア大陸の各地において，古典文化の復興運動と，世界思想や世界宗教に代表される普遍主義への批判が始まる。その結果，4，5世紀以来のユーラシア大陸の大規模な人間移動を背景に生まれた多文化融合型の政権（ユーラシア大陸西部のフランク王国や，中央部のウマイヤ朝，東部の唐王朝等）が解体していき，各地域の伝統文

＊6　妹尾達彦「世界都市長安における西域人の暮らし」（『シルクロード学研究叢書』9，奈良・シルクロード学研究センター，61～66頁）。
＊7　この点に関しては，那波利貞「唐の開元末・天宝初期の交が時世の一変転期たるの考証」（同著『唐代社会文化史研究』（東京・創文社，1974年）に示唆に富む分析がなされている。
＊8　より詳しくは，妹尾達彦「都市と環境の歴史学」（『都市と環境の歴史学』第一集，日本学術振興会科学研究費・基盤研究（S）「歴史学的視角から分析する東アジアの都市問題と環境問題」研究成果報告書，2006年3月刊行予定）を参照。9世紀の長安は，このようなユーラシア大陸の歴史構造の転換を象徴する都市の一つであった。この点に関しては，妹尾達彦「九世紀の転換──以白居易例」（栄新江主編『唐研究』第11号，北京大学出版社，2005年）を参照。

化に根ざす復古的な政治組織が育成され，近代の民族国家・国民国家の政治組織の直接の源流が生まれていく*8。

宋王朝の歴史も，このようなユーラシア大陸の歴史をつつみこむ同時代現象として把握すると，理解しやすくなると思う。中国大陸における唐宋間の変遷を，ユーラシア大陸の空間と歴史の中に置いて，比較しながら再検討することによって，ユーラシア大陸東部の変化の特色がつかめると思うのである。

国際関係と国内政治は，どのように関連するのか

変化を論じる際には，内在的要因と外在的要因のからみあいをどう位置づけるのかが，問題となる。この点において，本シンポジウムは，中国大陸内の内在的変化については多様な観点からの分析がなされたが，中国外部からの影響による外在的変化については，ほとんど論じられなかった。遼・西夏・金が宋の社会に与えた影響の度合いを問う，会場での舩田善之氏（九州大学）の質問に対し，もう少し丁寧な回答が聞きたかったのは，私だけでは無かっただろう。

佐藤慎一氏の報告において，自分の生きた清末と南宋との国際関係の類似を背景に，南宋を中国史の画期と判断する，清末の知識人・蔣智由の考えを知ることにより，私は，本シンポジウムの議論において，宋代の国際関係と国内政治との関連を動態的に分析する視角が弱い点を感ぜざるをえなかった。おそらく，この傾向は，宋代史のみならず中国史研究の全体に通じていると思われる。この理由については複数の要因が考えられ，ここで簡単に論じることはできない。

それでは，宋代の地域社会や日常空間は，当時の国際情勢とどのように関係すると考えられるのだろうか。

近藤一成氏が明らかにしたように，宋代では，国家が西夏・遼・金・元等の北方の強国に直面したために，宋朝知識人の思想動向は，国際関係と共振しながら変化せざるを得なかった*9。地域社会においても，黄寛重氏の研究によれば，金

---

*9　宋代の国際関係と知識人の思想動向の密接な関係については，近藤一成「宋代永嘉学派葉適の華夷観」（『史学雑誌』88-6，1979年）において，すでに明晰な分析がなされている。ただ，近藤氏の本論文の分析視角は，その後の宋代社会史研究に必ずしも継承されていないように感じる。

軍と直面する厳しい国際環境を背景に，南宋の地域社会の基盤には，公私の地方軍事組織や自衛組織の存在があり，南宋の地域社会は，当時の国際関係の動向に敏感に反応していた[*10]。おそらく，宋代における日常空間の形成も，当時の国際情勢と直接・間接に関わっていると思われる。この点は，今後より一層検討すべきだろう。

　　唐宋変遷をめぐる研究動向と，本シンポジウムの位置づけ
　ここ数年，唐宋変遷に関するシンポジウムが相ついで開催されていることは，唐宋変遷を再考する機運が世界各地で生まれていることを示している。管見の限りで，各シンポジウムを規模の大小にかかわらず列挙すると，次のようになる。改めて，その盛行ぶりに驚かざるをえない。
　(a)「"唐宋婦女研究与歴史学"国際学術研討会」(2001年6月5日〜9日，北京大学)，(b)「唐宋制度変遷与社会経済学術研討会」(2002年10月18〜21日，厦門大学歴史系・同大学図書館)，(c)「唐宋変革与道教研究学術研討会」(2003年4月12日，北京大学中古史研究中心)，(d)「"唐宋変革論"を考える」(2003年11月7日，第五三回東方学会全国総会シンポジウム，日本教育会館)，(e)「中国唐史学会第九届年会暨唐宋社会変遷国際学術研討会」(2004年7月25〜28日，雲南大学)，(f) "Chinese Society and Its Significance after the Tang-Song Reformation, with focus on the civil service examination, urbanization, and lineage systems" (2004年8月，第37回国際東方学者会議，モスクワ)，(g)「中国三至九世紀歴史発展暨唐宋社会変遷国際学術研討会」(2004年9月3〜5日，武漢大学)，(h)「社会流動，社会秩序与唐宋歴史問題研討会」(2004年10月19日，北京大学中国古代史研究中心)等である。台湾の中央研究院歴史語言研究所と，北京大学中国古代史研究中心の唐宋史の研究者を中核とする，「唐宋社会変遷研究計画」も2003年に始動した[*11]。

[*10]　黄寛重『南宋地方武力——地方軍与民間自衛武力的探討』(台北・東大図書公司，2002年) での議論を参照。
[*11]　「唐宋社会変遷研究計画」にもとづく最初の研究成果は，栄新江主編『唐研究』第11号，北京大学出版社，2005年に，特集号「唐宋時期的社会流動与社会秩序研究専号」をくみ掲載されている。

シンポジウムや研究会の盛行と併行して，唐宋変遷をめぐる研究動向の整理も一段と進展している。私自身が通読できた論考に限っても，この10年間に，中砂明徳[12]，ピーター・K・ボル[13]，青木敦[14]，渡辺信一郎[15]，邱添生[16]，葛兆光[17]，丸橋充拓[18]，P・J・スミス（P.J. Smith）[19]，山根直生[20]，中島楽章[21]，張広達[22]等氏が，異なる観点から，唐宋変遷に関する研究状況を整理している。唐宋変遷研究をめぐる，このような才気溢れる多彩な論客による研究整理の盛行は，学界の壮観といってもよいだろう。

---

[12] 中砂明徳「中世人から近世人へ―唐宋時代の士人の位置」（『古代文化』46巻11号，1994年，17～26頁）。

[13] ピーター K．ボル「唐宋変遷の再考――アメリカにおける宋史研究の最近の動向について」（『史滴』第11号，早稲田大学東洋史懇話会，1995年，2－16頁）。

[14] 青木敦「ポスト・ワルラスからのアプローチ―要素賦存・労働力配分・時代区分論」（宋代史研究会編『宋代史研究会報告第五集：宋代の規範と習俗』東京・汲古書院，1995年，119～154頁）。

[15] 渡辺信一郎「時代区分論の可能性――唐宋変革期をめぐって」（『古代文化』48－2，1996年）。

[16] 邱添生『唐宋変革期的政経与社会』（台北・文津出版社，1999年，1～229頁）。

[17] 葛兆光「〔唐宋〕抑或〔宋明〕――文化史和思想史研究視域変化的意義」（『歴史研究』2000年第1期，18～32頁）。

[18] 丸橋充拓「〔唐宋変革〕史の近況から」（『中国史学』第11号，中国史学会，2001年，149～169頁）。

[19] Paul Jakov Smith, "Problematizing the Song-Yuan-Ming Transition," in Paul Jakov Smith and Richard von Glahn (eds.), *The Song-Yuan-Ming Transition in Chinese History*, Cambridge and London: Harvard University Asia Center, 2003, pp.1-34

[20] 山根直生「唐宋政治史研究に関する試論――政治過程討論，国家統合の地理的様態から」（『中国史学』第14号，京都・朋友書店，2004年，187～207頁）。

[21] 中島楽章「宋元明移行期論をめぐって」（『中国―社会と文化』第20号，中国社会文化学会，482～500頁）。

[22] 張広達「内藤湖南的唐宋変革説及其影響」（栄新江主編『唐研究』第11号，2005年，5～71頁）。

近年，このように，唐宋間の変遷をテーマとする研究が隆盛している理由の一つは，唐宋変遷という研究題目が，専門分野の進む個別研究を連結する役割を果たしているからであろう。しかし，より根源的には，21世紀を迎え，唐宋変遷の仮説が提唱された近代国家形成期とは異なる世界情勢が生まれており，新しい世界情勢が従来とは異なる世界史理解を求めているから，と思われる。唐宋間の変遷を経て，近代につながる社会が誕生するという考えが，今や学界で共有されているために，近代後(ポストモダン)に移行する現在において，過ぎゆく近代社会の始動期を振り返り，近代社会そのものの意味を問う機運が，世界各地において同時に生まれているのだろう。

この意味において，本シンポジウムは，「日常の発見」，「共同体の変質にともなう，人間集団の機能的な構成原理の構築」，「地域社会の誕生」という，人類に広く見られる近代社会を構成する共通要素の原型が，宋代以後の中国大陸にも誕生することを系統的に明らかにすることで，人類の歴史のもつ普遍的な側面に，新たな光を投げかけた。

同時に，他のどこにも存在しない「中国」という社会をつくりだす要素も，より明確になってきたのである。すなわち，書かれ印刷された漢字の文言に依拠する意思伝達方法の重要性や，父系の血縁集団や婚姻関係にもとづく社会組織と，その社会組織に規定される生活慣習，社会の流動化を前提に，あらゆるものを視覚的に秩序づけようとする構築的な社会意志などが，宋代以後の地域社会において顕著なはたらきをすることを，本シンポジウムの議論は提起してもいる。

中国宋代の人々が生き，苦しみ，楽しんだ経験の総体を知ることは不可能であるが，特定の課題や時期・空間に焦点をうまくあわせることで，部分から全体像を窺い知ることができる場合がある。今回のシンポジウムは，地上に残された数歩の足跡を手がかりに，恐竜の大きさと生態が識別できるように，卓抜な問題設定によって，近代社会に歩み始めた中国という巨像を復原する見事な試みといえよう。

宗族の生成・発達と現代の華人同姓団体

吉原　和男

〈1〉　はじめに

　1980年代に本格化した中国の改革開放によって，それまでは休眠状態であった宗族がいくつかの地方では覚醒状態に入ったことが報告されていることは良く知られる。新中国成立後の土地改革と農業集団化および文化大革命によって宗族組織の共有財産が没収されて，宗族が制度的には解体された。しかしその後も農村部では，住民の人間関係に残存した旧宗族内の絆すなわち父系の共通祖先を有することから生ずる人間関係についての自覚的認識が払拭されたわけではなかったし，また祖先祭祀を支えた世界観と倫理も衰滅したわけでもなかった。

　こうした儒教思想から派生し父系出自の人間関係を自覚的に認識することやその実践的倫理を私は「宗族意識」と呼びたい。人民公社期の農村部集落とりわけ自然村からなる生産大隊などでは，この意識は社会主義改革によって希薄化しつつも潜在化して維持されてきた［アニタ・チャン他 1989, Potter, Sulamith H. and Jack M. Potter　1990］。その後，特に僑郷では改革開放の時代になって香港やマカオそして海外の華人社会との人的交流によって，休眠状態であった宗族意識が刺激されて墓前での祖先祭祀儀礼の復活が見られるようになるのと前後して，散佚・滅失した族譜の再編纂が行われ，さらには祠堂再建あるいはその代替施設が新設されるという現象を引き起こした［吉原 1991, Johnson 1993, Han 2001, 潘 2002 a・b, 瀬川 2004, 阮 2005］。

　また宗族意識の復活とは別に，宗族のシンボルにもなる姓や堂号そして一族のルーツへの関心が，中国大陸と海外華人社会において，改革開放以降に強まってきているのは興味深い［潘明智 1996, 王 2000, 周宏 2004］。僑郷の地元政府が外資導入あるいはその呼び水としての華僑・華人の投資に強い関心を示したこと

が事実としても、やはりそれだけでは、かつてあれだけ批判の対象となった封建的土地制度の根幹を支えた宗族や祖先祭祀とつながる事柄が再び関心を持たれる近年の現象を十分には説明できないであろう[*1]。

ところで、華僑や華人が母国の故郷に思いを馳せるだけではなく、実際に訪問したりあるいはルーツの地を尋ねることが盛んになり、さらには一部の地方では宗族をモデルとした同姓組織が結成されたり祖先祭祀が復活する現象は、研究活動と出版分野における関連テーマへの関心の強さと平行したものと言えよう。一例をあげると、林姓の世界的組織である世界林氏宗親総会が台北に成立したのが1982年であり、その世界懇親大会がバンコクで開催されたのは1985年であった。こうした当時の国民党の台湾を基盤とした同姓交流とは別に、大陸でも幾分遅れてではあるが福建省にて比干文化研究会が発足して資料収集や編纂活動を1994年から行っていて、1998年にはその成果として同研究会編『海内外林姓源流』が華僑大学華僑研究所から刊行された。また学術界でも中国で開催された国際学術討論会の報告書として上海図書館編『中華譜牒研究』が刊行されるなど、族譜研究が再び脚光を浴びつつある観がある。

〈2〉 国際シンポジウム「伝統中国の日常空間」と宗族

中国姓は中国人の文化的アイデンティティにとって重要であり、そして海外在住の華僑・華人にとってはエスニックなアイデンティティを表象するものと考えられる。中国姓についての関心が強まり、そして同姓関係によるネットワーク構築が現代においても盛んであることを再認識するとき、「伝統中国の日常空間」と題された国際シンポジウムでは宗族が主題の一つであったことは意義深い。

遠藤隆俊氏は、国内での地域間移動の一つの形態と見なせる「寄居」を「宋代の官僚や士大夫が任官などの理由で郷里を離れ、異郷に仮住まいすること」と概念規定して取り上げられた。海外へ移住した華僑は民間人であったが、彼らが宗

[*1] 広東省における「宗族の復活」を論究した［瀬川 2004］は、こうした問題を社会人類学の視点から解明した注目すべき業績であると言えよう。

族の一員でもあったとすれば，移住者と郷里の間でのコミュニケーションにみられる同郷・同族者の結合，および彼らに共有された意識を，時空を超えて，「寄居」と比較して論じることができよう。遠藤氏は結論の部分で，宋代に「寄居」した中国人は様々なネットワークを保持して多様なコミュニケーションを図ったことを指摘しているが，近代以降そして現代における華僑においても同様のことが観察される。ここでは詳しく述べられないが，19世紀後期のシンガポールやマレーシアでは宗祠が創建されたが，それを建造した人々の組織は，宗族の国外にある分会や連絡所という性格を持っていたと考えられる。当然ながら，人の交流や情報交換，そして双方向の資金の動きも見られた。

　常建華氏は，朱熹『家礼』を取り上げ，この書物が祠堂設立と祖先祭祀に影響を与えたことを論じられた。最近発見された文書資料が同書の「祠堂篇」成立に深く関わり，また朱熹が，祠堂における祖先祭祀を通じて宗族の結集力を強化すべきことを説いたと常氏は論説された。

　私は，本シンポジウムのキーワードを用いて表現すれば，祖先祭祀儀礼とは以下のように言い換えられると考える。この世に生きる子孫どうしが交流と「コミュニケーション」を行うだけでなく，死者（祖先）と生者（子孫）が霊的な「コミュニケーション」を行う機会でもあったし，祠堂はそれが行われる「空間」であった。

　父系出自関係が連鎖する一定範囲を単に認知するだけではなく，社会組織としての宗族を設立し維持していくために祖先祭祀儀礼は重要であった。その理由は何であろうか。「父系」血縁というのは，生物学的な父母両系の血縁から区別して文化的に選択された血縁関係である。従って，そこで問題にされる「真実性」とは父系出自の客観的実証性よりも，むしろ信念やイディオロギーとして「確信されるもの」であったはずである。だからこそ，祖先祭祀儀礼は衆人環視の中，できるだけ盛大に行われる必要があった。祖先祭祀儀礼は，生者と死者のコミュニケーション儀礼としての性質と同時に，一族の人々は当然のこと，他村の人々や他族の人々にも強い印象を与える見せ物的盛大さや豪華さを兼ね備える儀礼であることが重視されたのではないだろうか。

　朱熹の時代から幾世紀も経ったが，同族結合においては祖先祭祀が統合機能を

果たしていることは変化していないようである。近代以降においても，東南アジアとりわけ福建省出身華僑が多い地域に，宗族ないし関連の同姓団体によって大規模な祖先祭祀施設が建造されたことは，朱熹が福建の人であったことを思うと興味深いことである。

　中島楽章氏は，「累世同居」から宗族結合への移行という問題を考察されている。単なる父系拡大家族の段階と，親族組織としての宗族が形成される段階を区別しているのである。宗族は，共有財産のほか共通祖先を祭祀する祠堂，そして族譜を所有する親族組織であると捉えられる。「累世同居」の段階から宗族への移行過程とその背景・契機が，先行関連研究の整理と批判的検討を踏まえて考察されている。同居共財の小家族が宗族を形成するという同族結合モデルが累世同居に代わって普及したことが，複数地域の状況を比較して論じられた。歴史事象の因果関係を社会経済状況と関連づけて解明するという大きな課題への取り組みでありながら，一定の結論が導かれていることは注目されよう。

　ところで，19世紀末から20世紀前半にかけて広東省潮州地方あるいは海南島，福建省からタイの沿海部や内陸部に華僑として移住した後に定住化した人々がいる。彼らが結成した宗族類似の社会組織があり，彼らが祠堂を建設したこと，さらに中国語方言の差異を超えた同姓者の連合団体が大規模な祠堂を1950年代以降にいくつも建造したことはあまり知られていない。「累世同居」においても「宗族」においても，父系血縁者の相互扶助が共通祖先の祭祀を基盤にして実施されていた。海外の移民社会においては，「累世同居」は見られた可能性があるが，宗族が形成されることはなかったようである。父系血縁の系譜的確認が難しく，また世代深度も浅い場合が多かったのが大きな理由であろうか。

　このコメントでは現代の香港やタイで見られる，宗族をモデルにして「父系血縁」を再構築して結成された団体を紹介したい。

〈3〉　現代の華人同姓団体

　さて以下では中国国外における中国姓にもとづく社会関係ないし社会団体について述べるが，まず私自身もオブザーバーとして参加した同姓団体の行事に一言

触れたい。

　2002年11月中旬，ホノルルに世界各地から林姓の人々が大勢集まり，世界林氏懇親大会が開かれた。この世界規模の林氏の懇親会は，その2年前には，日本の林氏宗親総会が主催して沖縄で開催されている。世界中から同じ中国姓の人々が集合して懇親活動を行うことは林姓に限らず盛んであり，1970年代末から始まっている[*2]。世界各地で華僑華人の同郷団体や同姓団体が相互の連絡と交流を目的にした組織を立ち上げる理由の一つは，中国の改革開放政策が始まったことにあり，中国の広大な国内市場への期待感であった。

　世界懇親大会の公式スケジュールには，直接的な経済活動が含まれることは稀であるが，商取引や投資の基礎としての対人信用を築き，関連情報の交換を可能にする多数の会食や観光行事が組み込まれている。同姓の中国人だからと言うだけで簡単に信頼関係が成立するわけではもちろんない。同姓であり遠い先祖を共有するかも知れないという一点は単に信頼関係構築への「入り口」にすぎないが，個人にとってはこうした入り口が多くあって，さまざまな人物に出会えることの価値は小さくはない。

1，同姓団体とは

　このような同姓の華人が集う団体を私は同姓団体と呼ぶが，一般には宗親会や宗親総会と呼ばれることが多く，宗親会と宗親総会を一括して宗親団体と呼ぶこともできよう。某氏宗親会とか某氏宗親総会のような名称が多いが，タイの海南陳家社や黄江夏堂のように一見しただけでは分かりにくい団体名称も少なくない。また，郷村を単位とした同郷組織の中には，会員がほとんど全て同姓の父系血縁者であるような組織もある。これらは宗親団体と実質的には同じ活動を行うので，一般化を目指した比較研究を進めるためには，こうした組織も含めて同姓の会員によって構成される任意加入の団体を同姓団体と呼ぶことが適切であろう。

　同姓団体は中国を離れた海外の華僑華人社会で発達した。東南アジア諸国や台湾，香港にも数多く存在するし，アメリカやカナダにも少なくない。以上のよう

[*2] ［方，許　1995］ではこうした団体が25団体紹介されている。

な様々な名称を持ち，"同姓であることは父系血縁関係があることの証である"というイディオロギーに基づいて結成された任意加入団体を総称するための研究用語として「同姓団体」は使用されるのである[*3]。

2，同姓団体生成の歴史的淵源

近年では中国大陸とりわけ福建省南部では同姓親族の組織が新たな装いで再生されつつある［潘宏立 2002 a・b，阮 2005］。安徽省や江西省，そして僑郷として知られる福建省や広東省のように，かつて宗族組織が強固に発達していた地域では，明代中期以降民国期まで多くの同姓宗族が連携・結集して拠点都市に同姓宗族の連合組織を結成することが見られたことはよく知られる［牧野 1985，熊 2002］。その理由の１つは，同姓の宗族が連合することによって大規模な同姓集団を結成し，それによって社会的名声を高め，影響力を強化することを通じて政治・経済的な実利を期待できることであった。連合は，高位の科挙合格者を輩出するなどした同姓の宗族と共通の祖先を持つことを根拠にして行われた。共同して統合的系譜図としての宗譜を編纂し，共通の父系祖先の位牌を祭祀するための祠堂を建造することを主な活動目的にしている。熊によれば，こうした「聯宗通譜」が行われる際には少なからず父系血縁が偽造され，また祖先についての伝承が偽作されることがあった。官府の文書さえ偽造されて，祖先の虚像が創作されたこともあったようである［熊 2002］。

複数の同姓宗族に連合関係が生起し得るのは，中国の家族が核家族の構造を持つのではなく，父系出自原理に基づく拡大家族をその構造的特徴とすることに起因する。父を共有する兄弟が各々房を構成し，房は家族を構成しているが，これと同じように家族は宗族を構成する単位となる。父系祖先を共有するという点で認識が一致しさえすれば，同姓の各宗族が房を構成していると主張することが可能になるのである。どのような時代状況，社会・政治的状況において同姓宗族の連合関係が成立し，またそれが何を目的にしているのかは，現在ケースごとの歴

[*3] 同姓団体と宗族，合族祠の関係については［吉原 1987, 吉原 1988, Yoshihara 1995, 吉原 2001］で考察している。

史学的な考察が進められている*4。

〈4〉 広東省の譚姓と香港の宗親会*5

以下では，宗族の連合に基づく協同によって建造された宗祠と現代香港における宗親会の連続性を検証してみよう。

香港譚氏宗親会が刊行した譚輝華編『譚氏志』（1957年刊）によれば，乾隆21年（1756年）に広東（現在の広州市）に建造された宏峡書舎は広東省内各地の有力族孫48人が発起人となって，資金を調達したものである。その建設地は，宋代の広東に生きた譚朝安という商人が曾祖父を祀るために建造した始祖祠たる宏峡書舎の「跡地」であるとされる。「再建」されたと称される始祖の祠堂は，おそらく合族祠と呼ばれるものであろう。この合族祠の建造の資金調達の中心になったのは朝安の裔孫であり，高明県に住んでいた者であった。祠堂の祭壇は12級に区分され，第1級中央には始祖夫妻の位牌が置かれた。これを中心にして第5世代までの位牌が配列された。第4世代には朝安とその兄弟6人の位牌が置かれた。第5世代は朝安の子と甥，従兄弟の子である。第2級以下には，宋，元，明，清の各時代の祖先位牌が置かれ，合計252柱の位牌が祭祀を受ける対象とされている。なお，始祖祠の再建を実現した族孫たちは死後に第12級に列せられた。

乾隆57年（1792年）に行われた改修については詳しい記録がないが，後の同治12年（1872年）の大改修には，科挙合格者数人を含む発起人や事務局が中心になって事業を進めた。このときには試館が増加されたほか，祖先位牌を祀る祭壇も拡張されている。祭壇には一世祖から三世祖の位牌はもちろん，第四世祖の朝安とその子孫（合族祠建造時の中心者とその直系子孫）の位牌が中央部に堂々と配列された。珠江デルタ地域に展開した譚姓宗族の人々の支持を受けたこの同治の大改修で祭壇は光裕堂と改名され，約2300柱の位牌が祀られている。その内訳を示すと，

---

*4 例えば管見では［上田 1989］，［瀬川 1996］，［蔡 1999］，［熊 2002］，［臼井佐知子 2005］など。

*5 この部分は［吉原 2000］をもとにしている。なお，香港の同姓団体の類型については［吉原 2001］。

開平・新会・台山県の族人の位牌が約36％，同じく中山・南海・東莞・番禺・順徳県が約35％，高明・高要・鶴山県は約13％を占めている。

　位牌の数が最多である開平県には譚姓が集居する郷村が12あり，それらの房から，房ごとにまとまって10－100人くらいの個人（家長名義）が，自らの直系祖先の位牌と自分の死後のための位牌（長生祿位）を置いている。祖先祭祀の儀礼は旧暦2月の春祭と8月の秋祭が定期的に行われていたし，祭祀費用の分担方法と儀礼の折りの牲肉の分配についても明文化されていたのであった。

　この合族祠は1936年6月に日本軍機の爆撃を受けて壊滅したが，戦後にこの祠堂を再建する企画が持ち上がっている。この企画の推進者たちを含む多くの族人は，共産党政権の成立直前に香港へ逃避すべく移住した。

　香港で再結集した合族祠ゆかりの譚姓族人の組織は，1948年7月に僑港譚氏宗親会の名称で発足して，後に1955年に有限公司として登録された際には香港譚氏宗親会と改称している。その会所は広州に再建される予定であった祠堂に代替するものとして意義づけられて，資金調達の準備が始められた。宗親会の設立目的として掲げられた項目には，香港に住む譚姓族人の交流と団結をはかり相互扶助を行う拠点とすること，さらに海外の各地に住む族人との連絡拠点とすることが明記されている。このように広州の合族祠と香港の宗親会（およびその会所）はその意義付けと機能において連続性が明白である。

　1958年には会員有志が譚氏置業有限公司を設立しているが，これは宗親会の財政基盤を安定させるために会員によって起業された共同事業である。不動産業を行うこの一種の株式会社の収益は，出資者に配当される一方で，有志の寄付金として宗親会の会所設立資金として用いられた。会所には合族祠にあったような大規模な祭壇はなく，集合位牌を一枚置くだけの小さな祭壇が壁面に取り付けられているのみである。集合位牌には「譚氏宏陽堂上歴代祖先位」と記されるが，会員個人の直系祖先の名前を刻んだ位牌を祀る祭壇はない。この点は香港の他の宗親会とは異なっているかも知れない。しかし，譚氏宗親会でも春節には祭壇前で参拝が行われ，祖先が香港に残した墓地の管理と墓前祭祀が実施されている。

　香港譚氏宗親会の会所は自己所有の6階建てビルの一部を使用しているが，残りの部分を賃貸出している。この他にも賃貸出用の物件を所有して，収益の一部

は宗親会の会員子弟を対象とした奨学金の基金となっている。1960年頃には毎月合計して約6000香港ドルの収入を得ていた。1990年度の場合，約61万香港ドルの賃貸収入があり，このうち54万ドルが出資者に配当されている。こうした一族による起業とその収益の利用の仕方は，往年の宗族やその連合組織におけるものをかなりの程度継承していることは見落とされてはならないであろう。

民国期まで見られたこうした同姓宗族の連合は，中華人民共和国の時代になって社会主義改造が行われてほとんど全ての成立基盤を失った。しかし1970年代末に始まる改革開放の時代以降は，地方行政を補完する民間組織の一つとしてあるいは外資導入策の一環として，そして実質的にかつての宗族を復活させる便法として同姓宗族の連合と極めて類似した現象が見られるようになった。一族の高名な祖先を研究するための研究組織や宗親会を名乗る団体が中国大陸に出現したのは，海外華人社会の影響を受けているのである。

〈5〉 タイにおける林姓の同姓団体[*6]

タイでは林姓の宗親総会が結成される以前に，いくつかの林姓の団体が先に成立している。結成された最も早い時期と思われるのは清朝末から民国期にかけてである。方言集団別に見ていく。

1．海南人の林氏宗祠

海南島出身（海南語を母語とする）の林姓の宗親会である海南林氏宗祠の前身組織があり，最初に清末に生まれた時には林家社と呼ばれた。第二次大戦後になって，シンガポール在住の林姓海南人の団体として瓊崖林氏公会が結成されたのに呼応して，タイでも正式な林姓海南人の組織を結成するための準備を開始した。1947年のことであった。名称は当初は「暹羅瓊崖林氏公会」であったが，しばらくして「暹羅長林聯誼社」と変更されている。

泰国海南林氏宗祠が宗親会として組織整備がされるのは林氏宗親総会の結成と

＊6　この部分は［吉原 2002］をもとにしている。

ほぼ同じ時期であった。1961年秋には宗祠の建設用地を購入し，1964年には宗祠が完成して掲幕式典を挙行した。この式典には林氏宗親総会の理事長であった林来栄（潮州人）が出席している。同年7月には役員のタイ政府登録を済ませた。

　1975年に天后聖姑宮を建設しているが，これは林姓である媽祖を守護神として祀ったものであり，以前は別の場所に建てられていたが1983年に宗祠の敷地内へ移設された。この団体では海外の類似団体との交流が盛んに行われている。たとえばシンガポール・マレーシア・タイの海南林姓の聯歓会などである。これは1981年から毎年1回，各国の団体の輪番で行われている。大きな行事にはタイ国林氏宗親総会の理事長も参加していて，海南人の団体の活動でありながらも，出身地あるいは方言集団を越えた林姓の結びつきを示している。

2，福建人の林氏宗祠

　民国期には地方と首都バンコクにそれぞれ林姓の組織ができている。1910年に中部沿海のサムットソンクラーム県（現地の中国語表記は夜功府）で福建人によって結成された林氏宗祠がある。海南林氏の場合と同様に，「宗祠」とは祠堂であると同時にそれを建造・維持する人々の組織でもある。毎年農暦8月の祖公の生誕祝祭を中心行事にして同姓親族の交流と相互扶助活動を続けてきた。1979年以降はバンコクに成立した林氏宗親総会に加入している。

3，潮州人の林姓諸団体

（1）バンコクの林氏天后宮

　バンコクのチャオプラヤーの対岸トンブリ地区には1917年に林氏天后宮が建造された。これは潮州出身者3人が中心になって当時の金額で5000余バーツを募金して建造したものであり，1970年代には維持管理のために理事会が成立している。林姓の女神（媽祖）への信仰と行事実施が活動の中心であるが，同姓者の交流拠点でもあった。2000年の重建の折りには国内の林姓諸団体や個人からも寄付が寄せられた。

（2）地方の林氏宗祠

　第二次大戦後にはタイの中部と南部にいくつかの林姓の団体が成立したがそれ

らは，該地の潮州人によって結成されている。サムットサーコン県の林氏宗祠（1947年成立），ナコーンパトムの林氏宗祠（1950年代に成立），ソンクラー県の林氏宗祠（1950年代末成立）である。いずれも大きな建造物である宗祠（祠堂）を有し，維持管理のための組織は宗親会の機能を果たしている。

（3）バンコクの林氏諸団体

一方，1950－1960年代のバンコクでは広東省潮州地方の特定の郷村出身者によって，かつての宗族の国外組織のごときものが結成されているのは興味深い。故郷の村には「大宗祠」と呼ばれる祠堂があって村人に共通する父系祖先の位牌が祀られていたのである。なお，潮州地方では宗族全体の祠堂を大宗祠，宗族の下部組織である房の祠堂を祖祠と呼称する。

（i）澄海湖心郷林氏家族会：澄海県の湖心郷出身の林姓の人々の団体である。和易公房に属する始祖文質公の在タイ子孫によって，1956年にバンコクにて成立した。現在，林氏宗親総会の会長（理事長経験者のこと）を務める林茂山などがこの家族会の発起人であった。毎年3月23日の天后生誕日に会食を実施して親睦をはかっている。宗親総会ができて以降は総会の行事にも参加し，多くの総会役員を出している。中国にある故郷の学校，病院や祀堂の改修にも熱心な会員が多い。

（ii）泰国澄海南砂郷親会：澄海県の南砂郷出身の林姓によって結成された。やはり和易公房に属する林姓の子孫が会員である。林姓の宗族が南砂郷の住民の大部分を占めていたので，複数の村からなる行政単位の郷の出身者の同郷会がそのまま林姓の組織となっている。組織は1960年代はじめにバンコクで成立した。近年は「回郷探親謁祖団」を組織して，故郷への公共投資や観光旅行団の派遣を行っている。また郷親会として，故郷の南砂郷の林氏大宗祠の修理資金を寄付した。

（i）と（ii）の団体のそれぞれの故郷は潮州地方の二大河川の一つである韓江の河口部に位置している。共通の祖先である和易公は湖心郷林姓の開祖である文質公と，南砂郷林姓の開祖である文叟公の父親であり，福建省中部の閩県に居住した人物である。広東省潮州への移住は320－330年前のことである。湖心・南砂の両郷の開村始祖から15－18世代後の子孫のうち渡タイした者達がそれぞれ親族団体を結成して初期の役員に就いている。

(iii) 掲陽県出身の林姓が結成した団体は多い。第二次大戦直後から懇親活動を行ってきたが，正式な組織の立ち上げは1960年代の後半である。

　旅泰西河林氏南山公総会：この団体は海南林氏宗祠と同様に，宗親総会の祠堂に匹敵する大きな祠堂を建造している。1965年11月（農暦9月8日），始祖である南山公の誕生日にバンコク市のトンブリ地区にて20人の有志が「理事会」結成の準備を開始した。参加者200人ほどが集まり，拝祖と聯歓宴会を実施した。1968年には建祠準備委員会を結成して，1971年6月には宗祠が完成した。南山公は掲陽県銭坑の房祖で，福建省莆田より移住した。理事会の中心者であった林福添はナコーンパトムの佛統府林氏宗祠の中心者でもあった。

　宗親総会の初期の中心者と西河林氏南山公総会のそれが重複していることは注目される。財政基盤がある程度堅固で存在感を示すことができるこの団体の役員らが，タイの全国レベルで組織される林氏宗親総会の中では，ほとんどリーダーシップを発揮していないことも，理由は不明ながら，やはり注目すべきであろう。

　翰学公総会：旧潮州府掲陽県金坑郷の出身者によって構成される。祖先は宋代の進士（32世）でその第二夫人の長子が翰学（33世）であり，その名前が団体名となっている。福建省仙遊県に居住した。35世の子孫のうちから広東省潮州地方の掲陽県に移住する者が多くでた。54世以降の中にタイへ移住する者が増え，バンコクには約100戸が在住。

　旅泰林氏東園郷族親会：掲陽県東園郷（現在は掲西県に属す）出身の林姓で構成される。祖先は明末清初に福建省莆田県より遷徒して掲陽県に定住した。

　旅泰掲陽東林郷林氏族親会：掲陽県東林郷出身の林姓によって第二次大戦直後に懇親活動を開始した。農暦正月8日に聯歓会を実施している。1985年に総会の大宗祠にて第1回の会食。この正月8日は故郷では遊神会の行われる日であった。過去1年間に男子が誕生していたらこの日に「走彩旗」をする。冠婚葬祭のつきあいが主な活動である。総会の結成準備の中心者であった林作謀らが中心的な会員である。タイ南部のソンクラー県に住む泰南林氏宗祠の現在の役員の一人は，現地で出生しているが父親が東林郷の出身であるためメンバーシップを有してこの族親会の役員でもある。

　旅泰掲陽桐坑郷林氏族親会：掲陽県桐坑郷出身の華山公系の子孫によって構成

される。1976年に成立した。成立以前から冠婚葬祭のつきあいが長年あった。「族親会」の成立後は毎年の元宵節直後の日曜日に聯歓会食を行っていて，各地に散居する族親が集う。

　(iv) 1980年代以降に結成された潮州人の林姓団体は2つある。

　旅泰普寧水吼郷親会：祖先は福建省莆田県から広東省潮州府の掲陽県へ移住し，さらに隣の普寧県水吼郷へ移住した。14世以降の子孫の中にはタイに居住する人々がいる。1989年2月に準備のため座談会が開かれて，翌年4月に発足した。2ヶ月に1度の会食を行う。この会食は会員の親睦，商業に関する情報交換，子孫の紹介を主な目的としている。春節の聯歓には70人以上が参加する。これは故郷の元宵風俗に従う活動である。故郷の祖祠・寺廟や学校の改修のために寄付金の募集を行う。

　旅泰恵来林氏家族聯誼会：1983年頃に成立した。この団体の理事長は1928年生まれで，1946年に18歳で渡タイした。恵来同郷会の中心者の1人であり，林氏宗親総会の理事を兼任している。

〈6〉　泰国林氏宗親総会の結成と大宗祠の建造[*7]

　ここでタイの林氏宗親総会を紹介しながら，宗親総会が結成される背景を考えてみたい。

1，宗親総会の立ち上げ

　この宗親総会は南山公総会，旅泰掲陽東林郷林氏族親会，ナコーンパトムの佛統府林氏宗祠など，既に設立されていた林姓の諸団体の中心者および国内の林姓の有力財界人らによって結成が準備された。1962年1月のことであった。しかし1950年代から結成準備が始まっていたと言われる。そして翌年1963年春，宗親総会が正式に発足した。

　結成の経緯を知ると，掲揚県の出身者が潮陽県出身で当時から潮州系実業家と

[*7] この部分は［吉原 2002］をもとにしている。

して力量を発揮してきた林来栄を招聘して宗親総会を立ち上げたことがわかる。台湾出身者も登録人に含まれているのは，こうした同姓団体の多くが台湾の国民党政権を支持していたこと，そして国民党が推進していた「中華文化復興運動」の影響を受けていたからである。また，潮州語は福建省南部にルーツを持つ台湾語とは通じやすかったのである。

2，大宗祠の建造

宗親総会では，1965年に大宗祠建造のための用地を購入した。土地購入費用は約133万バーツであった。1967年に工事を開始し，1970年に完成して掲幕式典を挙行した。建造費は約548万バーツであった（1968年のバンコクにおける1人当たりの平均賃金は1ヶ月約476バーツであったから如何に巨額の資金を要したかがわかる）。祠堂の建築様式は中華の伝統に則るように設計された。台湾から大工・絵師を呼び寄せて工事に当たらせている。

土地購入と建造費は役員と一般会員の寄付によって賄われたが，大口寄付者54人のうち46人は潮州出身者であり，なかでも掲陽県籍の会員が突出して多く20人，潮陽県籍8人，澄海県籍6人，潮安県籍6人と続く。海南島籍，台湾籍，福建省籍は各1人である。

潮州語を母語とする林姓の人々が他方言を母語とする林姓と協力して宗親総会を結成して大宗祠を建造したことが明白である。

3，宗親総会の活動

大宗祠の祭壇には中国大陸の始祖をはじめ偉大な祖先やタイ在住者の直系祖先の位牌を祀っている。ここでは春秋の祖先供養儀礼の折りの会員子弟や非会員ではあるが同姓である人々の子弟に対する奨学金授与式，懇親宴会なども行われる。共同墓地の建設は1979年に終了し，九龍山荘と命名されている。1997年には第2の墓地である西河山荘が完成した。祖先の霊魂の依代としての位牌を祀る祠堂である大宗祠のほかに，骨を安葬する墓地が整えば死後の霊的安定は確保されたと考える華人にとって，共同墓地の完成は大きな意義を有するものであった。

始祖以来の系図を集大成した族譜（『泰國西河林氏族譜』1986年刊）の編纂・刊行

も重要な事業として成功させている。このような祖先祭祀に関連した事業や活動とは別に，会員どうしの相互扶助たとえば華字紙への慶弔広告の掲載，被災者への見舞金贈呈なども団体結成の目的とされている。

　林氏宗親総会では，1978年の第九期理事会の時期に「助学基金」を開設して奨学金支給の事業を開始している。当初は貧困家庭の子弟への教育費援助が目的とされたが，後には親の経済力を条件とはせずに給付するようになった。授与対象は会員子弟に限定されず，広く一般同姓者の子弟は申請することが許されている。1993年の記録では，会員有志からの寄付金によって基金総額は2300万バーツを超過し，小学生に1人当たり1800バーツ，中学生には同2200バーツ，大学生レベルには3200バーツが授与されている。1979年から2001年までに総額約2725万バーツが約1万2300人の生徒・学生に支給されたのであった。なお基金は2001年度には273件（個人や総会の地方連絡所など）と総会自体からの寄付金が合計されて，総額約3663万バーツである。中国の宗族が一族から科挙合格者を輩出することを重視したように，海外の同姓団体も教育支援を重視して人材育成を図っているのである。

4，宗親総会結成の意図と時代背景[*8]

　宗親会も宗親総会も，共に父系祖先を共有して血縁があると見なしうる者どうしの交流と相互扶助の促進を目的に掲げ，祖先祭祀はその基盤となっている。しかし，宗親会よりも組織規模が大きい宗親総会が結成された理由は，単にスケールメリットを求めての事であろうか。タイの場合，各姓の宗親総会は1950年代中頃から結成され始め，1990年代までに55団体が結成されて活動を続けている。1960年代後半から1970年代前半にかけて結成された団体が最も多いのである。また，会員有志からの寄付金によって莫大な費用を調達して大宗祠を建造することは理想として掲げられ，この事業を成し遂げた宗親総会は華人社会の注目を浴びることになる。

　陳姓の場合がそうであったように，林姓の場合にも宗親総会の活動に熱心で役

[*8]　この部分はタイの陳氏宗親総会について考察した［吉原1998］と一部が重なる。

員になっている人の多くは，幼少から青年期にかけての頃すなわち第二次世界大戦前後の時期までにタイへ渡来し，あるいはタイ国出生ではあっても中国の父祖の故郷へ送られて教育を受けた経験を持つ。かつては長期の出稼ぎを目的とした華僑としてタイで生活しようと考えていたが，中国に共産党政権ができて社会主義改造が始まると，帰国を断念してタイに帰化して定住をするようになったのである。華僑の華人化が始まったのであった。この時代以降，中国からの移民の出国が制限されたため，新たな華僑の移住は極端に減少していった。また1950年代中期からタイでは華僑封じ込め政策が同化促進政策に転換した。華僑学校においてはカリキュラムのタイ化が進められ，華僑世代の子孫たちに中国的文化を継承させるのが困難になり始めた。1960年代にはサリット首相によって国民統合を図って国家建設をすすめるためのナショナリズムが強まってきていた。

親から事業を引継ぎ発展させた人や一代で起業に成功した人々が子供や孫に期待することは，タイ国民として立派な社会人になると同時に中国文化の伝統を受け継いだタイ華人として人格形成することである。祖先祭祀の基礎にある思想は儒教の孝であり，家族・親族関係の重視である。自分たちの死後，子孫が華人としての世界観を継承・維持して祖先祭祀を継続させなければ，冥界での生活は不安定になると考えるのである。

大宗祠で行われる奨学金授与式は，かつて中国大陸で親族組織である宗族が子弟の科挙合格を図るべく行った事業を彷彿する。教育重視による立身出世は華人社会で共有された価値観であり，同郷・同姓・同窓などの同類関係を基礎にした人間関係のネットワーク構築が人生と事業の大成に必須であるというのもまた子孫に伝えるべき考え方とされる。

グローバルなネットワーク作りを時代に先駆けて実践してきたのが中国人移民であった。同姓団体は同郷団体や中華総商会，そして同窓会組織やライオンズクラブ，ロータリークラブなどとは全く結合原理が異なるが，これらは相互に補完しあって大きく重層的なネットワークを形成しているのである。宗親総会は華人社会のネットワークを緊密にする結節点の一つとして機能させるべく結成され，また大宗祠は中国的伝統を伝える活動の拠点となるように期待を込めて建造された記念碑でもあると解釈されよう。

タイでは各姓の宗親総会の代表幹事が全員定期的に会合して交流と情報交換を行い，いくつか共同事業も行っている。これらは国内外の各種華人団体とも提携した国際的なものである。

参考文献

アニタ・チャン，リチャード・マドソン，ジョナサン・アンガー，小林弘二監訳 『チェン村——中国農村の文革と近代化』筑摩書房，1989年

熊遠報 「聯宗統譜と祖先史の再構成——明清時代，徽州地域の宗族の展開と拡大を中心として」『中国—社会と文化』第17号，2002年

上田信 「中国の地域社会と宗族——14－19世紀の中国東南部の事例」『シリーズ世界史への問い(4)社会的結合』岩波書店，1989年

臼井佐知子 「明代徽州における族譜の編纂——宗族の拡大組織化の様相」井上徹・遠藤隆俊編『宋－明宗族の研究』汲古書院，2005年

阮雲星 『中国の宗族と政治文化——現代「義序」郷村の政治人類学的考察』創文社，2005年

蔡志祥 「周辺にある中央——珠江デルタにおける宗族の統合と分枝」末成道男編『中原と周辺——人類学的フィールドからの視点』風響社，1999年

瀬川昌久 『族譜——華南漢族の宗族・風水・移住』風響社，1996年

瀬川昌久 『中国社会の人類学』世界思想社，2004年

潘宏立 『現代東南中国の漢族社会』風響社，2002年

潘宏立 「福建省南部農村の同姓結合と華僑：蔡姓の宗族および宗親団体を中心に」吉原和男・鈴木正崇編 『拡大する中国世界と文化創造：アジア太平洋の底流』弘文堂，2002年

牧野巽 『牧野巽著作集，第6巻』御茶の水書房，1985年

吉原和男 「香港：アジアの都市」藤田弘夫・吉原直樹編『都市：社会学と人類学からの接近』ミネルヴァ書房，1987年

吉原和男 「移民都市のボランタリー・アソシエーション：香港の宗親団体と同郷団体」『文化人類学』5号，1988年

吉原和男 「香港の同郷会と華僑送出村——97年問題とのかかわり」可児弘明編『香港および香港問題の研究』東方書店，1991年

吉原和男 「宗親総会と大宗祠がつなぐ——タイの華人社会」可児弘明・国分良成・鈴木正崇・関根政美編 『民族で読む中国』朝日新聞社，1998年

吉原和男・鈴木正崇・末成道男編 『＜血縁＞の再構築：東アジアにおける父系出自と同姓結合』風響社，2000年

吉原和男 「香港の同姓団体――移住に見る普遍性」塚田誠之・瀬川昌久・横山廣子編『流動する民族』平凡社，2001年

吉原和男 「タイ華人社会における文化復興運動：同姓団体による大宗祠建造」吉原和男・鈴木正崇編『拡大する中国世界と文化創造：アジア太平洋の底流』弘文堂，2002年（吉原和男著，王建新訳「泰国華人社会的文化復興運動：同姓団体的大宗祠建設」『広西民族学院学報』第26巻第3期，2004年，95－103頁）

方雄普，許振礼著『海外僑団尋踪』中国華僑出版社，1995年

潘明智 『華人社会与宗郷会館』玲子大衆伝播中心，1996年

上海図書館編 『中華譜牒研究――邁入新世紀中国族譜国際学術研討会論文集』上海科学技術文献出版社，2000年

王泉根 『中国姓氏的文化解析』団結出版社，2000年

周宏 責任編集 『中国姓氏尋根游：中国一百姓氏尋祖帰宗之旅』峡西師範大学出版社，2004年

Han, Min. "Social Change and Continuity in a Village in Northern Anhui, China: A Response to Revolution and Reform." *Senri Ethnological Studies*, No.58, National Museum of Ethnology, Osaka, 2001

Johnson, Graham E. "Family Strategies and Economic Transformation in Rulal China: Some Evidence from the Pearl River Delta." in Deborah Davis and Stevan Harrel eds. *Chinese Families in the Post-Mao Era*. University of California Press. 1993

Potter, Sulamith H., and Jack M. Potter. *China's Peasants: The Anthropology of a Revolution*. Cambridge University Press. 1990

Yoshihara, Kazuo. "Types of Surname Association in Hong Kong: Their Precursory Organizations in China and the Development of Surname Associations in Contemporary Hong Kong." in Suenari Michio, J.S. Eades, Christian Daniels eds. *Perspectives On Chinese Society: Anthropological Views from Japan*. Centre for Social Anthropology and Computing, University of Kent at Canterbury, England. 1995

日宋交流史への一視角

五味 文彦

　大陸の東海上にある日本列島は否応なしに大陸文化の影響をあたえられてきた。古代国家が成立し，成長してゆくにあたっては，大陸文化の絶大なる影響があったことはここに改めて指摘するまでもない。しかし十世紀になって，宋王朝が生まれてから以後は，それまでとはやや事情は異なっている。その事情について少しく触れてみたい。

1

　表1に掲げたのは，五・六百年にわたる日本中世社会の変遷を見たものであるが，このように百年ごとに大きな変わり目がやってきていることに気づく。西暦でいえば67年・68年辺りを境目にした区切りであるが，それは同時に大陸の変化とも連動しているようである。
　まず0の時期には，その七年前に大陸で宋王朝が建国されたほか，ほぼ同じ頃に朝鮮半島に高麗王朝が生まれ，中国北部では，契丹族が建国した遼と，それを滅ぼした女真人の金，タングート族の西夏など，この時期に次々と国家が形成されており，それぞれに自己の民族と中国文明の融合による独自の文化を育くみ，契丹文字，女真文字，西夏文字などをつくっていた。中国の南部においても，ベトナムでダイベト（大越）が，また雲南では大理が建国されている。
　そして日本では「国風」文化が形成されていた。これは和歌や仮名文字，寝殿造り建築などに見られる文化を称するものであるが，決して大陸の文化との決別を意味するものではない。『枕草子』や『源氏物語』の背景には紛れもなく大陸の文化の教養が背景にあったのである。
　すなわち日本の文化の「国風化」の傾向は，中国の周辺諸国と同じような動き

表1　中世社会の百年ごとの変化

	西暦	年号	事　項	政治の動向
0	967	康保四	関白藤原実頼	摂関の常置による後期摂関政治の開始
1	1068	治暦四	後三条天皇即位	延久の国政改革に続く院政時代
2	1167	仁安二	平清盛太政大臣	平氏・鎌倉の武家政権
3	1268	文永五	蒙古の国書到来	東アジアの流動
4	1368	応安元	応安の半済令	足利義満による公武統一政権の成立
5	1467	応仁元	応仁の乱の開始	戦国時代の到来
6	1568	永禄十一	織田信長の入京	統一政権に向かう
7	1660年代	寛文年間	全国市場の形成	幕藩体制の確立

とともにあったのである。それまでの圧倒的な中国文明の直接の影響から抜け出し，独自につくり上げてきた文化という側面を有していたわけで，日本列島では新たな王朝の形成こそ見ることはなかったものの，それに対応した動きが「国風化」としてあり，それは周縁の地におけるいわばミクロコスモスの形成をなすものであった。

　中国風のものを「唐風」「唐様」と見なし，それに対して「倭風」「和風」「和様」を対置させ文化を解釈し演出するという試みが行われるようになったのは，まさにその動きに他ならない。漢字に対して倭字の仮名が生まれ，漢詩には和歌が対応して成長した。また美術の世界では唐絵に対して倭絵が生まれている。

　しかし「唐風」「唐様」とあるように，それは唐そのものではない。唐のごときもの，唐に似せたもの，唐のものと理解された観念であって，イメージのなかでの唐にほかならない。もしも日本列島がもう少し中国に隣接していたならば，同化と反発の相克はもっと深かったことであろうが，海を越えて離れていた分，距離を置いて接することができ，唐の物を受容するとともに変容させることとなった。それが唐風であり，そしてその唐風に対置させて，和風が意識的に作り上げられてきたわけである。

　したがってこの時期の宋の影響は，選択的な摂取にともなうものであったといえよう。

2

表2 大宰府長官の変遷

就任年月	長官	特徴
1094（嘉保1）6	源経信	文人
1097（永長2）3	大江匡房	文人
1102（康和4）1	藤原保実	
1102（康和4）6	藤原季仲	文人
1106（長治3）3	大江匡房	文人
1111（天永2）1	藤原顕季	院近臣
1116（永久4）1	源基綱	文人
1117（永久5）12	源重資	文人
1121（保安2）6	藤原俊忠	院近臣
1123（保安4）12	藤原長実	院近臣
1128（大治3）1	藤原経忠	院近臣
1133（長承2）1	藤原長実	院近臣
1134（長承3）1	藤原実光	文人
1139（保延5）1	藤原顕頼	院近臣
1141（永治1）12	平実親	院近臣
1144（天養1）1	源憲俊	摂関家知行
1149（久安5）3	藤原清隆	院近臣
1153（仁平3）⑫	藤原忠基	院近臣
1156（保元1）9	藤原忠能	院近臣
1158（保元3）3	藤原季行	院近臣
1158（保元3）8	平清盛	武人
1160（永暦1）12	藤原成範	院近臣
1162（応保2）4	藤原顕時	院近臣
1164（長寛2）2	藤原永範	摂関家知行
1166（仁安1）7	平頼盛	武人

さて後三条天皇による1の延久の国政改革とともに日本列島は中世社会へと明確に転換していった。この国政改革が，荘園公領制という経済制度を定着させたことはよく知られているが，それまでの摂関政治から院政への転換点として，広く中世社会の成立期と捉えられている。

しかるに期せずして同じ頃に宋では神宗が即位して，王安石による国政改革が行われ，社会の転換が始まっているのである。この時の改革が財政改革を中心としたものであることは両国に共通しているが，人材の登用制度の改革という点では大きく異なる。日本では天皇（上皇）の近臣（院近臣）が引き上げられ官僚となる体制へと向かったのに対し，中国では科挙の制度改革によって皇帝が試験官となって皇帝の官僚が形成されている。

科挙の制はすでに唐代からあり，日本の古代国家はその制度を知っていたにもかかわらず，それを採用しなかったのであるから，宋の科挙の改革を知っていたとしてもこの時に採用することはまず考えられないことであった。

表2に示したのは，この時期に日宋貿易に関与していた大宰府の長官がどのような人物であったのかを見たものである。

これを見ると明らかなように，当初は文人が宋からの文物の入手を目指して，大宰府の長官に任じられている例が多いが，やがて文人ではない院近臣がこれに

任じられるようになった。これは明らかに経済的な利益を求めてのものである。『古事談』に消息を書かずに公卿に昇った最初と称された藤原俊忠が保安二年に任じられたのは象徴的な出来事である。

　大宰府は，諸国が貴族の経済的な基盤に組み入れられる知行国の一つとなってゆき，それとともに院の近臣化した摂関家も大宰府を知行国として経営するようになっている。さらに博多の周辺に寺社や権門が争って荘園・末寺・末社を形成し，それを媒介にして貿易に関与するようになった。ここに日宋貿易は寺社権門貿易の様相を示すようになり，そのために大宰府と寺社権門との争いは増えた。

　こうしたなかで文人の学問は衰退してゆき，「天下一の大学生」と謳われた藤原頼長が試験を実施して能力のある人物を引き上げようとするような努力はあったが，その頼長が院の近臣藤原信西とともに学問の衰退を慨嘆せざるをえなかったごとく，学問に関心を寄せる政治家は日本では生まれなかった。なお頼長や信西は父・院の関係を通じて宋から文物の入手をはかっており，信西は大陸に渡るべく中国語を学んで通訳なしに話ができたという。

　こうしてこの時代の日宋関係は日本の寺社権門貿易の時代であったと言えるのだが，国内に目を転じると，この頃に生まれ，以後の日本の社会に大きな影響力をあたえるようになったのが家の成立である。興味深いことに中国においてはこの時期に宋族が整えられ，以後の中国の社会に存続していったという。

　すなわち日本では氏を背景にして家の結びつきが摂関家や勧修寺家など貴族層に認められるようになったばかりか，さらには地方の武士層においても家の形成が始まっている。列島を覆って荘園公領制が展開するなかで，それに経済的基盤をおく中央貴族の家が整えられてゆき，地方の武士の家も整えられていったのである。

　他方で宋の宗族は官僚を出す地主層を中心に形成され，南宋への移動とともにその結びつきが強固になっていたことが指摘されているが，このように同族制度が日本列島と大陸で同じ時期に定着していったことは，まことに興味深い現象である。

3

 延久の国政改革から約百年後、日本において表1の2の平氏による武家政権が成立する頃、高麗では1170年に武人の政権が生まれており、大陸のモンゴル高原ではモンゴル（蒙古）族の統一運動が始まるなどの変化が見られる。ではその頃、宋はどうであったか。

 これ以前の1127年に金の侵攻にあって徽宗らが連れ去られ、高宋が首都を江南に移して即して南宋となっており、以後、1165年の金宋和議まで、軍事的な緊張が東アジアに高まっていた。日本で平氏が日宋貿易に携わり、武家の家を形成し、政界に大きく進出した結果、保元・平治の乱を経て武家政権の誕生を迎えたのと軌を一にしている。

 平氏は博多の近くの神埼庄を知行して日宋貿易に関わるようになり、やがて保元三年（1158）に清盛が大宰府の長官になると、積極的に貿易に関わり、ついには摂津の福原に宋人を招じ入れて後白河法皇との対面の機会をもうけ、ここに日宋貿易は日本側の国家的な統制が失われてゆくことになった。

 軍事的な緊張を凌いで、新たな地に安定した政権を築いた南宋に対し、軍事的な緊張から武人の勢力が成長したのが日本であったということになるのだが、こうして日本が大陸との交渉を積極的に持ち始めたことで、相互の交流は広がっていった。栄西や重源などの僧や商人が次々に大陸へと渡り、大陸からも陳和卿などの技術者や商人が渡来した。

 平氏政権は治承・寿永の内乱を経て、鎌倉の幕府政権にとってかわられ、その幕府はやがて承久の乱により朝廷の権限を凌駕するようになって、全国的な政権へと成長していったが、宋においては朱子学が大成され、思想・学問や宗教・芸術・芸能が目覚ましく発展し、豊かな社会が形成された。この宋の社会が達成した文物や富が様々な形で日本の社会に影響をあたえるようになり、ここに民間貿易の時代が到来したのである。

 その影響のなかでも最も大きく日本の社会に経済的な影響をあたえたのが宋銭の流入であろう。当初は小額貨幣として売買の際の交易にのみ利用されていたが、

土地の売買に代銭として使われ始め、平氏政権時代の治承の内乱直前には折からの流行病が「銭の病」と称されたように、銭の流通は流行病に譬えられるようになった。さらに鎌倉時代になると、幕府が銭の利用に踏み切ったことで、年貢の代銭納や決済へと広がっていった。仁治三年（1242）に西園寺公経が宋の皇帝に檜材の建物を送った際、その礼として十万貫の銭貨が贈られてきているのは、日本側の銭への要求の高さを示すものである。

文物の輸入の面では、たとえば北宋の太宗の命でなった『太平御覧』が、平清盛が十二世紀末に初めて入手し高倉天皇に献上してからというもの次々と輸入され、十三世紀半ばを過ぎた頃には数十部にも及んでいた。

茶の効能を説いた栄西の『喫茶養生記』が著されたのは十三世紀初頭であったが、茶はすぐに列島に広まり、寺院のみならず武家の世界にも入り込み、闘茶という茶勝負の芸能が成立していった。大陸に渡った僧や商人たちは禅宗などの新たな宗教を導入したのみならず、様々な習俗を列島に持ち込んできており、承久の乱後の京では外来種の鳥のペットブームが起きている。建築や石材の技術、大仏の鋳造技術なども大陸からもたらされたものと見られている。

4

さてモンゴル族の統一がチンギス・ハーンにより達成され、それがユーラシア大陸を席巻してついに日本にやってきたのが、表1の3の1268年のことであり、蒙古のフビライ・ハーンから通交を求める国書が到来したのである。

幕府はその二年前に宗尊将軍を京に追放して政治の新たな転換を果たしていたが、宋はそのモンゴルの攻撃によってこの十年後に滅亡することになる。したがって以後の動きについては簡単に触れるにとどめよう。

強力な政権を樹立したはずの鎌倉幕府ではあったが、後醍醐天皇の倒幕運動であっけなく滅亡し、建武政権が公武統一政権として生まれたものの、すぐに足利尊氏らの武家政権の樹立によって政権は崩壊し、南北朝の動乱が始まった。

その動乱も足利義満の登場とともに収束してゆくが、その転機となったのが表1の4の応安の半済令であり、ここに武士に荘園公領を分割給与することで土地

制度の動揺はいちおう収まり，南朝の動きも下火になったが，それは同時に東アジア地域の流動が鎮静したことをともなっていた。同じ年に明が建国され，続いて朝鮮が建国され，琉球でも統一の機運が生まれている。

　足利義満はやがて南北朝の合体を実現して公武統一政権を築くことになったが，それは各地の守護や武士・村などの分権の上に築かれたものであった。また明や朝鮮との国交を樹立し，明を中心とした華夷秩序に組み込まれることになったが，その貿易により空前の経済的な繁栄を達成することになった。

　しかし各地に生まれた権力の動きとともに，表1の5の応仁の乱が始まると，幕府も朝廷もそれらをおさえることはできなくなり，戦国時代へと突入することになった。列島の各地での戦乱は東アジア世界の秩序の崩壊と連動しており，さらにそこにヨーロッパからに新たな動きが伝わり，統一政権への機運が生まれてくる。それは戦国の地域国家の動きの突き上げとして生まれてきたものであり，6の織田信長の上洛により統一政権の足がかりが生まれたのである。

おわりに

　宋代とほぼ同時期の日本の歴史を研究している一人として，今回のプロジェクトには多くの期待を寄せている。これにより多様な交流史の実相が明らかになることであろう。その成果を今後の研究に活かしてゆきたいと思っている。

執筆者紹介

《編者（兼論文執筆者）》

平田　茂樹（ひらた　しげき）
1961年生。大阪市立大学大学院文学研究科助教授。「従劉摯《忠肅集》墓誌銘看元祐党人之関係」（『東呉歴史学報』11，2004年），「日本宋代政治制度研究述評」（『宋代制度史研究百年（1900－2000）』，商務印書館，2004年），「宋代政治構造研究序説」（『人文研究』57，2006年）

遠藤　隆俊（えんどう　たかとし）
1960年生。高知大学教育学部教授。『宋－明宗族の研究』（汲古書院，2005年，井上 徹共編）「日本宋代宗族史研究的現状与課題」（『安大史学』1，2004），"The Present State and Themes of Reserch in Japan into Song Dynasty Clans", *Journal of Sung-Yuan Studies, 34*, 2004.

岡　元司（おか　もとし）
1962年生。広島大学大学院文学研究科助教授。「南宋期の地域社会における「友」」（『東洋史研究』第61巻第4号，2003年），「宋代における沿海周縁県の文化的成長——温州平陽県を事例として——」（『歴史評論』第663号，2005年）

《論文・コメント執筆者》

鄧　小南（Deng　Xiaonan）
1950年生。北京大学中国古代史研究中心教授。『宋代文官選任制度諸層面』（河北教育出版社，1993年），『唐宋女性与社会（上）（下）』（主編，上海辞書出版社，2003年）

久保田　和男（くぼた　かずお）
1962年生。長野工業高等専門学校一般科助教授。「北宋東京外城小考——以神宗朝修城為中心——」（『歴史地理』20輯，2004年），「北宋徽宗時代と首都開封」（『東洋史研究』第63巻第4号，2005年）

Hugh R. Clark（ヒュー R．クラーク）
1948年生。アーシナス大学（Ursinus College）教授。*Community, Trade, and Net-*

works: Southern Fujian from the 3rd to the 13th Centuries, Cambridge: Cambridge University Press, 1991. *Portrait of a Community: Society, Culture, and the Structures of Kinship in the Mulan River Valley from the late Tang through the Song*, Hong Kong: The Chinese University Press, 2006.

常　建華（Chang　Jianhua）
1957年生。南開大学中国社会史研究中心教授。『宗族志』（上海人民出版社，1998年），『明代宗族研究』（上海人民出版社，2005年），『朝鮮族譜研究』（天津古籍出版社，2005年）

中島　楽章（なかじま　がくしょう）
1964年生。九州大学大学院人文科学研究院助教授。『明代郷村の紛争と秩序――徽州文書を史料として――』（汲古書院，2002年），「16・17世紀の東アジア海域と華人知識層の移動――南九州の明人医師をめぐって――」（『史学雑誌』第113編第12号，2004年）

蘇　基朗（Billy K. L. So）
1952年生。香港中文大学歴史系教授。『唐宋時代閩南泉州史地論稿』（台湾商務印書館，1991年）*Prosperity, Region, and Institutions in Maritime China: the South Fukien Pattern, 946-1368*, Harvard University Press, 2000.

水越　知（みずこし　とも）
1973年生。天理大学・関西学院大学非常勤講師。「宋代社会と祠廟信仰の展開――地域核としての祠廟の出現――」（『東洋史研究』第60巻第4号，2002年），「宋元時代の東嶽廟――地域社会の中核的信仰として――」（『史林』86巻5号，2003年），「元代の祠廟祭祀と地域社会――三皇廟と賜額賜号――」（『東方宗教』106号，2005年）

妹尾　達彦（せお　たつひこ）
1952年生。中央大学文学部教授。『岩波講座　世界歴史9　中華の分裂と再生』（共著，岩波書店，1999年），『長安の都市計画』（講談社選書メチエ223，講談社，2001年）

吉原　和男（よしはら　かずお）
1949年生。慶應義塾大学文学部教授および大学院文学研究科委員。「タイ華人社会の民衆教団」（青木保ほか編『宗教の現代』，岩波講座・文化人類学第11巻，岩波書店，1997年），吉原和男，クネヒト・ペトロ編『アジア移民のエスニシティと宗教』（風響社，2001年）

五味　文彦（ごみ　ふみひこ）

1946年生。放送大学教養学部教授。『院政期社会の研究』（1984年，山川出版社），『書物の中世史』（2003年，みすず書房），『中世の身体』（2006年，角川学術出版）

《翻訳者》

山口　智哉（やまぐち　ともや）

1974年生。大阪市立大学大学院文学研究科後期博士課程。「宋代「同年小録」考——「書かれたもの」による共同意識の形成——」（『中国—社会と文化』第17号，2002年），「宋代郷飲酒礼考——儀礼空間としてみた人的結合の〈場〉——」（『史学研究』第241号，2003年）

山崎　覚士（やまざき　さとし）

1973年生。大阪市立大学特任講師。「五代の道制——後唐朝を中心に——」（『東洋学報』第85巻第4号，2004年），「唐末杭州における都市勢力の形成と地域編成」（『都市文化研究』第7号，2006年）

水口　拓寿（みなくち　たくじゅ）

1973年生。日本学術振興会特別研究員。「人格としての祖先，機械としての墓——福建上杭『李氏族譜』に見る風水地理観念——」（『中国哲学研究』第18号，2003年），「風水は「超道徳的な技術」なのか？——中国宋代～清代の風水理論における「地理」と「天理」の交渉——」（『白山人類学』第9号，2006年）

Space and Communication in the Song Society
宋代社会の空間とコミュニケーション

Edited by HIRATA Shigeki, ENDO Takatoshi and OKA Motoshi

Preface and General Remarks
   HIRATA Shigeki, ENDO Takatoshi and OKA Motoshi

The Political Structure of the Song Period as Perceived from Diaries
   HIRATA Shigeki

   The political structure of the Song Period may be analyzed from a number of perspectives. One is to view the construction of the national polity from the perspective of macro-politics, establishing the indices of the 'despotic state 専制国家' and 'absolute monarchy 君主独裁政治'. In Japanese research into the political history of the Song Period, Konan Naitou and Ichisada Miyazaki advanced their analysis from the perspective of the 'Tang-Song transition', perceiving the political change between the Tang and the Song as a transition from an 'aristocracy 貴族政治' to 'absolute monarchy 君主独裁政治' and asserted that a system of 'absolute monarchy' was followed consistently from the Song to the end of the Ching.

   Macro-political analysis is valid in that it can grasp the general political framework, but on the other hand it does have an inherent weakness in that it tends toward stereotypical static analysis. For the past ten years or so, in order to compensate for this weakness, the author has been working on an analysis of the political structure of the Song Period with reference to the micro-political method of the 'political process theory'.

Historical records that vividly represent the political process are indispensable to advance an analysis according to this method. In this sense, the diaries left by Song politicians are very useful. Many of the Grand Councillors and Executive Officials (宰執) of the day kept a personal diary as well as writing records that may be called Records of Administrative Affairs (時政記). This thesis uses various kinds of personal diaries to examine changes in the political structure of the Song Period. Its conclusions are as outlined below.

(1) The structure of the policy-making process of the Song Period was mainly constructed according to the 'place 場' of two governments. One 'place' was where the bureaucracy drafted and deliberated policy, and the other 'place' was where the Emperor conducted government affairs, and it was here that legislation was approved. They were both represented by '集議' (the system of consultative meetings) and '対' (the system of direct contact with the Emperor to present opinions); the development of the '集議' system was seen prior to the Tang Period, and the '対' system was used extensively during the Song Period.

(2) From the Northern Song through the Southern Song, it is possible to see a gradual change from forms emphasizing the '対' system to a political system emphasizing '御筆' (direct exchanges between the Emperor and bureaucrats in written form).

(3) To take a historical overview, '集議' played an important function in the policy-making process in the periods labelled as an 'aristocracy' up until the Tang, a political system based on '対' developed from the latter half of the Tang Period to the Northern Song Period, and the process by which a principle of written documents developed may be observed from the Southern Song through the Ming.

Via a micro-political analysis using diaries, it is possible to read how gradual changes emerged even in the political system from the Song to the end of the Ching that has been given the overall label of 'absolute monarchy 君主独裁政治'.

Imperial Tours of Inspection in the Northern Song Dynasty
KUBOTA Kazuo

Traditionally Chinese emperors often undertook tours of inspection, accompanied by a number of officials, to demonstrate their imperial authority and power. For commoners, it was a rare chance to see the face of the emperor. For the emperor, it was an opportunity to gain the affection of the people. Such tours served to unite the empire and maintain social order.

In the course of studying various aspects of the emperors' tours of inspection in the Northern Song dynasty, I made the following observations. First, with regard to the scope of the tours, the first three emperors, Taizu 太祖, Taizong 太宗 and Zhenzong 真宗, visited provincial regions, but from the fourth emperor to the last, the emperors did not go into provincial areas. The only tours conducted were in the capital city area. Why this change occurred is my first concern. Secondly, these emperors instead made frequent visits to locations such as Buddhist or Taoist temples in the capital. This paper also addresses the reasons for this.

Various Checking Methods and Information Control Mechanism in the Sung Dynasty
DENG Xiaonan

The relationships between the central and local government authorities may vary with different historical periods and eras. When looking into these relationships, one thing that cannot be neglected is the information channel linking to the two sides. The empire administrative mechanism may operate around controlling over the information channels. Timely holding adequate reliable local information, learning the grassfoot trends, transmitting the court's aspiration, and assuring of unblocked traffic of government decrees, all these are greatly important for the effectiveness of the centralized government.

In Chinese history, what was achieved in the Song dynasty was not a broad unity of territory but the high level overrule on all lays which exceeded the preceding eras. The achievement is mainly ascribed to the efforts by the Song Court in controlling the information channels. The present paper discusses the Song Court's various methods for inspecting governmental achievements on local levels, its channels for information transmission, the processes of collecting and disposing information, and the problems faced by the information control mechanism.

The Emergence of a Genealogical Tradition in Minnan (Fujian) during the Early Song Dynasty

Hugh R. Clark

Most analyses of the early modern genealogical tradition link its origins with the efforts of Fan Zhongyan, Ouyang Xiu, and Su Xun in the mid-eleventh century. In the present paper the author argues instead that the genealogical tradition arose in local contexts possibly as early as the late 9th - early 10th centuries.

The specific focus of the paper is on the Minnan region of southern Fujian. The author maintains that the century of the Tang - Song interregnum was critical to the emergence of the local genealogical tradition. As was true in so many areas of south China, this century saw the arrival of large numbers of immigrants who had been uprooted by the turmoil that had wracked central and north China since the middle of the 800s. The sudden arrival of so many challenged the indigenous local elite to find ways to define their identity.

This is what prompted them to initiate formal genealogical record keeping. The paper examines that indigenous local elite in their pre-interregnum context, the impact of the interregnum century on that elite, and the elite's response in the form of genealogies.

Temporary Residence among Northern Song Literati and Lineages: Communication between Home Districts and Migrants

ENDO Takatoshi

In the course of China's long history, the issues of migration and lineage formation have occupied an important position. The "temporary residence" taken up in this paper refers to the practice whereby literati and officials took up temporary abodes when residing away from home. While it cannot be compared to the movements of population that occurred during the Tang-Song transition or during the transition from the Northern to the Southern Song, this too represents one form of migration. In this paper I took up the case of Fan Zhongyan 范仲淹 of Suzhou 蘇州, who was renowned for his charitable estate (yizhuang 義莊), and I considered the relationship between Yingchang 潁昌 in Henan 河南, where the Fan clan migrated, and their hometown of Suzhou. As a result, it became clear that, using their personal networks in officialdom and among literati, they settled in Yingchang and stayed there for about one hundred years. But they also remained in communication with Suzhou through correspondence, the comings and goings of people, and the establishment of a charitable estate, and after about one hundred years they returned to Suzhou. In this sense theirs was not a permanent migration but a temporary form of migration, and it could also be described as a strategic mode of migration with the clan's prosperity as its objective.

The "Citang Pian" of the Jiali and Ancestor Worship in Ancestral Temples during the Song as Seen from a Lost Work by Zhu Xi

CHANG Jianhua

A distinctive feature of lineage modes from the Song period onwards is that people related by blood organized themselves into groups, and of particular importance in the formation of lineage groups was the expression of sentiments of veneration towards ancestors through the worship of ancestors and the organization of lineage members through the construction of ancestral temples. The "Tang Guizhou cishi Fengkai guogong shi Zhongyi Huanggong citang ji" 唐桂州刺史封開国公謚忠義黃公祠堂記, a hitherto lost work by Zhu Xi 朱熹, is a new source of material on Zhu Xi's thought and on the construction of ancestral temples and ancestral rites in Fujian 福建 during the Song. As well, it helps us to gain a deeper understanding of the character of the Jiali 家礼 and its "Citang pian" 祠堂篇 and also to gain a better grasp of the lineage system during the Song and of the society and culture of which it was a reflection.

In this paper, I first analyzed the content of the "Citang ji" and also considered its authenticity. Next, I discussed questions pertaining to household shrines and ancestral temples in the lineage system of the Song, noting that the Huang 黃 family of Putian 莆田, influenced by the Confucian system of rites, initially intended constructing a "household shrine," but later, following local custom, changed it to an "ancestral temple for the Huang family." I also examined the circumstances of ancestral rites in Putian, where the Huangs lived, and pointed out that from the Five Dynasties period through to the Song the ancestral rites of lineages gradually lost their Buddhist influences and that by the Southern Song a new stage had been reached in the development of lineages, as can be seen in the construction of ancestral temples. Lastly, I examined the understanding reflected in the "Citang pian" of the Jiali as seen from the "Citang ji" and noted that the Jiali and Neo-Confucianism were to a considerable degree products of the society and culture of Fujian.

The "Citang pian" in Zhu Xi's Jiali recognizes the adoption of customs influenced by Buddhism, as can be seen for example in the statement that "there are also many local rites in the institutions." At the same time, there are instances in which the institutions of this "Citang pian" restrict popular customs in relation to the position of ancestral temples and religious services for the lineage's progenitor, and it also forestalls the influence of Buddhism on ancestral rites and popular customs by bringing popular customs into the ambit of the system of Confucian rites. Zhu Xi offered a compromise to resolve problems surrounding the relationship between the system of rites to be seen in Confucian classics and social reality, and he added impetus to the trend for ancestral rites performed in the ancestral temples of lineages to break free from the religious ceremonies of Buddhist and Daoist temples and develop independently. The formation of ancestral temples among lineages provided a new locus of communication for lineage members and pushed one step forward the transformation of lineages into group entities.

From Communal Families to Lineage Formation: Local Development and the Cohesion of Descent Groups in Huizhou during the Song

NAKAJIMA Gakusho

The Song dynasty was the period in Chinese history for which there are the greatest number of recorded examples of "communal families," in which a common descent group lived together and shared their assets. Examples of communal families were especially numerous in the Eastern and Western Jiangnan 江南 circuits. In this paper I examined on the basis of prefaces to genealogies of the Wang 王 family, who were based in Wukou 武口 in Wuyuan 婺源 county, Huizhou 徽州 prefecture, in the Eastern Jiangnan circuit, the formation and dissolution of communal families in the Song and the growth of the cohesion of descent groups in connection with local development in basins among the mountains in the southeast.

In past research, it has been pointed out that factors behind the formation of communal families included adaptation to a self-sufficient environment, the practice of Confucian ethics, the maintenance of lineages of scholar-officials, and responses to critical situations. But it is difficult to explain the emergence of a communal family among the Wangs in terms of such factors. The Wangs had moved to Huizhou during the upheavals of the late Tang and furthered agricultural development around Wukou. By the first half of the eleventh century, they constituted an extended family of more than three hundred members, all living together, and they had become a communal family representative of Wuyuan county. But in 1024 the circumstances of their communal living fell into difficulties and they split into several smaller families. The dissolution of the communal family further encouraged the family's geographical and social mobility and its differentiation into different social strata. In the early thirteenth century, some of the family's scholar-officials, alarmed by the declining cohesion and unstable order within the family, advocated lineage formation with the aim of reunifying the geographically and socially diffuse family through the compilation of genealogies.

Examples of communal families in the Eastern and Western Jiangnan circuits during the Song are especially numerous in areas where there had been an influx of immigrants since the late Tang and regional development had advanced rapidly. In such regions intensive rice cultivation and the production of commodities in mountainous regions developed, and this type of labour-intensive agricultural development may be assumed to have accelerated the growth of communal families. But from the eleventh century onwards, with increased geographical and social mobility within such families, it became difficult to maintain communal families, and people began to explore as a new mode of cohesion among common descent groups the possibilities of the formation of lineages able to adapt to more flexible movement strategies.

Regional Communication and Regional Integration: Communicating in Southern Fukien in Southern Sung*

Billy K. L. So

This Chapter argues that the case of South Fukien during the Sung and Yuan period illustrates its physical communications system as an infrastructure that facilitated more intensive flow of not only materials but also information. In economic terms, the communicating of business opportunities in commercialized foodgrain promoted intraregional division of labor in agricultural production, allowing the maritime trading core prefecture to concentrate on non-foodgrain cash crops while inducing the more peripheral prefectures to produce rice for cash. Similarly, sizeable clusters of trade ceramic industry emerged not only around the maritime centre but also in the more remote mountainous interior. Furthermore, the rise of local elite and their expanding political influence in the region also indicates the social and political dimension of regional integration evolved and accelerated with a backdrop of the elaborate communications system upon which intensifying communicating of political influence took place. In shortl, the spatial pattern of a highly developed market economy in South Fukien is featured by a well developed communications system. That physical connectedness promoted interchange of information such as business opportunities and political influence. It demonstrates the dynamic interaction between space, institutions, and socioeconomic developments in a regional context.

* The work described in this article was partially supported by a grant from the Research Grant Council of the Hong Kong Special Administrative Region, China (Project No. CUHK 4020/02H).

Intellectual Thinkers and Everyday Living Space in Southern Song Wenzhou: The Multistratified Character of Local Culture in Southeastern Coastal Society

OKA Motoshi

In this paper I positioned Wenzhou 温州 during the Southern Song in terms of the three time spans of (a) natural conditions, (b) population, economy and environment, and (c) politics and incidents, and I ascertained the fact that the middle period of the Southern Song, when thinkers from Wenzhou were most active, coincided with the peak period of Wenzhou's growth. I also showed that the places where thinkers from Wenzhou were born and where they built their studies were concentrated in and around the county headquarters of Wenzhou and along waterways within easy reach of Wenzhou.

The fact that the everyday living space of Wenzhou's thinkers was concentrated in this fashion meant that in a regional city they were able to form personal relationships not restricted to officialdom. The groups of poets with whom they were on close terms, such as the "Four Lings of Yongjia" (Yongjia siling 永嘉四霊) and the poets of the Rivers and Lakes school of poetry (Jianghu shipai 江湖詩派), belonged to the middle and lower strata of the élite, and these thinkers also had contacts with writers of Southern drama (nanxi 南戯), which symbolized the energy of the new age. There also existed places such as the temple Jiangxinsi 江心寺, where gatherings of literati and Buddhist services were held and which were also frequented by foreign monks, and there thus evolved the everyday living space of a regional city with a diverse culture in which the intellectual élite were by no means divorced from society and confined to a closed network of personal relations.

Moreover, this culture, as was typified by Southern drama and the cult associated with Wen Yuanshuai 温元帥, gradually spread from Wenzhou to the provincial capital and other regional cities, while in surrounding farming and fishing villages even religions of foreign provenance such as Manichaeism attracted followers among people belonging to the basic stratum of society, and these all created a current in local society that gradually moved in the direction of coexistence and fusion with élite culture. The existence of this multistratified culture is indicative of the distinctive features of coastal regions during the Southern Song.

The Belief in Wu Zixu and Local Society in Jiangnan : An Analysis of the Structure of the Religious Sphere

MIZUKOSHI Tomo

The purpose of this paper was to consider the structure of the religious sphere of temple cults in the Jiangnan 江南 area with a focus on the cult centred on Wu Zixu 伍子胥, a hero of the Chunqiu 春秋 period.

Although he rendered distinguished services as a general of Wu 呉, Wu Zixu came into conflict with the king of Wu and committed suicide in indignation. The people of Wu, filled with pity, set up shrines to Wu Zixu, but they also feared Wu Zixu as a god who caused tidal bores.

There are two great shrines, in Suzhou 蘇州 and Hangzhou 杭州, that serve as the centres of the cult associated with Wu Zixu, but an investigation of various legends shows that the legends and cult spread along the transportation network leading to Suzhou, which is the center of the Wu cultural sphere. Moreover, when one takes into account the area of the Wu dialects centred on Suzhou, it is clear that the peripheral areas in the legend of Wu Zixu overlap with the boundary between the Wu dialects and other dialects. Therefore, we can assume that the economic power of Suzhou and its power as a source of culture moulded the religious sphere of Wu Zixu.

There were several cities in Jiangnan that matched Suzhou in economic power and as sources of culture, and there were also smaller spheres of influence that competed in the macro region of Jiangnan. For example, the cult of Jiangdi 蒋帝 in Nanjing 南京 spread in the area where the economic power and cultural power of Nanjing extended, but it too was obstructed by the barrier of dialect areas. This was perhaps because the miracles associated with Jiangdi deeply reflected the regional characteristics of Nanjing.

With regard to the regionality of legends, there have appeared several studies devoted to the study of "ancestor legends" shared in Chinese lineages, and the people of the Wu area also regarded the legend of Wu Zixu as a "cultural ancestor" and as a symbolic entity that distinguished their cultural sphere from those around them. Thus "the sharing of legends" reproduces a regional consciousness.

We may go on from this analysis of cultural spheres to advance the study of the relationship between social factors like dialects, the economy, and religious spheres.

What Were the Distinctive Features of Song Society in the Context of Chinese History?

SEO Tatsuhiko

This symposium, at which thirteen people presented papers and five discussants led the ensuing discussions, provided a great deal of fresh data for answering the above question, as well as bringing to light further issues that will need to be addressed in the future.

Points that were clarified in concrete detail during the course of this symposium included the discovery of "everyday life" in the Song, the birth of "local society," and the "functional reorganization of personal relationships." Behind these changes lay the improved efficiency of communications due to reforms in transport technology and a shift in the balance of power between the central government and local society.

Future historians will no doubt characterize this symposium, which was intellectually stimulating and raised many new questions, as an epoch-making symposium that set the direction of Japanese research on Song social history in the first half of the twenty-first century.

The Historical Formation of Lineages and Modern Chinese Surname Associations

YOSHIHARA Kazuo

This essay attempts to derive fresh significance from the study of the Chinese kinship systemof lineages (zongzu 宗族) and their reconstructed forms in modern society.While zongzu had been dissolved in mainland China by the end of the Cultural Revolution, in overseas ethnic Chinese communities, especially in Southeast Asian countries other than Hong Kong, a considerable number of surname associations have been established since the latter half of the 1950s. Little is known about the history of Chinese surname associations, and I would like to explain the differences in organizational principles between zongzu and Chinese surname associations as well as the similarities in their social function. Case studies by the author in Hong Kong and Thailand are briefly presented.

A Perspective on the History of Sino-Japanese Exchange

GOMI Fumihiko

When examining the vicissitudes of Japan's medieval society, which spanned about five to six hundred years, one notices that a major turning point occurs about once every hundred years. These occur around the 67th or 68th year of each century when considered in terms of the Western calendar, and they were also linked to changes on the continent. In this paper, I focused on the period of government reform undertaken by the emperor Go-Sanjo 後三条 who ascended the throne in 1068, the period of the establishment of warrior government by the Taira 平 family with the appointment of Taira no Kiyomori 平清盛 as grand minister of state in 1167, and the period in which a state letter arrived from the Mongol emperor Khubilai Khan seeking the establishment of diplomatic relations in 1268, and I discussed in concrete terms links between the situation within Japan and events on the continent.

宋代社会の空間とコミュニケーション

2006（平成18）年6月28日　発行		
編　者	平　田　茂　樹
	遠　藤　隆　俊
	岡　　元　　司
発行者	石　坂　叡　志
製版印刷	富　士　リ　プ　ロ
発行所	汲　古　書　院

〒102-0072　東京都千代田区飯田橋2-5-4
電話03（3265）9764　FAX03（3222）1845

ISBN4 - 7629 - 2739 - 2　C3022
Shigeki HIRATA・Takatoshi ENDO・Motoshi OKA ©2006
KYUKO-SHOIN, Co., Ltd. Tokyo.